Pilipino through Self-Instruction

Part One

John U. Wolff

with
Maria Theresa C. Centeno
and
Der-Hwa V. Rau

Cornell University
Southeast Asia Program
Revised edition, July 2002

Cornell Southeast Asia Program Publications
640 Stewart Avenue, Ithaca, NY 14850-3857

The contents of this book were developed under a grant from the United States Department of Education. However, those contents do not necessarily represent the policy of the Department of Education, and you should not assume endorsement by the Federal Government.

Grateful acknowledgement is made to the Luce Foundation, which also provided support for the publication of these texts.

Vol. 1 ISBN 0-87727-525-4

Foreword

These lessons are for Pilipino, also known as Tagalog. There is enough material here to cover the first four years of a college course (or the first two years of a semi-intensive double course). Pilipino and Tagalog are names for the same language, and Tagalog is more frequent in common parlance. Nevertheless we prefer the name Pilipino here in order to underline the role that Pilipino plays as a national language. Pilipino is spoken not only in the traditional Tagalog provinces of Luzon, but also has spread widely in Mindoro, Mindanao, and Palawan. Pilipino is widely used throughout the country as a second language and a means of inter-group communication.

The lessons consist of 31 units. Four of these (Units Eight, Fourteen, Twenty, and Twenty-six) do not introduce new materials, but are reviews. Five others are called "supplemetary units" because they give supplementary explanations and exercises on difficult points of grammar. The rest introduce new materials and new grammar points. Units One through Seven consist of basic sentences with commentary and exercises, grammar explanations, and exercises on the grammar points. The exercises are of two kinds: drills which are best done with a tape recorder, and fill-in exercises which can be worked and checked against the key. In addition, all of the units, beginning with Unit Eight, are supplied with readings. The readings are for the most part taken from folk stories which were recorded in the southern Tagalog provinces. These are presented with little editing after Unit 13. The readings for Units 9-12 were edited to adapt them for use by students at the beginning level. The reading for Unit 8 was made up as a review exercise. The readings are provided with oral exercises in a variety of formats and exercises which may be used either for composition or for oral activities in the classroom.

There is a glossary of all forms which are introduced in the basic sentences and readings, a key to the exercises, and a thorough-going index. In addition, there are cassette recordings available for all the readings and also for all of the basic sentences and the exercises meant to be worked orally. This format allows for self-study. The tapes may be ordered from:

Language Resource Center
Tape Sales
Room G11, Noyes Lodge
Cornell University
Ithaca, New York, 14853-4701
607/255-7394 fax: 607/255-6882
http://lrc.cornell.edu

The main portion of the work of this book was carried out in 1987-1989. The author spent the summer of 1987 in Los Baños under a Fulbright grant gathering the basic materials and preparing the general outlines of the work. The period June 1988-June 1989 was devoted to finishing the first draft and preparing a first version in the Microsoft Word Program. The project was supported during this period of time by a grant from the US Department of Education. The period June 1989-June 1991 was spent in testing these materials out in the classroom and making necessary revisions.

The portions of this book in the Pilipino language were composed exclusively by native speakers of Pilipino, mostly in the course of the summer of 1987 and the period June-August 1988 in Los Baños. The English portions are mostly prepared by the primary author. The primary author is John U. Wolff, Professor, Cornell University. The Pilipino-speaking co-author, Ma. Theresa Centeno of Santo Tomas, Batangas, was with the project from its inception to the end and saw the book through classroom testing through the summer of 1990. Ms. Centeno's contributions, in addition to preparation of specific materials, consisted of supervising the exercise preparation, and checking the accuracy of the Pilipino language, as well as the applicability of the particular sentences to the point of the exercise. The other co-author is Ms. Der Hwa Rau, PhD candidate in linguistics at Cornell University, who joined the project in the fall of 1989 as associate linguist and editor after being one of the first students to study Pilipino with a first draft of these materials. There was a large staff who prepared the voluminous exercises of these materials. The longest time was put in by Francisco Caparas, of Bigaa, Cabuyao, Laguna, who worked on the project from its inception in 1987 until the end of May 1989. In addition to many of the exercises, he prepared the key and supplied the intonation configurations published above the basic sentences. A large number of additional people worked on this project for shorter lengths of time: Rizal Alfonso of Los Baños, Laguna, Melinda C. Boldavia of Nagcarlan, Laguna, Vic E. Dizon of Los Baños, Salvador Jesus Flores of Los Baños, Ernesto Malabanan, Jr. of Santo Tomas, Batangas, Th. S. Javier of Liliw, Laguna, Divina Marinay of Los Baños, Fernando Mendoza of Lipa City, Batangas, Evangeline Punzalan, of Bae, Laguna, Lucio Genaro Raymundo of Pasig, Manila, Edwin Rodriguez of Quezon City, Myrna Servañez of Los Baños, and Karyl Zantua of Parañaque, Rizal.

We owe these people a debt of gratitude for the skill and accuracy of their work and their dedication in gathering materials.We three co-authors take full responsibility for the accuracy of the information contained herein and the pedagogical validity of the presentation. We hope that by making these materials available, we may put the study of Pilipino on a new footing.

JUW
MTC
DVR
Cornell University
July 1991

CONTENTS

How to use these materials

These lessons are enough to occupy four semesters of Pilipino instruction in a semi-intensive program which meets for eight hours a week over the course of a semester of 14 weeks. Counting two hours of home preparation for each hour of classroom work, one would expect 24 hours a week for 14 weeks over four semesters, or a total of between 1,300 and 1,400 hours of study. Of course some students manage to get through them in less time, and many take more time, for the variables of intensity of instruction, ability of the student, and efficacy of teaching all influence the speed with which the student masters the material.

The materials may be used on a self-instructional basis, in which the student is advised to work with a tutor for a minimum of two hours for every ten hours with the tape recorder. The materials may better be used in the classroom with a teacher, where the student spends two hours in the laboratory preparing for every classroom session. The ideal is a full-time program where the student does nothing but study Pilipino, as under those conditions there is the greatest amount of progress made in proportion to the time spent. On the other hand, these materials have also been used profitably in programs of less intensity.

These units contain basic sentences which are meant for memorization. To these basic sentences we have provided a commentary and exercises, some of which are meant to be done with a cassette recorder and some of which are best done with a teacher. Following the basic sentences there is a section of new grammar which is followed by exercises which are suitable to be worked with a tape recorder or which have have fill-in answers which may be looked up in the key. The later units contain readings and exercises to them. A full explanation of how to use these materials follows below.

The book is provided with keys to all exercises other than pattern practices, index to the grammar, and a Pilipino-English glossary which lists all forms in the basic sentences and in the readings. The forms in the glossary are listed by root. These are there for the use of the students and are not meant to be employed in the classroom.

We begin with a section of instructions to the students, which should be useful in telling you how best to make use of these materials. This is followed by a section of instruction to the teacher which gives ideas on how these materials may most effectively be used in the classroom.

Suggestions for the Student

These lessons are meant for learners who are completely serious about Pilipino. The language is difficult for English speakers, and there is a great deal of factual information about the way the language is put together—the grammar, which one somehow has to know, consciously or unconsciously, in order to get beyond set memorized phrases in the language. The basics of the grammatical structure are covered in the first twelve units. Indeed, after Unit 13, more information is given on the grammar, and in fact some very common and basic things come up for the first time in this and later lessons; however, the general overall picture and the main verbal categories are covered in a way that is not too detailed in the first twelve units.

The materials are meant for self-study combined with classroom study. Obviously the best use of them would be in a program which teaches Pilipino on a full-time basis—20-30 hours a week, but often this is not available. Some students have done well with these materials doing as little as two hours a week. In any case, at least one should be doing two hours of preparation for each hour spent with a teacher, and in the case of students who do five hours or less a week with a teacher, a minimum of ten hours of preparation on one's own alone is necessary in order to be able to progress. If one does not put in that minimum amount of time, there is no way that one can remember any of the words, phrases, sentences, or grammar patterns.

Everything that is in this book is made for self study. The basic sentences, readings, and pattern practices are all suitable for oral work with the cassette recorder. They can be best done alone and not with a teacher. Other exercises are not suitable for oral work, but they are of the fill in type, and the answers are provided in a key. These too can be worked on alone. The two things which a teacher can do and which can only be done with a teacher are: (1) correction of pronunciation or correction of created work and (2) interaction. A tape recorder cannot correct and cannot provide free interaction, and the learner needs a speaker of Pilipino to provide this sort of input. Therefore, the classroom time should be devoted to exercises which provide interaction—role playing, answering of questions, having the students ask questions of one another, and the like. At the same time the teacher should be correcting the student's pronunciation and the errors in structure as they come up.

How does one prepare for class?

A.   The basic sentences

The basic sentences are meant to be memorized. By the time you meet your teacher you should be able to act out each of the roles in the dialog saying the sentences exactly as they are in the book if you are given cues as to what happens in the course of the dialog. This is the method we have advised your teacher to use in testing your knowledge of the basic sentences. How does one best do this memorization? There are of course many ways in which people can achieve this sort of knowledge. One way which we may suggest and which has been used successfully frequently by people who studied Pilipino with these materials was to follow the following routine using the cassettes:

(a)   Listen to one sentence with the English open, but the text covered. Repeat the sentence after your have heard it.

(b)   Listen to the next sentence with the English open and repeat it.

(c)   Go back and say the first sentence and see if you still remember it. (If not, repeat steps a and b)

(d)   If you have remembered it, listen to see if you had it right. (If not, repeat steps a and b)

(e)   Say the second sentence. Listen to see if you have gotten it right, and if so, listen to the third sentence and repeat it.

(f)   Then go back and say the first three sentences without the book.

(g)   Then do the fourth and the fifth sentences the same way as the first and second.

(h)   Listen to the fifth sentence and see if you have gotten it right, and if so, listen to the sixth sentence and repeat it.

(i)   Then go back and say the fourth, fifth, and sixth sentences without the book.

(j)   Then do one through six and see if you remember them. If so, go on and start with the seventh, eighth and ninth.

(k)   See if you know them and then go back and do all nine.

(l)   And so forth to the end of the dialogue.

Then do the exercises in order with the tapes. At this point you will be ready for your performance in class where you will be expected to be able to act out the dialog.

B.   The pattern practices, multiple choice, fill-ins and open questions

The Pattern Practices (AII, BII, CII) are meant to be done with tape recorder. You will be given instructions on the tape. You should do them with the book closed, although if you find a particular exercise terribly difficult, you might first do it with the book open and then repeat it with the book closed. The multiple choice questions (AIII, BIII, CIII) are definitely meant to be done without looking at the book. Listen to them, write down the answer and check your answers against the key. Only if you have found a discrepancy should you look at the book, or after you have done the exercises without looking at the book, it is not a bad idea to listen to them again and see if you have caught everything by checking against the book. The fill-ins and the open-ended questions (AIV&V,

BIV&V, CIV&V) are meant to be worked with the teacher. However, it is a good idea to listen to these questions with the book closed and see if you can answer them.

C. The grammar section and exercises

The grammar section is meant to be clear enough for self study. This gives the facts which you have to apply in your daily conversation. After each grammar rule a list of sections is given which explain where the relevant exercises are to be found. After you have read the section, immediately proceed to work the pattern practices and then the fill-in exercises—that is, work the pattern practices with the cassette recorder and work the fill-in exercises by checking your answer against the key. These exercises alone are not enough to make you fluent in the application of the rule, but they are a necessary preparatory step for activities which bring the rule home and make it part of your active repertory. The best way to learn to apply the grammar rules is by learning what each form or construction does to the meaning. In class your teacher will lead you in activities which can bring the meaning of the grammatical rules home. In short, what is in the book in the grammar sections and exercises is again best done at home alone. The classroom is for using the activities in a context so that the meaning is brought home to you and you thus become fluent in the use of the relevant form.

D. The readings

Beginning with Unit Eight a reading is provided for each unit. These readings are meant not only as an introduction to reading, but as a source of new words, phrases, and grammatical constructions. You will have to do the readings with the same sort of thoroughness as you do the Basic Sentences if you are to be successful with these materials, because the exercises presuppose a complete mastery of all words and phrases which have appeared in the Basic Sentences and Readings in any material which precedes the exercise in question.

First, one reads at home with the glossary. In the case of difficult readings—that is readings which are a slightly higher level than your speaking level, we advise the teachers to make up preparatory exercises in the form of simplified versions of the difficult sentences in the reading. (Of course, if you do not have a teacher, this option is not available. However, the vocabulary and commentary are sufficient to enable you to read anything in these lessons.) The goal is to get the reading well enough to be able to comprehend it by listening to the cassette, without having to look up words. In short, work through the reading or the portion assigned to you and then listen to it on cassette to see if you understand it entirely.

Second, listen to the fill-in questions and the completion questions. See if you can answer them. The aim of the question is not to test your knowledge of the reading (although to be sure if you do not understand the reading you will not be able to answer the questions), but rather to bring you to using on your own the important words, phrases, and grammatical constructions which are introduced in the reading.

Finally, you may work the restatement exercises. These should be done orally. After you have done one sentence, you may look in the key and see if you have restated it correctly. You may also write out the answer and check against the key as a composition exercise. Finally, for some of the lessons, a composition exercise is provided, in which you are to write answers to questions based on the story. These questions are so put as to make you use the words, phrases and constructions of the reading.

All of this is done at home. In class your teacher will engage you in interactional activities which bring you to using on your own the important words, phrases, and grammatical constructions which are introduced in the reading. The exercises are copious, and to do them requires a great deal of time in addition to the time spent in working through the reading. However, the result will be a knowledge of the texts of a sufficient thoroughness to enable you to remember a great portion of the vocabulary and allow you to work the exercises in later sections which refer back to this vocabulary without difficulty.

What you can realistically expect to accomplish

These materials are copious and require twelve to fourteen hundred hours to complete in any sort of thorough way. In the course of a single semester of college instruction one could not reasonably expect to cover much more than the first five lessons (including the supplementary lessons) or if the course has good students and high expectations, one can cover the first nine units in the first year, but certainly not more. The units after Unit Eight are considerably longer than the earlier units, and at the end of the second year (the end of the third and fourth semesters) one could at best complete through Unit 16. The next five units would take another (fifth) semester, and the final units require a sixth semester.

One could expect to be able to communicate on a basic level after the first year (after the first nine units), but any real ease in using basic Pilipino only comes after the first sixteen lessons (at least two years of an ordinary college course). It is only at the end of Unit 21 or 22 that the students reach the point that enables them to go beyond basic Pilipino and one can begin to be truly creative and still not do violence to the genius of the language.

Patnúbay sa Paggámit nitong Aklat

Ang mga aralin sa aklat na ito ay sapat pára sa ápat na seméstre ng pagtutúró ng Pilipíno. Ito ay sa ilálim ng isang hálos masinsínang prográmang may walong óras ng kláse báwat linggo sa loob ng 14 na linggo. Ipagpalagay na dalawang óras ang paghahandá sa báwat óras ng kláse, ito ay nangángahulugang kailángan ng 24 na óras báwat linggo sa loob ng 14 na linggo at ápat na seméstre, o kabuuang 1,300 hanggang 1,400 óras ng pag-aáral. May ilang mag-aaral na makákatápos sa loob ng mas maikling panahon, at marámi ang mangángailángan ng mas mahábang panahon. Ito ay magíging bátay sa mga bágay na nakákaimpluwénsya sa pagpapakadalubhása ng mag-aaral sa mga aralin túlad ng kasinsinan at bísá ng pagtutúrò, at kakayahan ng istudyánte.

Ang aklat na ito ay pwédeng gamítin sa saríling pagsasánay, kung saan ang mag-aaral ay pinápayúhang magpatúró o sumanggúní sa isang pribádong guró ng hindí bábabá sa dalawang óras báwat sampung óras ng pag-aáral sa tape recorder. Mas mabúti kung sa silid-aralan gágamítin ng guró ang mga aralin, at kasabay nito ay may dalawang óras na paghahandá ng mag-aaral sa laboratóryo pára sa báwat sesyon ng kláse. Pinakamaínam ang pagkakaroon ng puspúsang prográma — Pilipíno lang ang pag-áarálan ng istudyánte — dáhil sa ganitong sistéma ay napatunáyang pinakamabilis ang pagsúlong ng mag-aaral sa báwat panahong nagúgúgol niya sa mga aralin. Ngúnit napatunáyan na rin ang bísá ng materyal na ito sa mga prográmang hindí gaánong puspúsan.

Magsimulá táyo sa bahági ng pagbibigay ng mga alintuntúnin pára sa guró úkol sa pinakamabúting paggámit nito sa loob ng silid-aralan.

Pamamaraan pára sa gurò

Sa likod ng mga araling ito ay nandoon ang paniniwálang ang pag-aáral ng isang wíká ay hindí lámang nangángahulugan ng pag-aáral ng balarílà, kundí mas mahalaga, ay pag-aáral ng támang ásal o kílos. Mas maráming pagsasánay díto, mas maráming matútutúnan ang mag-aaral. Pára din itong pag-aáral magpiyáno. Ang mga teoríya o paliwánag tungkol sa músika ay kailángan, subálit magíging mahúsay lang ang istudyánte sa pagtugtog kung siya ay magsasánay — ito ay hindí nangángahulugan ng dúnong lámang sa pagtugtog, bagkus ay kawastuan din. Kagáya nito, ang mabúting pagsasalitá sa Pilipíno ay nangángailángan hindí lámang ng katatasan ng pagbigkas, kundí kawastuan din ng pagpapahayag. Kung ang pagtugtog ng piyáno ay mátututúnan lang sa pamamagítan ng pagsasánay at pagwawastó ng mga malì, ganoon din ang pag-aáral ng isang wíká. Tingnan ang mga sumúsunod na mungkáhí kung paáno makákatúlong ang guró sa pag-aáral ng isang wíkà.

Ang "Communicative Mode" ng pagtutúrò

Ang pangunáhing pánuntúnan ay ang pagbibigay ng kontéksto. Nangángahulugan ito na báwat nangyáyári sa kláse — salitá o parirálang ipinápakilála, pangyayáring isinásaganap, tanong, at pagsasánay — ay dápat ilahad nang nakapaloob sa malínaw na panlipúnang tagpò. Samakatuwid, báwat inúusal sa kláse ay inilálahad na pára bang iyon ay sinásábi sa túnay na búhay ng mga táong nag-úúsap. Ang sistémang ito ay walang puwang pára sa "teacher talk" o "student talk" na tinátáwag. Ang mga mag-aaral at guró ay áakma na pára bang walá sila sa silid-aralan, sa halip ay nandoon sa sitwasyong hiníhingí ng aralin. Ang paraang ito ng pagtutúró ay tinátáwag na "communicative approach." Ito ang pinakamabísang paraan sapagkat úpang mátutúnan ang isang wíkà, kailángang mátutúnan ang kahulugan ng mga anyó nito, at sa pamamagítan ng malínaw na kontéksto, naúunawáan ng mga mag-aaral ang kahulugang nilálaman nito.

Karamíhan sa mga nilálaman ng aklat na ito ay nakapaloob sa kontéksto. Díto ay hindí gaánong biníbigyang-diin ang balarílà. Tingnan nátin ang báwat bahági ng aklat úpang máláman nátin kung ano ang pinakamabúting paraan ng paggámit ng mga ito. Báwat aralin ay may ilang bahági. Ang úna ay ang "Basic Sentences" o diyálogo. Ang baháging ito ay mayroong iba't-ibang pagsasánay pára mabigyang-diin ang diyálogo. May kasáma din itong paliwánag o komentáryo na maááring pag-arálan ng mga mag-aaral sa báhay. Ang ikalawang bahági ay ang balarílá na dápat basáhin ng mag-aaral sa báhay. At ang huli ay ang mga pagsasánay pára sa balarílá na pwédeng gawin ng istudyánte sa báhay o silid-aralan.

Dápat bang gumámit ng Ingles sa silid-aralan?

Hindí dápat gumámit ng Ingles sa bahági ng pagtutúró na nakalaan pára sa pagsasánay sa pag-uúsap. Maááring gumámit ng Ingles ang guró sa pagbibigay ng mga impormasyon tungkol sa wíká o balarílà. Ngúnit ang mga ito ay pwéde at mas mabúting kúnin na lámang ng mag-aaral sa aklat. Hindí mátutúto ng Pilipíno ang mag-aaral sa pamamagítan ng mga impormasyong ito lámang.

Gáwáing-báhay at ang kláse

May pagtúkoy sa mga bahági ng aralin na dápat gawin sa báhay o dápat gawin sa silid-aralan. May mga baháging mas mabúting gawing mag-isa ng mag-aaral sa báhay. Tátawágin nátin itong "gáwáing-báhay." Méron ding maáárí lang isagawá sa kláse kung napaghandaan ng istudyánte. Tátawágin naman nátin itong "gáwáing pangkláse." At ang huli ay ang mga gáwáing pwédeng isagawá sa báhay o silid-aralan. Malínaw na ang pinakamabúting gámit ng kakayahan ng isang guró ay yung pára sa mga gáwáin sa silid-aralan. Mas maráming laan pára sa gáwáing-báhay, nangángahulugan ito ng mas mabúting paggámit ng panahong nakalaan pára sa kláse at kakayahan ng guró.

"Basic Sentences" o Diyálogo

Báwat aralin ay may tatlong bahági ng diyálogo (Úna, Ikalawa, at Ikatlong Bahági). Paré-parého ang paraan ng pagháwak sa tatlong baháging ito. At lahat ng ito ay dápat saulúhin ng mga mag-aaral. Ang mga gáwáing pangkláse sa baháging ito ng aralin ay binúbuó ng mga sumúsunod: (1) pagpapakilála (2) pagsúbok, at (3) pagganap sa mga taúhan.

Pagpapakilála ng diyálogo

Karaníwan, ang mga diyálogo ay únang náririnig ng mga mag-aaral sa laboratóryo o sa kani-kanilang tape recorder sa báhay. Subálit maáárí din itong gawin sa kláse. Katunáyan, mas mabúting gawin ito sa kláse sa panimulá úpang maituwid ang pagbigkas ng mga mag-aaral. May dalawang paraan ng pagpapakilála ng diyálogo: (1) sabay-sabay na pag-úlit at (2) ísáhang pag-úlit. Kailángang nakasara ang aklat ng mag-aaral hábang ginágawá ito. Sa dalawang paraang nábanggit, ang guró ang nagbíbigay ng halimbáwá o modélo na inúúlit naman ng mag-aaral, katúlad ng sumúsunod:

(sabay-sabay na pag-úlit)

Gurò	Bábasáhin ko at ulítin ninyo ng sabay-sabay. "Dalawa pa ngá lang e"
Mga mag-aaral (sabay-sabay)	"Dalawa pa ngá lang e"
Gurò	Bábasáhin ko at ulítin ninyo ng sabay-sabay. "Dalawa pa ngá lang e"
Mga mag-aaral (sabay-sabay)	"Dalawa pa ngá lang e"

(maááring gawin ito ng mínsan o ilang béses, áyon sa pangangailángan)

Sa ísáhang pag-úlit, dápat ay láging magbigay ng modélo ang guró sa tuwing gusto niyang magpaúlit sa istudyánte. Huwag na huwag magpapaúlit sa mag-aaral nang hindí ibiníbigay múna ang modélo úpang maging malínaw ang tunog ng pagbigkas pára sa kanya.

(ísáhang pag-úlit)

Gurò	Bábasáhin ko at ulítin ninyo ng isa-isa. "Dalawa pa ngá lang e"
Mag-aaral 1	"Dalawa pa ngá lang e"

(pwédeng ulítin ng guró pára sa únang mag-aaral kung kinákailángan)

Gurò	"Dalawa pa ngá lang e"
Mag-aaral 2	"Dalawa pa ngá lang e"
Gurò	"Dalawa pa ngá lang e"
Mag-aaral 3	"Dalawa pa ngá lang e"
Gurò	"Dalawa pa ngá lang e"
Mag-aaral 4	"Dalawa pa ngá lang e"

(hanggang matápos lahat)

Pagkatápos nito, pauwiin ang mga mag-aaral at ipasaúlo sa kanila ang aralin sa laboratóryo o sa pamamagítan ng kanilang tape recorder.

Mga probléma sa pagpapakilála

(1) Intonasyon at bilis

Dápat ay láging normal ang intonasyon. Ganoon din ang bilis. Huwag na huwag bábagálan ang pagbigkas dáhil (1) hindí magíging natural ang iyong pagbigkas, at mabábágo ang kontéksto mulá sa karaníwang pag-uúsap at túlúyang magíging artipisyal o pakunwarí ang sitwasyon sa kláse na hindí makákatúlong sa pag-aáral ng wíkà, at (2) hindí máiintindihan ng mga mag-aaral ang karaníwang pagbigkas kung gágamítan sila ng dí-pangkaraníwang paraan ng pagbigkas.

Ang intonasyong násа aklat ay dápat sundin. May ilang posíbleng intonasyon, subálit mas mabúting sundin na lámang ang nása aklat dáhil iyon ang ginámit sa mga cassette tape. Magíging normal ang intonasyon ng mga istudyánte kung ito ang súsundin nila. Halimbáwà, ang tóno ay bumábabá sa *ngà*, tumátaas sa *lang*, at bumábabá ulit sa *e* sa sumúsunod na pangungúsap:

Dalawa pa ngá lang, e.

(2) Pagwawastò

Ang pagwawastó ay mahalagang-mahalaga sa baháging ito ng aralin. Ang mga materyal ay inúúlit ng guró pára sa istudyánte pára mátutúnan niya ang támang pagbigkas. Kung walang pagtutuwid, mas mabúting gawin na lámang mag-isa ng mag-aaral ang pagsasánay na gumágámit ng tape recorder. Ang guró ay nandiyan pára tulúngan ang istudyánteng maghásá sa pagbigkas.

(3) Ano ang dápat gawin kung ang mag-aaral ay nahíhirápang sumunod sa modélo

Kung ang istudyánte ay nahíhirápang sumunod sa modélo, mas mabúting pagputul-putulin ang diyálogo. Magsimulá sa hulihan, ngúnit kailángang may kahulugan ang mga pinagputul-putol na baháği. Halimbáwà:

Gurò	E di malalaki na rin hó pala sila.
Mag-aaral	E di malarin kirin...ho rin (damn)
Gurò	Malalaki

Mag-aaral	Malalaki
Gurò	Malalaki sila
Mag-aaral	Malalaki sila
Gurò	Malalaki na rin
Mag-aaral	Malalaki na rin
Gurò	Malalaki na rin sila
Mag-aaral	Malalaki na rin sila
Gurò	Malalaki na rin hó sila
Mag-aaral	Malalaki na rin hó sila
Gurò	Malalaki na rin hó pala sila
Mag-aaral	Malalaki na pala hó.....sila pala...(damn)
Gurò	Malalaki na rin sila
Mag-aaral	Malalaki na rin sila
Gurò	Malalaki na rin hó sila
Mag-aaral	Malalaki na rin hó sila
Gurò	Malalaki na rin hó pala sila
Mag-aaral	Malalaki na rin hó pala sila.
Gurò	E di
Mag-aaral	E di
Gurò	E di malalaki na rin hó pala sila
Mag-aaral	E di malalaki na rin hó pala sila

(4) Paghahátí ng óras pára sa kláse

Walang mag-aaral na dápat mabigyan ng higit o kúlang sa kanyang karampátang bahági ng óras sa kláse. Sa isang kláseng mayroong sampung istudyánte at tatlumpong minúto pára sa ísáhang pagsagot, báwat mag-aaral ay dápat bigyan ng hindí híhigit o kúkulángin sa tatlong minúto. Kayá ang halimbáwang kabíbigay lámang ay hindí mabúti dáhil isang istudyánte lámang ang napagtuúnan ng pansin. Paáno malúlutas ang ganitong probléma? Kailángang maging sangkot ang buong kláse, katúlad ng sumúsunod na halimbáwà:

Gurò	E di malalaki na rin hó pala sila.
Mag-aaral	E di malarin kirin...ho rin (damn)
Gurò	Malalaki
Mag-aaral	Malalaki
Gurò	Malalaki sila
Mag-aaral	Malalaki sila
Gurò	Malalaki na rin
Mag-aaral	Malalaki na rin

Sa puntong ito, kailángan nang palahukin ang ibang mag-aaral. At sásabíhin ng guró "Ulítin ninyo ng sabay-sabay:"

Gurò	Malalaki sila
Mag-aaral (sabay-sabay)	Malalaki sila
Gurò	Malalaki na rin
Mag-aaral (sabay-sabay)	Malalaki na rin

Ngayon ay pwéde nang balikan ng guró ang únang istudyánte:

Gurò	Malalaki na rin sila
Mag-aaral	Malalaki na rin sila
Gurò	Malalaki na rin hó sila
Mag-aaral	Malalaki na rin hó sila

Maááring muling palahukin ng guró ang buong kláse:

Gurò	Malalaki na rin sila
Mag-aaral (sabay-sabay)	Malalaki na rin sila
Gurò	Malalaki na rin hó sila
Mag-aaral (sabay-sabay)	Malalaki na rin hó sila

Muling balikan ang únang istudyánte:

Gurò	Malalaki na rin hó pala sila
Mag-aaral	Malalaki na pala hó.....sila pala...(*damn*)
Gurò	Malalaki na rin sila
Mag-aaral	Malalaki na rin sila
Gurò	Malalaki na rin hó sila
Mag-aaral	Malalaki na rin hó sila
Gurò	Malalaki na rin hó pala sila
Mag-aaral	Malalaki na rin hó pala sila.

(Balíngang mulí ang buong kláse:)

Gurò	Malalaki na rin sila
Mag-aaral (sabay-sabay)	Malalaki na rin sila
Gurò	Malalaki na rin hó sila
Mag-aaral (sabay-sabay)	Malalaki na rin hó sila
Gurò	Malalaki na rin hó pala sila
Mag-aaral (sabay-sabay)	Malalaki na rin hó pala sila.

(Muling balikan ang únang istudyánte:)

Gurò	E di
Mag-aaral	E di
Gurò	E di malalaki na rin hó pala sila
Mag-aaral	E di malalaki na rin hó pala sila

Pagsúbok sa mga diyálogo

Pagkatápos saulúhin ng mga mag-aaral ang diyálogo, dápat silang magkaroon ng pagsúbok pára masigúrong nabíbigkas ng báwat isa sa kanila ng wastó ang mga pangungúsap. May ilang paraan ng paggawá nito. Úna, maááring pabayáang nakaupó lang ang mga mag-aaral at ipabigkas sa kanila ang mga pangungúsap sa pamamagítan ng pagbibigay ng palatandáan (e.g. pakitahan sila ng Ingles). Mas madalí ito pára sa mga istudyánte at ito ay mabúti ring paraan ng pagsúbok ng pagsasaúlo nila. Ngúnit ang pagpapapaganap sa kanila ng iba't-ibang taúhan sa aralin ay mas mabísang paraan ng pagsúbok. Ang báwat isa sa kanila ay bíbigyan ng baháging gágampanan. Maááring bigyan ng ápat hanggang limang linya sa diyálogo ang báwat isa. Pagkatápos nito ay tumáwag ng iba pang grúpo na siya namang gáganap ng súsunod na bahági. Ang mga mag-aaral ay maááring dikitan ng papel na kinasúsulátan ng taúhang ginágampanan nila. Pwéde rin silang bigyan ng mga palatandáan sa pamamagítan ng laráwan o hudyat sa Ingles na nakasúlat sa papel.

May tularang pagsasánay

Ang mga pagsasánay ay dápat gawin kasáma ang tape recorder. Subálit magágámit din itong paghahandá pára sa mga pagsasánay sa pag-uúsap sa silid-aralan. Makákatúlong din ito kung sábáyang gágawin bílang pagsasánay sa mga araling ibinigay sa balarílà. At kung mabíbigyan ng kontéksto, matútulúngan nito ang mag-aaral na máunawáan ang bahági ng balarílá na pinag-áarálan. May iba-ibang kláse ng pagsasánay. Maáárí din itong gawin ng ísáhan o sábáyan. Anumang paraan ang gamítin, dápat ay nakasara ang aklat hábang ginágawá ang mga pagsasánay. Sa panimulá ay makabúbúting gawin nang sábáyan ang úna at pangalawang pangungúsap sa pagsasánay hanggang makúha ng mga mag-aaral ang hiníhingí ng ehersísyo. Pagkatápos ay tawágin na ng ísáhan ang mga istudyánte.

Pagpapalit

Ito ang pinakasímple sa mga pagsasánay. Úna ay bábasáhin ng guró ang únang pangungúsap na úulítin ng mga mag-aaral. Bábasahing mulí ng guró, úulítin ng mga istudyánte, at pagkatápos ay sásabíhin sa kanya ng isang mag-aaral kung ano ang íbig sabíhin sa Ingles. Mínsan pang bábasáhin ng guró ang pangungúsap at úulítin ng mga mag-aaral. Pagkatápos nito ay bábasáhin ng guró ang únang pampalit. Úulítin ng mga mag-aaral (o tináwag na mag-aaral) ang pangungúsap at bábagúhin iyon áyon sa hiníhingí ng pampalit. Ibíbigay ng guró ang súsunod na pampalit. At mulí, úulítin ng mga mag-aaral (o tináwag na mag-aaral) ang pangungúsap na binágo áyon sa hiníhingí ng pampalit. Muli't-muling úulítin ito hanggang matápos ang pagsasánay. Kung nahíhirápan ang mga istudyánte, pwédeng ulítin o dagdagan ang pagsasánay. Ang sumúsunod na pagsasánay ay isang halimbáwà:

Gurò	Lumípat ka na ngá ba?
Mag-aaral (sabay-sabay)	Lumípat ka na ngá ba?
Gurò	Lumípat ka na ngá ba?
Mag-aaral (sabay-sabay)	Lumípat ka na ngá ba?
Gurò	Ano ito sa Ingles?
Mag-aaral	Have you really moved?
Gurò	Lumípat ka na ngá ba?
Mag-aaral (sabay-sabay)	Lumípat ka na ngá ba?
Gurò	(will you)
Mag-aaral (tináwag)	Lílípat ka na ngá ba?
Gurò	(will you start)
Mag-aaral (tináwag)	Magsísimulá ka na ngá ba?
Gurò	(have you started)
Mag-aaral (tináwag)	Nagsimulá ka na ngá ba?
Gurò	(did you eat)
Mag-aaral (tináwag)	Kumáin ka na ngá ba?
Gurò	(served fish)
Mag-aaral (tináwag)	Naghandá ka ngá ba ng isdà?
Gurò	(do you serve fish)
Mag-aaral (tináwag)	Nagháhandá ka ngá ba ng isdà?
Gurò	(are you eating fish)
Mag-aaral (tináwag)	Kumákáin ka ngá ba ng isdà?
Gurò	(will you eat fish)
Mag-aaral (tináwag)	Kákáin ka ngá ba ng isdà?
Gurò	(will you buy fish)
Mag-aaral (tináwag)	Bíbili ka ngá ba ng isdà?
Gurò	(have you bought fish)
Mag-aaral (tináwag)	Bumili ka na ngá ba ng isdà?

Ito ay mas mabúting gawin nang ísáhan sa tape recorder kaysa sa kláse, ngúnit sa bandang panimulá ng pag-aáral ay makákatúlong ang paggawá nito sa kláse pára mahásá sa pagsasalitá ang mga mag-aaral.

Ang pagsasánay sa pagsagot ay mas mabúting kláse ng may tularang ehersísyo dáhil ito ay karaníwang nagbíbigay ng kontéksto. Díto ay magbíbigay ng mga tagubílin ang guró tungkol sa ehersísyo, bábasáhin niya ang sagot (b), ipaúúlit ang nátúrang sagot sa mga mag-aaral, at pagkatápos ay bábasáhin niya ang (a) na siyang magbíbigay ng palatandáan sa mga istudyánte pára isagot ang (b). Halimbáwà:

Gurò	Ulítin ninyo ng sabay sabay: Hindí na. Lumípat na siya kanína.
Mag-aaral (sabay-sabay)	Hindí na. Lumípat na siya kanína.
Gurò	Hindí na. Lumípat na siya kanína.
Mag-aaral (sabay-sabay)	Hindí na. Lumípat na siya kanína.
Gurò	Sagutin ninyo áyon sa modélong inúlit nátin kanína
Gurò	Lílípat pa ba siya?
Mag-aaral	Hindí na. Lumípat na siya kanína.
Gurò	Mamámaléngke ka pa ba ngayon?
Mag-aaral	Hindí na. Namaléngke na ako kanína.
Gurò	Íinom pa ba ang anak mo?
Mag-aaral	Hindí na. Uminom na siya kanína.
Gurò	Kákáin pa ba ang tátay mo?
Mag-aaral	Hindí na. Kumáin na hó siya kanína.

Gurò	Kúkúha pa ba si Léslie ng pagkáin?
Mag-aaral	Hindí na. Kumúha na siya kanína.
Gurò	Mangúngúha pa ba sila ng gúlay búkas?
Mag-aaral	Hindí na. Nangúha na sila kanína.
Gurò	Púpunta pa ba siya sa plása?
Mag-aaral	Hindí na. Pumunta na siya kanína.
Gurò	Magpúpunta ka pa ba kina Léslie?
Mag-aaral	Hindí na. Nagpunta na ako sa kanila kanína.

Iba pang bahági ng "Basic Sentences" ng báwat aralin

Bukod sa diyálogo at mga pagsasánay na naipaliwánag na, ang báwat aralin ay méron ding kasámang komentáryo, at pagsasánay sa pagpílí ng támang sagot, pagtutuloy, at pagsagot sa mga tanong. Ang mga komentáryo ay pára lang sa saríling pag-aáral ng istudyánte at hindí pára sa silid-aralan. Ang pagpílí ng támang sagot ay dápat gawin nang **NAKASARA ANG AKLAT** at sa pamamagítan ng paggámit ng tape recorder. Ang mga pagsasánay sa pagsagot sa tanong at pagtutuloy ay pára sa silid-aralan at dápat ding gawin nang **NAKASARA ANG AKLAT**. Maáárí ding gawin ang ehersísyo sa pagpílí ng támang sagot sa ganitong pamamaraan.

Paraan ng pagtatanong

Nakasara ang aklat ng mga mag-aaral. Magtátanong ang gurò. Kung hindí máintindihan ng istudyánte ang tanong, ipaúlit sa kanya ang tanong at pagkatápos ay pasagutin siya. Kung nahíhirápan ang mag-aaral sa pag-úlit ng tanong, pagputul-putulin iyon katúlad ng halimbáwang ibinigay sa únang bahági nitong pambúngad. Kung hindí pa rin makasagot ang mag-aaral pagkatápos niyang ulítin ang tanong, ang guró ay maááring tumáwag na ng ibang mag-aaral. Mahalagang mabigyan ng pagkakátaong makasagot ang isang mag-aaral, at maúlit niya ang tanong kung kinákailángan, bágo tumáwag ng iba. Ngúnit kasabay nito ay dápat ding mapanatíli ang támang tiyémpo sa kláse.

Kung magkákaroon ng pagkakátaong gumámit ng magandang tanong na walá sa aklat, maááring gawin ito ng guró kung makákapagbigay-búhay ito sa isang natural na pag-uúsap sa kláse. Ngúnit ingátang huwag lumabas sa aralin. Mahalagang ang nakatakdang aralin ang siyang maging séntro ng mga gáwáin sa kláse.

Ano ang dápat na maging tugon sa mabúting sagot? Dápat bang magsábi ang guró ng "magaling!" or "ang dúnong mo!" Hindí dápat. Mabúting puríhin ang mga mag-aaral, ngúnit tandaan na ang pángunáhing pánuntúnan nátin ay ang pagbibigay ng kontéksto. Tingnan ang sumúsunod na pag-uúsap:

| Gurò | Kaylan ka ngá pala lílípat? Sa Byérnes na ba? |
| Mag-aaral | Sa Sábado pa hó ako pwéde. |

Díto ay hindí dápat tumugon ang guró ng "ang galing!" dáhil sa túnay na búhay ay hindí ito ang karaníwang sagot na mákukúha niya. Ang isang posíbleng tugon díto ay:

| Gurò | Talaga? Bákit sa Sábado pa? |

Magkákaroong mulí ng pagkakátaon ang mag-aaral na sumagot:

| Mag-aaral | Dáhil sa Sábado pa hó lílípat yong nakatira doon. |

(At díto ay dápat normal pa rin ang tugon ng gurò. Iyan na ang pinakamabúting pagpúri na pwédeng ibigay sa isang mag-aaral.)

"Guided conversation"

Ito ay maááring paghandaan ng mag-aaral sa báhay at isaganap sa silid-aralan. Kung mahúsay ang guró at may karanasan na, maáárí siyang maghandá ng mga laráwan at iba pang bágay na makákapagbigay-sigla sa pag-uúsap ng mga mag-aaral na gumágámit ng ganoon ding téma at mga pangungúsap o diyálogo. Mulì, mahalagang manatíling nakaséntro ang pag-uúsap sa nakatakdang aralin dáhil ang mga "guided conversation" na ito ay naglálayong repasúhin ang mga anyong natutúnan ng mga mag-aaral sa násábing aralin.

Balarílá at mga pagsasánay díto

Ang mga bahági ng balarílá ay dápat pag-arálan ng istudyánte sa báhay. Hindí makabúbúti pára sa guró na magbúhos ng maráming óras sa pagpapaliwánag ng nása balarílá dáhil mas mákukúha nila ito sa saríling pag-aáral. Subálit kung ang guró ay isang dalubhásá sa wíká at naúunawáan niya ng lúbúsan ang balarílà, makabúbúting magbigay siya ng maikling paliwánag tungkol sa mga alintuntúnin bágo gawin ang mga pagsasánay. Dápat tandaan na ang balarílá ay hindí pára turúang magsalitá ang mga mag-aaral kundí pára ihandá sila sa pagsasagawá ng mga pagsasánay na siyang tútúlong sa kanila pára makapagsalità. Sa katapusan ay ang mga ehersísyong nakapaloob sa kontéksto rin ang siyang lúbúsang makapagpapaunáwá sa mga mag-aaral at makákatúlong sa mag-aaral na maging matatas sa pagsasalitá ng Pilipíno.

Pagsasánay sa balarílà

May dalawang úrí ng pagsasánay na paréhong makabúbúting gawin na lang ng mag-aaral sa báhay. Úna, may mga ehersísyo na may tularan at nagsásánay sa mga tuntúnin ng balarílà. Ang paraan ng pagsasagawá nito ay parého din ng pára sa diyálogo. Pangalawa, méron ding mga pagsasánay sa pagpupunò. Lahat ng mga ehersísyong ito ay mayroong sagot sa likod ng aklat at dápat gawing mag-isa ng istudyánte. Kung ang guró ay isang dalubwíká at nagbíbigay ng kláseng pang-balarílà, ang mga pagsasánay na ito ay maááring gamítin pára subúkin ang kakayahan ng istudyánte sa paggámit ng mga anyóng ipinakilála at pára maipaunáwá ang mahihírap na bahági ng balarílà.

Babasahin

Simulá sa ikawalong aralin ay mayroong babasahin. Ang mga babasahin ay dápat gawin ng mag-aaral nang mag-isa sa báhay. Ang mga ito ay nása tape at maááring pakinggan ng istudyánte pagkatápos niyang basáhin, o hábang pinag-áarálan niya. Mayroong talahulugánan sa likod ng aklat. Lahat ng mga salitá at anyó ng paggámit sa mga ito sa mga diyálogo at babasahin ay mákikíta doon. Makákatúlong sa mag-aaral ang pagkonsúlta sa talahulugánan sa pag-unáwá ng babasahin. Huwag na huwag mag-aaksaya ng panahon sa pagbabasa ng mga kwénto sa mga mag-aaral, pagpapabása sa kanila ng malakas sa kláse, o pagsasálin ng mga kwénto sa Ingles. Mas mabúting magsagawá ng mga pagsasánay sa pag-uúsap sa mga babasahin katúlad ng pagpapaháyag na mulì, pagsagot sa mga tanong, pagbuó ng mga pangungúsap, pagsasalaysay, pagganap ng papel, pagbuó ng mga tanong, paghahandá ng mga maling pangungúsap pára iwastó ng kápwa niya istudyánte, at marámi pang ibang paraan na makákapagbigay-sigla sa pag-uúsap na gumágámit ng mga salitá, parirálà, at mga anyong mákikíta sa babasahin. May mga pagsasánay sa aklat na ito pára sa ilan sa mga nátúrang paraan. Marámi pang mga paraang kahambing ng mga naibigay na ang pwédeng gamítin ng gurong dalubhásá na sa pagtutúrò.

Paghahandá pára sa babasahin

Pára sa mga mahihírap na babasahin, makabúbúting tulúngan ang mga mag-aaral sa paghahandá sa pamamagítan ng pagbibigay ng mga mas símpleng pangungúsap na gumágámit ng mga salitá at anyong gáling sa nakatakdang babasahin. Sa panimulá ay náláman námin na mas makákatúlong sa mag-aaral ang pagbibigay ng táláan ng mahihírap na anyó sa isang babasahin at pagsanáyin sila sa mga ito sa pamamagítan ng pagbása ng madadaling pangungúsap, bágo ibigay sa kanila ang násábing babasahin. Sa ganitong paraan, naúunawáan ng mga mag-aaral ang binábása nila. Simulá sa ikalabing-pitong aralin, ang mga babasahin ay mahírap unawáin, at káhit na ang mga náuunang babasahin ay mayroon ding mga bahági na mahírap intindihin pára sa isang hindí marúnong ng Pilipíno. Lahat ng mga babasahin ay mayroong pagpapaliwánag o komentáryo na dápat tingnan ng mag-aaral hábang siya ay nagbábasa. Hindí dápat pag-usápan sa kláse ang nilálaman ng komentáryo.

Mga tanong at pagsasánay sa pagpupunò

Ang mga ito ay isinásagawá nang kagáya din ng pára sa diyálogo o "basic sentences." Ang aklat ay nakasara hábang ginágawá ang mga ito.

Pagpapahayag na mulì (EIII)

Pinakamabúting gawin ito sa kláse. Pinakamaínam na nakasara ang aklat at ipakíta na lámang ang hálaw na pagsásanáyan sa isang tábing hábang ginágawá ang ehersísyong ito. Pagkatápos ay bábasáhin ng guró ang baháging dápat buuin ng mag-aaral áyon sa ipinápakítang hálaw sa tábing. Maáárí ding gawin ito nang nakabukas ang aklat. Kayá lámang mábabása ng mga mag-aaral ang bahági ng pangungúsap na dápat nilang buuin, at dáhil díto ay nawáwalan sila ng pagkakátaong magsánay sa pag-unáwá bátay sa kanilang nárinig.

Pagsasánay sa pagsúlat ng komposisyon

Mabúti ring pasulátin ng komposisyon ang mga mag-aaral bátay sa mga babasahin. Íbig sabíhin, kailángan nilang gamítin ang mga bokabuláryo at anyong ipinakilála sa nakatakdang babasahin. Ang aklat na ito ay mayroong isang kláse ng pagsasánay sa pagsúlat. Ito ay dápat gawin ng mag-aaral sa báhay at ibigay sa guró úpang repasúhin pagkatápos ng kláse.

Pagsasaganap ng mga taúhan

Ito ay napakabísang paraan ng pagpapakintal ng mga anyó sa mga mag-aaral — na magámit nila ang mga iyon nang wastó at may pag-unáwá ng kahulugan. Maááring gamítin ang ganitong kláse ng pagsasánay pára sa babasahin at sa diyálogo o "basic sentences" din. Halimbáwà, sa kwénto ng matsing at pagong, ibigay ang papel ng matsing sa isang istudyánte at ang sa pagong sa isa pa. Báwat tagpó ay maááring isaganap nang hiwá-hiwalay at ang mga mag-aaral ay pwédeng bigyan ng iba-ibang papel.

Iba pang mga bahági ng aklat

Ang aklat na ito ay mayroong bahági na kinalálamnan ng mga sagot sa mga pagsasánay (malíban doon sa may mga tularan), talatuntúnan ng balarílà, at Pilipíno-Ingles na talahulugánan na nagtátalá ng lahat ng salitá at anyong ginámit sa diyálogo at babasahin. Salitang-ugat ang ginámit sa paglilista sa talahulugánang ito. Ang mga ito ay pára sa saríling paggámit ng mga mag-aaral at hindí pára sa silid-aralan.

Únang Aralin. Unit 1

AI. Únang Bahági

Nagháhanap ng kwárto sina Pete at Léslie kina Mr. Ocámpo

PETE (*Pagdating sa báhay*)

1. Táo pò! Nak-nak

MAID

2. Ano hó iyon?

3. Náriyan ba si Mrs. Ocámpo?

4a. Walá hó e.

b. Nása iskwelahan pa hó siya.

5. E, si Mr. Ocámpo, nandiyan ba?

6a. Óhò. Nárito hó siya.

b. Téka, tuloy hó múna kayo.

7. Salámat hò.

8. Sir, si Pete ho'y nárito.

9. Magandang hápon hó sir.

MR. OCÁMPO

10. O, Pete, kumusta ka?

11a. Mabúti hó naman.

b. Si Mrs. Ocámpo hò, e kumusta naman?

12a. Mabúti naman.

AI. First Part

Pete and Leslie look for a room at the Ocampo's

PETE (*Arriving at the house*)

1. Hello! Anybody home?

MAID

2. Yes? (Lit. What is that?)

3. Is Mrs. Ocampo there?

4a. No.

b. She's still at school.

5. How about Mr. Ocampo? Is he there?

6a. Yes, sir. He is here, sir.

b. Wait a minute. Please come in.

7. Thank you.

8. Sir, Pete is here.

9. Good afternoon, sir.

MR. OCAMPO

10. Oh, Pete, how are you?

11a. Oh, I am fine.

b. What about Mrs. Ocampo, how is she (in turn)?

12a. Oh, she is fine.

b. Péro walá pa siya e.

b. But she is not here yet.

Commentary to difficult forms in 1AI

1.	táo	"Person."
	pò	"Politeness particle" (§1.8).
	táo pò	"Expression used in calling out upon arrival at another's premises."
	nák-nak	"The Taglish version of táo pò."
		Upon coming to a house with a gate one calls out from the gate (or rings a bell if there is one). One does not enter the yard until specifically invited.
2.	ano	"What."
	hò	"Politeness particle" (§1.8).
	iyon	"That."
3.	náriyan	"Is (are) there" (§1.6).
	ba	"Question particle" (§1.91).
	si	"Particle preceding name or title" (§1.4).
4.	walà	"Is (are) not there" (§1.11).
	e	"Particle at end of sentence to take off the sharp edge of the statement."
	nása	"Is (are) at" (§1.6).
	iskwelahan	"School."
	pa	"Still" (§1.92).
	siya	"He, she."
5.	nandiyan	"Is (are) there (=náriyan)" (§1.6).
6.	nárito	"Is (are) here" (§1.6).
	téka	"Wait a second."
	tuloy	"Come in, continue."
	múna	"Just a second, first" (§1.95).
	kayo	"You (plural or polite)" (§1.8).
7.	salámat	"Thanks."
8.	sir	"Term of address to a person of white collar status to whom one is younger or inferior."
9.	maganda	"Beautiful."
	hápon	"Afternoon."
	magandang hápon	"Good afternoon."
	magandang	"Beautiful plus the linker ng " (§3.71).
10.	kumusta	"How are (is). . ."
	ka	"You" (§1.3).
11.	mabúti	"Fine, good."
	naman	"Particle used in response to something someone else said: 'Oh' " (§1.98).
	e	The function of the particle e (for ay, 'y) is explained in §1.21.
12.	péro	"But."

AII. Pagsasánay. Ipalit ang mga salitang nása loob ng saklong. Pattern Practices. Substitute the form in parenthesis.

1. *Is Mrs. Ocampo there?*
    Náriyan ba si Mrs.Ocámpo?   *(si Mr. Ocámpo)*

Náriyan ba si Mr. Ocámpo?   *(si Léslie)*
Náriyan ba si Léslie?   *(siya)*
Náriyan ba siya?   *(si Pete)*
Náriyan ba si Pete?   *(si sir)*
Náriyan ba si sir?

2. *Mrs. Ocampo is there.*
Náriyan hó si Mrs. Ocámpo.   *(nása iskwelahan)*
Nása iskwelahan hó si Mrs. Ocámpo.   *(nása iskwelahan pa)*
Nása iskwelahan pa hó si Mrs. Ocámpo.   *(náriyan)*
Náriyan hó si Mrs. Ocámpo.   *(náriyan pa)*
Náriyan pa hó si Mrs. Ocámpo.   *(nárito pa)*
Nárito pa hó si Mrs. Ocámpo.   *(walá pa)*
Walá pa hó si Mrs. Ocámpo.

3. *Mrs. Ocampo is fine.*
Mabúti naman si Mrs. Ocámpo.   *(Mr. Ocampo)*
Mabúti naman si Mr. Ocámpo.   *(Pete)*
Mabúti naman si Pete.   *(Leslie)*
Mabúti naman si Léslie.   *(sir)*
Mabúti naman si sir.   *(siya)*
Mabúti naman siya.

4. *He is here.*
Nárito hó siya.   *(Leslie)*
Nárito hó si Léslie.   *(Pete)*
Nárito hó si Pete.   *(Mr. Ocampo)*
Nárito hó si Mr. Ocámpo.   *(Mrs. Ocampo)*
Nárito hó si Mrs. Ocámpo.   *(sir)*
Nárito hó si sir.

5. *What about Mrs. Ocampo, how is she (in turn)?*
Si Mrs. Ocámpo hò, e kumusta naman?   *(Pete)*
Si Pete hò, e kumusta naman?   *(Leslie)*
Si Léslie hò, e kumusta naman?   *(Mr. Ocampo)*
Si Mr. Ocámpo hò, e kumusta naman?   *(siya)*
Siya hò e kumusta naman?   *(sir)*
Si sir hó, e kumusta naman?

6. *Sir, please come in.*
Sir, tuloy hó múna kayo.   *(Leslie)*
Léslie, tuloy ka múna.   *(Pete)*
Pete, tuloy ka múna.   *(Mrs. Ocampo)*
Mrs. Ocámpo, tuloy hó múna kayo.   *(Mr. Ocampo)*
Mr. Ocámpo, tuloy hó múna kayo.

7. *Is Mrs. Ocampo there?*
Náriyan ba si Mrs. Ocámpo?   *(Mr. Ocampo)*
Náriyan ba si Mr. Ocámpo?   *(Leslie)*
Náriyan ba si Léslie?   *(she)*
Náriyan ba siya?   *(Pete)*
Náriyan ba si Pete?   *(sir)*
Náriyan ba si sir?

8. *Mrs. Ocampo is there.*
Náriyan hó si Mrs. Ocámpo.   *(at school)*
Nása iskwelahan hó si Mrs. Ocámpo.   *(still at school)*
Nása iskwelahan pa hó si Mrs. Ocámpo.   *(there)*
Náriyan hó si Mrs. Ocámpo.   *(still there)*
Náriyan pa hó si Mrs. Ocámpo.   *(still here)*
Nárito pa hó si Mrs. Ocámpo.   *(not here yet)*

Walá pa hó si Mrs. Ocámpo.

AIII.   Piliin ang támang sagot. Choose the right answer.

1. *Náriyan ba si Mrs. Ocámpo?*
   a.   Óhò. Salámat hò.
   b.   Óhò. Nárito hó si Léslie.
   c.   Óhò. Násakwelahan hó siya.
   d.   Óhò. Nárito hó siya.

2. *Násakwelahan pa ba si Mrs. Ocámpo?*
   a.   Óhò. Nárito hó siya.
   b.   Óhò. Nása iskwelahan pa hò.
   c.   Walá hò. Nása iskwelahan hó siya.
   d.   Óhò. Salámat hò.

3. *Tuloy hó múna kayo!*
   a.   Walá hò.
   b.   Táo pò.
   c.   Salámat hò.
   d.   Óhò. Nárito siya.

4. *Nása iskwelahan pa ba si sir?*
   a.   Óhò. Nárito hó siya.
   b.   Walá pa. Nása iskwelahan pa siya.
   c.   Mabúti naman ang iskwelahan.
   d.   Óhò. Nása iskwelahan pa hó siya.

5. *Magandang hápon hó sir!*
   a.   Mabúti hó naman.
   b.   Magandang hápon.
   c.   Walá pa siya e.
   d.   Sir, si Pete hó e.

6. *Walá pa hó ba si Mrs. Ocámpo?*
   a.   Óhò. Nárito hó siya.
   b.   Óhò. Walá pa hò.
   c.   Salámat hò.
   d.   Mabúti naman.

7. *Náriyan ba si Mr. Ocámpo?*
   a.   Kumusta ka?
   b.   Mabúti hó naman.
   c.   Magandang hápon hò.
   d.   Óhò. Nárito hò.

8.   *O, Pete kumusta ka?*
   a.   Salámat hò.
   b.   Tuloy hó múna kayo.
   c.   Mabúti hó naman.
   d.   Nása iskwelahan pa hó siya.

9. *Náriyan ba si Pete?*
   a.   Táo pò!
   b.   Salámat hò.
   c.   Nárito hó si Pete.
   d.   Mabúti hó naman.

10. *Si Mrs. Ocámpo hò, e kumusta naman?*
    a.   Mabúti naman.
    b.   Nárito hó siya.
    c.   Walá pa. Nása iskwelahan pa siya.
    d.   Óhò. Maganda siya e.

AIV. **Buuin ang mga sumúsunod na pangungúsap úpang magkaroon ng ganap na díwà.**
Complete the following sentences to have a complete thought.

1. Nárito hó... 2. Téka, tuloy hó... 3. Náriyan ba... 4. Si Pete ho'y... 5. Nása iskwelahan... 6. Mabúti hó... 7. Táo... 8. Si Mrs. Ocámpo hó... 9. Magandang... 10. E, si Mr. Ocámpo...

AV. **Sagutin ang mga sumúsunod na tanong. Answer the following questions.**

1. Náriyan ba si Mrs. Ocámpo? 2. Kumusta ka? 3. Násaan si Mrs. Ocámpo? 4. Magandang hápon hò, sir! 5. Nása iskwelahan pa hó ba siya? 6. Walá pa hó ba si Mrs. Ocámpo? 7. Náriyan ba si Mr. Ocámpo? 8. Si Mrs. Ocámpo nándiyan ba? 9. Si Pete e, kumusta naman? 10. Nárito ba si Léslie?

BI. Ikalawang Bahági	**BI. Second Part**
Ipinápakilála ni Pete si Léslie kay Mr. Ocámpo	**Pete introduces Leslie to Mr. Ocampo**

PETE	PETE

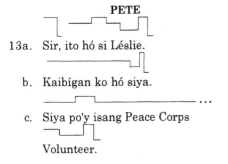

13a.   Sir, ito hó si Léslie.

b.   Kaibígan ko hó siya.

c.   Siya po'y isang Peace Corps Volunteer.

13a.   Sir, this is Leslie.

b.   She's a friend of mine.

c.   She's a Peace Corps Volunteer.

MR. OCÁMPO

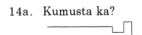

14a.   Kumusta ka?

b.   Upó múna kayo.

MR. OCAMPO

14a.   How are you?

b.   Please have a seat (lit. sit down first).

LÉSLIE

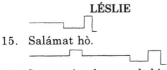

15.   Salámat hò.

16.   Inom múna kayo ng kok!

LESLIE

15.   Thank you.

16.   Please have some Coke first.

PETE

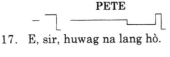

17.   E, sir, huwag na lang hò.

PETE

17.   No, sir, please don't bother.

MR. OCÁMPO

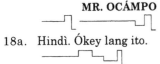

18a.   Hindì. Ókey lang ito.

b.   Inom múna táyo.

MR. OCAMPO

18a.   No. It (lit. this) is all right!

b.   Let's have something to drink. (lit. let's drink first).

PETE

19. Malaki hó pala ang báhay ninyo, ano?

20a. A, hindí naman masyádong malaki.

b. Támá lang kasi kóntí lang kami.

21. Mé mga anak na hó ba kayo?

22. Dalawa pa ngá lang, e.

LÉSLIE

23. Babáe hó ba sila o laláki?

24a. Yung pangánay ko'y laláki.

b. Násá Maynílá siya.

c. Yung bunsó naman ay babáe.

d. Kasáma námin siya sa báhay.

PETE

25. E di malalaki na rin hó pala sila.

PETE

19. Oh, I see your house is huge.

20a. Oh, it's not too big.

b. It is just right because there is only a few of us (lit. we are only a few).

21. Do you have any children (yet)?

22. Only two (so far, of course).

LESLIE

23. Are they girls or boys?

24a. My elder (lit. that elder of mine) is a boy.

b. He's in Manila.

c. The younger (lit. that youngest on the other hand) is a girl.

d. She is at home with us (lit. she is our companion in the house).

PETE

25. So, they are pretty much grown up by now.

Commentary to difficult forms in 1BI

13.	*ito*	"This."
	kaibígan	"Friend."
	ko	"My, mine" (§1.5).
	pò	Politeness particle. *Pò* is a variant of *hò* and is more formal and more respectful.
	'y	"Marker following a subject placed first in the sentence" (§1.21).
	isa	"One."
	isang	*Isa* plus the linker *ng* (§2.4).
14.	*upò*	"Sit."
16.	*inom*	"Drink."

	ng	Direct object marker (pronounced *nang*).
	kok	"Coke."
17.	*huwag*	"Don't."
	huwag na lang	"Please don't bother."
18.	*hindì*	"No" (§1.1).
	Ókey lang	"There's no problem, it's just fine."
	táyo	"We (including you)" (§1.31).
19.	*malaki*	"Big."
	pala	Particle used on discovery of new information (§1.97).
	ang	"The" (subject marker) (§1.4).
	báhay	"House."
	ninyo	"Your."
	ano	"Isn't that so?"
		It is not considered bad form to give strong praise of this sort, but the person praised should mitigate it.
20.	*hindí naman*	"No (that's not really so)" (§1.98).
	masyádo	"Very."
	masyádong	*Masyádo* plus the linker *ng* (§2.4).
	támá lang	"Just the right size, amount" (§1.94).
	kasi	"Because."
	kóntì	"Few, little."
	kami	"We excluding you" (§1.31).
21.	*mé*	"Variant of *may* 'there is, there are'."
	mga	"Plural marker" (§1.7).
	anak	"Child, son, daughter."
	na	"By now" (§1.93).
		A question of this sort might seem to us as prying, but in the Philippines it is considered good form to take a personal interest in your interlocutor.
22.	*dalawa*	"Two."
	pa lang	"Only... so far" (§1.92).
	ngà	"Yes, indeed it is so" (§1.96).
23.	*babáe*	"Girl, woman, female."
	sila	"They."
	laláki	"Boy."
	at	This is a conjunction "and."
	bunsò	"Youngest."
	kasáma	"Companion."
	námin	"Our (excluding your)" (§1.5).
25.	*e di*	"So, therefore."
	malalaki	"Big (plural)" (§1.7).
	na	"By now" (§1.93).
	rin	"Rather" (§1.99).
	pala	"Particle used on getting new information."

BII. **Pagsasánay. Ipalit ang mga salitang násas loob ng saklong. Pattern Practices. Substitute the form in parenthesis.**

1. *This is Leslie.*

Ito hó si Léslie.	*(si Pete)*
Ito hó si Pete.	*(ang kasáma ko)*
Ito hó ang kasáma ko.	*(ang kaibígan ko)*
Ito hó ang kaibígan ko.	*(ang báhay ko)*
Ito hó ang báhay ko.	*(ang mga anak ko)*

Ito hó ang mga anak ko.
Ito hó si Léslie.   *(si Léslie)*

2. *The other one is in Manila.*
Yung isa'y násá Maynílà.   *(nása báhay)*
Yung isa'y nása báhay.   *(nása iskwelahan)*
Yung isa'y nása iskwelahan.   *(náriyan)*
Yung isa'y náriyan.   *(nároon)*
Yung isa'y nároon.   *(nárito)*
Yung isa'y nárito.

3. *This is Leslie.*
Si Léslie hó ito.   *(si Pete)*
Si Pete hó ito.   *(isang kaibígan ko)*
Isang kaibígan ko hó ito.   *(Peace Corps Volunteer)*
Peace Corps Volunteer hó ito.   *(anak ko)*
Anak ko hó ito.   *(báhay ko)*
Báhay ko hó ito.

4. *Oh! Your house is big.*
Malaki hó pala ang báhay ninyo, ano?   *(ang anak ninyo)*
Malaki hó pala ang anak ninyo, ano?   *(si Léslie)*
Malaki hó pala si Léslie, ano?   *(ang iskwelahan)*
Malaki hó pala ang iskwelahan, ano?   *(si Pete)*
Malaki hó pala si Pete, ano?

5. *Please have a seat.*
Upó múna kayo.   *(inom)*
Inom múna kayo.   *(tuloy)*
Tuloy múna kayo.   *(inom ng kok)*
Inom múna kayo ng kok.

6. *Do you have children yet?*
Mé mga anak na hó ba kayo?   *(houses)*
Mé mga báhay na hó ba kayo?   *(Coke)*
Mé kok na hó ba kayo?   *(children)*
Mé mga anak na hó ba kayo?   *(big house)*
Mé malaking báhay na hó ba kayo?   *(companion)*
Mé kasáma na hó ba kayo?

7. *He's in Manila.*
Nása Maynílá siya.   *(at school)*
Nása iskwelahan siya.   *(at home)*
Nása báhay siya.   *(there)*
Náriyan siya.   *(here)*
Nárito siya.

8. *Our house is not too big.*
Hindí naman masyádong malaki ang báhay   *(our children)*
námin.
Hindí naman masyádong malalaki ang mga   *(our school)*
anak námin.
Hindí naman masyádong malaki ang   *(our house)*
iskwelahan námin.
Hindí naman masyádong malaki ang báhay   *(Leslie)*
námin.
Hindí naman masyádong malaki si Léslie.
Hindí naman masyádong malaki ang   *(our eldest)*
pangánay námin.   *(our youngest)*
Hindí naman masyádong malaki ang bunsó
námin.

9. *The house is just the right size.*
   Támá lang ang báhay.   *(is just here)*
   Nárito lang ang báhay.   *(is just there)*
   Náriyan lang ang báhay.   *(the school)*
   Náriyan lang ang iskwelahan.   *(the eldest child)*
   Náriyan lang ang pangánay.   *(our children)*
   Náriyan lang ang mga anak námin.

10. *The youngest is a girl.*
   Yung bunsó naman ay babáe.   *(is at school)*
   Yung bunsó naman ay nása iskwelahan. *(is here)*
   Yung bunsó naman ay nárito.   *(is at the house)*
   Yung bunsó naman ay nása báhay.   *(is there)*
   Yung bunsó naman ay náriyan.

BIII. Piliin ang támang sagot. Choose the right answer.

1. *Peace Corps Volunteer ba siya?*
   a.   Óhò. Siya po'y Peace Corps Volunteer.
   b.   Óhò. Nárito hó si Léslie.
   c.   Óhò. Nása iskwelahan pa hó siya.
   d.   O, Pete. Kumusta?

2. *Kaibígan ba niya si Léslie?*
   a.   Óhò. Peace Corps Volunteer si Léslie.
   b.   Óhò. Talagang walá siya díto.
   c.   Óhò. Kaibígan niya si Léslie.
   d.   Óhò. Malaki hó ang báhay.

3. *Násaan hó ang pangánay ninyo?*
   a.   Óo. Yung bunsó námin ay babáe.
   b.   Walà. Nása Maynílà.
   c.   Hindì. Ókey lang ito.
   d.   Hindì. Hindí masyádong malaki.

4. *Babáe ba ang bunsó ninyo?*
   a.   Ang pangánay ko'y laláki.
   b.   Hindì. Inom múna táyo ng kok.
   c.   Óo. Péro támá lang.
   d.   Óo. At kasáma námin siya sa báhay.

5. *Mé mga anak na hó ba kayo?*
   a.   Óo. Ókey lang ito.
   b.   O talaga?
   c.   Dalawa pa ngá lang e.
   d.   Walá iyon.

6. *Babáe hó ba sila o laláki?*
   a.   Inom múna kayo ng kok.
   b.   Yung pangánay ko'y laláki.
   c.   Hindì! Ókey lang ito.
   d.   Péro támá lang.

7. *Malaki hó pala ang báhay ninyo, ano?*
   a.   Kóntí lang kami sa báhay.
   b.   Inom múna táyo.
   c.   Sir, huwag na lang hò.
   d.   Hindí naman masyádong malaki.

8. *Malalaki na hó ba ang mga anak ninyo?*
   a.   Hindì. Nása Maynílá sila.
   b.   Hindí námin sila kasáma.

    c.   Walà. Nása Maynílá sila.

    d.   Óo. Malalaki na sila.

9. *Babáe ba ang bunsó ninyo?*

    a.   Óo, ang pangánay ko'y laláki.

    b.   Óo, babáe at kasáma námin sa báhay.

    c.   Óo, may mga anak na kami.

    d.   Hindì. Nása Maynílá ang bunsò.

BIV. **Buuin ang mga sumúsunod na pangungúsap úpang magkaroon ng ganap na díwà. Complete the following sentences to form a complete thought.**

1. Upó múna... 2. Malaki hó pala ang... 3. Yung bunsó naman ay... 4. Huwag na lang hó... 5. Ang báhay ninyo hó pala ay... 6. Kasáma námin ang... 7. Kaibígan ko hó... 8. Hindí naman masyádong... 9. Babáe hó ba ang... 10. Yung pangánay ko'y... 11. Mé mga anak na... 12. Hindí naman masyádong malaki péro... 13. Babáe hó ba sila o... 14. Nása Maynílá yung... 15. Dalawa pa ngá lang ang... 16. Yung bunsó ay... 17. Si Léslie ho'y...

    New words:

násaan	*where*
síno	*who*
bákit	*why*

BV. **Sagutin ang mga sumúsunod na tanong. Answer the following questions.**

1. Síno ang kaibígan ni Pete? 2. Babáe ba ang bunsó ni Mrs. Ocámpo? 3. Násaan ang pangánay ni Mr. Ocámpo? 4. Bákit si Mr. Ocámpo lang ang nása báhay? 5. Ano ang pangánay ni Mr. Ocámpo, babáe ba o laláki? 6. Walá bang kasáma si Pete? 7. Malaki ba ang báhay nila? 8. Bákit masyádong maliit ang báhay ninyo? 9. Isa lang ba ang anak ninyo? 10. Síno ang nása Maynílà?

CI.   **Guided Conversation for Unit 1**

Carry out a conversation on the following outline. One student take the role of Pete, another of Mr. Ocampo and a third, of the maid.

Pete:	Hello! Anybody home?
Maid:	Asks politely what he wants.
Pete:	Asks if Mrs. Ocampo is there.
Maid:	Explains that Mrs. Ocampo isn't there, but Mr. Ocampo is.
Pete:	Asks again to be sure that he understood if Mrs. Ocampo is really not there.
Maid:	No. She's still in school.
	Then she asks Pete to come in (since after all she recognizes him as one of Mr. Ocampo's students). Then she announces to Mr. Ocampo that Pete is there.
Mr.O:	Greets Pete. He notices that he has someone with him and remarks on it.
Pete:	After wishing a good afternoon to Mr. Ocampo, Pete introduces his companion, Léslie, a PCV.
Mr.O:	Says the appropriate things upon being introduced and invites them to sit down. Asks the maid if they have any Coke in the house.
Maid:	Affirms availability of Coke.
Mr.O:	(After Coke is brought in) offers them a drink.
Pete:	Responds appropriately to the offer of drink.
	Then he makes a comment that he notices they have a big house.
Mr. O:	Not really. He says it's just enough for them. Because there aren't many of them. They just have two children.

Pete:	Pete asks if they stay together with them at the house.
Mr.O:	Explains that no. Just the youngest.
Pete:	Asks if the youngest is a girl or boy.
Mr. O:	Explains that she is a girl and is grown up.
Pete:	Asks about the eldest, if he is in Los Baños.
Mr.O:	Explains that he is not. He is in Manila.

Grammar

1.1   Pronunciation

Pilipino pronunciation offers few complications for English speakers. There are five vowels: *i*, *e*, *a*, *o*, *u*, and four diphthongs: *ay, oy, iw, aw*. The following list gives an approximate pronunciation.

i	a high front vowel.	Similar to English **ee** in **meet**:	*bili*	"buy."
e	a mid front vowel.	Similar to English **e** in **let**:	*empényo*	"request."
a	a low central vowel.	Similar to English **a** in **father**:	*bála*	"bullet."
o	a mid back rounded vowel.	Similar to English **o** in **God** or **au** in **caught**:	*oras*	"time."
u	a high back rounded vowel.	Similar to English **oo** in **too**:	*úna*	"first."
ay		Similar to English **igh** in **high**:	*báhay*	"house."

Normally, the diphthong *ay* occurs only at the end of the word. Orthographic *ay* anywhere other than in the end of a word and in monosyllables is pronounced *e*. *Kay* "to" is pronounced *ke:*.

1. *Pára kay (ke) John* . "For John."

oy	Similar to English **oi** in **boil**:	*apoy*	"fire."

Oy is sometimes spelled as *uy*: *apuy* "fire."

iw	A sound beginning with **ee** and moving to <u>oo</u>, similar to English **ew** in **few**:	*bitiw*	"release."
aw	Similar to English **ou** in **house**: *i*	*ikaw*	"you."

The following table shows the Pilipino consonants:

	bilabial	apico-dental	velar
voiceless stops	p	t	k
voiced stops	b	d	g
nasal	m	n	ng

Other consonants: *r, l, y, w, s, h*, glottal stop (written by a grave accent over the preceding vowel): *à, è, ì, ò, ù*. Voiceless stops are not aspirated, but otherwise similar to English:

p, t		*putol*	"cut off"
k	Like English k but far back in the mouth:	*makákakíta*	"will see"

Voiced stops are similar to English:

b	*báboy*	"pig"	*d*	*dala*	"bring"

Nasals and liquids are similar to English:

m, n, ng	Like in English **sing**. It occurs at the beginning,	*Mánang*	"title for an older woman"
		ngayon	"now"
	in the middle,	*hanggang*	"until"
	and at the end of a word:	*isang áraw*	"one day."
r	A slight trill or tap as in the British pronunciation of **r** in **very**:	*áraw*	"day"
l, y, w, s, h	Similar to the English equivalents:	*lákad*	"go"
		mayáman	"rich"
		walà	"there is none, is not there"
		husto	"adequate, sufficient"
glottal stop	A catch in the throat stopping the air such as in the English "oh-oh" (an expression uttered when one has dropped something):	*walà*	"there is none"
		hindì	"no"
		óhò	"yes, sir"

The glottal stop occurs only before a pause. In the middle of a phrase it is dropped, and the vowel preceding it is lengthened.

walà	"there is none"	*walá na*	"they're all gone"
mámayà	"later"	*mámayá na*	"make it another time"

If several vowels are written in a sequence, each is pronounced distinctly, separated by a glottal stop.

táo (ta-o)	"man"	*mabait (maba-it)*	"well-behaved"

Vowels can be long or short. Normally, length is not indicated in Pilipino orthography. In this book, we will indicate length by an acute accent. Do exercise IA and listen to tape (#1.3) where we will demonstrate the long vs. the short vowels.

makíkisáma	"be sociable"	*makákáin*	"edible"
pagkakáiba	"difference"	*nakákabili*	"can buy"
mákatulog	"fall asleep"	*makatúlog*	"can sleep"

Stress

Stress is automatically on the last long vowel in the word. If the word contains no long vowels, stress is on the final syllable. The stressed syllable is capitalized in the following examples:

MÁnunulat	"writer"	*nagwáwalang-baHÁlà*	"not care"
nagBÁbasa	"be reading"	*pagbabaSA*	"a reading"
kumáKÁin	"be eating"		

Listen to tape 1.3 to practice hearing the stress and vowel length.

1.2   The make-up of the predicate

Pilipino sentences contain a PREDICATE and optionally a SUBJECT. The predicate normally comes first. The predicate is the statement made or the information given (in a statement) or (in a question) the question asked. In the following sentences the PREDICATE is written in capitals.

2. *KAIBÍGAN KO HÓ siya.* "She is my friend." (1B13a)
3. *MALAKI HÓ PALA* ang báhay ninyo. "Your house is big." (1B19)
4. *ÓKEY LANG ito.* "It is all right." (1B18)
5. *NÁRIYAN BA si Mrs. Ocámpo?* "Is Mrs. Ocampo there?" (1A3)

The subject is the thing or person about which the predicate is stated or asked. In the above sentences the portions not underlined are the subject of the sentence. In 1 *siya* "he, she" is the person about whom *KAIBÍGAN KO HÒ* "my friend" is stated. In 2 *ang báhay ninyo* "your house" is the thing about which *MALAKI HÓ PALA* "I see it's big" is stated. Similarly, in 3 *ito* is the thing about which *ÓKEY LANG* "this will do" is stated. Finally, in 4 *si Mrs. Ocámpo* is the person about whom *NÁRIYAN BA* "is she here" is asked.

1.21   Word order of subject and predicate

The word order can be predicate followed by subject or, alternatively subject followed by predicate. The order PREDICATE-SUBJECT is the order which does not create any special emphasis, as in examples 1-4 in §1.2 above. However, the order SUBJECT-PREDICATE also occurs when there is special attention drawn to the subject:

6. *Si Mr. Ocámpo, NÁNDIYAN BA?* "How about Mr. Ocampo, is he there?" (1A5)
7. *Si Pete ho'y NÁRITO.* "Pete is here, sir." (1A8)

When the subject precedes the predicate it is followed by a pause and/or there is a particle *ay* placed after it. *Ay* may be pronounced *e* or reduced to *y* after a vowel.

8.   *Siya po'y ISANG PEACE CORPS.* "She is a PCV. (Lit. As for her, she is a PCV)" (1B13c)
9.   *Yung pangánay ko'y LALÁKI.* "My eldest one, he is a boy." (1B24a)
10. *Yung bunsó naman ay BABÁE.* "That youngest one, on the other hand, she is a girl." (1B24c)
11. *Si Mrs. Ocámpo hò e, KUMUSTA NAMAN?* "What about Mrs. Ocampo, how is she?" (1A11b)

In examples 6 and 7 above, the particle *ay* (*e,y*) could come after *Ocámpo* and *hò*, respectively with no difference in meaning. We will have more to say about word order in Unit 2 and Unit 3.

DO GRAMMAR EXERCISE 1B.

1.22   Imperative sentences

Imperative sentences (including exhortations) have a predicate-subject make-up. The subject is *kayo* or *ka* "you" for the imperative or *táyo* for an exhortation "let's ..."

12. *TULOY HÓ MÚNA kayo.* "Please come in." (1A6b)
13. *INOM MÚNA kayo NG KOK.* "Have some Coca-Cola." (1B16)
14. *INOM MÚNA táyo.* "Let's drink." (1B18)

1.3   Pronouns

There are two sets of pronouns: The personal (the words referring to the first, second and third persons) and the demonstratives ("this, that"). The personal pronouns are as follows. (The terms "Nominative" and "Genitive" are going to be explained in §§1.4 and 1.5 below.)

	Nominative	Genitive
I	ako	ko
you (singular)	ka, ikaw[1]	mo
you (plural or polite)	kayo	ninyo
he, she	siya	niya
we (including you)	táyo	nátin
we (not including you)	kami	námin
they	sila	nila

There are three commonly used demonstrative pronouns as follows:

	Nominative	Genitive
this	ito	nito
that (near you and not far away)	iyan	niyan
that (far away)	iyon (yun)[2]	niyon or noon

1.31 *Kami* vs *táyo*

Kami (genitive *námin*) is used for "we" or "us" when the person spoken to is not included.

15. *Támá lang kasi kóntí lang kami.* "This is just the right size because there are only a few of **us**." (1B20b)
16. *Inom múna táyo!* "Let's have a drink!" (1B18b)

DO GRAMMAR EXERCISE 1C.

1.4   The Nominative case

The **nominative** case is used both for the subject and the predicate of a sentence. In §1.3 we gave the nominative case forms of the pronouns. Forms other than the pronouns are preceded by the nominative markers *ang* or *si*. *Si* is used with personal names (not proper names of places) and titles ("Mr., Dr., Mrs.," and the like). *Ang* is used with other forms.

The subject of a sentence must be a nominative form: that is, the subject of a sentence must be either (1) a nominative pronoun (or a phrase introduced by a nominative pronoun) or (2) a phrase introduced by *ang* or (3) a name or title introduced by *si*.

Examples of nominative pronouns as subjects (as usual the PREDICATE is capitalized):

17. *ÓKEY LANG ito.* "This will do." (1B18a)
18. *BABÁE HÓ BA sila O LALÁKI.* "Are they girls or boys?" (1B23)
19. *KÓNTÍ LANG kami.* "There are only a few of us." (1B20b)

---

[1] *Ikaw* and *ka* are not interchangeable. When to use which one is explained in §4.61.

[2] In fancy speech also *yaon*.

Examples of a phrase with a demonstrative pronoun as subject:

20. *Yung bunsó naman ay BABÁE.* "The youngest one, on the other hand, is a girl."
(1B24C)

Examples of phrases introduced by *ang* as subject:

21. *MALAKI HÓ PALA ang báhay ninyo!* "Why you have a big house!" (1B19)

Examples of personal names or titles as subject:

22. *Si Mr. Ocámpo , NÁNDIYAN BA?* "How about Mr. Ocampo. Is he here?" (1A5)

DO GRAMMAR EXERCISE 1D1.

1.41   The nominative case in the predicate

When proper names or pronouns are the PREDICATE they are in the **nominative** case. That is, the nominative form of the pronoun or the proper name or title preceded by *si* is used as a predicate. The following sentences exemplify predicates consisting of a name:

23. *Ito hó SI LÉSLIE.* "This is Leslie." (1B13a)

1.5   Genitive forms

The genitive forms are used to refer to possession (among other things). For the pronouns genitive forms are the ones listed in §1.3 above. Proper names or titles have the particle *ni* for the genitive. Examples of **genitive pronouns:**

24. *Kaibígan ko hó siya.* "She is **my** friend." (1B13b)
25. *Kasáma námin.* "**Our** (excluding you) company." (1B24d)

Other genitives:

26. *Báhay ni Léslie.* "Leslie's house."

DO GRAMMAR EXERCISE 1D2.

1.6   Predicates which refer to location

Sentences which mean "be (am, is, are, was, were) at ..." have a predicate composed of phrases with a prefix *ná-* "be at." These phrases are as follows:

nárito or *nandíto*	"be here"
náriyan or *nandiyan*	"be there (not far)"
nároon or *nándoon*	"be there (far)"
nása + noun	"be at (noun)"

Examples:

27. *Náriyan (= nándiyan) ba si Mrs. Ocámpo?* "Is Mrs. Ocampo **there**?" (1A3)
28. *Nárito (=nandíto) hó siya.* "He is **here**." (1A6a)
29. *Nása iskwelahan pa hó siya.* "She is still **in school**." (1A4b)

1.7   Plurals

The category of plural is optional: it **may** be expressed, but it does not **have to be** expressed as is the case in English. Almost any form may be pluralized by putting the particle *mga* (pronounced *manga*) directly in front of it:

> 30. *May **mga anak** na hó ba kayo?* "Do you have **children?**" (1B21b)

Adjectives with a prefix *ma-* can be pluralized by reduplicating the first syllable after the prefix *ma-*:

malalaki	"big (plural)"
magaganda	"beautiful (plural)"
maliliit	"small (plural)"

> 31. *E di **malalaki** na rin hó pala sila.* "So they are **grown** now." (1B25)

Other adjectives (that is, those with no prefix *ma-*) do not have a special plural form.

DO GRAMMAR EXERCISE 1E.

1.8   Politeness

The particle *hò* or *pò* (a more formal variant) is used as a sign of politeness. This particle is used with an adult one does not know well, whatever the status. Also, one uses it to anyone of high status or older than oneself. Thus the maid says *hò* to Pete (she is presumably a young person). She is about his age, so he wavers. Pete says *hò* to Mr. Ocampo, who is of high status and clearly older than he is. However, Mr. Ocampo does not say *hò* to Pete. The word *hò* tends to come immediately after the first word of the sentence.

For persons whom one addresses with *hò* one uses *kayo* (genitive *ninyo*) for "you" – that is, the plural rather than the singular. Thus Pete addresses Mr. Ocampo as *kayo*, but a person of the same age is addressed as *ka* (genitive *mo*). Mr. Ocampo also addresses Pete as *ka*.

> 32. *Pete: Mé mga anak na hó ba **kayo**?* "Do **you** have children?" (1B21)
> 33. *Mr. Ocámpo: O, Pete, kumusta **ka**.* "Oh, Pete, how are **you**." (1A10)
> 34. *Mr. Ocámpo: Upó múna **kayo**.* "**You two** have a seat." (1B14b)

DO GRAMMAR EXERCISE 1F.

1.9   Word study: the particles

Particles are short words which carry meanings about the context. We will give the meanings and uses of the particles a bit at a time as they fit into the context of the dialogues. The glossary summarizes the uses of each particle as they come up in these lessons.

DO GRAMMAR EXERCISE 1G.

1.91   *Ba*

Ba is a spoken question mark: "?". In English questions we have a special word order, but in Pilipino questions we have the same word order as statements.

> 35. *Náriyan ba si Mrs. Ocámpo?* "Is Mrs. Ocampo there?" (1A3)

1.92 *Pa*

One meaning of *pa* is "still, yet."

36. *Nása iskwelahan **pa** hó siya.* "She is **still** in school." (1A4b)
37. *Péro walá **pa** siya e.* "But she is not here **yet**." (1A12)

Another meaning of *pa* is "only so much, many so far:"

38. *Dalawa **pa** ngá lang e.* "Only two **so far**." (1B22)

1.93 *Na*

The basic meaning of *na* is "by now, as of this time."

39. *May mga anak **na** hó ba kayo?* "Do you have children (**yet**)?" (1B21)
40. *E, sir, huwag **na** lang hò.* "Sir, don't bother." (1B17)

The phrase *huwag na* means "don't bother".

1.94 *Lang (lámang)*

Lang (short for *lámang*) means "only, just":

41. *Dalawa pa ngá **lang** e.* "**Only** two so far." (1B22)
42. *Kasi kóntí **lang** kami.* "Because there are **only** a few of us." (1B20b)

With locations *lang* means "right (here, there, etc.)":

43. *Támá **lang**.* "It is **just** the right size." (1B20b)

1.95 *Múna*

Múna is used with commands to soften them. The basic idea is "for the moment, for a minute."

44. *Upó **múna** kayo.* "Sit down **for a minute**." (1B14b)
45. *Inom **múna** kayo ng Kok.* "Have some Coke (**for a minute**)." (1B16)

1.96 *Ngà*

Ngà is a particle which affirms: "yes indeed it is so, of course (as is normal)."

46. *Dalawa pa **ngá** lang e.* "**Oh, yes,** only two so far." (1B22)

1.97 *Pala*

The particle *pala* means "oh, yes, I just realized" uttered when one has just found out a fact or remembered something.

47. *A malaki hó **pala** ang báhay ninyo, ano?* "**Oh, I see** you have a big house, don't you?" (1B19)

1.98 *Naman*

Naman is a particle which is used in a statement of fact given in reply or in a series of statements.

48. *Kumusta ka? – Mabúti hó **naman**!* "How are you? **–Oh, fine!**" (1A10-11a)

Naman is also used in a statement which contradicts the interlocutor, softening the contradiction.

> 49. *Hindí **naman** masyádong malaki.* "**Actually**, it's not too big." (1B20a)

Naman is used with a series of statements: "and now..., and now... in turn"

> 50. *Si Mrs. Ocámpo hò, e, kumusta **naman**?* "What about Mrs. Ocampo, how is she (**in turn**)?" (1A11b)
> 51. *Yung bunsó **naman** ay babáe.* "The youngest one (**in turn**) is a girl." (1B24a)

1.99 *Rin, din*

With an adjective *rin (din)* means "rather, somewhat."

> 52. *Malalaki na **rin** hó pala sila.* "They are **pretty much** grown up by now." (1B25)

1.10   Word study

1.10.1 *Walà* vs *hindì*

Walà negates location, existence or possession:

> 53. *Náriyan ba si Mrs. Ocámpo – **Walá** hó e.* "Is Mrs. Ocampo there? – **No**" (1A3-4a)
> 54. *Mabúti naman, péro **walá** pa siya e.* "She is fine but she is **not here** yet." (1A12)

For other kinds of statements, *hindì* is the negative:

> 55. *E, sir, huwag na lang hò – **Hindì**, ókey lang ito.* "Sir, don't bother. – **No**, this will do." (1B17-18a)

1.10.2 Greetings

The following sentences illustrate greetings:

> 56. *Kumusta ka?* "How are you?" – *Mabúti naman.* "Oh, fine." (1A10-11a)
> 57. *Táo pò!* "Hello! Anybody home? (calling out)" – *Ano hó iyon?* "Yes? (Lit. what is that?)" (1A1-2)
> 58. *Magandang umága!* "Good morning!"
> 59. *Magandang hápon!* "Good afternoon!"
> 60. *Magandang gabi!* "Good evening!"

Grammar Exercises

IA.   Pronunciation. Long vowels vs. short vowels

Do this exercise with tape no. 1.3.

If the vowel length is not accurate, the speakers of Pilipino have difficulty in understanding what was said. An important part of Tagalog phonology is vowel length. Listen to the following two words. In the first case the **u** sound is long:

bútas   *"hole"*

In the second case the **u** sound is short:

butas   *"perforated"*

Listen to them together:

bútas	*butas*

Now in the other order:

butas	*bútas*

The difference is quite clear. Let us listen to pairs with **a** and **i**:

sírà	*"break"*
sirà	*"broken"*

Again:

sírà	*sirà*

And in the other order:

sirà	*sírà*

With **a**:

ipagsabi	*"spread gossip"*
nagsábi	*"say"*

Together:

ipagsabi	*sábi*

Again in the other order:

sábi	*ipagsabi*

In the above examples the long vowel was on the penultimate, that is, the next-to-last syllable. The long vowel can also be on other syllables in the root or on a prefix as in the following two words:

nabíbili	*"can be bought"*
nábibili	*"sell well"*

Listen to them together:

nabíbili	*nábibili*

In the other order:

nábibili	*nabíbili*

Another example:

mákatulog	*"fall asleep"*
makatúlog	*"can sleep"*

Listen to them together:

mákatulog	*makatúlog*

Once more in the other order:

makatúlog	*mákatulog*

There can be more than one long vowel in a word:

nakákatúlog	*"can sleep"*

There is a long vowel on the second **a** and on the first **u**:

nakákatúlog	*"can sleep"*

The two long vowels can come next to each other:

makákáin	*"edible"*

Compare the following two:

makákáin	*"edible"*
makakáin	*"can eat"*

Listen to them together:

makákáin	*makakáin*

Now in the other order:

makakáin	*makákáin*

Another pair: "difference" and "be different":

pagkakáiba	*nagkákáiba*

It is possible to have three long vowels in a row:

magkákásáma	*"do things together"*
magkakasáma	*"people who accompany each other"*

Listen to them together:

magkákásáma	*magkakasáma*

In the opposite order:

magkakasáma	*nagkákásáma*

An important process in the flow of speech is the dropping of glottal stop. This is the sound which we indicate in the texts with a grave accent: as in the final sound of *walà*. Also the word *hindì* has this sound. It is a very frequently occurring sound. However, it only occurs before pause (and occasionally after consonants, where it is written with a dash as in *mag-áral* "learn").Words which end in a glottal stop lose the glottal stop when not before a pause. When they lose the glottal stop, the vowel preceding the glottal stop becomes long. We indicate this in the transcription by writing an acute accent in place of the grave. Listen to the following pair:

walà	*"none"*
walá na	*"no more"*

Together:

walà	*walá na*

Another example:

hindì	*"no"*
hindí na	*"no longer"*

Listen to them together:

hindì	*hindí na*

Again:

hindì	*hindí na*

When the glottal stop is followed by the linker *ng*, there is no lengthening:

walà	*walang bakánte*

Compare the following two phrases:

> *Walang bakánte.* "There are no vacancies."
> *Walá nang bakánte.* "There are no more vacancies."

The lengthening can be hard to hear if there are several long vowels in a row. Listen to the following two phrases:

> *Walá ngá hong bakánte.* "There are absolutely no vacancies."
> *Walá na hong bakánte.* "There are no more vacancies."

The form *ngà* has a distinctly longer vowel than the form *na*. Listen to the pair said together in sequence:

> *walá ngá hong bakánte*   *walá na hong bakánte.*

IB.   Pagpalitin ang simúnó at panag-urì. Reverse the subject and the predicate. (§1.21)

1. *Sentence with order P-S to S-P*
   1a. Nárito hó si Pete.
    b. Si Pete ho'y nárito.
   2a. Kumusta naman hó si Mrs. Ocámpo?
    b. Si Mrs. Ocámpo ho'y kumusta naman?
   3a. Isang Peace Corps Volunteer si Léslie.
    b. Si Léslie ay isang Peace Corps Volunteer.

4a. Ito hó si Léslie.
 b. Si Léslie ho'y ito.
5a. Malaki hó pala ang báhay ninyo.
 b. Ang báhay ninyo hó pala'y malaki.
6a. Hindí naman masyádong malaki ito.
 b. Ito'y hindí naman masyádong malaki.
7a. Kóntí lang kami.
 b. Kami'y kóntí lang.
8a. Nandíto hó ba ang iskwelahan?
 b. Ang iskwelahan hó ba'y nandíto?
9a. Laláki ba ang pangánay ninyo?
 b. Ang pangánay ba ninyo'y laláki?
10a. Náriyan hó ba si Mr. Ocámpo?
 b. Si Mr. Ocámpo hó ba'y náriyan?
11a. Mé mga anak na hó ba kayo?
 b. Kayo hó ba'y mé mga anak na?
12a. Maganda hó ba ang iskwelahan?
 b. Ang iskwelahan hó ba'y maganda?
13a. Maganda hó ba si Léslie?
 b. Si Léslie hó ba'y maganda?

2. *Sentence with order S-P changed to P-S*
 1a. Siya ho'y nása iskwelahan pa.
  b. Nása iskwelahan pa hó siya.
 2a. E si Mrs. Ocámpo nándiyan ba?
  b. Nándiyan ba si Mrs. Ocámpo?
 3a. Si Léslie hó ba ay isang PCV?
  b. Isang PCV hó ba si Léslie?
 4a. Ang báhay hó ba'y malaki?
  b. Malaki hó ba ang báhay?
 5a. Ang iskwelahan hó ba'y maganda?
  b. Maganda hó ba ang iskwelahan?
 6a. Si Pete hó ba'y nása iskwelahan?
  b. Nása iskwelahan hó ba si Pete?
 7a. Si Mr. Ocámpo hó ba'y nándiyan?
  b. Nándiyan hó ba si Mr. Ocámpo?
 8a. Sina Pete at Léslie hó ba'y nárito?
  b. Nárito hó ba sina Pete at Léslie?
 9a. Si Léslie hó ba'y nása iskwelahan?
  b. Nása iskwelahan hó ba si Léslie?
 10a. Siya po'y isang kaibígan.
  b. Isang kaibígan pó siya.
 11a. Si Léslie hó ba'y kaibígan?
  b. Kaibígan hó ba si Léslie?
 12a. Ang iskwelahan hó ba'y nárito?
  b. Nárito hó ba ang iskwelahan?

IC. *Kami* vs. *Táyo*. Piliin ang támang sagot sa saklong. **Choose the right answer in parenthesis. (§1. 31)**

1. Hindí ka kasáma, (*kami, táyo*) lang. 2. Síge, upó múna (*kami, táyo*). 3. Nása Maynílá ang pangánay. (*Kami, Táyo*) lang ang nása báhay. 4. Mabúti naman hó (*kami, táyo*), Mr. Ocámpo. 5. Hindí hó (*kami, táyo*)ng dalawa ang Peace Corps. Siya lang hò. 6. Walá hó si Mrs. Ocámpo sa báhay. (*Kami, Táyo*) lang ang nárito. 7. (*Kami, Táyo*) lang dalawa ang áalis. Hindí ka

pwédeng sumáma. 8. Nárito na hó ba (*kami, táyo*) sa báhay ninyo? 9. Pete, Léslie, inom múna (*kami, táyo*) ng Kok. 10. Nása iskwelahan ka. (*Kami, Táyo*) ang nása báhay.

ID.   Nominative and genitive

ID1.   Nominative substitution. Pagsasánay. Ipalit ang mga salitang nása loob ng saklong. Substitute the form in parenthesis. (§1.4)

A. *They are there, sir.*
   Náriyan hó sila.   *(he)*
   Náriyan hó siya.   *(I)*
   Náriyan hó ako.   *(we, including you)*
   Náriyan hó táyo.   *(the youngest)*
   Náriyan hó ang bunsò.   *(we)*
   Náriyan hó kami.   *(your house)*
   Náriyan hó ang báhay ninyo.   *(the eldest)*
   Náriyan hó ang pangánay.   *(they)*
   Náriyan hó sila.   *(Pete)*
   Náriyan hó si Pete.

B. *He isn't here yet.*
   Walá pa hó siya.   *(they)*
   Walá pa hó sila.   *(Leslie)*
   Walá pa hó si Léslie.   *(we, including you)*
   Walá pa hó táyo.   *(the eldest)*
   Walá pa hó ang pangánay.   *(I)*
   Walá pa hó ako.   *(he)*
   Walá pa hó siya.   *(we)*
   Walá pa hó kami.   *(your Coke)*
   Walá pa hó ang Kok ninyo.   *(the youngest)*
   Walá pa hó ang bunsò.

ID2.   Genitive substitution. Ipalit ang mga salitang nása loob ng saklong. Substitute the form in parenthesis. (§1.5)

A. *Your house is beautiful.*
   Maganda hó ang báhay ninyo.   *(my)*
   Maganda hó ang báhay ko.   *(his)*
   Maganda hó ang báhay niya.   *(Leslie's)*
   Maganda hó ang báhay ni Léslie.   *(their)*
   Maganda hó ang báhay nila.   *(ours, including yours)*
   Maganda hó ang báhay nátin.   *(your)*
   Maganda hó ang báhay ninyo.   *(ours, not yours)*
   Maganda hó ang báhay námin.

B. *Leslie is my friend.*
   Si Léslie ho'y kaibígan ko.   *(Pete's)*
   Si Léslie ho'y kaibígan ni Pete.   *(ours, including yours)*
   Si Léslie ho'y kaibígan nátin.   *(yours)*
   Si Léslie ho'y kaibígan ninyo.   *(their)*
   Si Léslie ho'y kaibígan nila.   *(his)*
   Si Léslie ho'y kaibígan niya.   *(ours, not yours)*
   Si Léslie ho'y kaibígan námin.

IE. **Gawing maramíhan ang mga sumúsunod na pangungúsap. Pluralize the following sentences. (§1.7)**

1a. May anak na hó ba kayo?
 b. May mga anak na hó ba kayo?
2a. Malaki na hó pala naman ang anak ninyo, ano?
 b. Malalaki na hó pala naman ang mga anak ninyo, ano?
3a. Kókóntí hó pala ang kwárto díto.
 b. Kókóntí hó pala ang mga kwárto díto.
4a. Maganda ang báhay díto at malaki.
 b. Magaganda ang mga báhay díto at malalaki.
5a. May báhay hó ba kayo?
 b. May mga báhay hó ba kayo?
6a. Nárito na ang kaibígan mo.
 b. Nárito na ang mga kaibígan mo.
7a. May kasáma ba siya?
 b. May mga kasáma ba siya?
8a. Malaki na hó ba ang babáe?
 b. Malalaki na hó ba ang mga babáe?
9a. Maganda ba ang iskwelahan?
 b. Magaganda ba ang mga iskwelahan?
10a. Upó ka múna.
 b. Upó múna kayo.

IF. *Ka* vs. *Kayo*. **Piliin ang támang sagot sa saklong. Choose the right answer in parenthesis. (§1.8)**

1. Pete, náriyan (*ka, kayo*) ba? 2. Tuloy hó múna (*ka, kayo*)? 3. Kumusta naman hó (*ka, kayo*)? 4. Hoy Pete! Malaki (*ka, kayo*) na pala. 5. Upó (*ka, kayo*) múna, Léslie. 6. Nása iskwelahan ba hó (*ka, kayo*)? 7. Mga kaibígan ko (*ka, kayo*)! 8. Malalaki na pala (*ka, kayo*)! 9. Inom (*ka, kayo*) múna ng Kok, Pete. 10. Mr. Ocámpo, náriyan hó ba (*ka, kayo*)?

IG. **Ipalit ang mga salitang nása loob ng saklong. Substitute the form in parenthesis. (§1.9)**

1. *Mrs. Ocampo is there.*

Náriyan si Mrs. Ocámpo.	*(ba)*
Náriyan ba si Mrs. Ocámpo?	*(hò)*
Náriyan hó si Mrs. Ocámpo.	*(hó ba)*
Náriyan hó ba si Mrs. Ocámpo?	*(pa)*
Náriyan pa si Mrs. Ocámpo.	*(pa ba)*
Náriyan pa ba si Mrs. Ocámpo?	*(pa hó ba)*
Náriyan pa hó ba si Mrs. Ocámpo?	*(na)*
Náriyan na si Mrs. Ocámpo?	*(na ba)*
Náriyan na ba si Mrs. Ocámpo?	*(na hó ba)*
Náriyan na hó ba si Mrs. Ocámpo?	*(lang)*
Náriyan lang si Mrs. Ocámpo.	*(ngà)*
Náriyan ngá si Mrs. Ocámpo.	*(ngá ba)*
Náriyan ngá ba si Mrs. Ocámpo?	*(pa ngà)*
Náriyan pa ngá si Mrs. Ocámpo.	*(na ngà)*
Náriyan na ngá si Mrs. Ocámpo.	*(na ngá ba)*
Náriyan na ngá ba si Mrs. Ocámpo?	*(din ngà)*
Náriyan din ngá si Mrs. Ocámpo.	*(din ngá ba)*
Náriyan din ngá ba si Mrs. Ocámpo?	*(pala)*
Náriyan pala si Mrs. Ocámpo.	*(din pala)*

Náriyan din pala si Mrs. Ocámpo.

2. *Have some Coke!*

Inom kayo ng Kok.	(*múna*)
Inom múna kayo ng Kok.	(*ka múna*)
Inom ka múna ng Kok.	(*hó kayo*)
Inom hó kayo ng Kok.	(*na*)
Inom na kayo ng Kok.	(*na múna*)
Inom na múna kayo ng Kok.	(*na lang*)
Inom na lang kayo ng Kok.	(*lang*)
Inom lang kayo ng Kok.	(*rin*)
Inom rin kayo ng Kok.	(*na rin*)
Inom na rin kayo ng Kok.	(*na ngà*)
Inom na ngá kayo ng Kok.	(*pala*)
Inom pala kayo ng Kok.	(*ngá pala*)
Inom ngá pala kayo ng Kok.	

3. *Do you have children?*

May mga anak ba kayo?	(*na hò*)
May mga anak na hó kayo.	(*na hó ba*)
May mga anak na hó ba kayo?	(*ba*)
May mga anak ba kayo?	(*pala*)
May mga anak pala kayo!	(*na pala*)
May mga anak na pala kayo!	(*naman*)
May mga anak naman kayo!	(*din*)
May mga anak din kayo.	(*din pala*)
May mga anak din pala kayo.	(*din naman pala*)
May mga anak din naman pala kayo.	(*ngà*)
May mga anak ngá kayo.	(*na ngà*)
May mga anak na ngá kayo.	(*na ngá pala*)
May mga anak na ngá pala kayo.	

4. *He is my friend.*

Kaibígan ko siya.	(*hò*)
Kaibígan ko hó siya.	(*mo*)
Kaibígan mo siya.	(*mo ba*)
Kaibígan mo ba siya?	(*mo pa ba*)
Kaibígan mo pa ba siya?	(*mo lang ba*)
Kaibígan mo lang ba siya?	(*ko rin*)
Kaibígan ko rin siya.	(*ko ngà*)
Kaibígan ko ngá siya.	(*ko rin ngà*)
Kaibígan ko rin ngá siya.	(*ko pala*)
Kaibígan ko pala siya.	(*ko ngá pala*)
Kaibígan ko ngá pala siya.	(*ko na*)
Kaibígan ko na siya.	(*ko pa*)
Kaibígan ko pa siya.	

5. *Mrs. Ocampo is there.*

Náriyan si Mrs. Ocámpo.	(*is she there*)
Náriyan ba si Mrs. Ocámpo?	(*there, sir?*)
Náriyan hó ba si Mrs. Ocámpo?	(*Mrs. Ocampo is still there*)
Náriyan pa si Mrs. Ocámpo.	(*is still there, sir*)
Náriyan pa hó si Mrs. Ocámpo.	(*is she still there, sir*)
Náriyan pa hó ba si Mrs. Ocámpo?	(*Mrs. Ocampo is there now*)
Náriyan na si Mrs. Ocámpo.	(*is there now, sir*)
Náriyan na hó si Mrs. Ocámpo.	(*is there, too*)
Náriyan rin si Mrs. Ocámpo.	(*is still there, too, sir*)
Náriyan pa rin hó si Mrs. Ocámpo.	(*yes indeed, she is there*)

Náriyan ngá si Mrs. Ocámpo.   *(is it true that she is there)*
Náriyan ngá ba si Mrs. Ocámpo?   *(is it true that she is there, sir)*
Náriyan ngá hó ba si Mrs. Ocámpo?   *(is she really still there)*
Náriyan pa ngá ba si Mrs. Ocámpo?   *(she is really still there)*
Náriyan pa ngá si Mrs. Ocámpo.   *(she is really there now)*
Náriyan na ngá si Mrs. Ocámpo.   *(she is really there now sir)*
Náriyan na ngá hó si Mrs. Ocámpo.   *(is she really there now, sir)*
Náriyan na ngá hó ba si Mrs. Ocámpo?

6. *Please have some Coke.*
    Inom kayo ng Kok.   *(you [plural] drink first)*
    Inom múna kayo ng Kok.   *(you drink first)*
    Inom ka múna ng Kok.   *(you drink, sir)*
    Inom hó kayo ng Kok.   *(you [plural] just drink Coke)*
    Inom na lang kayo ng Kok.   *(drink, too)*
    Inom rin kayo ng Kok.   *(drink now)*
    Inom na kayo ng Kok.   *(drink right now)*
    Inom na ngá kayo ng Kok.   *(by the way, drink)*
    Inom ngá pala kayo ng Kok.

7. *You have children.*
    May mga anak kayo.   *(already have, sir)*
    May mga anak na hó kayo.   *(do you already have, sir?)*
    May mga anak na hó ba kayo?   *(do you [plural] have?)*
    May mga anak ba kayo?   *(so you have)*
    May mga anak pala kayo.   *(so you already)*
    May mga anak na pala kayo.   *(you have anyway)*
    May mga anak naman kayo.   *(so you have anyway)*
    May mga anak naman pala kayo.   *(you have, too)*
    May mga anak din kayo.   *(so you have, too)*
    May mga anak din pala kayo.   *(you really have)*
    May mga anak ngá kayo.   *(you already have, really)*
    May mga anak na ngá kayo.

8. *He's my friend.*
    Kaibígan ko siya.   *(is, sir)*
    Kaibígan ko hó siya.   *(is your)*
    Kaibígan mo siya.   *(is he your friend?)*
    Kaibígan mo ba siya?   *(is he still?)*
    Kaibígan mo pa ba siya?   *(is he just?)*
    Kaibígan mo lang ba siya?   *(is also my)*
    Kaibígan ko rin siya.   *(is really)*
    Kaibígan ko ngá siya.   *(is really also)*
    Kaibígan ko rin ngá siya.   *(so he is)*
    Kaibígan ko pala siya.   *(so he is just a friend)*
    Kaibígan ko lang pala siya.   *(is now)*
    Kaibígan ko na siya.   *(is just a friend)*
    Kaibígan ko lang siya.   *(is still)*
    Kaibígan ko pa siya.   *(is still just a friend)*
    Kaibígan ko pa lang siya.

Ikalawang Aralin. Unit 2

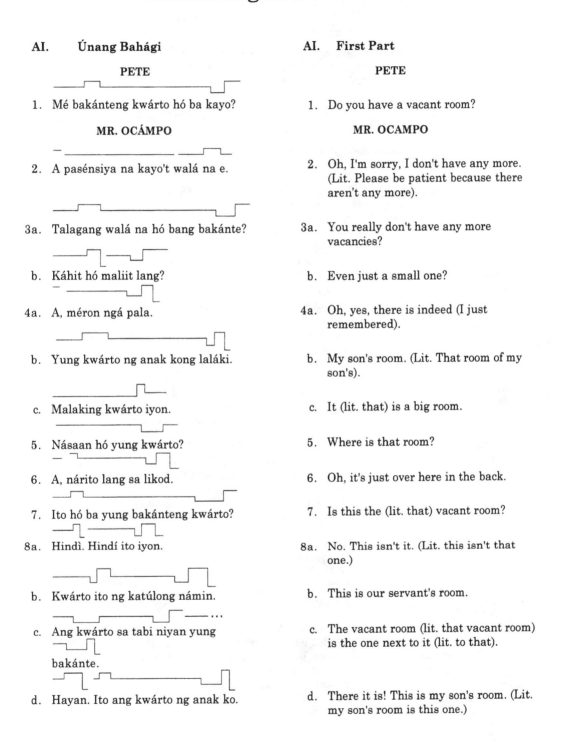

AI. **Únang Bahági**

PETE

1. Mé bakánteng kwárto hó ba kayo?

MR. OCÁMPO

2. A pasénsiya na kayo't walá na e.

3a. Talagang walá na hó bang bakánte?

b. Káhit hó maliit lang?

4a. A, méron ngá pala.

b. Yung kwárto ng anak kong laláki.

c. Malaking kwárto iyon.

5. Násaan hó yung kwárto?

6. A, nárito lang sa likod.

7. Ito hó ba yung bakánteng kwárto?

8a. Hindì. Hindí ito iyon.

b. Kwárto ito ng katúlong námin.

c. Ang kwárto sa tabi niyan yung
   bakánte.

d. Hayan. Ito ang kwárto ng anak ko.

AI. **First Part**

PETE

1. Do you have a vacant room?

MR. OCAMPO

2. Oh, I'm sorry, I don't have any more.
   (Lit. Please be patient because there
   aren't any more).

3a. You really don't have any more
    vacancies?

b. Even just a small one?

4a. Oh, yes, there is indeed (I just
    remembered).

b. My son's room. (Lit. That room of my
   son's).

c. It (lit. that) is a big room.

5. Where is that room?

6. Oh, it's just over here in the back.

7. Is this the (lit. that) vacant room?

8a. No. This isn't it. (Lit. this isn't that
    one.)

b. This is our servant's room.

c. The vacant room (lit. that vacant room)
   is the one next to it (lit. to that).

d. There it is! This is my son's room. (Lit.
   my son's room is this one.)

9a. Maganda naman pala ang kwártong
ito.

b. Talagang támá lang sa isang táo.

9a. Oh, this is a nice room. (Lit. this room is beautiful, I see).

b. It is really just right for one person.

Commentary to difficult forms in 2AI

1.	*bakánte*	"Empty, vacancy."
	bakánteng kwárto	"Vacant room" (For the use of the linker *ng* see §2.4).
2.	*pasénsiya*	"Be patient."
	pasénsiya na	"Just be patient."
	kayo	In this case Mr. Ocampo says *kayo*, because he is talking to two people.
	't	Short for *at*, "because."
	walá na	"There are none any more."
3.	*talaga*	"It is really so."
	talagang	"Is really the case that..."(For the use of the linker *ng* see §2.4.)
	walang bakánte	"There are no vacancies." (For the use of *ng* after *walà* see §2.5.)
	káhit	"Even if."
	maliit	"Small."
	maliit lang	"Just small" (§2.93).
4.	*ngá pala*	"Oh yes, I just found out that (so-and-so) is the case" (§2.96).
	ng	Written form of *nang*, the genitive marker
	ng anak ko	"Of my son."
	kwárto ng anak ko	"My son's room."
	anak na laláki	"Son (lit. male child)."(For the use of the linker *na* see §2.4.)
	anak kong laláki	"My son." For the placement of the linker *ng* see §2.4.
	iyon	"That, refers to something specific."
5.	*násaan*	"Where is, are."
	yung (=iyon + the linker na(ng)	"The (lit. that)."
	yung kwárto	"That room."
6.	*nárito lang*	"It is just (over) here."
	sa likod	"In the back."
7.	*ito hó ba*	"Is this the one, sir?"
9a.	*maganda ang kwártong ito*	"This room is nice."
	maganda naman pala	"Oh, it's nice (I didn't expect it to be)."
	maganda naman pala ang kwártong ito	"Oh, it's a nice room after all." (Pete is being somewhat rude because by using *naman pala* he is implying that he was expecting something else, §2.95.)
b.	*támà*	"Exactly the thing."
	támá lang sa...	"Just right for..."
	isang táo	"One person."

AII. **Pagsasánay. Ipalit ang mga salitang nása loob ng saklong. Pattern Practices.**
Substitute the form in parentheses

1. *This is our maid's room.*
   Kwárto ito ng katúlong námin.   *(anak námin)*
   Kwárto ito ng anak námin.   *(ni Mrs. Ocámpo)*
   Kwárto ito ni Mrs. Ocámpo.   *(ni sir)*
   Kwárto ito ni sir.   *(ng kaibígan ko)*
   Kwárto ito ng kaibígan ko.   *(ni Léslie)*
   Kwárto ito ni Léslie.   *(ni Pete)*
   Kwárto ito ni Pete.

2. *Is this the vacant room?*
   Ito hó ba yung bakánteng kwárto?   *(si Léslie)*
   Ito hó ba si Léslie?   *(si Pete)*
   Ito hó ba si Pete?   *(yung kaibígan mo)*
   Ito hó ba yung kaibígan ninyo?   *(yung kasáma ninyo)*
   Ito hó ba yung kasáma mo?   *(yung katúlong ninyo)*
   Ito hó ba yung katúlong ninyo?   *(ang anak ninyong laláki)*
   Ito hó ba ang anak ninyong laláki?

3. *The room next to that one.*
   Ang kwárto sa tabi niyan.   *(sa tabi ni Léslie)*
   Ang kwárto sa tabi ni Léslie.   *(sa tabi niya)*
   Ang kwárto sa tabi niya.   *(sa tabi ko)*
   Ang kwárto sa tabi ko.   *(sa tabi námin)*
   Ang kwárto sa tabi námin.   *(sa tabi nito)*
   Ang kwárto sa tabi nito.   *(sa tabi niyan)*
   Ang kwárto sa tabi niyan.   *(sa tabi ng báhay námin)*
   Ang kwárto sa tabi ng báhay námin.

4. *Oh! This is a nice room!*
   Maganda naman pala ang kwártong ito!   *(malaki)*
   Malaki naman pala ang kwártong ito!   *(bakánte)*
   Bakánte naman pala ang kwártong ito!   *(maliit)*
   Maliit naman pala ang kwártong ito!   *(maganda)*
   Maganda naman pala ang kwártong ito!   *(báhay)*
   Maganda naman pala ang báhay na ito!

5. *Don't you have any more vacancies?*
   Walá na hó ba kayong bakánte?   *(kwárto)*
   Walá na hó ba kayong kwárto?   *(bakánteng kwárto)*
   Walá na hó ba kayong bakánteng kwárto? *(malaking kwárto)*
   Walá na hó ba kayong malaking kwárto?   *(maliit na kwárto)*
   Walá na hó ba kayong maliit na kwárto?

6. *That's a big room.*
   Malaking kwárto iyon.   *(iskwelahan)*
   Iskwelahan iyon.   *(kaibígan ko)*
   Kaibígan ko iyon.   *(bakánte)*
   Bakánte iyon.   *(katúlong námin)*
   Katúlong námin iyon.   *(bakánteng kwárto)*
   Bakánteng kwárto iyon.

7. *There it is! This is my son's room.*
   Hayan. Ito ang kwárto ng anak ko.   *(our maid's)*
   Hayan. Ito ang kwárto ng katúlong námin. *(my)*
   Hayan. Ito ang kwárto ko.   *(Pete's)*
   Hayan. Ito ang kwárto ni Pete.   *(Mr. Ocampo's)*

Hayan. Ito ang kwárto ni Mr. Ocámpo.   (sir's)
Hayan. Ito ang kwárto ni sir.   (Mrs. Ocampo's)
Hayan. Ito ang kwárto ni Mrs. Ocámpo.   (your)
Hayan. Ito ang kwárto mo.

8. *Is this the vacant room?*
Ito hó ba yung bakánteng kwárto?   (Leslie)
Ito hó ba si Léslie?   (that friend of yours)
Ito hó ba yung kaibígan ninyo?   (that companion of yours)
Ito hó ba yung kasáma ninyo?   (Pete)
Ito hó ba si Pete?   (Mr. Ocampo)
Ito hó ba si Mr. Ocámpo?   (your servant)
Ito hó ba yung katúlong ninyo?

9. *This is our servant's room.*
Kwárto ito ng katúlong námin.   (of Leslie)
Kwárto ito ni Léslie.   (of my companion)
Kwárto ito ng kasáma ko.   (of Mrs. Ocampo)
Kwárto ito ni Mrs. Ocámpo.   (of my friend)
Kwárto ito ng kaibígan ko.   (of Pete)
Kwárto ito ni Pete.

10. *The room next to that one.*
Ang kwárto sa tabi niyan.   (next to Leslie)
Ang kwárto sa tabi ni Léslie.   (next to her)
Ang kwárto sa tabi niya.   (next to me)
Ang kwárto sa tabi ko.   (next to us, excluding you)
Ang kwárto sa tabi námin.   (next to this)
Ang kwárto sa tabi nito.   (next to that)
Ang kwárto sa tabi niyan.   (next to the school)
Ang kwárto sa tabi ng iskwelahan.

11. *Oh! This is a nice room.*
Maganda naman pala ang kwártong ito!   (big)
Malaki naman pala ang kwártong ito!   (vacant)
Bakánte naman pala ang kwártong ito!   (small)
Maliit naman pala ang kwártong ito!   (beautiful)
Maganda naman pala ang kwártong ito!   (this house)
Maganda naman pala ang báhay na ito!

12. *Don't you have any more vacancies?*
Walá na hó ba kayong bakánte?   (rooms)
Walá na hó ba kayong kwárto?   (big rooms)
Walá na hó ba kayong malalaking kwárto?   (small rooms)
Walá na hó ba kayong maliliit na kwárto?

AIII. Piliin ang támang sagot. Choose the correct answer.

1. *Mé bakánteng kwárto hó ba kayo?*
   a.   Óhò. Nárito pa siya.
   b.   A hindí hò. Támá lang ito sa isang táo.
   c.   A pasénsiya na kayo't walá na e.
   d.   Óhò. Salámat hò.
2. *Násaan hó yung kwárto?*
   a.   Hindì. Hindí ito iyon.
   b.   Marámi ngá e.
   c.   A nárito lang sa likod.
   d.   Hayan. Ito ang kwárto ng anak ko.

3. *Ito hó ba yung bakánteng kwárto?*
   a. Hindì. Hindí ito iyon.
   b. Óhò. Salámat hò.
   c. A méron ngá pala.
   d. Káhit maliit lang.
4. *Talagang walá na hó ba káhit hó maliit lang?*
   a. Óhò. Nárito hó siya.
   b. Óhò. Maliit ang kwárto námin.
   c. A hindí hò.
   d. A, méron ngá pala.
5. *Maganda ba yung bakánteng kwárto?*
   a. Waláng bakánteng kwárto a!
   b. Hayan. Ito ang bakánteng kwárto.
   c. Óo, maganda naman pala ang bakánteng kwárto.
   d. Hindì. Hindí ito iyon.
6. *Talagang támá lang ba sa isang táo ang bakánteng kwárto?*
   a. Malaki naman pala ang kwárto.
   b. A nárito lang sa likod.
   c. Hindì. Hindí ito iyon.
   d. Óo. Talagang támá lang sa isang táo.
7. *Malaki ba yung kwárto?*
   a. Hindì. Hindí ito iyon.
   b. Ito ang kwárto ng anak ko.
   c. A, pasénsiya na kayo't walá na e.
   d. Hindì. Maliit lang.
8. *Nása likod lang ba ang kwárto?*
   a. Maliit lang naman pala ang kwárto.
   b. A nárito lang sa likod.
   c. A méron ngá pala.
   d. Óo, malaki yung kwárto.

**AIV. Buuin ang mga sumúsunod na pangungúsap úpang magkaroon ng ganap na díwà.
Complete the following sentences to have a complete thought.**

1. Mé bakánteng kwárto... 2. Maganda naman pala... 3. Nárito lang... 4. Ang kwárto sa tabi niyan yung... 5. Ito hó ba yung... 6. Násaan hó ang... 7. Hindí ito ang... 8. Talagang walá na hó ba... 9. Nárito   sa   likod... 10. Ito   ang   kwárto... 11. Talagang   támá... 12. A,   méron ngá... 13. Kwárto ito ng katúlong... 14. Hayan. Ito... 15. Malaking... 16. Talagang walá na hó ba káhit... 17. Pasénsiya   na   kayo't... 18. Méron   ngá   pala. Yung... 19. Maliit.   Péro támá... 20. Malalaki na rin hó...

AV.   Sagutin ang mga sumúsunod na tanong. Answer the following questions.

1. Malaki ba ang bakánteng kwárto? 2. Násaan ang bakánteng kwárto? 3. Bakánte ba ang kwárto ng anak ninyo? 4. Talagang walá na hó ba? 5. Méron ba kayong bakánteng kwárto? 6. Maliit ba ang kwárto ng anak ni Mrs. Ocámpo? 7. Bakánte ba ang kwárto ng katúlong ninyo? 8. Walá na ba talagang bakánteng kwárto, káhit hó maliit lang? 9. Nása likod lang ba ang kwárto ng anak ni Mrs. Ocámpo? 10. Pasénsiya na lang kayo. Talagang maliit ang bakánteng kwárto! 11. Ito hó ba yung kwárto ng anak ninyo? 12. Nása likod lang ba ang kwárto ng katúlong ninyo? 13. Támá ba sa dalawang táo ang kwárto ng anak ninyo? 14. Násaan ang anak ninyo ngayon? 15. Mé kasáma ba ang anak ninyo sa kwárto?

BI.   **Ikalawang Bahági**

MR. OCÁMPO

10. Pára ba sa iyo yung kwárto?

PETE

11a. Hindí hò. Pára hó kay Léslie.

b. Kailángan niya ng mátitirhan.

LÉSLIE

12. Mé resérba hó ba kayong mga sílya?

MR. OCÁMPO

13a. Aba, syémpre. Marámi ngá e!

b. Maráming sílya at lamésa díto sa

báhay.

LÉSLIE

14. Násaan hó ba ang kubéta díto?

PETE

15. Óo ngá pala, ang CR hó díto,

násaan?

MR. OCÁMPO

16. A, náriyan lang sa tabi ng kusínà.

PETE

17a. Sir, salámat hò.

b. Áalis na hó kami.

MR. OCÁMPO

18a. Talaga?

BI.   **Second Part**

MR. OCAMPO

10. Is the (lit. that) room for you?

PETE

11a. Oh, no. It is for Leslie.

b. She needs a place to stay.

LESLIE

12. Do you have extra chairs?

MR. OCAMPO

13a. Of course, we have lots!

b. There are lots of chairs and tables in
the house.

LESLIE

14. Where is the toilet here?

PETE

15. Oh yes, where is the bathroom?

MR. OCAMPO

16. Oh, it's just over there next to the
kitchen.

PETE

17a. Sir, thank you.

b. We'll be leaving now.

MR. OCAMPO

18a. Oh, really?

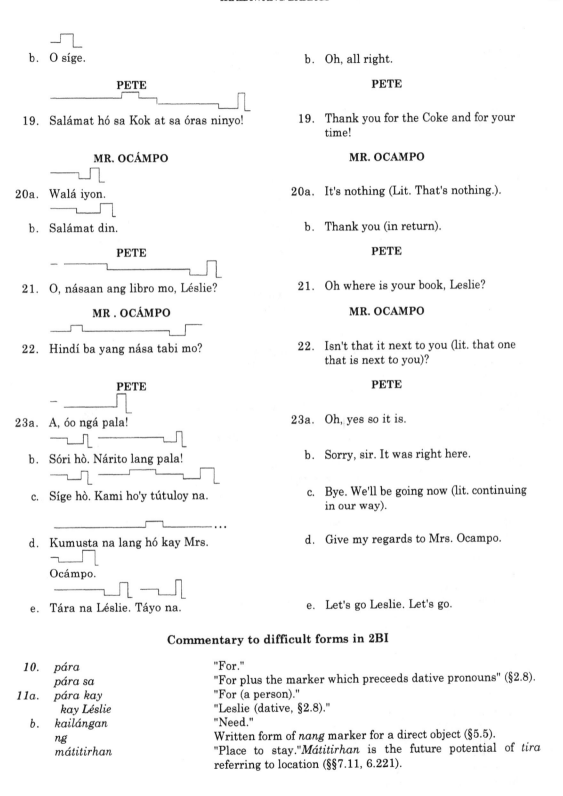

b. O síge.

PETE

19. Salámat hó sa Kok at sa óras ninyo!

MR. OCÁMPO

20a. Walá iyon.

b. Salámat din.

PETE

21. O, násaan ang libro mo, Léslie?

MR . OCÁMPO

22. Hindí ba yang nása tabi mo?

PETE

23a. A, óo ngá pala!

b. Sóri hò. Nárito lang pala!

c. Síge hò. Kami ho'y tútuloy na.

d. Kumusta na lang hó kay Mrs.

Ocámpo.

e. Tára na Léslie. Táyo na.

b. Oh, all right.

PETE

19. Thank you for the Coke and for your time!

MR. OCAMPO

20a. It's nothing (Lit. That's nothing.).

b. Thank you (in return).

PETE

21. Oh where is your book, Leslie?

MR. OCAMPO

22. Isn't that it next to you (lit. that one that is next to you)?

PETE

23a. Oh, yes so it is.

b. Sorry, sir. It was right here.

c. Bye. We'll be going now (lit. continuing in our way).

d. Give my regards to Mrs. Ocampo.

e. Let's go Leslie. Let's go.

Commentary to difficult forms in 2BI

10.	*pára*	"For."
	pára sa	"For plus the marker which preceeds dative pronouns" (§2.8).
11a.	*pára kay*	"For (a person)."
	kay Léslie	"Leslie (dative, §2.8)."
b.	*kailángan*	"Need."
	ng	Written form of *nang* marker for a direct object (§5.5).
	mátitirhan	"Place to stay." *Mátitirhan* is the future potential of *tira* referring to location (§§7.11, 6.221).

	resérba	"In reserve, extra."
	resérbang sílya	"Extra chairs" (see §2.4 for the use of *ng*).
	sa kwárto	"In the room."
13.	*aba*	Particle expressing a feeling of surprise.
	syémpre	"Of course."
	marámi	"Lots" (§2.52).
	ngà	"Yes indeed" (§2.96).
	lamésa	"Table."
	díto	"Here" (§2.8).
	maráming sílya	"There are lots of chairs."
14.	*kubéta*	"Toilet" (not a nice word).
15.	*óo ngá pala*	"Oh yes, by the way (I just thought of something)" (§2.96).
	CR	(Pronounced *si-ar*) euphemism for *kubéta*. Pete is restating it because Leslie was a bit coarse in using the word *kubéta*.
	ng	Genitive marker "of" (§2.7).
	ng kusínà	"Of the kitchen."
17.	*áalis*	"Will leave."
	áalis na	"Will be going now" (§2.92).
18.	*o síge*	"Oh, OK, I agree to let it be."
19.	*salámat sa*	"Thanks for."
	óras	"Time, hour."
20.	*walà*	"There is nothing" (§2.54).
	salámat din	"Thanks in return" (§2.97).
22.	*iyan*	"That (near the interlocutor)" (§2.11).
	nása tabi	"It is there at your side."
	yang nása tabi	*Iyan* plus the linker *na* (*ng*) plus the phrase *nása tabi mo*.
23.	*nárito lang*	"It's just here" (§2.93).
	nárito lang pala	"I just discovered that it's here" (§2.95).
	síge hò	"Good-bye sir."
	tútuloy na	"Will be going now."
	kumusta na kay X	"Give my regards to X" (§2.92).
	tára na	"Let's be going" (= *táyo na*).

BII. **Pagsasánay. Ipalit ang mga salitang nása loob ng saklong. Pattern Practices. Substitute the form in parenthesis.**

1. *It is for Leslie*
   Pára hó kay Léslie.   *(Pete)*
   Pára hó kay Pete.   *(katúlong námin)*
   Pára hó sa katúlong námin.   *(Mr. Ocámpo)*
   Pára hó kay Mr. Ocámpo.   *(kasáma ninyo)*
   Pára hó sa kasáma ninyo.   *(Mrs. Ocámpo)*
   Pára hó kay Mrs. Ocámpo.   *(kaibígan ninyo)*
   Pára hó sa kaibígan ninyo.
2. *Do you have any extra chairs?*
   Mé resérba hó ba kayong mga   *(malalaki)*
   sílya?
   Mé malalaki hó ba kayong mga sílya?   *(maliliit)*
   Mé maliliit hó ba kayong mga sílya?   *(kwárto)*
   Mé maliliit hó ba kayong mga kwárto?   *(bakánte)*
   Mé bakánte hó ba kayong mga kwárto?   *(magaganda)*
   Mé magaganda hó ba kayong mga kwárto?   *(sílya)*
   Mé magaganda hó ba kayong mga sílya?

3. *Where is the bathroom?*
   Násaan hó ang CR díto?   *(kwárto)*
   Násaan hó ang kwárto díto?   *(mga sílya)*
   Násaan hó ang mga sílya díto?   *(mga lamésa)*
   Násaan hó ang mga lamésa díto?   *(mga libro)*
   Násaan hó ang mga libro díto?   *(kusínà)*
   Násaan hó ang kusíná díto?   *(iskwelahan)*
   Násaan hó ang iskwelahan?
4. *It's just over there next to that one.*
   Náriyan lang sa tabi niyan.
   Náriyan lang sa tabi ni Léslie.   *(sa tabi ni Léslie)*
   Náriyan lang sa tabi ng kusínà   *(sa tabi ng kusínà)*
   Náriyan lang sa tabi niya.   *(sa tabi niya)*
   Náriyan lang sa tabi ko.   *(sa tabi ko)*
   Náriyan lang sa tabi námin.   *(sa tabi námin)*
   Náriyan lang sa tabi nito.   *(sa tabi nito)*
   Náriyan lang sa tabi niyan.   *(sa tabi niyan)*
   Náriyan lang sa tabi ng iskwelahan.   *(sa tabi ng iskwelahan)*
5. *There are lots of tables in this house.*
   Maráming lamésa díto sa báhay.
   Maráming kwárto díto sa báhay.   *(kwárto)*
   Maráming sílya díto sa báhay.   *(sílya)*
   Maráming CR díto sa báhay.   *(CR)*
   Maráming kaibígan díto sa báhay.   *(kaibígan)*
   Maráming kasáma díto sa báhay.   *(kasáma)*
   Maráming libro díto sa báhay.   *(libro)*
   Maráming bakánteng kwárto díto sa báhay.   *(bakánteng kwárto)*
   Maráming magagandang sílya díto sa   *(magagandang sílya)*
       báhay.
6. *We'll be leaving now.*
   Áalis na hó kami.
   Íinom na hó kami.   *(Íinom)*
   Nárito na hó kami.   *(Nárito)*
   Tútuloy na hó kami.   *(Tútuloy)*
   Náriyan na hó kami.   *(Náriyan)*
7. *He needs a place to stay.*
   Kailángan niya ng mátitirhan.
   Kailángan niya ng bakánteng kwárto.   *(bakánteng kwárto)*
   Kailángan niya ng resérbang sílya.   *(resérbang sílya)*
   Kailángan niya ng malaking lamésa.   *(malaking lamésa)*
   Kailángan niya ng magandang báhay.   *(magandang báhay)*
   Kailángan niya ng Kok.   *(Kok)*
   Kailángan niya ng mga libro.   *(mga libro)*
8. *Is it just for Leslie?*
   Pára lang ba kay Léslie?
   Pára lang ba sa katúlong ninyo?   *(for your maid)*
   Pára lang ba sa kaibígan mo?   *(for your friend)*
   Pára lang ba kay Léslie?   *(for Leslie)*
   Pára lang ba kay Mr. Ocámpo?   *(for Mr. Ocampo)*
   Pára lang ba sa kasáma mo?   *(for your companion)*
   Pára lang ba kay Péte?   *(for Pete)*
   Pára lang ba sa iyo?   *(for you)*

9.I'm sorry, sir, it's just here.
<pre>
    Sorry hò. Nárito lang pala.   (next to Leslie)
    Sorry hò. Nása tabi ni Léslie lang pala.   (next to the kitchen)
    Sorry hò. Nása tabi ng kusíná lang pala.   (next to her)
    Sorry hò. Nása tabi niya lang pala.   (next to me)
    Sorry hò. Nása tabi ko lang pala.   (next to us)
    Sorry hò. Nása tabi námin lang pala.   (next to him)
    Sorry hò. Nása tabi niya lang pala.   (next to them)
    Sorry hò. Nása tabi nila lang pala.   (next to the school)
    Sorry hò. Nása tabi ng iskwelahan lang
      pala.
</pre>

10. Do you have extra chairs?
<pre>
    Mé resérba hó ba kayong mga sílya?   (big)
    Mé malalaki hó ba kayong mga sílya?   (small)
    Mé maliliit hó ba kayong mga sílya?   (rooms)
    Mé maliliit hó ba kayong mga kwárto?   (vacancy)
    Mé bakánte hó ba kayong mga kwárto?   (nice, beautiful)
    Mé magaganda hó ba kayong mga kwárto?   (a nice chair)
    Mé maganda hó ba kayong sílya?   (table)
    Mé maganda hó ba kayong lamésa?
</pre>

11. Where is the bathroom here?
<pre>
    Násaan hó ang CR díto?   (chairs)
    Násaan hó ang mga sílya díto?   (tables)
    Násaan hó ang mga lamésa díto?   (kitchen)
    Násaan hó ang kusíná díto?   (books)
    Násaan hó ang mga libro díto?   (your children)
    Násaan hó ang mga anak ninyo díto?   (vacant room)
    Násaan hó ang bakánteng kwárto díto?
</pre>

12. There are lots of tables in this house.
<pre>
    Maráming lamésa díto sa báhay.   (rooms)
    Maráming kwárto díto sa báhay.   (chairs)
    Maráming sílya díto sa báhay.   (bathrooms)
    Maráming CR díto sa báhay.   (friends)
    Maráming kaibígan díto sa báhay.   (companions)
    Maráming kasáma díto sa báhay.   (books)
    Maráming libro díto sa báhay.   (vacant rooms)
    Maráming bakánteng kwárto díto sa báhay.   (nice chairs)
    Maráming magagandang sílya díto sa
      báhay.
</pre>

13. We'll be leaving now.
<pre>
    Áalis na hó kami.   (drinking)
    Íinom na hó kami.   (we're here)
    Nárito na hó kami.   (get going)
    Tútuloy na hó kami.   (we're there)
    Náriyan na hó kami.
</pre>

14. He needs a place to stay.
<pre>
    Kailángan niya ng mátitirhan.   (vacant room)
    Kailángan niya ng bakánteng kwárto.   (extra chair)
    Kailángan niya ng resérbang sílya.   (big table)
    Kailángan niya ng malaking lamésa.   (nice house)
    Kailángan niya ng magandang báhay.   (Coke)
    Kailángan niya ng Kok.   (books)
    Kailángan niya ng mga libro.
</pre>

BIII.   Piliin ang támang sagot. Choose the right answer.

1. *Pára kay Léslie ba yung kwárto?*
   - a.   Óhò. Nárito pó siya.
   - b.   Óhò. Pára kay Léslie lang hò.
   - c.   Káhit hó maliit lang.
   - d.   Hindí hò. Salámat hó sa óras ninyo.

2. *Mé resérba hó ba kayong mga sílya?*
   - a.   Óhò. Nárito hó siya.
   - b.   Marámi ngá e.
   - c.   A hindí hò.
   - d.   Walà. Walá hong bakánteng kwárto.

3. *Ang kubéta hó díto, násaan?*
   - a.   A méron ngá pala.
   - b.   A pasénsiya na kayo't walá na e.
   - c.   Hayan ang libro ni Léslie.
   - d.   Náriyan lang sa tabi ng kusínà.

4. *Násaan ang libro mo Léslie?*
   - a.   Óo ngá pala.
   - b.   Walá iyon. Salámat din.
   - c.   Hindí ba yang nása tabi mo?
   - d   Aba syémpre. Maráming sílya at lamésa díto.

5. *Hindí ba libro yang nása tabi mo?*
   - a.   Óo ngá pala. Nárito lang pala!
   - b.   Óhò. Salámat hó sa kok at sa óras ninyo.
   - c.   Síge hò. Tútuloy na hó kami.
   - d.   Sorry hò. Kumusta na lang hó kay Mrs. Ocámpo.

6. *Áalis na ba kayo?*
   - a.   Óhò. Íinom na kami.
   - b.   Óhò. Nárito na hó kami.
   - c.   Hindí hò. Náriyan na hó kami.
   - d.   Óhò. Tútuloy na hó kami.

7. *Marámi bang lamésa díto?*
   - a.   Óo. May sílya kami díto.
   - b.   Óo. Nása tabi lang ang libro.
   - c.   Óo. Marámi kaming lamésa díto.
   - d.   Óo. Nárito ngá ang libro.

8. *Kailángan ba niya ng mátítirhan?*
   - a.   Hindì. Walá riyan ang libro.
   - b.   Óo. Walá pa ngá siyang mátitirhan .
   - c.   Óo. Mé mátitirhan na siya.
   - d.   Óo. Maráming mátítirhan díto.

9. *Pára ba sa iyo ang kok?*
   - a.   Hindì. Pára kay Mrs. Ocámpo iyon.
   - b.   Óo. Pára sa kanya ang kok.
   - c.   Walà. Walá pa siyang kok.
   - d.   Óo. Nása kanya ang kok.

10. *Síge hò. Tútuloy na kami.*
   - a.   Síge. Inom na kayo.
   - b.   Talaga? Áalis na ba siya?
   - c.   Síge. Pára sa iyo ito.
   - d.   Talaga? O, síge. Salámat.

BIV. Buuin ang mga sumúsunod na pangungúsap úpang magkaroon ng ganap na díwà.
Complete the following sentences to have a complete thought.

1. Hindí ba libro iyang nása... 2. Salámat hó sa... 3. Násaan hó ang CR... 4. Mé resérba hó ba kayo... 5. Léslie, násaan... 6. Óo ngá pala, ang CR hó... 7. Sir, áalis na... 8. Óo ngá pala. Ang... 9. Náriyan lang ang CR... 10. Mé sílya at lamésa hó... 11. Maráming sílya at lamésa... 12. Ang kwárto ho'y pára... 13. Kumusta na lang... 14. Tútuloy na... 15. Kailángan ni Léslie...

BV. Sagutin ang mga sumúsunod na tanong. Answer the following questions.

1. Násaan ang libro ni Léslie? 2. Násaan naman ang CR? 3. Áalis na ba sina Pete at Léslie? 4. Nása tabi lang ba ni Pete ang libro ni Léslie? 5. Ano ang marámi sa báhay ni Mr. Ocámpo? 6. Hindí ito ang bakánteng kwárto? 7. Pára kay Pete ba ang kwárto? 8. Ano ang nása tabi ng kusínà? 9. Hindí ba marámi ang mga sílya? 10. May resérbang kwárto hó ba kayo? 11. Násaan hó yung kwárto ng anak ninyo? 12. Ito ba ang kwárto ng katúlong ni Mrs. Ocámpo? 13. Mé resérbang lamésa ba sa kwárto ninyo? 14. Bakánte ba ang kwárto ng katúlong ninyo? 15. Talagang támá lang ba sa isang táo ang bakánteng kwárto? 16. Walá na ba talagang bakánteng kwárto? 17. Ano ang nása tabi ng kwárto ng katúlong? 18. Támá lang ba ang mga sílya? 19. Nása likod ba ng báhay ang mga sílya? 20. Malaki ba ang kwárto ng anak ninyo?

CI. Ikatlong Bahági	CI. Third Part
Nang sumunod na áraw, bumalik sina Pete at Léslie sa báhay. Nandoon si Mrs. Ocámpo.	The following day Pete and Leslie came back to the house. Mrs. Ocampo is home.

MRS. OCÁMPO	**MRS. OCAMPO**
24a. Síno ba yung nagháhanap ng kwárto?	24a. Who is (the one) looking for a room?
b. Kayo bang dalawa ang nagháhanap ng kwárto?	b. Are both of you looking for a room? (Lit. Is it you two who are looking...)
PETE	**PETE**
25a. A, hindí hò.	25a. Oh, no.
b. Ako ho'y nakatira sa San Páblo sa mga magúlang ko.	b. I am staying at San Pablo with my parents.
26a. O síge.	26a. Oh, all right.

b. Kung ganoon, éto ang kwárto ng anak kong laláki.

b. In that case (lit. if like that) here is my son's room.

c. Sa ngayon siya'y nása Maynílà.

c. For the time being (lit. for now) he is in Manila.

27. Ha? Nagtátrabáho hó ba siya sa Maynílà?

27. Huh? Is he working in Manila?

28. Nag-ááral pa lang siya sa ano, sa Atenéo.

28. He is still studying at the, what's it called, the Ateneo.

29. Naku ha! Atenísta pala siya!

29. My! So he is an Ateneo man!

30a. A péro ang anak kong babáe e kasáma (námin) sa báhay.

30a. Oh, but my daughter is together with us at home.

b. Namímili lang siya sa paléngke ngayon.

b. She is just at the market shopping at the moment.

Commentary to difficult forms in 2CI

24.	*síno*	"Who."
	síno ba	"Say, who? (a question with a somewhat impatient tone)" (§2.98).
	naghhánap	"Is looking for."
	dalawa	"Two."
	kayong dalawa	"Both of you."
25.	*nakatira*	"Staying in a place."*Naka* - with roots referring to position will be discussed in §13.4.
	magúlang	"Parents."
	sa mga magúlang	"At my parent's house."
26.	*kung*	"If."
	ganoon	"Like that."
	éto	"Here it is! *(=Héto)* " (§2.12).
	anak	"Son, daughter."
	anak na laláki	"Son (lit. male child)."
	ngayon	"Now."
	sa ngayon	"For now."
27.	*nagtátrabáho*	"Is working."
	nag-ááral	"Is studying."
	nag-ááral pa lang	"Is still just studying" (§2.91).

28.	*ano*	"Whatchamacallit (filler word used when one cannot think of the right word)."
29.	*naku!*	"Heavens!"
30.	*babáe*	"Female, woman, girl."
	kasáma	"Companion" (§6.5).
	kasáma sa báhay	"Together with us (me) at home."
	namímili	"Is shopping."*Bumili* means "buy" and *mamili* means "shop" (§4.132).
	paléngke	"Market."

CII. **Pagsasánay. Ipalit ang mga salitang nása loob ng saklong. Pattern Practices. Substitute the form in parenthesis.**

1. *Who is (the one) looking for a room?*

    Síno ba yung nagháhanap ng kwárto?   *(mga sílya)*
    Síno ba yung nagháhanap ng mga sílya?   *(lamésa)*
    Síno ba yung nagháhanap ng lamésa?   *(kusínà)*
    Síno ba yung nagháhanap ng kusínà?   *(iskwelahan)*
    Síno ba yung nagháhanap ng iskwelahan?   *(CR)*
    Síno ba yung nagháhanap ng CR?   *(paléngke)*
    Síno ba yung nagháhanap ng paléngke?

2. *Is he working in Manila?*

    Nagtátrabáho hó ba siya sa Maynílà?   *(Nag-ááral)*
    Nag-ááral hó ba siya sa Maynílà?   *(Namímili)*
    Namímili hó ba siya sa Maynílà?   *(Nagháhanap ng kwárto)*
    Nagháhanap hó ba siya ng kwárto sa Maynílà?

3. *But Leslie is the one looking for a room.*

    Péro si Léslie ang nagháhanap ng kwárto.   *(kaibígan ko)*
    Péro ang kaibígan ko ang nagháhanap ng kwárto.   *(Mr. Ocámpo)*
    Péro si Mr. Ocámpo ang nagháhanap ng kwárto.   *(si Pete)*
    Péro si Pete ang nagháhanap ng kwárto.   *(katúlong námin)*
    Péro ang katúlong námin ang nagháhanap ng kwárto.   *(anak kong laláki)*
    Péro ang anak kong laláki ang nagháhanap ng kwárto.   *(ako)*
    Péro ako ang nagháhanap ng kwárto.   *(siya)*
    Péro siya ang nagháhanap ng kwárto.   *(kayong dalawa)*
    Péro kayong dalawa ang nagháhanap ng kwárto.

4. *Right now, he's in Manila*

    Sa ngayon, siya'y nása Maynílà.   *(San Páblo)*
    Sa ngayon, siya'y nása San Páblo.   *(Atenéo)*
    Sa ngayon, siya'y nása Atenéo.   *(nárito)*
    Sa ngayon, siya'y nárito.   *(báhay)*
    Sa ngayon, siya'y nása báhay   *(namímili sa paléngke)*
    Sa ngayon, siya'y namímili sa paléngke.   *(nása iskwelahan)*
    Sa ngayon, siya'y nása iskwelahan.

5. *Are both of you looking for a room?*

    Kayo bang dalawa'y nagháhanap ng kwárto?   *(si Léslie)*
    Si Léslie ba'y nagháhanap ng kwárto?   *(si Pete)*

Si Pete ba'y naghahanap ng kwárto? *(ang babáe)*
Ang babáe ba'y naghahanap ng kwárto? *(ang kaibígan mo)*
Ang kaibígan mo ba'y naghahanap ng *(ang anak mo)*
  kwárto?
Ang anak mo ba'y naghahanap ng kwárto?

6. *I go shopping in San Pablo.*
   Ako ho'y namímili sa San Páblo. *(sa paléngke)*
   Ako ho'y namímili sa paléngke. *(sa tabi)*
   Ako ho'y namímili sa tabi. *(tindáhan)*
   Ako ho'y namímili sa tindáhan. *(sa Maynílà)*
   Ako ho'y namímili sa Maynílà. *(sa Los Báños)*
   Ako ho'y namímili sa Los Báños. *(sa paléngke)*
   Ako ho'y namímili sa paléngke.

7. *Oh! He is an Ateneo man.*
   Naku! Atenísta pala siya! *(Peace Corps Volunteer)*
   Naku! Peace Corps Volunteer pala siya! *(malaki na)*
   Naku! Malaki na pala siya! *(nagtátrabáho na)*
   Naku! Nagtátrabáho na pala siya! *(nag-ááral na)*
   Naku! Nag-ááral na pala siya! *(namímili na)*
   Naku! Namímili na pala siya!

8. *Who is (the one) looking for a room?*
   Síno ba yung naghahanap ng kwárto? *(chairs)*
   Síno ba yung naghahanap ng mga sílya? *(table)*
   Síno ba yung naghahanap ng lamésa? *(kitchen)*
   Síno ba yung naghahanap ng kusínà? *(school)*
   Síno ba yung naghahanap ng iskwelahan? *(bathroom)*
   Síno ba yung naghahanap ng CR? *(market)*
   Síno ba yung naghahanap ng paléngke?

9. *Is he working in Manila?*
   Nagtátrabáho hó ba siya sa Maynílà? *(studying)*
   Nag-ááral hó ba siya sa Maynílà? *(shopping)*
   Namímili hó ba siya sa Maynílà? *(looking for a room)*
   Naghahanap hó ba siya ng kwárto sa *(looking for a school)*
     Maynílà?
   Naghahanap hó ba siya ng iskwelahan sa
     Maynílà?

10. *But Leslie is the one looking for a room.*
    Péro si Léslie ang naghahanap ng kwárto. *(my friend)*
    Péro ang kaibígan ko ang naghahanap ng *(Mr. Ocámpo)*
      kwárto.
    Péro si Mr. Ocámpo ang naghahanap ng *(Pete)*
      kwárto.
    Péro si Pete ang naghahanap ng kwárto. *(our servant)*
    Péro ang katúlong námin ang naghahanap *(my son)*
      ng kwárto.
    Péro ang anak kong laláki ang naghahanap *(my daughter)*
      ng kwárto.
    Péro ang anak kong babáe ang
      naghahanap ng kwárto.

11. *Right now, he's in Manila.*
    Sa ngayon, siya'y nása Maynílà. *(in San Pablo)*
    Sa ngayon, siya'y nása San Páblo. *(in the Ateneo)*
    Sa ngayon, siya'y nása Atenéo. *(here)*

Sa ngayon, siya'y nárito.   *(at the house)*
Sa ngayon, siya'y nása báhay.   *(shopping at the market)*
Sa ngayon, siya'y namímili sa paléngke.   *(in school)*
Sa ngayon, siya'y nása iskwelahan.

12. *Are both of you looking for a room?*
    Kayo bang dalawa'y nagháhanap ng   *(Leslie)*
    kwárto?
    Si Léslie ba'y nagháhanap ng kwárto?   *(Pete)*
    Si Pete ba'y nagháhanap ng kwárto?   *(the woman)*
    Ang babáe ba'y nagháhanap ng kwárto?   *(your friend)*
    Ang kaibígan mo ba'y nagháhanap ng   *(your child)*
    kwárto?
    Ang anak mo ba'y nagháhanap ng kwárto?

13. *I go shopping in San Pablo.*
    Ako ho'y namímili sa San Páblo.   *(in the market)*
    Ako ho'y namímili sa paléngke.   *(next door)*
    Ako ho'y namímili sa kabilà.   *(in the store)*
    Ako ho'y namímili sa tindáhan.   *(in Manila)*
    Ako ho'y namímili sa Maynílà.   *(in Los Baños)*
    Ako ho'y namímili sa Los Báños.

14. *Oh! He is an Ateneo man.*
    Naku! Atenísta pala siya.   *(Peace Corps Volunteer)*
    Naku! Peace Corps Volunteer pala siya.   *(already grown up)*
    Naku! Malaki na pala siya.   *(already working)*
    Naku! Nagtátrabáho na pala siya.   *(already studying)*
    Naku! Nag-ááral na pala siya.   *(already shopping)*
    Naku! Namímili na pala siya.

CIII. Piliin ang támang sagot. Choose the right answer.

1. *Síno ba yung nagháhanap ng kwárto?*
    a.   A nása báhay hó siya.
    b.   Sa iskwelahan hó marámi pa.
    c.   Si Léslie hó ang nagháhanap ng kwárto.
    d.   Talagang walá hó ba kayong kwárto?

2. *Nakatira ka ba sa San Páblo?*
    a.   Namímili lang siya sa San Páblo.
    b.   Sa ngayon siya'y nása San Páblo.
    c.   Nagháhanap lang siya ng kwárto sa San Páblo.
    d.   Ako ho'y nakatira sa San Páblo.

3. *Násaan hó ang anak ninyong laláki?*
    a.   Sa ngayon siya'y nása Maynílà.
    b.   Ito hó ang kwárto ng anak kong laláki.
    c.   A, hindí hò.
    d.   Atenísta pala siya!

4. *Sa paléngke ngá ba siya namímili?*
    a.   Nása Maynílá ang paléngke.
    b.   Óo, sa paléngke lang hò.
    c.   Doon na ngá siya nagháhanap.
    d.   Kung ganoon Atenísta pala siya.

5. *Díto ka ba nag-ááral?*
    a.   Atenísta ka pala.
    b.   Sa báhay na lang.

    c.   Sa San Páblo magandang mag-áral.

    d.   A hindì, sa Maynílà, sa Atenéo.

6. *Nagtátrabáho hó ba siya sa Maynílà?*

    a.   Óo. Sa Maynílá hó siya nakatira.

    b.   Óo. Magtátrabáho pa siya sa Maynílà.

    c.   Hindì. Nag-ááral siya sa Atenéo.

    d.   Namímili lang siya sa paléngke ngayon.

7. *Síno hó ang kasáma ninyo sa báhay?*

    a.   Sa ngayon siya'y nása Maynílà.

    b.   Ang anak kong laláki ang nag-ááral sa Atenéo.

    c.   Namímili lang siya sa paléngke ngayon.

    d.   Sa ngayon yung bunsó námin na lang ang kasáma námin sa báhay.

8. *Kayo bang dalawa ang nagháhanap ng kwárto?*

    a.   Salámat hò. Talagang kailángan ko ng mátítirhan.

    b.   O síge. Marámi ngang sílya at lamésa díto.

    c.   A, hindí hò. Ako ho'y nakatira sa San Páblo.

    d.   Dalawa pa ngá lang ang nagháhanap ng kwárto.

9. *Síno ang nagháhanap ng kwárto?*

    a.   Si Pete hó ang kasáma ko.

    b.   Kaming dalawa hò.

    c.   Ang anak kong babáe ang kasáma ko sa báhay.

    d.   Si Léslie hò, ang kaibígan ko.

10. *Síno hó ba ang nag-ááral sa Atenéo?*

    a.   Ang katúlong námin ay namímili sa paléngke.

    b.   Ang anak na babáe ni Mrs. Ocámpo ang kasáma niya sa báhay.

    c.   Ang anak na laláki ni Mrs. Ocámpo ang nag-ááral sa Atenéo.

    d.   Atenísta pala siya!

CIV. Buuin ang mga sumúsunod na pangungúsap úpang magkaroon ng ganap na díwà. Complete the following sentences to have a complete thought.

1. Kayo bang dalawa... 2. Sa mga magúlang ko hó ako'y... 3. Hindí ako, péro si Léslie ang ... 4. Síno ba yung... 5. Naku! Atenísta... 6. Nagtátrabáho hó ba... 7. Namímili lang... 8. Sa ngayon... 9. Kung ganoon... 10. Nag-ááral pa lang... 11. A péro ang anak kong babáe... 12. Sa San Páblo... 13. Sa Maynílá hó ba siya... 14. Kailángan hó ninyo ng... 15. Aba syémpre. Marámi ngang...

CV. Sagutin ang mga sumúsunod na tanong. Answer the following questions.

1. Ikaw ba yung nagháhanap ng kwárto? 2. Pára sa iyo ba yung kwárto? 3. Násaan ba ang bakánteng kwárto? 4. Díto ka ba nakatira? 5. Téka! Násaan ba ang katúlong ni Mrs. Ocámpo? 6. Bákit walá díto ang pangánay ninyo? 7. Bákit nakatira sa Maynílá ang anak ni Mrs. Ocámpo? 8. Síno ang namímili sa paléngke? 9. Bákit hindí nagháhanap ng kwárto si Pete? 10. Násaan ba ang mga magúlang ni Pete? 11. Bákit hindí nagtátrabáho sa Maynílá ang anak na laláki ni Mrs. Ocámpo?

DI. Guided Conversation for Unit 2

Do the following conversation. Then listen to the tape and see how it sounded.

Leslie brings her friend Mary to Mr. Ocampo's house as Mary would like to rent a room there. But Mr. Ocampo is not there, only his boarder Pete and two of the children. (Leslie can play the role of Mary if only two people are available for the conversation)

Leslie:	Hi, anybody home?
Pete:	Hey, Leslie. Come on in.
Leslie:	This is my friend Mary.
Pete:	Oh, are you the friend of Leslie who was a PCV in Manila?
Mary:	Yes, I am.
Pete:	You're pretty, I see.
Mary:	No, I'm not.
Pete:	Please be patient with this small house.
Mary:	No it's not. It's pretty.
Leslie:	Is Mr. Ocampo here?
Pete:	Oh, no. He's still in school.
Leslie:	Where are his children?
Pete:	Two of them (Lit. The two) are just there in the kitchen, but the other one is in Manila.
Leslie:	Does Mr. Ocampo still have a room that's empty – even just a small one?
Pete:	Yes. (Hint: say "there is.") The eldest son's room. It (hint: say "that") is big.
Mary:	OK, but where is it? Is it the one that is next to your room?
Pete:	Oh, no. That is our maid's room. The room is the one that is next to the bathroom and kitchen.
	Oh, by the way, have (hint: say "drink") a soft drink (hint: soft drink is *sópdrink*).
Mary:	Thanks.
Leslie:	Thanks.
	Oh, Pete, we will be going now (hint: say we [hint: Mary and I is *kami ni Mary*] will be going now first).
Pete:	OK.
Leslie:	Come on, Mary.

DII.   Free Conversation

Now do a conversation between you and a fellow student or a teacher on the same subject. The conversation should not deviate from the situations which were portrayed in Unit 2 because you do not have vocabulary to change the situation. The purpose of this is just to try to use the sentences you have learned so far. The idea of this book is to have you learn the material in each lesson thoroughly without distraction, as this will develop your ability to express yourself in the quickest and most efficient way. You can be sure that other things which you can think of which would be nice or which are important to be able to say will come up very soon in these lessons.

Grammar

2.1   Word order of short words

The basic word order in Pilipino is Predicate-Subject, but Subject-Predicate is also common for special emphasis (see §1.21 in Unit One). However, these rules do not hold for subjects which are short words (that is, pronouns as subject). An over-riding rule is that short words must come immediately after the **first word of the predicate.** For example, in the following sentence, *ito* "this" is the subject, but it is placed immediately following *kwárto* "room" because *ito* is a short word and must follow the first word of the predicate. The PREDICATE is written in small capitals.

   1. *KWÁRTO ito NG KATÚLONG NÁMIN.* "This is our maid's room." (2A8b)

2.2   Word order of the demonstratives

The demonstrative pronouns may either precede or follow the words which they modify. There is practically no difference in meaning between the two word orders.

2. *Maganda naman pala ang kwártong **ito** (=maganda naman pala **itong** kwárto).*
   "Oh, **this** is a nice room!" (2A9a)

2.3   Word order of the particles among themselves

The word order of the particles and short pronouns (short words) among themselves is not free. The genitives *ko* "I," "my" and *mo* "you(r)" and the form *ka* "you" always come first. Then comes *na* or *pa* and then *hò (pò)*, *lang*, and others follow, also in set order.[1]

3. *Malaki **ka na** rin.* "You are already grown up too."
4. *Maliit pa **lang hó ba** ang anak ninyo?* "Is your child still small?"

The particle *hò (pò)* is special in that it is normally placed after the first word of the sentence (whether it is subject or predicate). For example in the following sentence *hò* is placed after the first word of the sentence, which in this case is the subject:

5. *Siya **po**'y isang Peace Corps.* "She is a Peace Corps Volunteer." (1B13c)

2.4   Linking

Adjectives and nouns are linked with a particle *na* or *ng* after vowels, glottal stop, or *n*.

6. *Bakánteng kwárto.* "An empty room."
7. *Maliit **na** kwárto.* "A small room."

The word order of adjectives and nouns may be the other way around, that is, a noun followed by an adjective. There is little difference in meaning between the two alternative word orders.

8. *Kwártong bakánte.* "An empty room."
9. *Kwártong maliit.* "A small room."

Other types of constuctions are also linked with *na* or *ng*. For example, demonstratives and nouns:

10. *Itong báhay* (or *Báhay na ito*). "This house."

The linker is also used with numbers and nouns. In this case the number must precede the noun.

11. *Dalawang kwárto.* "Two rooms."

Two nouns which are in apposition are linked with *na (ng)*:

12. *Anak **na** babáe.* "A daughter (lit. a child that is a girl)."

In fact, any phrase which modifies a noun or pronoun is linked with *na (ng)*. In the following example *dalawa* "two" modifies *kayo* "you."

13. *Kayong dalawa.* "The two of you."

Some of the other modifiers we have had are linked with *na (ng)*. Examples of modifiers which precede the form they modify and are linked with *ng* are *talaga* "really" and *masyádo* "very" in the following sentences.

14. *Talagang walá na hó ba?* "Are there really no more?" (2A3)

---

[1] We won't give all of the rules or variations. You may observe them from the dialogues, and as you memorize the sentences you will get the sound in your ear of the common combinations. One rule which holds water is that *ba*, the question particle, tends to come last.

15.*Hindí naman masyádong malaki.* "It's not too big." (1B20a)

DO GRAMMAR EXERCISE 2A1.

2.41 Linking after particles and short pronouns

When short words are moved to position following the first word of the predicate, any linker which stands between the first word and a word it modifies (or which modifies it) comes after the particle. Thus, in the following phrase, *ko pò* comes after the first word of the phrase *isang kaibígan* "a friend." The linker comes after *ko pò*.

16. *Isa ko pong kaibígan.* "A friend of mine."

Similarly, *ba* is placed right after the first word of the phrase *kayong dalawa* "you two," and the linker *ng* comes after *ba*.

17. *Kayo bang dalawa?* "Will it be the two of you?" (2C24b)

Note the phrase *anak na babáe* "daughter." When the word *ko* "my" is placed after the first word of the phrase, *anak*, the linker is placed after *ko* and becomes *ng* since *ko* ends in a vowel.

18. *Ang anak kong babáe.* "My daughter." (2C30b)

DO GRAMMAR EXERCISE 2A2.

2.5 Sentences meaning "there is, there are"

May (pronounced *mé*) means "there is (was, were, etc.)"

19. *Mé bakánteng kwárto.* "**There is** a vacant room."

Alternatively one may use *mayroon* (pronounced *méron*). *Mayroon* is linked with *ng*.

20. *Mérong bakánteng kwárto.* "**There is** an empty room."

Walà means "there is not." *Walà* is linked with *ng*.

21. *Walang bakánteng kwárto.* "There is no vacant room."

As usual, when short words come immediately after *walà* or *mayroon*, (that is, are attracted to *walá* or *mayroon*), the linker comes after the short words.

22. *Walá na hó ba kayong bakánteng kwárto?* "Don't you have any vacant rooms?"
23. *Méron kaming dalawang bakánte.* "We have two vacancies."

2.51 Special properties of *may*

May may not stand alone as a predicate. To say "there is (are)" as the predicate one uses *mayroon* (*méron*). Thus, in answer to the following question,

Walang bakánte? "Aren't there any vacancies?"

Mr. Ocampo says:

24. *Méron ngá pala!* "Oh, yes, **there are** !" (2A4a)

May could not be used in this sentence. Further, short words are not attracted to *may* but to the word following it.

25. *Mé resérba hó ba kayong sílya?* "Do you have any extra chairs?" (2B12)

2.52 *Marámi*

Marámi functions like *may, mayroon,* and *walà.* It means"there is much (are many, was, were much, etc.)" It is linked with *ng. Kókontì* "a few" does not function like *marámi,* however.

26. *Kókóntí lang ang karindérya sa plása.* "**There are** only **a few** eateries at the square."

2.53 Sentences meaning "have (has, had)"

Sentences meaning "have something" are formed with *may (mayroon).* The negative is formed with *walà.* Sentences meaning "have many, much" are formed with *marámi.*

27. *Maráming sílya at lamésa díto sa báhay.* "There are many chairs and tables here in the house." (2B13)
28. *Mé resérba hó ba kayong mga sílya?* "**Do** you **have** extra chairs?" (2B12)
29. *Walá na hó ba kayong bakánte?* "**Don't** you **have** many vacancies left?"

The one who possesses is the subject. In the following sentences *kayo* is the subject.

30. *Mé mga anak na hó ba **kayo**?* "Do **you** have children?" (1B21)

In the following two sentences *kami* and *ako* are the subject respectively:

31. *O méron **kaming** dalawang bakánteng kwárto.* "Oh, **we** have two vacant rooms."
32. *Marámi ngá **akong** sílya díto.* "I have lots of chairs here."

DO GRAMMAR EXERCISE 2B.

2.54 *Hindì* and *walà* compared

Walà negates location, existence, or possession.

33. *Náriyan ba si Mrs. Ocámpo? – Walá hò.* "Is Mrs. Ocampo there? – No." (1A3-4)
34. *Walá na hó ba kayong bakánte?* "Don't you have any more vacancies?"
35. *Waláng probléma.* "There is no problem."

For other kinds of statements, hindì is the negative:

36. *Hindí ito iyon.* "That's **not** it!" (2A8)

Imperatives are negated by *huwag* "don't." (cf. 1B17)

DO GRAMMAR EXERCISE 2B.

2.6 The Nominative case

The nominative case is used both for the subject and the predicate of a sentence. In §1.3 we gave the nominative case forms of the pronouns. Forms other than the pronouns are preceded by the nominative markers *ang* or *si. Si* is used with personal names (not proper names of places) and titles ("Mr., Dr., Mrs.", and the like). *Ang* is used with other forms.

The subject of a sentence must be a **nominative** form: that is, the subject of a sentence must be either (1) a nominative pronoun (or a phrase introduced by a nominative pronoun), or (2) a phrase introduced by *ang,* or (3) a name or title introduced by *si.* Examples of nominative pronouns as subjects (as usual the PREDICATE is capitalized):

37. *MALAKING KWÁRTO iyon.* "That's a big room." (2A4C)
38. *MALALAKI NA RIN HÓ PALA sila.* "They are already grown, too" (1B25)
39. *ÁALIS NA HÓ kami.* "We'll be going now." (2B17b)

Examples of a phrase with a demonstrative pronoun as subject:

40. *NÁSAAN HÓ yung kwárto?* "Where is the room?" (2A5)
41. *Yung isa'y NÁSA MAYNÍLÅ.* "The other one is in Manila."

Examples of phrases introduced by *ang* as subject:

42. *MAGANDA NAMAN pala ang kwártong ito!* "Oh, this is a nice room!" (2A9a)
43. *MALAKI HÓ PALA ang báhay ninyo!.* "Why you have a big house!" (1B19)
44. *Ang CR hó díto NÁSAAN?* "Where is the bathroom here?" (2B15)
45. *Si Mr. Ocámpo hó NANDIYAN BA?* "How about Mr. Ocampo. Is he here?" (1A5)

DO GRAMMAR EXERCISE 2C.

2.61   The nominative case in the predicate

When proper names or pronouns are the PREDICATE they are in the **nominative** case. That is, the nominative form of the pronoun or the proper name or title preceded by *si* is used as a predicate. The following sentences exemplify predicates consisting of a pronoun:

46. *ITO HÓ BA yong bakánteng kwárto?* "Was this the vacant room?" (Lit. Was it this one that vacant room?) (2A7)
47. *HINDÍ BA IYAN?* "Isn't that the one?"

An example of a sentence with a name as a predicate:

48. *Ito hó SI LÉSLIE.* "This is Leslie." (1B13a)

Other forms (that is forms that are not names or titles or pronouns) have no marker in front of them when used as a predicate if they are not specific, but are preceded by *ang* if they are specific (mean "the [so-and-so]").
Compare the following sentences. Number 49 has a specific predicate:

49. *ANG KWÁRTO SA TABI NIYAN yung bakánte.* "The vacant one was the room next to that." (2A8c)

However in the following sentence the predicate is not specific.

50. *MAGANDA NAMAN PALA ang kwártong ito.* "Oh, this room is nice!" (2A9a)

2.7   Genitive forms

The genitive forms are used to refer to possession (among other things). For the pronouns genitive forms are the ones listed in §1.3 of Unit One and repeated below in §2.8. Proper names or titles have the particle *ni* for the genitive. Other forms have the particle *ng* (pronounced *nang*) for the genitive. Note that the particle *ng* (pronounced *nang*) is always written with a space in front of it to distinguish it from the other particle *ng* (pronounced *ng*) which is written as one word with what precedes.
Examples of **genitive pronouns**:

51. *Kaibígan ko si Léslie.* "Leslie is **my** friend."
52. *Násaan ang libro mo?* "Where is **your** book?" (2B21)
53. *Sa tabi niyan.* "Next to that one (lit. at the side **of that**)" (2A8c)

Other genitives:

54. *Sa tabi **ni Léslie**.* "Next to Leslie."
55. *Kwárto ito **ng katúlong námin**.* "This is **our maid's room**." (2A8b)

DO GRAMMAR EXERCISE 2D.

2.8 Datives

There is a third case in Pilipino, the **Dative**. The object of prepositions, phrases meaning "belong to...," and other forms which we will discuss later are expressed by the **dative**. The dative marker of names and titles is *kay* (pronounced *ke*). The dative for pronouns is given in the following chart, and the dative marker for other forms is *sa*. This chart repeats information given earlier in §1.3 of Unit One for easy reference:

	Nominative	Genitive	Dative
I	ako	ko	sa ákin
you (singular)	ka, ikaw	mo	sa iyo
he	siya	niya	sa kanya
we (including you)	táyo	natin	sa átin
we (not including you)	kami	namin	sa ámin
you (plural, polite)	kayo	ninyo	sa inyo
they	sila	nila	sa kanila
this	ito	nito	díto, ríto
that (not far)	iyan	niyan	diyan, riyan
that (far)	iyon	niyon, noon	doon, roon
particle (for names or titles)	si	ni	kay
particle (with other forms)	ang	ng	sa

The following list gives examples of the dative with the two prepositions which we have had so far: *pára* "for" and *ná-* "be at."

Pára sa ákin	*"For me"*	Pára sa inyo	*"For you (plural, polite)*
Pára sa iyo	*"For you"*	Pára sa kanila	*"For them"*
Pára sa kanya	*"For him"*	Pára ké Léslie	*"For Leslie"*
Pára sa ámin	*"For us (not including you)"*	Pára sa babáe	*"For the woman"*
Pára sa átin	*"For us (including you)."*	Nása Maynílà	*"At Manila"*

56. *Pára ba **sa inyo** yung kwárto?* "Is the room for you?" (2B10)

The dative is also used for phrases which mean "belong to".

57. *Ang malaki ay **sa anak kong laláki**.* "The big one is **my son's**." (3A6c)

DO GRAMMAR EXERCISES 2E, F.

2.9 Particle study

In this section we will repeat much of what we already stated in §1.9 of Unit One, but we add some new information provided by the additional contents of the dialogue in this lesson.

2.91 *Pa*

Pa means "still, yet."

58. *Nag-ááral pa lang siya.* "He is **still** only a student." (2C28)

2.92 *Na*

Na means "by now, as of this point in time."

59. *Áalis na hó kami!* "We are leaving **now**! (2B17b)
60. *Malalaki na hó pala sila!* "Oh, they're grown **now**." (1B25)

Walá na means "there isn't any left, there aren't any more."

61. ***Walá na** hó ba kayong bakánteng kwárto?* "You **don't have any more** vacant rooms?"

With imperatives, *na* gives a slight begging tone: "Please just do (so-and-so) even if you don't want to."

62. *Pasénsiya **na** kayo.* "Sorry (lit. please be patient)."

Na lang means "do as a second choice."

63. *Kumusta **na lang** hó kay Mrs. Ocámpo!* "(I can't do it myself) so give my best regards to Mrs. Ocampo." (2B23d)

2.93 *Lang*

Lang, means "only."

64. *Káhit hó maliit **lang**.* "Even if it is **just** a small one." (2A3b)

With location *lang* means "right (here,there,etc.)."

65. *Náriyan **lang** sa tabi ng kusínà.* "It's **right there** next to the kitchen." (2B16)
66. *Nárito **lang** sa likod.* "It's **right here** in the back." (2A6)

2.94 *Naman*

Naman is a particle which is used in a statement of fact given in reply or in a series of statements.

67. *Maganda **naman** pala ang kwártong ito.* "**Oh, why** this is a nice room!" (2A9a)

2.95 *Pala*

Pala is a particle used with statements of facts which one has just discovered: "Oh, I see, so..."

68. *Atenísta **pala** siya.* "**Oh**, he's an Ateneo man." (2C29)
69. *Maganda naman **pala** ang kwártong ito.* "**Oh, I see** it's a nice room!" (2A9a)

2.96 *Ngà*

Ngà is a particle which affirms: "Yes, indeed it is so, of course (as is normal)."

70. *Marámi **ngá** e.* "**Oh yes**, we have lots (as one would expect). (2B13a)

The combination *ngá pala* is used with statements which come to mind, as when one remembers something one was not thinking of, or when one is changing the subject.

71. *Méron ngá pala.* "Oh yes, there is indeed (I just remembered)." (2A4a)
72. *Óo ngá pala, ang CR hó díto násaan?* "**Oh yes**, where is your bathroom?" (2B15)

2.97 Din (=rin)

Din (=rin) means "also, as well, in return."

73. *Salámat din.* "Thank you **too**." (2B20b)

2.98 Ba

Ba is a spoken question mark. If there is a question word, *ba* denotes a certain impatience.

74. *Síno ba yung nagháhanap ng kwárto?* "Who is (the one) looking for a room? (2C24a)

DO GRAMMAR EXERCISE 2G.

2.10 Word study

2.11 Iyon vs. iyan

Iyan (genitive *niyan*) is used for "that" when referring to something near the interlocutor or not far away from either the speaker or the interlocutor.

75. *Hindí ba iyan, yang nása tabi mo?* "Isn't that it, that thing next to you?" (2B22)

Iyon (genitive *niyon*) is used for "that" when referring to something far away. In most contexts, however, *iyon* does not presuppose distance at all. Most commonly, *iyon* refers to something specific and referred to previously in the conversation (implicitly or explicitly).

76. *Ito hó ba yung bakánteng kwárto?* "Is that **the** vacant room?" (2A7)
77. *Yung isa'y nása Maynílà.* "**The** other one is in Manila."
78. *Hindí ito iyon.* "This isn't **it**." (2A8a)

2.12 Héto (éto), hayan (ayan)

These words are expressions used when pointing out something or someone that has just made its (his, her) appearance. *Héto* (or *éto*) means "Here it is!" and *hayan* (or *ayan*) means "There it is!"

79. *Hayan. Ito ang kwárto ng anak ko.* "There it is. This is my son's room." (2A8d)
80. *Éto ang kwárto ng anak kong laláki.* "This is my son's room here." (2C26b)

Grammar Exercises

2A. Pang-ugnay (Linking).

2A1. Únang Hakbang. Isúlat ang kabalikang áyos ng mga sumúsunod. Reverse the order of the elements. (§2.4)

1a. Báhay na ito

b.   Itong báhay
2a. Kwártong maliit
b.   Maliit na kwárto
3a. Bakánteng kwárto
b.   Kwártong bakánte
4a. Kubétang malaki
b.   Malaking kubéta
5a. Resérbang sílya
b.   Sílyang resérba
6a. Kusínáng malaki
b.   Malaking kusínà
7a. Librong maganda
b.   Magandang libro
8a. Mátitirhang maganda
b.   Magandang mátitirhan
9a. Lamésang maliit
b.   Maliit na lamésa
10a. Katúlong na babáe
b.   Babáeng katúlong

2A2. Ikalawang Hakbang. Pagdurugtong. b ang mga sumúsunod sa pamamagítan ng pagdurugsong ng mga salitá sa panaklong. Expansion. Expand by adding the words in parenthesis. (§2.41)

1a. Marámi.   *(sílya)*
b.   Maráming sílya.
2a. Kwárto.   *(malaki)*
b.   Kwártong malaki.
3a. May resérba ba kayo.   *(lamésa)*
b.   May resérba ba kayong lamésa?
4a. May bakánte.   *(kwárto)*
b.   May bakánteng kwárto.
5a. Ang anak ko.   *(babáe)*
b.   Ang anak kong babáe.
6a. Mérong anak.   *(kami)*
b.   Méron kaming anak.
7a. Méron kaming anak.   *(dalawa)*
b.   Méron kaming dalawang anak.
8a. Kwárto.   *(malaki)*
b.   Kwártong malaki.
9a. Kwártong malaki.   *(isa)*
b.   Isang kwártong malaki.
10a. Libro.   *(maganda)*
b.   Librong maganda.
11a. Librong maganda.   *(walà)*
b.   Walang librong maganda.
12a. Kaibígan ko.   *(PCV)*
b.   Kaibígan kong PCV.
13a. Kaibígan kong PCV.   *(isa)*
b.   Kaibígan kong isang PCV.
14a. Mátitirhan.   *(maganda)*
b.   Mátitirhang maganda.
15a. Magandang mátitirhan.   *(dalawa)*
b.   Dalawang magandang mátitirhan.

2B.   Existentials. (§2.5)

Únang Hakbang. Ipaháyag ang pinakamaikling sagot sa mga sumúsunod. Express the shortest possible answer.

1a. Nárito ba si Mr. Abáya?
 b. Nárito.
2a. May bakánteng óras ba siya?
 b. Méron.
3a. Walá ba si Mr. Ocámpo?
 b. Walà.
4a. Mé mga anak na hó ba kayo?
 b. Méron.
5a. Marámi ba kayong resérbang sílya?
 b. Marámi.
6a. May iskwelahan ba dito?
 b. Méron.
7a. Maganda ba ang libro mo?
 b. Maganda.
8a. Díto ba namímili ng kok si Léslie?
 b. Díto.
9a. Náriyan ba si Mrs. Ocámpo?
 b. Náriyan.
10a. May anak ba kayong babáe?
 b. Mayroon.
12a. Walá ba siya díto?
 b. Walà.
13a. Malaki ba ang kwárto?
 b. Malaki.
14a. Babáe ba ang pangánay ninyo?
 b. Babáe.
15a. Marámi báng sílya?
 b. Marámi.

Ikalawang Hakbang. *Hindì* vs. *Walà*. Ipaháyag ang pinakamaikling sagot sa mga sumúsunod. Express the shortest possible answer.

1a. Náriyan ba ang pangánay mo?
 b. Walà.
2a. Maganda ba ang kwárto?
 b. Hindì.
3a. Kwárto ba ito ng katúlong ninyo?
 b. Hindì.
4a. Mé bakánteng kwárto ba hó kayo?
 b. Walà.
5a. Atenísta ba ang anak mo?
 b. Hindì.
6a. Nása kwárto ba si Léslie?
 b. Walà.
7a. Mé CR ba sa báhay mo?
 b. Walà.
8a. Áalis ba kayo?
 b. Hindì.
9a. Pára ba sa iyo ang kwárto?

   b.   Hindì.
10a.   Mé nagháhanap ba kay Mrs. Ocámpo?
   b.   Walà.

Ikatlong Hakbang. *Hindì* vs. *Walà.* **Pilíin ang támang sagot sa saklong. Choose the right answer in parenthesis.**

1. (*Hindì, Walà*) naman maganda ang pangánay nina Mr. Ocámpo. 2. Méron ba silang katúlong? (*Hindì, Walà*) ngá e. 3. (*Hindì, Walà*) silang anak na nag-ááral sa Atenéo. 4. Ang mga magúlang ni Pete ay (*hindì, walà*) sa San Páblo nakatira. 5. Marámi silang anak péro (*hindì, walà*)ng babáe. 6. (*Hindì, Walà*) na táyong kok díto sa báhay. 7. (*Hindì, Walà*) PCV ang kaibígan kong si Léslie. 8. Bákit kayá (*hindì, walà*) pa si Mrs. Ocámpo sa iskwelahan? 9. (*Hindì, Walà*) maganda ang librong yan. 10. Ang bunsó nilang anak ay (*hindì, walà*) kasi siya ay namímili.

2C.   Nominative substitution. Ipalit ang mga salitang nása loob ng saklong. Substitute the form in parenthesis. (§2.6)

1. They live in San Pablo.

Nakatira hó sila sa San Páblo.	*(we, not you)*
Nakatira hó kami sa San Páblo.	*(Leslie)*
Nakatira hó si Léslie sa San Páblo.	*(we, including you)*
Nakatira hó táyo sa San Páblo.	*(Mrs. Ocampo)*
Nakatira hó si Mrs. Ocámpo sa San Páblo.	*(I)*
Nakatira hó ako sa San Páblo.	*(he, she)*
Nakatira hó siya sa San Páblo.	*(the youngest)*
Nakatira hó ang bunsó sa San Páblo.	*(your maid)*
Nakatira hó ang katúlong ninyo sa San Páblo.	*(their eldest)*
Nakatira hó ang pangánay nila sa San Páblo.	*(our son)*
Nakatira hó ang anak náming laláki sa San Páblo.	*(Pete)*
Nakatira hó si Pete sa San Páblo.	*(their children)*
Nakatira hó ang mga anak nila sa San Páblo.	

2. That is a big room.

Malaking kwárto iyon.	*(that, nearer)*
Malaking kwárto iyan.	*(this)*
Malaking kwárto ito.	*(those)*
Malalaking kwárto ang mga iyon.	*(these)*
Malalaking kwárto ang mga ito.	

2D.   Genitive substitution. (§2.7)

1. Their house is big.

Malaki ang báhay nila.	*(my)*
Malaki ang báhay ko.	*(ours, not yours)*
Malaki ang báhay námin.	*(Leslie)*
Malaki ang báhay ni Léslie.	*(his)*
Malaki ang báhay niya.	*(your)*
Malaki ang báhay mo.	*(our maid's)*
Malaki ang báhay ng katúlong námin.	*(ours)*
Malaki ang báhay nátin.	*(my friend's)*

Malaki ang báhay ng kaibígan ko.	*(Mr. Ocampo)*
Malaki ang báhay ni Mr. Ocámpo.	*(his eldest's)*
Malaki ang báhay ng pangánay niya.	*(Pete's)*
Malaki ang báhay ni Pete.	*(the Ocampos')*
Malaki ang báhay ng mga Ocámpo.	

2. *Next to this.*

Sa tabi nito.	*(to that, nearer)*
Sa tabi niyan.	*(to that, farther)*
Sa tabi niyon or sa tabi noon.	

2E. Datives. (§2.8)

1. *It is only for Leslie.*

Pára lang ké Léslie.	*(us two)*
Pára lang sa áming dalawa.	*(you two)*
Pára lang sa inyong dalawa.	*(you sing.)*
Pára lang sa iyo.	*(you plural)*
Pára lang sa inyo.	*(him/her)*
Pára lang sa kanya.	*(them)*
Pára lang sa kanila.	*(youngest child)*
Pára lang sa bunsò.	*(me)*
Pára lang sa ákin.	*(us, except you)*
Pára lang sa ámin.	*(all of us)*
Pára lang sa átin.	*(my parents)*
Pára lang sa magúlang ko.	*(my friend)*
Pára lang sa kaibígan ko.	*(the two of you)*
Pára lang sa inyong dalawa.	*(my daughter)*
Pára lang sa áking anak na babáe.	

2. *The big one belongs to my son.*

Ang malaki ay sa anak kong laláki.	*(Leslie's)*
Ang malaki ay kay Léslie.	*(to me)*
Ang malaki ay sa ákin.	*(both of you)*
Ang malaki ay sa inyong dalawa.	*(the two of us)*
Ang malaki ay sa áting dalawa.	*(to all of them, [all=lahat])*
Ang malaki ay sa kanilang lahat.	*(to all of us)*
Ang malaki ay sa áting lahat.	*(to my parents)*
Ang malaki ay sa áking mga magúlang.	*(to my wife)*
Ang malaki ay sa áking asáwa.	*(to my youngest child)*
Ang malaki ay sa áking bunsong anak.	*(to my maid)*
Ang malaki ay sa áking katúlong.	*(to Mr. Ocampo)*
Ang malaki ay kay Mr. Ocámpo.	*(to him)*
Ang malaki ay sa kanya.	

2F. Nominative vs. genitive vs. dative forms. Piliin ang támang sagot sa saklong. Choose the right answer in parenthesis.

1. (*Kayo, Ninyo, Sa inyo*) ba ang mga anak ni Mr. Ocámpo? 2. Hindí (*kami, námin, sa ámin*) nakatira sa Maynílà. 3. Ang báhay (*kami, námin, sa ámin*) ay nása San Páblo. 4. Hindí ba (*siya, niya, sa kanya*) ang títira díto sa ámin? 5. Ang bunsó (*sila, nila, sa kanila*) ay nása iskwelahan pa. 6. Anak ba (*kayo, ninyo, sa inyo*) yung nag-áaral sa Atenéo? 7. (*Kami, Námin, Sa ámin*) ka na lang uminom ng kok. 8. Kaibígan (*ako, ko, sa ákin*) ang PCV na iyon. 9. Bákit sa Maynílá (*ka, mo, sa iyo*) títira? 10. (*Si Léslie, Ni Léslie, Kay Léslie*) na ang bakánteng kwárto.

2G1. Word order among the particle. (§2.9)

Únang Hakbang

You have a vacant room.

Mé bakánteng kwárto kayo?	*(ba)*
Mé bakánteng kwárto ba kayo?	*(pa ba)*
Mé bakánteng kwárto pa ba kayo?	*(na ba)*
Mé bakánteng kwárto na ba kayo?	*(pala)*
Mé bakánteng kwárto pala kayo.	*(ngá pala)*
Mé bakánteng kwárto ngá pala kayo.	*(pa ngà)*
Mé bakánteng kwárto pa ngá kayo.	*(pa ngá pala)*
Mé bakánteng kwárto pa ngá pala kayo.	*(na ngà)*
Mé bakánteng kwárto na ngá kayo.	*(na ngá pala)*
Mé bakánteng kwárto na ngá pala kayo.	*(ngá ba)*
Mé bakánteng kwárto ngá ba kayo?	*(naman pala)*
Mé bakánteng kwárto naman pala kayo.	*(rin)*
Mé bakánteng kwárto rin kayo.	

Ikalawang Hakbang

You have a vacant room.

Mé bakánteng kwárto kayo.	*(do you?)*
Mé bakánteng kwárto ba kayo?	*(do you, sir?)*
Mé bakánteng kwárto hó ba kayo?	*(do you still?)*
Mé bakánteng kwárto pa ba kayo?	*(still have, sir?)*
Mé bakánteng kwárto pa hó ba kayo?	*(do you now?)*
Mé bakánteng kwárto na ba kayo?	*(do you now, sir?)*
Mé bakánteng kwárto na hó ba kayo?	*(do you actually?)*
Mé bakánteng kwárto ngá ba kayo?	*(oh, I see you have)*
Mé bakánteng kwárto pala kayo.	*(oh, I see actually you have)*
Mé bakánteng kwárto ngá pala kayo.	*(you still actually have)*
Mé bakánteng kwárto pa ngá kayo.	*(oh, I see now you actually have)*
Mé bakánteng kwárto na ngá pala kayo.	*(do you also have?)*
Mé bakánteng kwárto rin ba kayo?	*(do you now also have?)*
Mé bakánteng kwárto na rin ba kayo?	*(do you still have?)*
Mé bakánteng kwárto pa rin ba kayo?	

2G2. Únang Hakbang

There isn't any, even a small one.

Walá káhit maliit lang.	*(ba)*
Walá ba káhit maliit lang?	*(pa)*
Walá pa káhit maliit lang.	*(na)*
Walá na káhit maliit lang.	*(na ba)*
Walá na ba káhit maliit lang?	*(hó ba)*
Walá hó ba káhit maliit lang?	*(na ngá hò)*
Walá na ngá hó káhit maliit lang.	*(na ngá ba)*
Walá na ngá ba káhit maliit lang?	*(na ngá pala)*
Walá na ngá pala káhit maliit lang.	

Ikalawang Hakbang

There isn't any, even a small one.
  Walá káhit maliit lang.   *(isn't there any?)*
  Walá ba káhit maliit lang?   *(there isn't any yet)*
  Walá pa káhit maliit lang.   *(there is no more)*
  Walá na káhit maliit lang.   *(is there no more?)*
  Walá na ba káhit maliit lang?   *(isn't there any, sir?)*
  Walá hó ba káhit maliit lang?   *(there is really no more, sir)*
  Walá na ngá hó káhit maliit lang.   *(are you sure there isn't any more?)*
  Walá na ngá ba káhit maliit lang?   *(oh, yes, there isn't any more)*
  Walá na ngá pala káhit maliit lang?

2G3. Únang Hakbang

It's here at the back.
  Nárito sa likod.   *(lang)*
  Nárito lang sa likod.   *(ba)*
  Nárito ba sa likod?   *(lang ba)*
  Nárito lang ba sa likod?   *(ngà)*
  Nárito ngá sa likod.   *(ngá ba)*
  Nárito ngá ba sa likod?   *(pala)*
  Nárito pala sa likod.   *(ngá pala)*
  Nárito ngá pala sa likod.   *(pa)*
  Nárito pa sa likod.   *(pa pala)*
  Nárito pa pala sa likod.   *(na)*
  Nárito na sa likod.   *(na pala)*
  Nárito na pala sa likod.   *(na hó pala)*
  Nárito na hó pala sa likod.   *(rin pala)*
  Nárito rin pala sa likod.

Ikalawang Hakbang

It's here at the back.
  Nárito sa likod.   *(it's just here)*
  Nárito lang sa likod.   *(is it here?)*
  Nárito ba sa likod?   *(is it just here?)*
  Nárito lang ba sa likod?   *(it's really here)*
  Nárito ngá sa likod.   *(is it really here?)*
  Nárito ngá ba sa likod?   *(oh, I see, it's here)*
  Nárito pala sa likod.   *(oh, I see, it's really here)*
  Nárito ngá pala sa likod.   *(it's still here)*
  Nárito pa sa likod.   *(oh, I see, it's still here)*
  Nárito pa pala sa likod.   *(it's here now)*
  Nárito na sa likod.   *(oh, I see it's here now)*
  Nárito na pala sa likod.   *(oh, I see, it's here now, sir)*
  Nárito na hó pala sa likod.   *(oh, I see, it's also here)*
  Nárito rin pala sa likod.

2G4. Únang Hakbang

The room is there, next to the kitchen.
  Náriyan ang kwárto sa tabi ng kusínà.   *(lang)*
  Náriyan lang ang kwárto sa tabi ng kusínà. *(lang ba)*

Náriyan lang ba ang kwárto sa tabi ng kusínà?   *(ba)*

Náriyan ba ang kwárto sa tabi ng kusínà?   *(ngà)*

Náriyan ngá ang kwárto sa tabi ng kusínà.   *(ngá ba)*

Náriyan ngá ba ang kwárto sa tabi ng kusínà?   *(pala)*

Náriyan pala ang kwárto sa tabi ng kusínà.   *(ngá pala)*

Náriyan ngá pala ang kwárto sa tabi ng kusínà.   *(din)*

Náriyan din ang kwárto sa tabi ng kusínà.   *(din pala)*

Náriyan din pala ang kwárto sa tabi ng kusínà.   *(pa ba)*

Náriyan pa ba ang kwárto sa tabi ng kusínà?   *(din ba)*

Náriyan din ba ang kwárto sa tabi ng kusínà?   *(ngá pala naman)*

Náriyan ngá pala naman ang kwárto sa tabi ng kusínà.   *(lang naman pala)*

Náriyan lang naman pala ang kwárto sa tabi ng kusínà.

Ikalawang Hakbang

The room is there, next to the kitchen.

Náriyan ang kwárto sa tabi ng kusínà.   *(it's just there)*

Náriyan lang ang kwárto sa tabi ng kusínà.   *(is it just there?)*

Náriyan lang ba ang kwárto sa tabi ng kusínà?   *(is it there?)*

Náriyan ba ang kwárto sa tabi ng kusínà?   *(it is really there)*

Náriyan ngá ang kwárto sa tabi ng kusínà.   *(is it really there?)*

Náriyan ngá ba ang kwárto sa tabi ng kusínà?   *(oh, I see, it's there)*

Náriyan pala ang kwárto sa tabi ng kusínà.   *(oh, I see, it's really there)*

Náriyan ngá pala ang kwárto sa tabi ng kusínà.   *(it's also there)*

Náriyan din ang kwárto sa tabi ng kusínà.   *(oh, I see, it's also there)*

Náriyan din pala ang kwárto sa tabi ng kusínà.   *(is it still there?)*

Náriyan pa ba ang kwárto sa tabi ng kusínà?   *(is it also there?)*

Náriyan din ba ang kwárto sa tabi ng kusínà?   *(oh, I see, it's just there after all)*

Náriyan lang naman pala ang kwárto sa tabi ng kusínà.

Ikatlong Aralin. Unit 3

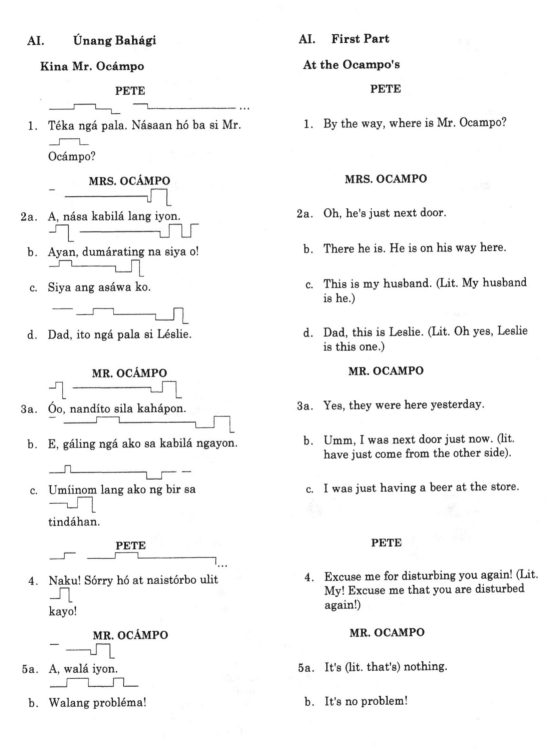

AI.	Únang Bahági	AI.	First Part

Kina Mr. Ocámpo — At the Ocampo's

PETE

1. Téka ngá pala. Násaan hó ba si Mr. Ocámpo?

1. By the way, where is Mr. Ocampo?

MRS. OCÁMPO

2a. A, nása kabilá lang iyon.

2a. Oh, he's just next door.

b. Ayan, dumárating na siya o!

b. There he is. He is on his way here.

c. Siya ang asáwa ko.

c. This is my husband. (Lit. My husband is he.)

d. Dad, ito ngá pala si Léslie.

d. Dad, this is Leslie. (Lit. Oh yes, Leslie is this one.)

MR. OCÁMPO

3a. Óo, nandíto sila kahápon.

3a. Yes, they were here yesterday.

b. E, gáling ngá ako sa kabilá ngayon.

b. Umm, I was next door just now. (lit. have just come from the other side).

c. Umíinom lang ako ng bir sa tindáhan.

c. I was just having a beer at the store.

PETE

4. Naku! Sórry hó at naistórbo ulit kayo!

4. Excuse me for disturbing you again! (Lit. My! Excuse me that you are disturbed again!)

MR. OCÁMPO

5a. A, walá iyon.

5a. It's (lit. that's) nothing.

b. Walang probléma!

b. It's no problem!

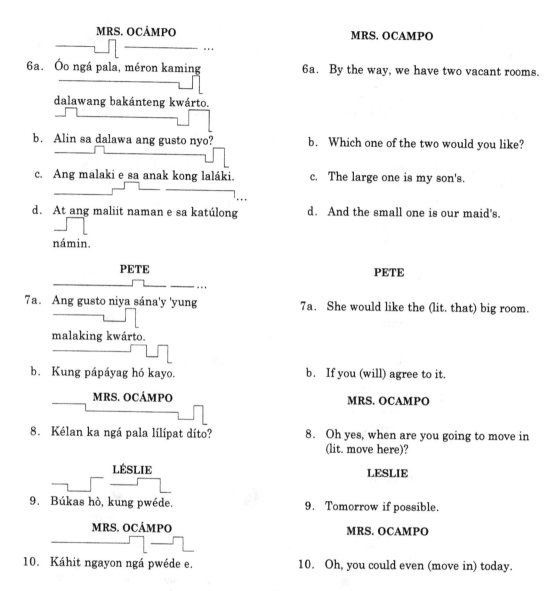

MRS. OCÁMPO	MRS. OCAMPO
6a. Óo ngá pala, méron kaming dalawang bakánteng kwárto.	6a. By the way, we have two vacant rooms.
b. Alin sa dalawa ang gusto nyo?	b. Which one of the two would you like?
c. Ang malaki e sa anak kong laláki.	c. The large one is my son's.
d. At ang maliit naman e sa katúlong námin.	d. And the small one is our maid's.

PETE	PETE
7a. Ang gusto niya sána'y 'yung malaking kwárto.	7a. She would like the (lit. that) big room.
b. Kung pápáyag hó kayo.	b. If you (will) agree to it.

MRS. OCÁMPO	MRS. OCAMPO
8. Kélan ka ngá pala lílípat díto?	8. Oh yes, when are you going to move in (lit. move here)?

LÉSLIE	LESLIE
9. Búkas hò, kung pwéde.	9. Tomorrow if possible.

MRS. OCÁMPO	MRS. OCAMPO
10. Káhit ngayon ngá pwéde e.	10. Oh, you could even (move in) today.

Commentary to difficult forms in 3AI

1.	téka	"Just a minute."
	téka ngá pala	"Oh yes, by the way."
	násaan ba	"Say, where is (question with slight impatience)" (§3.54).
2.	kabilá	"Next door, the other side."
	iyon	"He, she" (lit. that one)" (§3.62).
	ayan	"There he (it) is!" (=hayan) (§2.12).
	dumárating	"Is coming, arriving." This is the present of an um-verb (§3.1). Active verb forms will be explained in Unit 4, §4.1.
	dumárating na	"On his way here now" (§3.52).
	o	Particle at the end of sentence which points to something

	asáwa	"Husband or wife."
	ito	"This."
	ito ngá pala	"Remember the one we were talking about?...well this is it."
3.	*kahápon*	"Yesterday."
	gáling	"Be from."
	gáling ngà	"Actually, (so-and-so) is just from"(§3.56).
	ngayon	"Now."
	umíinom	"Be drinking, was drinking" (§3.1).
	tindáhan	"Store." Nouns with -*an* referring to the place of an action will be discussed in §17.33.
4.	*naistórbo*	"Be disturbed."*Naistórbo* is the past potential direct passive form of *istórbo* "to disturb." Past potential will be discussed in §7.21.
	ulit	"Again."
5.	*walà*	"Not exist."
	walá iyon	"It's nothing."
6.	*méron*	"There is.(=*mayroon*)."
	méron kami	"We have."
	méron kaming x	"We have x."
	alin	"Which (of several)."
	alin sa dalawa	"Which of the two."
	nyo	"Your." (=*ninyo*)
	gusto nyo	"The one you want." (lit. your desire)
	sa anak ko	"Belonging to my son" (§2.8).
7.	*gusto*	"Want."
	gusto sána	"Would like" (§3.63).
	kung	"If."
	pápáyag	"Will agree to something" (§§3.1, 4.11).
8.	*kélan*	"When?" (=*kailan*)
	kélan ngá pala	"O yes, by the way, when...?"
	lílípat	"Will move" (§§3.1, 4.11).
9.	*búkas*	"Tomorrow."
	pwéde	"Can, possible."
10.	*káhit*	"Even, even though it be..."
	káhit ngà	"Actually, even if it be..." (that would be OK).

AII. Pagsasánay. Ipalit ang mga salitang nása loob ng saklong.

1. *By the way, where is Mr. Ocampo?*
   Téka ngá pala. Násaan hó ba si Mr.
   Ocámpo?   *(si Léslie)*
   Téka ngá pala. Násaan hó ba si Léslie?   *(si Pete)*
   Téka ngá pala. Násaan hó ba si Pete?   *(ang babáe)*
   Téka ngá pala. Násaan hó ba ang babáe?   *(ang kaibígan ninyo)*
   Téka ngá pala. Násaan hó ba ang kaibígan   *(ang anak ninyo)*
   ninyo?
   Téka ngá pala. Násaan hó ba ang anak
   ninyo?

2. *Oh, he's just next door.*
   A, nása kabilá lang iyon.   *(Maynílà)*
   A, nása Maynílá lang iyon.   *(iskwelahan)*
   A, nása iskwelahan lang iyon.   *(tindáhan)*
   A, nása tindáhan lang iyon.   *(kusínà)*
   A, nása kusíná lang iyon.   *(báhay námin)*

A, nása báhay námin lang iyon.   *(kwárto)*
A, nása kwárto lang iyon.

3. *Here he comes.*
   Dumárating na siya o!   *(nándiyan)*
   Nándiyan na siya o!   *(nandíto)*
   Nandíto na siya o!   *(éto)*
   Éto na siya o!   *(umíinom)*
   Umíinom na siya o!   *(nása kwárto)*
   Nása kwárto na siya o!

4. *By the way, this is Leslie.*
   Ito ngá pala si Léslie.   *(yung bakánteng kwárto)*
   Ito ngá pala yung bakánteng kwárto.   *(tindáhan)*
   Ito ngá pala yung tindáhan.   *(anak kong babáe)*
   Ito ngá pala yung anak kong babáe.   *(asáwa ko)*
   Ito ngá pala yung asáwa ko.   *(kaibígan ni Léslie)*
   Ito ngá pala yung kaibígan ni Léslie.

5. *I have just come from next door.*
   E gáling ngá ako sa kabilà.   *(sa paléngke)*
   E gáling ngá ako sa paléngke.   *(sa tindáhan)*
   E gáling ngá ako sa tindáhan.   *(sa kusínà)*
   E gáling ngá ako sa kusínà.   *(sa San Páblo)*
   E gáling ngá ako sa San Páblo.   *(sa Atenéo)*
   E gáling ngá ako sa Atenéo.

6. *Oh, we have two vacant rooms.*
   Óo ngá pala, méron kaming dalawang   *(kusínà)*
     bakánteng kwárto.
   Óo ngá pala, méron kaming kusínà.   *(iskwelahan)*
   Óo ngá pala, méron kaming iskwelahan.   *(mga libro)*
   Óo ngá pala, méron kaming mga libro.   *(mga sílya)*
   Óo ngá pala, méron kaming mga sílya.   *(tindáhan)*
   Óo ngá pala, méron kaming tindáhan.   *(mga lamésa)*
   Óo ngá pala, méron kaming mga lamésa.

7. *By the way, when are you going to move in (here)?*
   Kélan ka ngá pala lílípat díto?   *(magtátrabáho)*
   Kélan ka ngá pala magtátrabáho díto?   *(magtútúrò)*
   Kélan ka ngá pala magtútúró díto?   *(mag-ááral)*
   Kélan ka ngá pala mag-ááral díto?   *(íinom)*
   Kélan ka ngá pala íinom díto?   *(dárating)*
   Kélan ka ngá pala dárating díto?

8. *Here he comes.*
   Dumárating na siya o!   *(there)*
   Nándiyan na siya o!   *(in here)*
   Nandíto na siya o!   *(here)*
   Éto na siya o!   *(drinking)*
   Umíinom na siya o!   *(next door)*
   Nása kabilá na siya o!

9. *By the way, this is Leslie.*
   Ito ngá pala si Léslie.   *(the vacant room)*
   Ito ngá pala yung bakánteng kwárto.   *(the store)*
   Ito ngá pala yung tindáhan.   *(my daughter)*
   Ito ngá pala yung anak kong babáe.   *(my husband)*
   Ito ngá pala yung asáwa ko.   *(Leslie's friend)*
   Ito ngá pala yung kaibígan ni Léslie.

10. *I have just come from next door.*
    E gáling ngá ako sa kabilà   *(market)*
    E gáling ngá ako sa paléngke.   *(store)*
    E gáling ngá ako sa tindáhan.   *(kitchen)*
    E gáling ngá ako sa kusínà.   *(San Pablo)*
    E gáling ngá ako sa San Páblo.   *(Ateneo)*
    E gáling ngá ako sa Atenéo.

11. *Oh, we have two vacant rooms.*
    Óo ngá pala, méron kaming dalawang   *(kitchen)*
      bakánteng kwárto.
    Óo ngá pala, méron kaming kusínà.   *(school)*
    Óo ngá pala, méron kaming iskwelahan.   *(books)*
    Óo ngá pala, méron kaming mga libro.   *(chairs)*
    Óo ngá pala, méron kaming mga sílya.   *(store)*
    Óo ngá pala, méron kaming tindáhan.   *(tables)*
    Óo ngá pala, méron kaming mga lamésa.

12. *By the way, when are you going to move in here?*
    Kélan ka ngá pala lílípat díto?   *(drink)*
    Kélan ka ngá pala íinom díto?   *(come)*
    Kélan ka ngá pala dárating díto?   *(work)*
    Kélan ka ngá pala magtátrabáho díto?   *(study)*
    Kélan ka ngá pala mag-ááral díto?   *(teach)*
    Kélan ka ngá pala magtútúró díto?

AIII. Piliin ang támang sagot.

1. *Násaan hó ba si Mr. Ocámpo?*
    a.   Siya ang asáwa ko.
    b.   Umíinom lang ako ng bir sa tindáhan.
    c.   A, nása kabilá lang iyon.
    d.   A, bumíbili lang ako ng bir sa tindáhan.

2. *Sórry hó at naistórbo ulit kayo.*
    a.   Sórry din.
    b.   Búkas hò, kung pwéde.
    c.   Káhit ngayon ngá pwéde e.
    d.   A, walá iyon.

3. *Alin sa dalawa ang gusto nyo?*
    a.   Yung malaki kung pápáyag hó kayo.
    b.   Walang probléma!
    c.   Ito ngá pala si Léslie.
    d.   Kung pwéde, búkas hò.

4. *Pápáyag hó ba kayo kung lílípat ako ngayon?*
    a.   Óhò, búkas hó siya lílípat díto.
    b.   Óhò, péro kailan ka ngá pala lílípat díto?
    c.   Óhò, nagháhanap hó ako ng kwárto.
    d.   Óo. Pwéde kang lumípat ngayon.

5. *Nása kabilá lang ba si Mr. Ocámpo?*
    a.   Ayan, dumárating na si Mr. Ocámpo, o!
    b.   Óo, umíinom siya ng bir doon.
    c.   Nása kabilá lang ang kwárto.
    d.   Umíinom lang ng bir sa tindáhan si Mr. Ocámpo.

6. *Nandíto ba sina Pete at Léslie kahápon?*
    a.   Dumárating na sina Pete at Léslie.
    b.   Óo, nása kabilá lang sila.

    c. Áalis na sina Pete at Léslie.

    d. Óo, nandíto sila. Nagháhanap sila ng kwárto.

7. *Siya ba ang asáwa mo?*

    a. Óo. Siya ang asáwa ko.

    b. A, nása kusíná lang iyon.

    c. Óo. Dad, ito ngá pala si Léslie.

    d. E, gáling ngá siya sa iskwelahan.

8. *Dumárating na ba si Mr. Ocámpo?*

    a. Óo, nása kabilá lang iyon.

    b. Ayan, dumárating na siya o!

    c. Oó, nandíto sila kahápon.

    d. Si Mr. Ocámpo ang asáwa ko.

9. *Lílípat hó ako díto búkas, pwéde hó ba?*

    a. Óo. Marámi kaming resérbang sílya.

    b. A, walá iyon.

    c. Sórry ho't walang bakánte.

    d. Káhit ngayon ngá pwéde e.

10. *Naku! Sórry hó at naistórbo kayo.*

    a. Ayan. Siya ang asáwa ko!

    b. Walang probléma. Nása Maynílá pa ang anak náming bunsò.

    c. Sorry ho't walang bakánte díto.

    d. A walang probléma iyon. Inom múna táyo ng Kok.

AIV. **Buuin ang mga sumúsunod na pangungúsap úpang magkaroon ng ganap na díwà.**

1. Násaan hó ba... 2. A, nása kabilá... 3. Ayan... 4. E, gáling ngá... 5. Naku! Sórry hó... 6. Umíinom lang... 7. Óo ngá pala, méron kaming... 8. Alin sa... 9. A gusto niya... 10. Kung pápáyag... 11. Kélan ka... 12. Búkas hò,... 13. Káhit ngayon ngá... 14. Ang malaki e... 15. At ang maliit...

AV. **Sagutin ang mga sumúsunod na tanong.**

1. Talaga hó bang dumating na siya? 2. Síno ang nandíto kahápon? 3. Ano ang ininom ni Mr. Ocámpo sa tindáhan? 4. Kélan ka lílípat díto? 5. Alin sa dalawa ang gusto ninyo? 6. Pápáyag hó ba kayong lumípat ako? 7. Naistórbo ko ba kayo ulit? 8. Saan siya lílípat, sa malaki o sa maliit na kwárto? 9. Nagtátrabáho ba siya o nag-ááral sa Maynílà? 10. Alin sa dalawang kwárto ang gusto mo? 11. Saan ka gáling? 12. Namili ba o uminom si Mr. Ocámpo sa tindáhan? 13. Pápáyag ka bang tumira sa maliit na kwárto? 14. Násaan ang kwártong gusto mo? 15. Bákit walá sa báhay ang pangánay ninyo? 16. Pumáyag ba si Mrs. Ocámpo na lumípat si Léslie búkas? 17. Bákit nandíto sina Pete at Léslie kahápon? 18. Dádating hó ba si Mr. Ocámpo? 19. Pumáyag ba si Mrs. Ocámpo na pára kay Léslie yung malaking kwárto? 20. Bákit gáling sa tindáhan si Mr. Ocámpo?

BI.	**Ikalawang Bahági**	**BI. Second Part**
	MRS. OCÁMPO	MRS. OCAMPO

11. Saan ka ngá pala kúkúha ng pagkáin?

11. By the way, where are you going to get your meals?

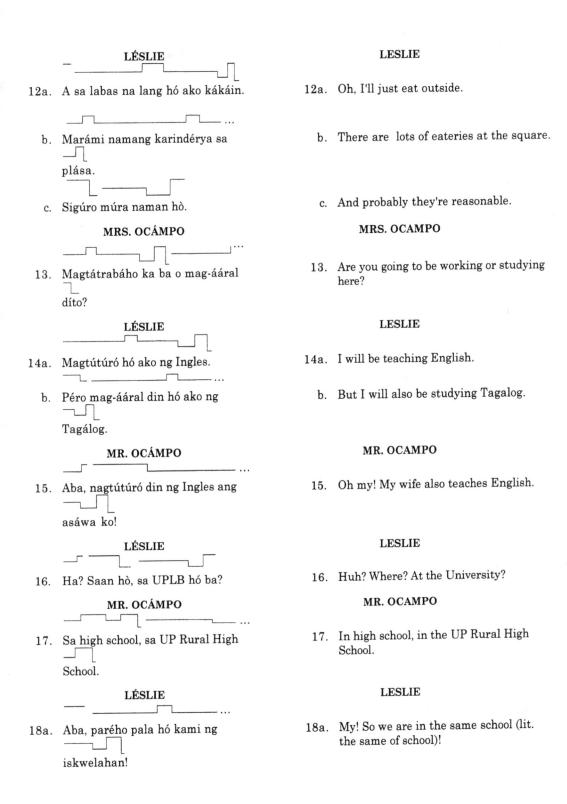

LÉSLIE

12a. A sa labas na lang hó ako kákáin.

b. Marámi namang karindérya sa plása.

c. Sigúro múra naman hò.

MRS. OCÁMPO

13. Magtátrabáho ka ba o mag-ááral díto?

LÉSLIE

14a. Magtútúró hó ako ng Ingles.

b. Péro mag-ááral din hó ako ng Tagálog.

MR. OCÁMPO

15. Aba, nagtútúró din ng Ingles ang asáwa ko!

LÉSLIE

16. Ha? Saan hò, sa UPLB hó ba?

MR. OCÁMPO

17. Sa high school, sa UP Rural High School.

LÉSLIE

18a. Aba, parého pala hó kami ng iskwelahan!

LESLIE

12a. Oh, I'll just eat outside.

b. There are lots of eateries at the square.

c. And probably they're reasonable.

MRS. OCAMPO

13. Are you going to be working or studying here?

LESLIE

14a. I will be teaching English.

b. But I will also be studying Tagalog.

MR. OCAMPO

15. Oh my! My wife also teaches English.

LESLIE

16. Huh? Where? At the University?

MR. OCAMPO

17. In high school, in the UP Rural High School.

LESLIE

18a. My! So we are in the same school (lit. the same of school)!

b. Sigúro talagang magaling mag-
Ingles si Mrs. Ocámpo.

b. Mrs. Ocampo must really speak good English.

MRS. OCÁMPO

19a. Hindí naman. Hindí naman ako masyádong magaling.

b. Péro ikaw marúnong ka talagang mag-Tagálog.

MRS. OCAMPO

19a. Not really. I'm not really that good.

b. But you really know how to speak Tagalog.

LÉSLIE

20. Hindí pa naman hó ako masyádong marúnong.

LESLIE

20. Oh, I'm not that good yet.

Commentary to difficult forms in 3BI

11.	saan	"Where" (§3.33).
	saan kúkúha	"Where will (subject) get."
	pagkáin	"Food."
12.	labas	"Outside."
	sa labas	"Outside (of the house)."
	sa labas na lang	"It will just be outside."*Sa labas* comes at the beginning of the sentence (§3.31). The combination *na lang* (§3.53).
	kákáin	"Will eat"(§§3.1, 4.11).
	marámi	"Many."
	maráming X	"There are many X" (§2.52).
	sigúro	"Probably."
	múra	"Cheap."
14.	magtútúrò	"Will teach" (§§3.1, 4.12).
15.	nagtútúrò	"Be teaching" (§§3.1, 4.12).
	nagtútúró	"Is teaching, too."
16.	saan hò?	"Where" (§3.33).
	UPLB	"University of the Philippines at Los Baños."
18.	parého	"Is the same."
	parého ng X	"Be the same with respect to X" (§6.75).
	magaling	"Good" (§3.71).
	mag-Ingles	"Speak English." (The use of the dependent verb form will be explained much later in §4.23.)
19.	marúnong	"Know how to do well" (§3.71).
	mag-Tagálog	"Speak Tagalog."

**BII.   Pagsasánay. Ipalit ang mga salitá sa loob ng saklong. Pattern Practices.
Substitiute the form in parenthesis.**

1. *By the way, where are you going to eat ?*
   Saan ka ngá pala kákáin?   *(magtútúrò)*
   Saan ka ngá pala magtútúrò?   *(lílípat)*
   Saan ka ngá pala lílípat?   *(mag-ááral)*
   Saan ka ngá pala mag-ááral?   *(úuwì)*
   Saan ka ngá pala úuwì?   *(magtátrabáho)*
   Saan ka ngá pala magtátrabáho?

2. *She teaches at UPLB.*
   Siya'y nagtútúró sa UPLB.   *(nag-ááral)*
   Siya'y nag-ááral sa UPLB.   *(nagtátrabáho)*
   Siya'y nagtátrabáho sa UPLB.   *(nakatira)*
   Siya'y nakatira sa UPLB.   *(namímili)*
   Siya'y namímili sa UPLB.   *(nagtútúrò)*
   Siya'y nagtútúró sa UPLB.

3. *Are you going to work here?*
   Magtátrabáho ka ba díto?   *(mag-ááral)*
   Mag-ááral ka ba díto?   *(magtútúrò)*
   Magtútúró ka ba díto?   *(mamímili)*
   Mamímili ka ba díto?   *(magtátagálog)*
   Magtátagálog ka ba díto?   *(lílípat)*
   Lílípat ka ba díto?   *(kákáin)*
   Kákáin ka ba díto?

4. *My! So we are in the same school.*
   Aba, parého pala kami ng iskwelahan.   *(sílya)*
   Aba, parého pala kami ng sílya.   *(lamésa)*
   Aba, parého pala kami ng lamésa.   *(paléngke)*
   Aba, parého pala kami ng paléngke.   *(karindérya)*
   Aba, parého pala kami ng karindérya.   *(kwárto)*
   Aba, parého pala kami ng kwárto.

5. *I will just take my meals outside.*
   Sa labas na lang hó ako kúkúha ng   *(sa karindérya)*
      pagkáin.
   Sa karindérya na lang hó ako kúkúha ng   *(sa paléngke)*
      pagkáin.
   Sa paléngke na lang hó ako kúkúha ng   *(sa plása)*
      pagkáin.
   Sa plása na lang hó ako kúkúha ng   *(sa tindáhan)*
      pagkáin.
   Sa tindáhan na lang hó ako kúkúha ng   *(sa iskwelahan)*
      pagkáin.
   Sa iskwelahan na lang hó ako kúkúha ng
      pagkáin.

6. *By the way, where are you going to eat?*
   Saan ka ngá pala kákáin?   *(to teach)*
   Saan ka ngá pala magtútúrò?   *(to move)*
   Saan ka ngá pala lílípat?   *(to study)*
   Saan ka ngá pala mag-ááral?   *(get your meals)*
   Saan ka ngá pala kúkúha ng pagkáin?   *(to work)*
   Saan ka ngá pala magtátrabáho?

7. *She teaches at UPLB.*
   Siya'y nagtútúró sa UPLB.   *(studying)*

Siya'y nag-ááral sa UPLB.   *(working)*
Siya'y nagtátrabáho sa UPLB.   *(living)*
Siya'y nakatira sa UPLB.   *(shopping)*
Siya'y namímili sa UPLB.   *(speaks Tagalog)*
Siya'y nagtátagálog sa UPLB.

8. *Are you going to work here?*
    Magtátrabáho ka ba díto?   *(to study)*
    Mag-ááral ka ba díto?   *(to teach)*
    Magtútúró ka ba díto?   *(to shop)*
    Mamímili ka ba díto?   *(to eat)*
    Kákáin ka ba díto?   *(to move)*
    Lílípat ka ba díto?   *(take your meals)*
    Kúkúha ka ba ng pagkáin díto?

9. *My! So we are in the same school.*
    Aba, parého pala kami ng iskwelahan.   *(chair)*
    Aba, parého pala kami ng sílya.   *(table)*
    Aba, parého pala kami ng lamésa.   *(market)*
    Aba, parého pala kami ng paléngke.   *(cafeteria)*
    Aba, parého pala kami ng karindérya.   *(room)*
    Aba, parého pala kami ng kwárto.

10. *I will just take my meals outside.*
    Sa labas na lang hó ako kúkúha ng   *(in the cafe)*
      pagkáin.
    Sa karindérya na lang hó ako kúkúha ng   *(in the market)*
      pagkáin.
    Sa paléngke na lang hó ako kúkúha ng   *(at the plaza)*
      pagkáin.
    Sa plása na lang hó ako kúkúha ng   *(at school)*
      pagkáin.
    Sa iskwelahan na lang hó ako kúkúha ng
      pagkáin.

BIII. Pilíin ang támang sagot.

    1. *Saan ka kúkúha ng pagkáin?*
       a.   Sigúro búkas na lang ako áalis.
       b.   Walá namang karindérya sa plása.
       c.   Búkas hó ako áalis, kung pwéde.
       d.   Sa labas na lang hó ako kákáin.

    2. *Nagtútúró ka ba ng Ingles?*
       a.   Ang asáwa ko ay nagtútúró ng Tagálog.
       b.   Búkas pa ako kúkúha ng libro sa Ingles.
       c.   Óo, péro sa high school lang.
       d.   A hindì. Áalis ako búkas.

    3. *Saan ka ba magtátrabáho?*
       a.   A sa UPLB hó ako mag-ááral ng Tagálog.
       b.   Búkas hó kung pápáyag hó kayo.
       c.   Sa labas na lang ako kúkúha ng pagkáin.
       d.   Sa San Páblo hò. Magtútúró ako ng Ingles doon.

    4. *Saan ka kúkúha ng pagkáin?*
       a.   Sigúro múra hò.
       b.   Káhit ngayon ngá pwéde.
       c.   Sa karindérya na lang.
       d.   Aba, parého pala hó kami ng pagkáin.

5. *Marámi bang karindérya sa plása?*
   a. Óo. Sa labas na lang ako kákáin.
   b. Hindì. Múra naman ang pagkáin.
   c. Óo. Sa karindérya na lang ako kúkúha.
   d. Óhò. Marámi naman at múra hó naman.
6. *Magtátrabáho ka ba o mag-ááral díto?*
   a. Sa high school ako nagtútúrò.
   b. Magtátrabáho hó ako at mag-ááral din.
   c. Nagtútúró din ng Ingles ang asáwa ko.
   d. Sa labas na lang hó ba?
7. *Sa UPLB hó ba siya nagtútúrò?*
   a. Óo. Sa Rural High School siya nagtútúrò.
   b. Óo. Diyan lang sa labas.
   c. Hindì. Sa UP Rural High School siya nagtútúrò.
   d. Hindì. Sa labas siya kákáin.
8. *Talaga bang magaling kang mag-Ingles?*
   a. Hindí naman ako masyádong magaling.
   b. Hindí naman ako nagtútúrò
   c. Magaling talaga akong mag-Tagálog.
   d. Sigúro talagang magaling mag-Ingles si Mrs. Ocámpo.
9. *Marúnong ka bang mag-Tagálog?*
   a. Péro mag-ááral ako.
   b. Hindí pa naman masyádo.
   c. Talagang walang probléma iyon.
   d. Hindí pa ngá ako nag-ááral ng Ingles.
10. *Mag-ááral ka rin bang mag-Tagálog?*
   a. Óhò. Talaga hong marúnong ako.
   b. Óhò. Mag-ááral din ako ng Tagálog.
   c. Óhò. Sa UPLB hó ako nagtútúrò.
   d. Óhò. Talagang magaling akong mag-Tagálog.

BIV. **Buuin ang mga sumúsunod na pangungúsap úpang magkaroon ng ganap na díwà.**

1. Óo, ang pagkáin mo... 2. Magtátrabáho ka ba o... 3. Talagang sa labas... 4. Sigúro sa plása... 5. Talagang múra... 6. Saan ka ngá pala... 7. Ikaw, marúnong ka sigúrong... 8. Aba, nagtútúró din... 9. Magtútúró hó... 10. Marámi namang... 11. Saan hó... 12. Hindí naman ako... 13. A, sa labas na lang... 14. Hindí pa naman hó ako masyádong... 15. Aba, parého pala... 16. Mag-ááral din hó ako... 17. Sa UPLB hó ako... 18. Talagang magaling... 19. Saan ngá pala siya kúkúha... 20. Múra naman hó ang...

BV. **Sagutin ang mga sumúsunod na tanong.**

1. Nagtútúró ka ba ng Ingles o Tagálog? 2. Saan nagtútúró ang asáwa mo? 3. Parého ba kayong nagtútúró sa UPLB? 4. Walá bang karindérya sa plása? 5. Ikaw, sigúro marúnong kang mag-Tagálog, ano? 6. Díto ka ba kúkúha ng pagkáin? 7. Saan ako pwédeng mag-áral ng Tagálog? 8. Síno ang nagtútúró ng Ingles sa Rural High School? 9. Naistórbo mo ba ang nagtútúró ng Ingles? 10. Téka ngá pala, marúnong bang mag-Ingles ang bunsó ninyo? 11. Marámi bang kumákáin sa karindérya sa plása? 12. Bákit sa labas ka kúkúha ng pagkáin? 13. Mag-ááral ka ba o magtútúró sa UPLB? 14. Bákit ka mag-ááral ng Tagálog? 15. Múra ba ang bir sa plása? 16. Síno ang magtútúró sa iskwelahan dyan sa tabi? 17. Magaling ka ba talagang mag-Ingles? 18. Parého ba kayong dumating sa iskwelahan? 19. Dumating na ba ang pagkáin sa karindérya? 20. Sa labas ka ba kákáin?

CI.   **Ikatlong Bahági**

Kina Mrs. Ocámpo

MRS. OCÁMPO

21.   Matagal ka na ba díto sa Pilipínas?

LÉSLIE

22a. Matagal-tagal na rin hò.

b.   Mga dal'wang taon.

MRS. OCÁMPO

23.   A, hindí ka pa rin matagal díto.

24.   A hindí pa ngá hò. Mga dalawang

taon pa lang.

25.   Násaan ka nung bágo

ka dumating díto?

26a. Nung únang taon, nagpunta hó

ako sa Marindúque.

b.   Tápos, nagpunta hó ako sa Maynílà.

27.   Ilang taon ka do'n?

28a. Isang taon lang hò.

b.   Dápat sána úuwí na hó 'ko.

c.   Péro gusto ko hong tumígil díto ng

isang taon pa.

CI. **Third Part**

At Mrs. Ocampo's

MRS. OCAMPO

21.   Have you been here long in the Philippines?

LESLIE

22a. You could call it long (by now).

b.   Around two years.

MRS. OCAMPO

23.   You haven't been here all that long yet.

24.   Oh no, not long (yet). Only around two years so far.

25.   Where were you when you first came here?

26a. The first year, I was assigned to Marinduque.

b.   Then I went to Manila.

27.   How many years were you there?

28a. Just one year.

b.   I should be going home now.

c.   But I want to stay here one more year.

29. E sigúro gusto mo ring tumira díto sá 'min.

29. Umm, probably you like it (Lit. like somewhat staying) here in our (country).

30. Pwéde na rin hò.

30. Yes. (Lit. It will do.)

31. Ilang taon kang títígil díto sá 'min?

31. How many years are you going to stay with us?

32. Sigúro hó mga isang taon pa o dalawa.

32. Probably around one more year or two.

Commentary to difficult forms in 3CI

21.	matagal	"Long (time)."
	matagal na	"It has been long."
22.	matagal-tagal	"Rather long, somewhat long" (§3.72).
	rin	"Somewhat (= din)" (§3.58).
	matagal-tagal na din	"You could say it has been long." (Note that this is a very polite way of affirming.)
	dal'wa	"Two (= dalawa)."
	mga dalawa	"Around two" (§3.61).
	dalawang taon	"Two years."
23.	hindí pa	"It hasn't been yet" (§3.43).
24.	dalawa pa	"Two so far."
	dalawa pa lang	"Only two so far" (§3.44).
25.	nung	"When (past) (= noong)" (§3.45).
	bágo	"First, newly"(§5.74).
	bágo dumating	"First came."
26.	nung úna	"Formerly, previously."
	nung únang taon	"The first year."
	nagpunta	"Went (almost the same as pumunta -- §4.131)."
	tápos	"Then, the next thing"(§7.92).
27.	ilan	"How many?"
	ilang X	"How many X's?" (§3.21)
	do'n	"There (= doon)."
28.	isa	"One, a."
	isang taon	"One year."
	dápat	"Should (do, be)."
	dápat sána	"It should be the case (but it's not)" (§3.63).
	úuwì	"Will be returning home."
	úuwí na	"Will be going home at this point in time"(§3.52).
	gusto	"Want."
	gusto ko hong X	"I want to do X" (§3.21).
	tumígil	"Stay, not move."
	tumígil ng isang taon	"Stay for one year."For the use of ng (pronounced nang), see §5.5)

isa	"One."
isa pa	"One more."
isang taon pa	"One more year."
29. *gusto*	"Like."
gusto rin	"Rather like" (§3.58).
tumira	"Live."
sa min	"At our place (= *sa ámin*)" (§3.31).
30. *X na rin*	"X is OK, X will do" (§3.58).
31. *ilang taong...*	"How many years is it (will it be, was it) that... (= *ilang taon na*)."
títígil	"Will stay."
32. *mga isa*	"Around one "(§3.61).
mga isa pa	"Around one more."

CII. Pagsasánay. Ipalit ang mga salitáng násа loob ng saklong. Pattern Practices. Substitute the form in the parenthesis.

1. *Have you been long in the Philippines?*

   Matagal ka na ba sa Pilipínas?   *(sa Marindúque)*
   Matagal ka na ba sa Marindúque?   *(sa UPLB)*
   Matagal ka na ba sa UPLB?   *(sa iskwelahan)*
   Matagal ka na ba sa iskwelahan?   *(sa mga magúlang niya)*
   Matagal ka na ba sa mga magúlang niya?   *(sa kwárto ni Léslie)*
   Matagal ka na ba sa kwárto ni Léslie?   *(sa San Páblo)*
   Matagal ka na ba sa San Páblo?

2. *Which one of the two do you want?*

   Alin sa dal'wa ang gusto mo?   *(maganda)*
   Alin sa dal'wa ang maganda?   *(malaki)*
   Alin sa dal'wa ang malaki?   *(ang bakánteng kwárto)*
   Alin sa dal'wa ang bakánteng kwárto?   *(libro mo)*
   Alin sa dal'wa ang libro mo?   *(múra)*
   Alin sa dal'wa ang múra?   *(maliit)*
   Alin sa dal'wa ang maliit?

3. *Pagsasánay sa pagsagot. Exercise on answering. Answer in a modest fashion.*

   1a. Matagal ka na ba díto sa Pilipínas?
    b. Matagal-tagal na hó rin.
   2a. Marámi na bang karindérya sa Los Báños?
    b. Marami-rami na hó rin.
   3a. Magaling ka na bang mag-Tagálog?
    b. Magaling -galing na hó rin.
   4a. Marúnong na ba siyang mag-Ingles?
    b. Marunong-runong na hó rin.
   5a. Malaki na ba ang bunsó ninyo?
    b. Malaki-laki na hó rin.
   6a. Maganda na ba ang báhay nila?
    b. Maganda-ganda na hó rin.
   7a. Mabúti ka na ba?
    b. Mabuti-buti na hó rin.

4. *Are you going to leave the Philippines now?*

   Áalis ka na ba sa Pilipínas?   *(matagal)*
   Matagal ka na ba sa Pilipínas?   *(ilang taon)*
   Ilang taon ka na ba sa Pilipínas?   *(úuwi)*
   Úuwí ka na ba sa Pilipínas?   *(títígil)*
   Títígil ka na ba sa Pilipínas?   *(sa plása)*

Títígil ka na ba sa plása?

5. *Where were you when you first came here?*
   Násaan ka nung bágo ka dumating díto?   *(lumípat)*
   Násaan ka nung bágo ka lumípat díto?   *(umalis)*
   Násaan ka nung bágo ka umalis díto?   *(uminom ng bir)*
   Násaan ka nung bágo ka uminom ng bir?   *(kumúha ng pagkáin mo)*
   Násaan ka nung bágo ka kumúha ng   *(pumunta sa Pilipínas)*
       pagkáin mo?
   Násaan ka nung bágo ka pumunta sa
       Pilipínas?

6. *Have you been long in the Philippines?*
   Matagal ka na ba sa Pilipínas?   *(in Marindúque)*
   Matagal ka na ba sa Marindúque?   *(in UPLB)*
   Matagal ka na ba sa UPLB?   *(in school)*
   Matagal ka na ba sa iskwelahan?   *(with his parents)*
   Matagal ka na ba sa mga magúlang niya?   *(Leslie's room)*
   Matagal ka na ba sa kwárto ni Léslie?   *(in San Páblo)*
   Matagal ka na ba sa San Páblo?

7. *Of the two, which one do you like?*
   Alin sa dal'wa ang gusto ninyo?   *(is the girl)*
   Alin sa dal'wa ang babáe?   *(is Pete)*
   Alin sa dal'wa si Pete?   *(is the vacant room)*
   Alin sa dal'wa ang bakánteng kwárto?   *(is your book)*
   Alin sa dal'wa ang libro mo?   *(is cheap)*
   Alin sa dal'wa ang múra?   *(is the younger [lit. youngest])*
   Alin sa dal'wa ang bunsò?

8. *Leslie was in school last year.*
   Nása iskwelahan si Léslie nung isang taon.   *(in Marindúque)*
   Nása Marindúque si Léslie nung isang   *(in the house)*
       taon.
   Nása báhay si Léslie nung isang taon.   *(a PCV)*
   Isang PCV si Léslie nung isang taon.   *(had no problems)*
   Walang probléma si Léslie nung isang taon.

9. *Are you leaving the Philippines yet?*
   Áalis ka na ba sa Pilipínas?   *(have you been long)*
   Matagal ka na ba sa Pilipínas?   *(how many years)*
   Ilang taon ka na ba sa Pilipínas?   *(going home now)*
   Úuwí ka na ba sa Pilipínas?   *(will you stay)*
   Títígil ka na ba sa Pilipínas?   *(at the plaza)*
   Títígil ka na ba sa plása?   *(will eat)*
   Kákáin ka na ba sa plása?

10. *Where were you when you first came here?*
    Násaan ka nung bágo ka dumating díto?   *(moved)*
    Násaan ka nung bágo ka lumípat díto?   *(left here)*
    Násaan ka nung bágo ka umalis díto?   *(drank beer)*
    Násaan ka nung bágo ka uminom ng bir?   *(got your food)*
    Násaan ka nung bágo ka kumúha ng   *(went to the Philippines)*
        pagkáin?
    Násaan ka nung bágo ka pumunta sa
        Pilipínas?

CIII. Piliin ang támang sagot.

1. *Saan mo gusto díto sa Pilipínas?*
   a. Sa Atenéo lang hó ako magtátrabáho.
   b. Sa Marindúque, maganda kasi do'n.
   c. Gusto ko hong tumígil díto ng isang taon pa.
   d. Sigúro hó isang taon pa o dalawa.

2. *Ilang taon ka títígil díto sa ámin?*
   a. Nung únang taon nagpunta hó ako sa Maynílà.
   b. Isang taon pa.
   c. Dalawang taon pa lang.
   d. Matagal-tagal na rin.

3. *Matagal ka na ba díto?*
   a. A hindì, isang taon pa.
   b. Óo, péro mga dal'wang taon pa.
   c. A hindì, mga dal'wang taon pa lang.
   d. Sigúro mga isang taon na lang.

4. *Násaan ka nung bágo ka dumating díto?*
   a. Nagpunta hó ako sa Marindúque.
   b. Isang taon ako títira díto.
   c. Sigúro mga dalawang taon.
   d. Hindí ako matagal díto.

5. *Saan ka tumígil nung isang taon?*
   a. Sigúro matagal na hó rin.
   b. Dalawang taon hó ako tumígil doon
   c. Sa Marindúque hó ako tumígil nung isang taon.
   d. Hindi pa naman matagal.

6. *Ilang taon ka na doon?*
   a. Dápat sana úuwí na ako.
   b. Matagal-tagal pa rin.
   c. Isang taon na.
   d. A hindí ka pa rin masyádong matagal díto!

7. *Ilang taon kang títígil díto sa Pilipínas?*
   a. Nung isang taon, doon hó ako sa Marindúque.
   b. Matagal-tagal na rin. Isang taon na.
   c. Hindí pa ngá hò. Mga dalawang taon pa.
   d. Kung pwéde mga dalawang taon pa.

8. *Isang taon ka pa ba díto?*
   a. Dápat sána úuwí na hó ako, péro títígil pa ako díto.
   b. Hindí pa pala isang taon.
   c. Matagal-tagal na rin iyon.
   d. Óo. Nung isang taon díto siya sa Pilipínas.

9. *Gusto mo bang tumira díto?*
   a. Sigúro gusto mo ring tumira díto.
   b. Óhò. Kung pápáyag hó kayo.
   c. Hindí hò. Hindí ako nagpunta díto.
   d. Óhò. Dápat sána úuwí na ako, péro títígil pa ako díto.

10. *Áalis ka na ba sa Pilipínas?*
    a. Óo. Nung isang taon, doon hó ako sa Marindúque.
    b. Hindì. Hindí pa rin. Gusto ko ríto e.
    c. Óo. Títira ako dito.
    d. Hindì. Hindí na ako pwédeng tumígil doon.

CIV. Buuin ang mga sumúsunod na pangungúsap úpang magkaroon ng ganap na díwà.

1. Ilang taon... 2. Noong isang taon... 3. Kung títígil ka... 4. Kélan ka nagpunta... 5. Matagal-tagal din... 6. Kélan mo gustong... 7. Bágo ka dumating... 8. Pwéde bang... 9. Nagpunta ka ba... 10. Kung gusto mo... 11. Dumating ako... 12. Násaan ka noong... 13. Sigúro mga isang taon... 14. Kailángan ka bang... 15. Hindí ka pa pala...

CV. Sagutin ang mga sumúsunod na tanong.

1. Kélan ka tumira sa Marindúque? 2. Bákit doon ka nagpunta noong isang taon? 3. Téka ngá pala, bákit ka tumígil sa San Páblo? 4. Saan ka títígil sa isang taon? 5. Bákit ka matagal sa kabilang tindáhan? 6. Ano ang gusto mo, San Páblo o Marindúque? 7. Ilang taon kang naghanap ng bakánteng kwárto? 8. Úuwí ka na ba o íinom pa? 9. Saan ka tumira nung úna kang dumating? 10. Saan siya nagpunta pára uminom? 11. Sigúro, marúnong ka nang uminom noong isang taon, ano? 12. Bákit ba gusto mong umalis díto? 13. Síno ang dumating gáling sa plása kahápon? 14. Bákit ka pumáyag magpunta sa UPLB? 15. Díto ka ba sa ámin títígil o sa kanila? 16. Pára ngayon ba iyang pagkáin o pára kahápon? 17. Téka múna, ilang taon ka ba doon? 18. Bákit hindí ka naistórbo nung tumígil ka sa kanila? 19. Bákit matagal siyang nagtúró e pwéde naman siyang mag-áral? 20. Nag-áral ba siya o nagtúró nung tumígil siya díto nung isang taon?

DI. Guided Conversation for Unit 3

Do the following conversation. Then listen to the tape and see how it sounded. This is a conversation between Pete and Leo, who meet in the market. (Pete's real name is Pedro, but he indicates his urban identity by calling himself Pete. Back in the barrio, they know him as Pedring.)

Pete: Oh, Leo where did you come from?

Leo : Just here in the market. How about you, what did you come here for?

Pete: Oh I'm just buying food for our eatery. By the way, where is your sidekick (your friend), your roommate (lit. companion) in the small room in Mr. Ocampo's house.

Leo : Cyl? He hasn't been here at UPLB for quite some time now. But last year he went to San Pablo. He was looking (I found out) for a house for his parents. After that (hint: tápos noon) he then went to Manila. Just a second, he went first (I just remembered) to Marinduque before (he went) to Manila. He should have already left Manila last year (hint: "already" after "last year" is pa), but he is still staying in Manila now. He will still stay for two years in Manila. By the way, how is your wife? Is she still teaching at UPRHS--English and Tagalog?

Pete: Yes. She's actually been two years now at UPRHS (the University of the Philippines Rural High School)

Leo : How about you: are you going to work or study?

Pete: Me? Probably I will just study, if my wife allows (it). By the way, when will you move (hint: say "move to a house")?

Leo : Tomorrow. I'll move tomorrow.

Pete: Is that room also going to be small?

Leo : Oh no. Now it's going to be big.

Pete: Just a second, do you still drink beer? Let's drink some first.

Leo : No, I don't drink any more. But if I have a problem, I don't mind doing that.

Pete: Oh, here is some food. Want some?

Leo : No, no thanks. By the way, how is that eldest son of yours, is he still studying or is he working now?

Pete: Oh, he is still studying. He's in the Ateneo.

Leo : Oh, yes, he's an Ateneo man. And how about the girl?

Pete: She's in our restaurant. Just a second, Leo. I am going to go home first now because (hint: say "at") my wife is coming. I just remembered she needs me.

Leo : Sorry that I disturbed you!

Pete: Oh, no. It's OK. Bye!

DII. Free Conversation

Converse with a classmate freely about where you live, how many children you have. Where you lived in the Philippines and how long. Make stuff up, but be sure to stick with the vocabulary you have had so far. Do not ask your teacher to provide you with new forms. You have quite enough vocabulary to master as it is, and if you are on top of everything, then it is time to move on to Lesson Four.

Grammar

3.1   Active verb forms

In the first three lessons we have seen three kinds of active verbs. The *-um-* verbs, e.g. *dumating* "came," *umíinom* "is drinking," the *mag-* verbs, e.g. *magtátrabáho* "will work," and the *maN-* verbs, e.g. *mamímili* "will shop." There are four tense forms:

Type	Root	Past	Present	Dependent[1]	Future
-um-	káin	kumáin	kumákáin	kumáin	kákáin
mag-	áral	nag-áral	nag-áaral	mag-áral	mag-áaral
maN-	bili	namili	namímili	mamili	mamímili

The active verb forms and the four tense forms will be discussed in §§4.1 and 4.2 ff. At this point we do no more than list these forms for your reference. You will learn how to manipulate them in Unit Four. Exercise 3A will give you practice in using the verb forms which have occurred in the basic sentences.

3.2   Word order of short words

Short words must come immediately AFTER THE FIRST WORD OF THE PREDICATE. In the following sentence *lang* and *ako* are short words. Therefore, they are placed immediately after *umíinom*, the first word of the PREDICATE. The PREDICATE is indicated by capital letters.

    1.   *UMÍINOM LANG ako NG BIR sa tindáhan.* "I was just drinking some beer in the store." (3A3c)

Similarly, *ka*, the subject and *ngà* and *pala* (particles) come after the first word of the predicate in the following sentences since they are short words.

    2.   *KAILAN KA NGÁ PALA LÍLÍPAT díto?* "By the way when are you going to move in?" (3A8)

    3.   *SAAN KA NGÁ PALA KÚKÚHA NG PAGKÁIN?* "Oh, yes, where are you going to get your food?" (3B11)

Prepositions and short words like *may* "there is" do not attract other short words. Thus, in the following example *na, lang, ako* come after *labas* (not after *sa*).

    4.   *SA LABAS na lang hó ako KÁKÁIN.* "I will take my meals outside." (3B12a)

In the following example the particles *hò* and *ba*, and the pronoun *kayo* come after *bakánte* because *may* does not attract the short words.

---

[1]The Dependent forms are also used for the IMPERATIVE (§4.23).

5. *MAY BAKÁNTE hó ba kayo?* "Do you have a vacancy?" (2A1)

If the word *mayroon* is used instead of *may*, the short words *hò*, *ba*, and *kayo* get moved next to it, as *mayroon* does attract the short words.

5a. *MAYROON hó ba kayong BAKÁNTE?* "Do you have a vacancy?" (2A1)

In the following sentence *ka, pa, rin* are moved to the first word of the predicate, *hindì*.

6. *HINDÍ ka PA RIN MATAGAL díto.* "You haven't been all that long here yet." (3C23)

If the subject comes first, the particles will normally still come after the first word of the predicate. In the following sentence the particles *pa* and *rin* have been moved to after the first word of the predicate. Note that a short pronoun can function as subject.

7. *Siya'y HINDÍ PA RIN MATAGAL díto.* "As for him, he hasn't been here all that long yet (lit. hasn't been all that long here yet)."

DO GRAMMAR EXERCISES 3B1, 3B2.

3.21 Linking

The linker (*na* or *ng*) is used with numbers which modify nouns. In this case the number must precede the noun. The interrogative *ilan* "how many?" counts as a number.

8. ***Ilang** taon?* "**How many** years?"

Some of the other modifiers we have had are linked with *na* (*ng*). For example, *gusto* is linked with *na* (*ng*). Examples of modifiers which precede the form they modify and are linked with *ng*:

9. ***Gustong** tumígil díto.* "**Wants** to stay here."

Note that not all modifiers are linked. For example, *sigúro* "perhaps" is not.

10. ***Sigúro** isang taon pa.* "**Probably** one more year." (3C32)

DO GRAMMAR EXERCISE 3B3.

3.31 Location

Location is expressed by the dative case: that is, by the dative forms of the pronouns (especially *díto* "here," *diyan* "there," *doon* "there," or by *sa* plus other phrases). For a review of the usage of *sa*, do grammar exercise 3D.

11. *Ang kwárto **sa** tabi...* "The room next door..."
12. *Matagal ka pala **díto**.* "You were here long!"
13. *Matagal ka **sa Pilipínas**.* "You were long **in the Philippines**."

The locational phrase may come at the beginning as well as at the end of the sentence:

14. ***Sa labas** na lang ako kákáin.* "I will just eat **outside**." (3B12a)
15. *Gusto mong tumira **díto sa ámin**.* "You like staying **here with us**." (3C29)

3.32 Comparison of locational phrases with and without *ná-*

When a locational phrase is used as a predicate referring to the location of something (that is, where something is), the locational phrase must be preceded by the preposition *ná-*. That is, expressions of location are prefixed with *ná-* when they mean "is (are, was, were, etc.) at (such-and-such) a place." In the following sentences *náriyan* and *nása Maynílà* are the predicates and mean "is at", so the preposition *ná-* is used.

16. *Náriyan ba si Mrs. Ocámpo?* "**Is** Mrs. Ocampo **there?**" (1A3)
17. *Yung isa'y nása Maynílà.* "The other one **is in Manila.**"

In other words *ná-* is used in expressions which mean "is (are, was, were, etc.) at," and if the meaning is "be at," then *ná-* is used.

18. *Yang nása tabi mo.* "That one that's **next to** you." (2B22)

On the other hand, if the locational phrase tells where something takes place (does not mean "be at"), then the preposition *ná-* is not used.

19. *Ako ho'y nakatira sa San Páblo.* "I stay **at San Pablo.**" (2C25b)
20. *Nag-ááral pa lang siya sa Atenéo.* "He is still just studying **at the Ateneo.**" (2C28)
21. *Magtátrabáho ka ba díto?* "Are you going to work **here?**" (3B13)

In the above three sentences the locational phrases modify the forms *nakatira* "live," *nag-ááral* "study," and *magtátrabáho* "will work," respectively and refer to where the living, studying, and working take place. Therefore, *ná-* is not used.

DO GRAMMAR EXERCISE 3C1.

3.33 *Saan* vs *násaan*

Násaan means "be (am, is, are, was, were, etc.) where?" That is, it stands as a predicate and means "where is (are, was, etc.)."

22. *Násaan hó yung kwárto?* "**Where is** the room?"
23. *Násaan ka noong bágo ka dumating díto?* "**Where were** you when you first came here?" (3C25)

Saan is used to modify another form in the sentence. (That is, it means "where does (did, etc.) an action take place?" but not "be where?") For example, the following sentence asks where a certain action will happen, that is, *saan* modifies *kúkúha* "will get."

24. *Saan ka ngá pala kúkúha ng pagkáin?* "Oh, yes, **where** will you take your meals?" (3B11)

In the following sentence *saan* is used because the question is about where the action takes place.

25. *Saan hò? Sa UPLB hó ba?* "**Where?** At the university?" (3B16)

In this sentence the meaning is "where (do you work)" not "where (is it)?" In other words we can understand this sentence to mean

26. *Saan hó ba kayo nagtútúrò?* "**Where** do you teach?"

DO GRAMMAR EXERCISE 3C2.

3.41 "Has been the case" vs. "will be" or "was the case"

In expressions which refer to length of time there is a distinction between present perfect "has been the case" (and still is) and the past "was the case (and is no longer)" or future ("will be the case"). Present perfect, "has been..." is expressed with the particle *na* modifying the expression of length of time.

27. *Ilang taon ka na díto?* "How long **have** you **been** here?"
28. *Dalawang taon na ako díto.* "I **have been** here for two years."

To express past time one uses no particle:

29. *Ilang taon ka doon?* "How many years were you there (implying that you are not there now)?"

Similarly, for future time no particle needs to be used:

30. *Ilang taon ka díto?* "How many years (will) you be here?"
31. *Isang taon ako díto.* "I (will be) here for a year."

3.42   Future time expressions with *pa*

The particle *pa* in the context of future time means "(so-and-so much) time in addition."

32. *Sigúro mga isang taon pa.* "Probably around one **more** year." (3C32)
33. *Ilang taon ka pa ríto?* "How many **more** years will you be here?"

3.43   Expressions meaning "hasn't been the case"

In negative sentences present perfect time (meaning "hasn't been... up to now") is expressed by *hindí pa.*

34. *Hindí ka pa matagal díto.* "You **haven't been** here long."

Most sentences of this type have a verb form, which we will study in Unit 4, §4.221. *Hindí na* "not any more" will be explained in Unit 4.

3.44   "Only" in expressions of time length or quantity

"Only so-and-so much (or so-and-so long) so far" is expressed by *pa lang.*

35. *Mga dalawang taon pa lang ako díto.* "I have been here **only** two years." (3C24)

"Only" in expressions of time or quantity for the past or future is expressed by *lang* without *pa.*

36. *Isang taon lang hó ako doon.* "I was there **for only** one year." (3C28a)

3.45   "When, at" in past time expressions

"When" or "at (a time in the past)" is expressed by *noong* (shortened to *nung*).

37. *Nung únang taon nagpúnta ako sa Marindúque.* "**(In)** the first year I was assigned to Marinduque." (3C26)
38. *Násaan ka nung bágo ka dumating díto?* "Where were you **when** you first came here?" (3C25)

DO GRAMMAR EXERCISES 3E1, 3E2 3E3.

3.5   Particle Study

In this sections we will repeat much of what we already stated in §1.9 of Unit One, but we add some new information provided by the additional contexts of the dialogue in this lesson.

3.51   *Pa*

Pa means "still, yet."

39. *Nag-áaral pa lang siya.* "He is still only a student." (2C28)

See also the comments about *pa* in §§3.42, 3.43, and 3.44, above.

3.52 Na

Na means "by now, as of this point in time."

40. *Ayan, dumárating na siya o!* "There! He's on his way here **now**!" (3A 2b)
41. *Dápat sána úuwí na ako.* "I should have been returning home **now**." (3C28b)

3.53 Lang

Lang means "only, just."

42. *Umíinom lang ako ng bir.* "I was just having a beer." (3A3c)
43. *Isang taon lang hò.* "Just one year." (3C28)

The combination *na lang* means "just do (so-and-so) rather than something that might be better, just do (so-and-so) a second choice."

44. *Sa labas na lang hó ako kákáin.* "I'll **just** take my meals outside." (3B12)

3.54 Ba

Ba is basically a question particle. With question words *ba* indicates a certain amount of push to have the question answered. In the following sentence Pete expected Mr. Ocampo to be there and so asks about his whereabouts with a slight amount of impatience.

45. *Násaan hó ba si Mr. Ocámpo.* " **Oh**, where **is** Mr. Ocampo?" (3A1)

3.55 Pala

Pala is a particle used with statements of facts which one has just discovered: "oh, I see, so..."

46. *Atenísta pala siya!* "**Oh,** he's an Ateneo man!" (2C29)

3.56 Ngà

Ngà is used with statements that are in accordance with what one would expect: "of course!"

47. *E, gáling ngá ako sa kabilà.* "Oh. I am just back from next door (of course I came back)." (3A3b)
48. *Káhit ngayon ngá pwéde e.* "Even now (as is normal), it would be possible." (3A10)

The combination *ngá pala* is used with statements which come to mind, as when one remembers something one was not thinking of, or when one is changing the subject.

49. *Kélan ka ngá pala lílípat díto?* "**By the way,** when are you going to move here?"

The following sentence is uttered in a context where they had at some previous point discussed Leslie and now she is here. The particles *ngá pala* indicate something is being brought up that wasn't in mind.

50. *Dad, ito ngá pala si Léslie.* "Dad, this is Leslie (remember?)." (3A2d)

3.57 *Naman*

Naman is used with a series of statements: "and now..., and now... in turn."

51. *Ang malaki ay laláki at ang maliit* **naman** *ay babáe.* "The big one is a boy and the small one **(in turn)** is a girl."
52. *Sa labas na lang hó ako kákáin. Marámi* **namang** *karindérya sa plása. Sigúro múra* **naman** *hò.* "I'll just take my meals outside. **Anyway**, there are lots of places to eat at the square. **Further**, it's probably inexpensive." (3B12)
53. *Kung pápáyag* **naman** *kayo.* "If you **(in your turn)** should agree." (3A7b)

3.58 *Din*

Din (rin) means "also."

54. *Mag-ááral din hó ako ng Tagálog.* "I will also be studying Tagalog." (3B14b)

With adjectives and adverbs *din (rin)* means "rather, to some extent."

55. *E sigúro gusto mo* **ring** *tumira díto sa ámin.* "Probably you like staying here with us." (3C29)
56. *Matagal-tagal na rin hò.* "Oh, yes, for some time now." (3C22)

The phrase *pwéde na rin* is an idiom meaning "it will do, it's not so bad."

DO GRAMMAR EXERCISES 3G1, 3G2.

3.61 *Mga* with numbers

Mga (pronounced *manga*) with numbers means "approximately (so-and-so much/many)."

57. *Mga dalawang taon.* "Around two years." (3C24)

3.62 The demonstratives used to refer to the third person

The demonstrative pronouns may be used to refer to a person in place of the personal pronoun when the person being referred to is the topic of conversation.

58. *Nása kabilá lang iyon.* "**He** is just next door." (3A2a)

There is nothing impolite about referring to a person as *ito, iyon, iyan* "this (that) one." This usage is common when two people are being talked about. The first person is referred to by a personal pronoun *(siya/niya/kanya)* and the other person is referred to by a demonstrative.

3.63 *Sána*

Sána has two meanings. With *gusto* in *gusto sána* the phrase means "would like" (as opposed to *gusto* alone, which means "want").

59. *Ang gusto niya sána...* "The one she would like..." (3A7a)

Sána is also used in statements contrary to fact ("should have been the case, would have been the case, [if] it were the case").

60. *Dápat sána úuwí na ako.* "I should have been going back home now." (3C28b)

3.7   Adjective study

3.71   *Maganda, mabúti, magaling* and *marúnong.*

Maganda means "good in appearance, quality."

61. **Maganda**ng *hápon!* "**Good** afternoon!"
62. **Maganda** *pala ang bakánteng kwárto.* "Oh, I see, the vacant room is **beautiful.**"
63. **Maganda** *ang librong ito.* "This is a **good** book."

Mabúti is "physically well, advisable, good in character or conduct."

64. **Mabúti** *na pala siya.* "Oh, I see. She has **recovered.**"
65. *Kumusta ka?* – **Mabúti** *naman.* "How are you? –Oh, **fine.**"
66. **Mabúti** *at nagpunta ka doon.* "It's **good** that you went there."
67. **Mabúti**ng *táo...* "A **good** man..."

Magaling is "'skilled at...'"

68. *Sigúro talagang* **magaling** *mag-Ingles si Mrs. Ocámpo.* "Mrs. Ocampo's English must be really **good.**" (3B18b)
69. *Hindí naman ako masyádong* **magaling**. "I am not that **good.**" (3B19a)

Marúnong is "knowing how to do things, intelligent."

70. *Péro ikaw,* **marúnong** *ka talagang mag-Tagálog.* "But you **can** really speak **good** Tagalog." (3B19b)
71. *Hindí pa naman ako masyádong* **marúnong**. "I am not that **good** yet." (3B20)

DO GRAMMAR EXERCISE 3H.

3.72   Doubling of adjective roots

The root of the adjective may be doubled to form a phrase meaning "rather (so-and-so)." For adjectives beginning with *ma-* the *ma-* is not part of the root. *Ma-* is a prefix. Only the root (the word without *ma-*) is doubled.

matagal	long time	*matagal-tagal*	rather long
marámi	much	*marami-rami*	quite a lot
marúnong	know how to do	*marunong-runong*	rather good at (doing)
mabúti	good	*mabuti-buti*	rather good
magaling	good (at doing)	*magaling-galing*	rather good (at doing)

Note in the above examples that the vowel of the root was shortened in the doubled form (i.e., the root lost its accent).

Grammar Exercises

3A.   Active verb forms (§3.1)

Pagsasánay. Ipalit ang mga salitáng nása loob ng saklong. Substitute the form in parenthesis.

1. *I am studying in Manila.*
   Nag-ááral ako sa Maynílà.   *(nag-áral)*
   Nag-áral ako sa Maynílà.   *(mag-ááral)*
   Mag-ááral ako sa Maynílà.   *(nagtátrabáho)*
   Nagtátrabáho ako sa Maynílà.   *(nagtrabáho)*
   Nagtrabáho ako sa Maynílà.   *(magtátrabáho)*
   Magtátrabáho ako sa Maynílà.   *(namímili)*
   Namímili ako sa Maynílà.   *(namili)*
   Namili ako sa Maynílà   *(mamímili)*
   Mamímili ako sa Maynílà.   *(dumárating)*
   Dumárating ako saMaynílà.   *(dumating)*
   Dumating ako sa Maynílà.   *(dárating)*
   Dárating ako sa Maynílà.
2. *I am moving to Manila.*
   Lumílípat ako sa Maynílà.   *(lumípat)*
   Lumípat ako sa Maynílà.   *(lílípat)*
   Lílípat ako sa Maynílà.   *(kumúkúha)*
   Kumúkúha ako sa Maynílà.   *(kumúha)*
   Kumúha ako sa Maynílà.   *(kúkúha)*
   Kúkúha ako sa Maynílà.   *(kumákáin)*
   Kumákáin ako sa Maynílà.   *(kumáin)*
   Kumáin ako sa Maynílà.   *(kákáin)*
   Kákáin ako sa Maynílà.   *(nagtútúrò)*
   Nagtútúró ako sa Maynílà.   *(nagtúrò)*
   Nagtúró ako sa Maynílà.   *(magtútúrò)*
   Magtútúró ako sa Maynílà.
3. *I am studying in Manila.*
   Nag-ááral ako sa Maynílà.   *(studied)*
   Nag-áral ako sa Maynílà.   *(will study)*
   Mag-ááral ako sa Maynílà.   *(working)*
   Nagtátrabáho ako sa Maynílà.   *(worked)*
   Nagtrabáho ako sa Maynílà.   *(will work)*
   Magtátrabáho ako sa Maynílà.   *(shopping)*
   Namímili ako sa Maynílà.   *(shopped)*
   Namili ako sa Maynílà.   *(will shop)*
   Mamímili ako sa Maynílà.   *(arriving)*
   Dumárating ako sa Maynílà.   *(arrived)*
   Dumating ako sa Maynílà.   *(will arrive)*
   Dádating ako sa Maynílà.
4. *I am moving to Manila.*
   Lumílípat ako sa Maynílà.   *(moved)*
   Lumípat ako sa Maynílà.   *(will move)*
   Lílípat ako sa Maynílà.   *(getting)*
   Kumúkúha ako sa Maynílá.   *(got)*
   Kumúha ako sa Maynílà.   *(will get)*

Kúkúha ako sa Maynílà.   *(eating)*
Kumákáin ako sa Maynílà.   *(ate)*
Kumáin ako sa Maynílà.   *(will eat)*
Kákáin ako sa Maynílà.   *(teaching)*
Nagtútúró ako sa Maynílà.   *(taught)*
Nagtúró ako sa Maynílà.   *(will teach)*
Magtútúró ako sa Maynílà.

5. *Is he leaving the house?*
Umáalis ba siya sa báhay?   *(umalis)*
Umalis ba siya sa báhay?   *(áalis)*
Áalis ba siya sa báhay?   *(umíinom)*
Umíinom ba siya sa báhay?   *(uminom)*
Uminom ba siya sa báhay?   *(íinom)*
Íinom ba siya sa báhay?   *(coming in – tumútuloy)*
Tumútuloy ba siya sa báhay?   *(came in)*
Tumuloy ba siya sa báhay?   *(will come)*
Tútuloy ba siya sa báhay?   *(sitting – umúupò)*
Umúupó ba siya sa báhay?   *(sat)*
Umupó ba siya sa báhay?   *(will sit)*
Úupó ba siya sa báhay?

6. *Is he going to the house?*
Pumúpunta ba siya sa báhay?   *(went)*
Pumunta ba siya sa báhay?   *(will go)*
Púpunta ba siya sa báhay?   *(staying – tumítígil)*
Tumítígil ba siya sa báhay?   *(stayed)*
Tumígil ba siya sa báhay?   *(will stay)*
Títígil ba siya sa báhay?   *(speaking English – nag-íingles)*
Nag-íingles ba siya báhay?   *(spoke English)*
Nag-ingles ba siya sa báhay?   *(will speak in English)*
Mag-íingles ba siya sa báhay?   *(teaching – nagtútúrò)*
Nagtútúró ba siya sa báhay?   *(taught)*
Nagtúró ba siya sa báhay?   *(will teach)*
Magtútúró ba siya sa báhay?

7. *You know how to teach.*
Marúnong kang magtúrò.   *(work)*
Marúnong kang magtrabáho.   *(shop)*
Marúnong kang mamili.   *(study)*
Marúnong kang mag-áral.   *(drink beer)*
Marúnong kang uminom ng bir.   *(speak Tagalog)*
Marúnong kang magtagálog.   *(speak English)*
Marúnong kang mag-ingles.

3B1. Word order of short words. Ipalit ang mga salitang násà loob ng saklong. (§3.2)

1. *Where are you going to get your meals, by the way?*
Saan ka ngá pala kúkúha ng pagkáin?   *(si Léslie)*
Saan ngá pala kúkúha ng pagkáin si   *(siya)*
   Léslie?
Saan ngá pala siya kúkúha ng pagkáin?   *(hó kayo)*
Saan ngá hó pala kayo kúkúha ng pagkáin?   *(hó si Pete)*
Saan ngá hó pala kúkúha ng pagkáin si   *(hó ang babáe)*
   Pete?
Saan ngá hó pala kúkúha ng pagkáin ang   *(táyo)*
   babáe?

Saan ngá pala táyo kúkúha ng pagkáin?   *(si Mr. Ocámpo)*
Saan ngá pala kúkúha ng pagkáin si Mr.   *(sila)*
Ocámpo?
Saan ngá pala sila kúkúha ng pagkáin?   *(ang bunsò)*
Saan ngá pala kúkúha ng pagkáin ang   *(kami)*
bunsò?
Saan ngá pala kami kúkúha ng pagkáin?   *(hó si Daddy)*
Saan ngá hó pala kúkúha ng pagkáin si   *(ako)*
Daddy?
Saan ngá pala ako kúkúha ng pagkáin?   *(ang dráyber)*
Saan ngá pala kúkúha ng pagkáin ang   *(hó sila)*
dráyber?
Saan ngá hó pala sila kúkúha ng pagkáin?

3B2. Ilagay ang salitang pantúring sa unahan. Put the modifier in front. (§3.2)

1a. Kákáin na lang ako sa labas.
 b. Sa labas na lang ako kákáin.
2a. Lílípat na lang ako díto búkas.
 b. Búkas na lang ako lílípat díto.
3a. Nakatira pa hó ba siya sa Maynílà?
 b. Sa Maynílà pa hó ba siya nakatira?
4a. Namímili na lang sa tindáhan si Léslie.
 b. Sa tindáhan na lang namímili si Léslie.
5a. Nagháhanap ako ng báhay sa Maynílà.
 b. Sa Maynílà ako nagháhanap ng báhay.
6a. Umíinom ngá pala si Pete ng bir sa karindérya.
 b. Sa karindérya ngá pala umíinom ng bir si Pete.
7a. Áalis na lang ako ngayon.
 b. Ngayon na lang ako áalis.
8a. Nag-ááral ako sa UPLB.
 b. Sa UPLB ako nag-ááral.
9a. Kúkúha na sila ng sílya sa kwárto.
 b. Sa kwárto na sila kúkúha ng sílya.
10a. Títígil na lang kami sa báhay ng anak ko.
  b. Sa báhay ng anak ko na lang kami títígil.
11a. Tumira hó pala kayo sa Pilipínas.
  b. Sa Pilipínas hó pala kayo tumira.
12a. Magtátrabáho múna sila sa tabi ng báhay.
  b. Sa tabi ng báhay múna sila magtátrabáho.
13a. Tútuloy na lang kami sa iskwelahan n'yo.
  b. Sa iskwelahan na lang n'yo kami tútuloy.

3B3. Linking. Ipalit ang mga salitang nása loob ng panaklong. (§3.21)

1a. Isang kaibígan   *(ko siya)*
 b. Isa ko siyang kaibígan.
2a. Walá nang kwártong bakánte   *(hó ba kayo)*
 b. Walá na hó ba kayong kwártong bakánte?
3a. Kayong dalawa ang títígil díto   *(hó ba)*
 b. Kayo hó bang dalawa ang títígil díto?
4a. Sa labas kákáin.   *(hó ako)*
 b. Sa labas hó ako kákáin.
5a. Mayroong dalawang bakánteng kwárto   *(ngá pala kami)*

    b. Mayroon ngá pala kaming dalawang bakánteng
      kwárto.

6a. Bunsong anak   *(pala si Léslie)*
    b. Bunsó palang anak si Léslie.
7a. Saan nag-ááral   *(hó ba sila)*
    b. Saan hó ba sila nag-ááral?
8a. Ngayong umága úuwì.   *(pa kami)*
    b. Ngayon pang umága kami úuwì.
9a. Mga isang taon.   *(pa)*
    b. Mga isa pang taon.

3C1. Locations. Negative of locations (only locative phrases). (§3.32)

1a. Náriyan pala si Léslie.
  b. Walá pala diyan si Léslie.
2a. Násа iskwelahan din si Mrs. Ocámpo.
  b. Walá din sa iskwelahan si Mrs. Ocámpo.
3a. Nása San Páblo ang mga magúlang ko.
  b. Walá sa San Páblo ang mga magúlang ko.
4a. Nároon ang sílya sa kusínà.
  b. Walá doon sa kusíná ang sílya.
5a. Nása Marindúque pala ang kaibígan mo.
  b. Walá pala sa Marindúque ang kaibígan mo.
6a. Náriyan sa likod ng báhay ang kubéta.
  b. Walá diyan sa likod ng báhay ang kubéta.
7a. Nása kabilá pala si Mr. Ocámpo.
  b. Walá pala sa kabilá si Mr Ocámpo.
8a. Nása kwárto ang anak kong babáe.
  b. Walá sa kwárto ang anak kong babáe.
9a. Nárito pala sa báhay ang libro ko.
  b. Walá pala díto sa báhay ang libro ko.
10a. Náriyan sa tabi ang tindáhan.
  b. Walá diyan sa tabi ang tindáhan.

3C2. Piliin ang támang sagot. (§§3.31- 3.33)

1. (*Saan, Násaan*) siya nakatira? 2. (*Nása,Sa*) San Páblo pa hó siya, (*sa, nása*) mga magúlang niya. 3. (*Saan, Násaan*) ba siya gáling? 4. (*Nása, Sa*) Atenéo siya nag-ááral. 5. Si Léslie ay kákáin (*nása, sa*) mga karindérya (*nása, sa*) plása. 6. Ang kwárto ay (*nása, sa*) likod ng báhay. 7. (*Saan, Násaan*) hó ba ang anak n'yong laláki? 8. (*Násaan, Saan*) hó ba kayo gáling? 9. (*Nása, Sa*) Maynílá hó ba kayo tumira nung isang taon? 10. Pwéde kaming tumígil (*nása, sa*) San Páblo. 11. (*Saan, Násaan*) hó ba siya nagtútúró ng Tagálog? 12. (*Saan, Násaan*) hó ba ang mga kwárto? 13. (*Saan, Násaan*) ka ba nagpunta noong úna? 14. Matagal-tagal ka na rin pala díto (*nása, sa*) Pilipínas. 15. Dápat sána úuwí na ako (*nása, sa*) ámin.

3D. The usage of *sa* (§3.31)

1. Thank you for your time.
    Salámat hó sa óras ninyo.   *(Coke)*
    Salámat hó sa Kok ninyo.   *(room)*
    Salámat hó sa kwárto ninyo.   *(food)*
    Salámat hó sa pagkáin ninyo.   *(book)*
    Salámat hó sa libro ninyo.   *(table)*
    Salámat hó sa lamésa ninyo.

2. *The chair is outside.*
    Náriyan hó ang sílya sa labas. *(on the other side)*
    Náriyan hó ang sílya sa kabilà. *(at the back)*
    Náriyan hó ang sílya sa likod. *(at the side)*
    Náriyan hó ang sílya sa tabi. *(outside the house)*
    Náriyan hó ang sílya sa labas ng báhay. *(opposite the store)*
    Náriyan hó ang sílya sa kabilá ng tindáhan. *(next to the table)*
    Náriyan hó ang sílya sa tabi ng lamésa. *(behind them)*
    Náriyan hó ang sílya sa likod nila.

3. *The book is for my daughter.*
    Ang libro ay pára sa anak kong babáe. *(him/her)*
    Ang libro ay pára sa kanya. *(you)*
    Ang libro ay pára sa iyo. *(them)*
    Ang libro ay pára sa kanila. *(us, including you)*
    Ang libro ay pára sa átin. *(you [plural])*
    Ang libro ay pára sa inyo. *(the boys)*
    Ang libro ay pára sa mga laláki. *(us, excluding you)*
    Ang libro ay pára sa ámin.

4. *Which of the two is your book?*
    Alin sa dalawa ang libro mo? *(which of these)*
    Alin sa mga ito ang libro mo? *(which of the three)*
    Alin sa tatlo ang libro mo? *(which of those)*
    Alin sa mga iyan ang libro mo? *(which of the things here)*
    Alin sa mga nárito ang libro mo? *(which of the things there)*
    Alin sa mga náriyan ang libro mo?

5. *Which of the two is the elder (lit. eldest)?*
    Síno sa dalawa ang pangánay? *(which of them)*
    Síno sa kanila ang pangánay? *(which of the girls)*
    Síno sa mga babáe ang pangánay? *(which of your children)*
    Síno sa mga anak mo ang pangánay? *(is studying)*
    Síno sa mga anak mo ang nag-ááral? *(which of your friends)*
    Síno sa mga kaibígan mo ang nag-ááral? *(which of your servants)*
    Síno sa mga katúlong mo ang nag-ááral ? *(which of the boys)*
    Síno sa mga laláki ang nag-ááral? *(which of these)*
    Síno sa mga ito ang nag-ááral? *(which of those)*
    Síno sa mga iyan ang nag-ááral? *(which of those who are here)*
    Síno sa mga nárito ang nag-ááral? *(which of those who are there)*
    Síno sa mga náriyan ang nag-ááral? *(which of the three)*
    Síno sa tatlo ang nag-ááral?

3E.   Expression of length of time

3E1.   Piliin ang támang sagot (§§3.41-3.44)

1. *Matagal ka na bang nag-ááral ng Tagálog?*
    a.   Hindì. Mga dalawang taon pa lang.
    b.   Hindì. Mga dalawang taon na.
    c.   Hindì. Hindì ako nag-ááral ng Tagálog.
    d.   Matagal pa. Mga dalawang taon pa.
2. *Ilang taon ka na doon sa Marindúque?*
    a.   Ay, dalawang taon na ako doon.
    b.   Ay, dalawang taon lang, tápos nagpunta ako díto.
    c.   Ay, mga kwan pa ako doon, mga dalawa pang taon.

    d.   Óhò! Mga dalawang taon pa ako doon.

3. *Matagal ka pa ba díto?*
    a.   Óo, mga dalawang taon pa.
    b.   Óo, mga dalawang taon na.
    c.   Óhò! Noong isang taon pa.
    d.   Pwéde na rin kung dalawang taon.

4. *Kung ganoon hindí ka pa ngá pala matagal sa Pilipínas.*
    a.   Isang taon lang ako doon. Tápos umuwí na ako.
    b.   Hindí pwéde kasi e... dápat na akong umuwì.
    c.   Dápat na sána akong umuwí péro gusto kong tumígil ng isang taon pa.
    d.   Óo. Isang taon pa lang.

5. *Kung ganoon e, matagal-tagal ka na pala díto.*
    a.   Matagal-tagal na rin. Mga dalawang taon na.
    b.   Hindí rin pala matagal kung ganoon.
    c.   Isang taon pa at pwéde na akong magpunta sa Maynílà.
    d.   Matagal pa ngá akong títígil sa inyo.

6. *Ilang óras ka bang magtútúró ng Ingles sa iskwelahan?*
    a.   Mga dal'wang óras na akong nagtútúró ng Ingles.
    b.   Téka, isang óras pa lang akong nagtútúró a.
    c.   Aba, dal'wang óras na lang at úuwí na ako.
    d.   Dal'wang óras akong magtútúró ng Ingles.

7. *Nag-ááral ka pala sa UPLB, ilang taon ka na doon?*
    a.   Mga kuwan pa, mga isang taon pa.
    b.   A, téka, sigúro, isang taon pa akong títígil.
    c.   Dal'wang taon na sána, péro tumígil múna ako ng isang taon doon sa ámin.
    d.   Dal'wang taon ako doon.

8. *Téka ngá pala, matagal-tagal na rin kayong nagháhanap ng kwárto a.*
    a.   Hindí naman, mga isang taon lang.
    b.   A óhò, sigúro mga dal'wang taon na kami doon.
    c.   Aba! Dalawang linggo na kaming nagháhanap.
    d.   E, sigúro hó, mga isang oras pa.

9. *Magtátrabáho ka pa ba?*
    a.   Óo. Dal'wang taon na akong nagtátrabáho.
    b.   Hindí pa ako pwédeng magtrabáho.
    c.   Hindí na sigúro. Úuwí na ako.
    d.   Óo, lílípat na ako búkas.

3E2. Isálin sa Tagálog ang mga parirálang nása loob ng saklong. Translate the forms in parenthesis. (§§3.41-3.45)

1. (*How many years will*) ka títígil díto sa ámin? 2. (*How many years have you been*) díto sa ámin? 3. (*How many years will you be*) díto sa ámin? 4. (*How many more years will you be*) títígil sa ámin? 5. (*You haven't been long*) díto sa Pilipínas? 6. Dalawang taon (*you have been*) díto! Matagal na! 7. (*How many years were you*) sa Marindúque? 8. Sigúro (*around two more years*). Tápos, dápat na akong umuwì. 9. (*How many years have you been*) díto sa Marindúque? 10. (*One more year*) at úuwí na ako sa San Páblo. 11. (*I haven't*) nag-ááral. 12. (*How many years were you there*) sa Maynílà? 13. (*I was there for only one year*) bágo ako umuwì.

3E3. Ipalit ang *kailan* o *saan* sa mga sumúsunod na pangungúsap. Substitute *kailan* or *saan* in the following sentences. (§§3.2, 3.3)

    1a.   Áalis ngá pala sila díto búkas.
     b.   Kailan ngá pala sila áalis díto?
    2a.   Sa Marindúque naman pala sila lílípat.

b. Saan naman pala sila lílípat?

3a. Umíinom ng bir si Pete sa tindáhan.

b. Saan umíinom ng bir si Pete?

4a. Búkas ngá pala táyo kákáin sa Mother's Best.

b. Kailan ngá pala táyo kákáin sa Mother's Best?

5a. Magtútúró múna siya ng Tagálog sa UPLB?

b. Saan múna siya magtútúró ng Tagálog?

6a. Títígil múna sila doon sa tabi ng paléngke.

b. Saan múna sila títígil.

7a. Sa labas múna ng kusíná kákáin si Pete.

b. Saan múna kákáin si Pete?

8a. Noong isang taon ay nagpunta siya sa Maynílà.

b. Kailan siya nagpunta sa Maynílà?

9a. Namílili pala ng pagkáin si Léslie sa karindérya.

b. Saan pala namímili ng pagkáin si Léslie?

10a. Kúkúha ngá ba ng resérbang sílya si Pete sa plása búkas?

b. Kailan ngá ba kúkúha ng resérbang sílya si Pete sa plása?

11a. Úuwí ka sána ngayon sa Marindúque.

b. Kailan ka sána úuwí sa Marindúque?

12a. Nung isang taon ngá pala sila tumígil díto sa Pilipínas.

b. Kailan ngá pala sila tumígil díto sa Pilipínas?

13a. Sa Mother's Best ay múra ang pagkáin.

b. Saan múra ang pagkáin?

14a. Sa Pilipínas ay maráming maliit na báhay.

b. Saan maráming maliit na báhay?

15a. Sina Léslie at Pete ay magtátrabáho ngayong hápon.

b. Kailan magtátrabáho sina Léslie at Pete?

3F. Isúlat ang kabalígtaran sa pamamagítan ng *hindì*. (3.43)

Únang Hakbang. (Negate only with *hindì*)

1a. Kasáma siya sa báhay.

b. Hindí siya kasáma sa báhay.

2a. Nag-ááral naman pala siya sa Atenéo.

b. Hindí naman pala siya nag-ááral sa Atenéo.

3a. Áalis na lang ako kung úuwí ka.

b. Hindí na lang ako áalis kung úuwí ka.

4a. Naistórbo mo kami nang dumating ka.

b. Hindí mo kami naistórbo nang dumating ka.

5a. Siya ang asáwa ng kaibígan ni Léslie.

b. Hindí siya ang asáwa ng kaibígan ni Léslie.

6a. Gáling sa tindáhan ang bir ni Pete.

b. Hindí gáling sa tindáhan ang bir ni Pete.

7a. Maganda pala ang mag-áral sa Atenéo.

b. Hindí pala maganda ang mag-áral sa Atenéo.

8a. Ang mga magúlang mo ang gusto kong kasáma.

b. Hindí ang mga magúlang mo ang gusto kong kasáma.

9a. Kailángan kita díto sa kusíná búkas.

b. Hindí kita kailángan díto sa kusíná búkas.

10a. Malalaki pala ang mga libro sa kwárto mo.

b. Hindí pala malalaki ang mga libro sa kwárto mo.

11a. Laláki pala ang pangánay nila.

  b.   Hindí pala laláki ang pangánay nila.
12a.   Lílípat kami ngayon ni Mrs. Ocámpo sa kabilà.
  b.   Hindí kami lílípat ngayon ni Mrs. Ocámpo sa kabilà.
13a.   Kákáin kami ng magúlang ko sa Mother's Best.
  b.   Hindí kami kákáin ng magúlang ko sa Mother's Best.
14a.   Kailángan ko ang mag-áral ngayon.
  b.   Hindí ko kailángan ang mag-áral ngayon.
15a.   Nagháhanap ngá pala sila ng báhay.
  b.   Hindí ngá pala sila nagháhanap ng báhay.

Ikalawang Hakbang. *Walá* vs. *Hindi*

 1a.   Mé kwárto ngá pala kaming bakánte.
  b.   Walá ngá pala kaming kwártong bakánte.
 2a.   Nag-ááral rin hó ako ng Tagálog.
  b.   Hindí rin hó ako nag-ááral ng Tagálog.
 3a.   Sa Atenéo mag-ááral ang anak ko.
  b.   Hindí sa Atenéo mag-ááral ang anak ko.
 4a.   May bir at Kok ngá pala sa tindáhan námin.
  b.   Walá ngá palang bir at Kok sa tindáhan námin.
 5a.   May kubéta kami sa likod ng báhay.
  b.   Walá kaming kubéta sa likod ng báhay.
 6a.   Dumating pala ang anak ni Mr. Ocámpo.
  b.   Hindí pala dumating ang anak ni Mr. Ocámpo.
 7a.   Kami ay nagpunta sa Marindúque noong isang taon.
  b.   Hindí kami nagpunta sa Marindúque noong isang taon.
 8a.   May resérba palang sílya sa kwárto ko.
  b.   Walá palang resérbang sílya sa kwárto ko.
 9a.   Lílípat pala kayo sa kabilá ng báhay námin.
  b.   Hindí pala kayo lílípat sa kabilá ng báhay námin.
10a.   Marámi naman palang karindérya sa plása.
  b.   Hindí naman pala maráming karindérya sa plása.
11a.   Magtútúró hó ako ng Ingles sa UPLB.
  b.   Hindí hó ako magtútúró ng Ingles sa UPLB.
12a.   Atenísta pala ang anak mo.
  b.   Hindí pala Atenísta ang anak mo.
13a.   Kasáma ko hó ang mga magúlang ko.
  b.   Hindí ko hó kasáma ang mga magúlang ko.
14a.   May probléma palang malaki ang mga magúlang ko.
  b.   Walá palang problémang malaki ang mga magúlang ko.

Ikatlong Hakbang. Sagutin nang hindí paayon ang mga sumúsunod. Answer the following questions freely in the negative.

1. Nag-aáral ba ng Tagálog si Léslie? 2. Dumating ba ang anak ni Mr. Ocámpo noong isang taon? 3. Nása Maynílá pa ba ang anak mong bunsò? 4. Kákáin ka ba sa Mother's Best? 5. Méron hó ba kayong bakánteng kwárto? 6. Pápáyag ba naman kayong tumira ako díto? 7. Búkas ka ba lílípat díto? 8. Nárito ba ang mga magúlang mo? 9. Marámi ba namang karindérya sa plása? 10. Magtátrabáho ka ba o mag-ááral díto? 11. May libro hó bang múra doon sa tindáhan? 12. Matagal ka na ba díto sa Pilipínas? 13. Nagpunta ka ba sa Marindúque noong isang taon? 14. Pápáyag ba naman hong umuwí si Léslie búkas? 15. Nása Marindúque ka ba nang tumira ako sa Maynílà? 16. Naistórbo ba kayo nang dumating kami?

3G1. Pag-aáral sa maikling katagà (Particle study). Punuan ang mga patlang ng támang katagà (Isa lámang ang maááring piliin). Pumilí sa mga sumúsunod: *lang, pala, ngà, naman, pa, na, múna, naman,* **at** *din.* **(§3.5)**

1. Ang báhay nila'y nása kabilá ____ ng báhay námin. (*just opposite or across*) 2. Ang kwártong ito ay sa anak kong babáe at saká ang nása kabilá ____ ay sa katúlong námin. (*the one opposite on the other hand*) 3. Pwéde na rin ang kwártong ito. Malaki ____ ____. (*oh, I see it's big*) 4. Nagtátrabáho ako at saká nag-ááral ____ ng Tagálog. (*also studying, in addition*) 5. Téka! Saan ka ____ ____nakatira? (*by the way, where do you live?*) 6. Walá siya ríto. Nása kabilá ____. (*still in the house across*) 7. Ito hó si Léslie, isa ____ Peace Corps Volunteer. (*just a Peace Corps Volunteer*) 8. Méron ____ ____ akong kasáma. (*Oh, I see I really have company*) 9. Ilan ____ ang anak ninyo? (*how many already*) 10. Ang kwárto ____ ay nása likod ____. (*Oh, I see, it is already at the back*) 11. Násaan ____ ang kubéta? (*Where is the CR, by the way?*) 12. Tuloy kayo at umupó ____ kayo. (*Sit down first*) 13. Ang isa ko ____ anak ay nása tabi lang. (*Oh, I see, one of my children*) 14. Kayo ____, huwag ____ kayong áalis. (*Oh, I see, it's you. Don't go yet*) 15. Násaan ____ ____ ang libro mo, Léslie? (*by the way, where's your book?*) 16. Áalis ____ kami at salámat ____. (*We're already leaving and thank you too*) 17. Uminom ____ ako sa tindáhan. (*I just drank*) 18. Nag-ááral ____ ____ siya sa Atenéo. (*Oh, I see, he really studies at Ateneo*) 19. Sa kabilá ____ ako gáling. (*I really came from across*) 20. Alin ____ sa dalawa ang gusto nyo? (*which of the two do you really like?*) 21. Ang gusto ____ pala nya ay yung malaking kwárto. (*what he really likes*) 22. Búkas ____ ay lílipat ako díto. (*By the way, I'll move tomorrow*) 23. Sa labas ____ ____ ako kákáin. (*I'll eat just outside for now*) 24. Sa plása ____ ay maráming karindérya. (*Oh, I see, there are many*) 25. Sa UP Rural High School ____ nagtútúró ang asáwa ko. (*He really teaches*) 26. Ang iskwelahan ____ nila ay parého. (*Their schools are really the same.*) 27. Matagal na ____ ako díto sa Pilipinás. (*Oh, I see, I've been here long*) 28. Saan ____ ikaw nagpunta bágo ka dumating díto? (*Where did you go first?*) 29. Hindí ____ ako úuwí. (*I won't go home yet*) 30. Ilang taon ka ____ títigil díto sá 'min. (*by the way, how long will you stay?*) Isang taon ____ ba? (*Just a year?*) 31. Kailángan ____ niya ang mátitirhan. (*This time he needs*) 32. Pasénsya ____ at walá ____ ____ ____ bakánteng kwárto. (*Have patience for now. We really don't have any vacant rooms now, I see*) 33. Itong kwárto, maliit ____ péro maganda ____. (*really small, but nice anyway*) 34. Namímili ____ yon sa paléngke. (*she shops first*) 35. Nása tabi ko ____ ang libro. (*Oh, I see, the book is next to me*) 36. Éto ____ ang kaibígan ko. (*Oh, I see, he's here*) 37. Si Léslie ____ ang nagháhanap. (*Only Leslie is looking for*) 38. Nása tindáhan ____ si Mr. Ocámpo. (*He's just at the store*) 39. Sa labas ____ ako kúkúha ng pagkáin. (*just outside*) 40. Sa UPLB ____ siya nagtútúrò. (*He really teaches*) 41. Gusto mo ____ tumira díto sá 'min? (*Do you also want to?*) 42. Kailángan ____ niya ang bakánteng kwárto. (*He still needs*) 43. Ang kwárto ay nása likod ____. (*just at the back*) 44. Marámi ____ ang resérbang silya. (*Oh, I see, there are plenty*)

3G2. Particle practice. Restate the following sentences using the proper particles. The English forms in parenthesis give a clue. (§3.5)

1. Náriyan hó ____ si Léslie? (*Is Leslie there?*) 2. Walá pa díto ang anak ko. Nása Maynílá ____ siya. (*She's still in Manila.*) 3. Náriyan ba si Pete? Walà. Nása iskwelahan ____ siya. (*He's at school now.*) 4. May mga anak na kami, péro dalawa ____ ____ (*just two, for now*) 5. Yung isa'y náriyan ____ sa tabi-tabi. (*just nearby*) 6. Mayroon (Méron) ngá pala kaming kwárto péro maliit ____. (*just small*) 7. Hindí hó iyan pára sa áming dalawa. Pára ____ hó kay Léslie. (*just for Leslie*) 8. Malalaki ____ hó ba ang mga anak ninyo? (*already grown ups*) 9. Walá ____ (*no more*) ba kayong bakánte? Káhit isa ____? (*Just one?*) 10. Upó ____ hó kayo! (*sit first*) 11. Pasénsya ____ hó kayo. Walá ____ hó kaming bakánte. (*no more vacancy*) 12. Téka ____ (*Wait a minute*) Yung pangánay ninyo násaan ? 13. Walà. A méron ____ ____. (*Oh, I see. There is realy something*) 14. Isa lang ang bakánte. A téka, dalawa ____ ____. (*Oh, I see, there are really two*) 15. Nása Maynílà ____ silang dalawa. (*They're already in Manila.*) E

di malalaki na hó _____ sila. (*Oh, I see, they're already grown-ups.*) 16. Ito hó ba yung kwárto. Maganda hó naman _____. (*Oh, I see, it's nice.*) 17. O hindí _____ pára sa inyong dalawa? (*Isn't it for the two of you?*) 18. E di babáe _____ silang dalawa. (*Oh, I see, both of them are girls.*) 19. Malaki hó ang báhay ninyo ano? Óo malaki _____, péro hindí masyádo. (*Yes, it's really big*) 20. Kumusta ka Pete? Mabúti _____ hó (*Just fine, sir.*)

3H.   Paggámit ng *mabúti, maganda, magaling* at *marúnong*. Piliin ang támang sagot sa loob ng mga panaklong. (§3.7)

1. Hindí naman pala masyádong (*mabúti, maganda*) ang bakánteng kwárto. 2. Kumusta ka? (*mabúti, magaling*) naman. 3. (*Magaling, Mabúting*) mag-Tagálog si Léslie. 4. (*Maganda, Marúnong*) ba siyang mag-Ingles? 5. (*Maganda, Magaling*) talaga ang pangánay ko sa iskwelahan. 6. (*Magaling, Mabúti*) at may bakánteng kwárto. 7. Sigúro talagang (*mabúti, magaling*) kayong mag-Ingles. 8. (*Magaling, Mabúti*) pa, kumáin tayo sa labas. 9. Hindí pa naman siya masyádong (*magandang, marúnong*) uminom. 10. (*Mabúti, Maganda*) ba ang libro mo?

Ikaápat na Aralin. Unit 4

AI.   Únang Bahági

Magháhapúnan sina Pete at Léslie at pagkatápos ay manónood sila ng síne

PETE

‾‾‾‾┌‾┐‾‾‾‾‾‾

1. Kumáin ka na ba?

LÉSLIE

‾‾‾‾┌‾┐‾‾‾‾

2. Hindí pa ngá e.

PETE

‾┐‾‾‾┌┐‾‾

3a. Káin na táyo. (Kumáin na táyo.)

‾‾‾‾‾‾┌┐‾‾

b. Gutom na ako.

‾‾‾‾‾‾‾‾‾┌┐‾

4a. Doon na lang táyo sa múra.

‾‾‾‾‾‾‾‾‾┌┐‾ ...

b. Alam mo namang kókóntí lang ang

‾‾‾‾‾┌┐┌┐‾

péra ko ngayon.

‾‾‾‾‾‾‾┌┐‾

5. E di, ókey lang doon sa Rosíta's?

‾┌┐‾

6a. Síge ba!

‾‾‾‾‾‾┌┐‾ ...

b. Mabúti doon at lágí silang

‾‾‾‾‾‾‾‾┌┐‾ ...

nagháhandá ng isdà.

‾‾‾‾‾‾┌┐‾

c. Ang gusto ko kasi lágí e yung

tambákol.

‾‾‾‾‾‾┌┐‾ ...

7. E di kung gusto mo ng isdà, sa

‾‾‾‾‾‾‾‾┌┐‾

Mother's Best na lang táyo pumunta.

AI.   First Part

Pete and Leslie have dinner together and then they go to a show

PETE

1. Have you eaten?

LESLIE

2. Actually, not yet.

PETE

3a. Let's go eat.

b. I'm hungry (now).

4a. Let's just go someplace cheap.

b. You know I haven't got much money at this time.

5. In that case how about Rosita's? (Lit. it's just OK at...)?

6a. Great!

b. It's good there because they always serve fish.

c. Because what I always like is their (lit. that) mackerel.

7. Oh, in that case, if you like fish, let's just go to Mother's Best.

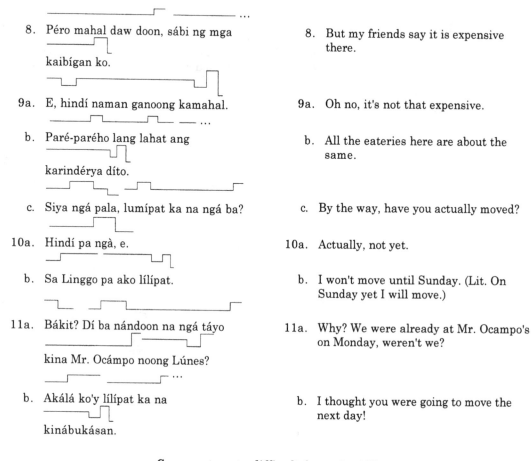

8. Péro mahal daw doon, sábi ng mga kaibígan ko.

8. But my friends say it is expensive there.

9a. E, hindí naman ganoong kamahal.

9a. Oh no, it's not that expensive.

b. Paré-parého lang lahat ang karindérya díto.

b. All the eateries here are about the same.

c. Siya ngá pala, lumípat ka na ngá ba?

c. By the way, have you actually moved?

10a. Hindí pa ngà, e.

10a. Actually, not yet.

b. Sa Linggo pa ako lílípat.

b. I won't move until Sunday. (Lit. On Sunday yet I will move.)

11a. Bákit? Dí ba nándoon na ngá táyo kina Mr. Ocámpo noong Lúnes?

11a. Why? We were already at Mr. Ocampo's on Monday, weren't we?

b. Akálá ko'y lílípat ka na kinábukásan.

b. I thought you were going to move the next day!

Commentary to difficult forms in 4AI

2.	*hindí pa*	"Not yet" (§4.221).
	hindí ngà	"Actually, no" (§4.83).
	hindí pa ngà	"Actually, not yet."
3a.	*káin na táyo*	"Let's eat now" (=*kumáin na táyo*) (§4.231).
b.	*gutom*	"Hungry."
4a.	*doon na lang*	"Do it there, let's do it there." The deictics can function as imperatives meaning "do it (here, there)" (§4.4).
	sa múra	"At a place that is cheap."
b.	*alam mo*	"You know."
	alam mo naman...	"And (next thing in conversation) you know..." (§4.82)
5.	*e di*	"So, in that case." Note that this form is *di* and not *dì*, the short form of *hindì*.
	Ókey lang	"It's just fine."
6a.	*síge*	"OK, I go along with it."
	síge ba	"Sure, I surely would go along with that."
b.	*at*	In some contexts *at* means "because".
	lágì	"Always" (=*palágì*).
	nagháhandà	"Prepare, serve food" (§4.22).
7a.	*sa Mother's Best*	"At Mother's Best."
	sa MB na lang	"Let's just make it at Mother's Best" (§4.4).

	pumunta	"Go" (§4.23).
b.	*mahal*	"Expensive."
	mahal daw	"They say it's expensive" (§4.81).
	sábi	"The thing said."
	sábi ng mga kaibígan	"My friends said." *Ng* as a genetive marks referring to
	ko	possession (§§1.5, 2.7).
9a.	*hindì*	"No."
	hindí naman	"Oh no (you've got it wrong)" (§4.82).
	ganoon	"Like that."
	ganoong kamahal	"As expensive as all that" (§4.5).
b.	*parého*	"The same."
	paré-parého	"Pretty much the same."
	parého lang	"Exactly the same."
	paré-parého lang	"Pretty much the same." (This word is formed by doubling *parého* (§3.72). When words of three syllables are doubled, only the first two syllables are put in the first word.)(§6.741)
	lahat	"All" (§4.72).
c.	*siya*	"So..."
	siya ngá pala	"By the way, to bring up a new topic" (§4.83).
	ngà	"Actually."
	ngá ba	"Is it actually the case?"
	lumípat na	"Have moved."
	lumípat ka na ngá ba?	"Have you actually moved yet?"
10a.	*hindí pa*	"Not yet."
	hindí pa ngà	"Actually not yet."
	sa Linggo	"On Sunday (future)."
	sa Linggo pa	"It won't be until Sunday" (§4.321).
11a.	*dí ba*	"Isn't it the case that..."
	nándoon	"Be at (a place far)" (=*naroon*).
	nándoon na táyo	"We were already there."
	noong Lúnes	"On Monday (past)" (§4.32).

AII.   **Pagsasánay. Ipalit ang mga salitang násá loob ng saklong. Pattern Practices. Substitute the form in parenthesis.**

1. Have you eaten yet?

Kumáin ka na ba?	*(umalis)*
Umalis ka na ba?	*(umupò)*
Umupó ka na ba?	*(pumunta sa paléngke)*
Pumunta ka na ba sa paléngke?	*(kumáin ng isdà)*
Kumáin ka na ba ng isdà?	*(lumípat)*
Lumípat ka na ba?	

2. Let's just go someplace cheap.

Doon na lang táyo sa múra.	*(tindáhan)*
Doon na lang táyo sa tindáhan.	*(kina Mr. Ocámpo)*
Doon na lang táyo kina Mr. Ocámpo.	*(sa karindérya)*
Doon na lang táyo sa karindérya.	*(plása)*
Doon na lang táyo sa plása.	*(paléngke)*
Doon na lang táyo sa paléngke.	

3. Let's just go to Mother's Best.

Sa Mother's Best na lang táyo pumunta.	*(kumáin)*
Sa Mother's Best na lang táyo kumáin.	*(uminom)*
Sa Mother's Best na lang táyo uminom.	*(búkas na lang)*

Búkas na lang táyo uminom.   *(lumípat)*
Búkas na lang táyo lumípat.   *(pumunta sa Maynílà)*
Búkas na lang táyo pumunta sa Maynílà.   *(sa Linggo)*
Sa Linggo na lang táyo pumunta sa
     Maynílà.

4. *That's what my friends say.*
     Iyan ang sábi ng mga kaibígan ko.   *(ni Léslie)*
     Iyan ang sábi ni Léslie.   *(ko)*
     Iyan ang sábi ko.   *(mo)*
     Iyan ang sábi mo.   *(niya)*
     Iyan ang sábi niya.   *(ng babáe)*
     Iyan ang sábi ng babáe.

5. *It's not that expensive.*
     Hindí naman ganoong kamahal.   *(kamúra)*
     Hindí naman ganoong kamúra.   *(kaganda)*
     Hindí naman ganoong kaganda.   *(kalaki)*
     Hindí naman ganoong kalaki.   *(kaliit)*
     Hindí naman ganoong kaliit.   *(kakóntì)*
     Hindí naman ganoong kakóntì.   *(karámi)*
     Hindí naman ganoong karámi.

6. *I won't move until Sunday.*
     Sa Linggo pa ako lílípat.   *(kákáin doon)*
     Sa Linggo pa ako kákáin doon.   *(áalis)*
     Sa Linggo pa ako áalis.   *(púpunta doon)*
     Sa Linggo pa ako púpunta doon.   *(úuwì)*
     Sa Linggo pa ako úuwì.   *(kúkúha ng pagkáin)*
     Sa Linggo pa ako kúkúha ng pagkáin.

7. *Have you eaten yet?*
     Kumáin ka na ba?   *(have gone out)*
     Umalis ka na ba?   *(have sat)*
     Umupó ka na ba?   *(have gone to the market)*
     Pumunta ka na ba sa paléngke?   *(have eaten a fish)*
     Kumáin ka na ba ng isdà?   *(have moved)*
     Lumípat ka na ba?

8. *Let's just go to Mother's Best.*
     Sa Mother's Best na lang táyo pumunta.   *(eat)*
     Sa Mother's Best na lang táyo kumáin.   *(drink)*
     Sa Mother's Best na lang táyo uminom.   *(Let's just tomorrow)*
     Búkas na lang táyo uminom.   *(move)*
     Búkas na lang táyo lumípat.   *(go to Manila)*
     Búkas na lang táyo pumunta sa Maynílà.   *(Sunday)*
     Sa Linggo na lang táyo pumunta sa
     Maynílà.

9. *Let's just go someplace cheap.*
     Doon na lang táyo sa múra.   *(to a store)*
     Doon na lang táyo sa tindáhan.   *(to Mr. Ocampo's)*
     Doon na lang táyo kina Mr. Ocámpo.   *(to an eatery)*
     Doon na lang táyo sa karindérya.   *(to the plaza)*
     Doon na lang táyo sa plása.   *(to the market)*
     Doon na lang táyo sa paléngke.

10. *That's what my friends say.*
     Iyan ang sábi ng mga kaibígan ko.   *(Leslie)*
     Iyan ang sábi ni Léslie.   *(I)*
     Iyan ang sábi ko.   *(you)*

Iyan ang sábi mo.	*(he)*
Iyan ang sábi niya.	*(the woman)*
Iyan ang sábi ng babáe.	

11. *It's not that expensive.*

Hindí naman ganoong kamahal.	*(cheap)*
Hindí naman ganoong kamúra.	*(beautiful)*
Hindí naman ganoong kaganda.	*(big)*
Hindí naman ganoong kalaki.	*(small)*
Hindí naman ganoong kaliit.	*(few)*
Hindí naman ganoong kakóntì.	*(many)*
Hindí naman ganoong karámi.	

12. *I won't move until Sunday.*

Sa Linggo pa ako lílípat.	*(eat there)*
Sa Linggo pa ako kákáin doon.	*(will leave)*
Sa Linggo pa ako áalis.	*(go there)*
Sa Linggo pa ako púpunta doon.	*(go home)*
Sa Linggo pa ako úuwì.	*(get meals)*
Sa Linggo pa ako kúkúha ng pagkáin.	

AIII. **Pilíin ang támang sagot. Choose the right answer.**

1. *Kumáin ka na ba?*
   a. Óo, gutom na ngá ako, e.
   b. Doon na lang táyo sa múra.
   c. Hindí pa ngá e.
   d. Hindí pa. Búkas pa ako lílípat.

2. *Saan mo ba gustong kumáin?*
   a. Ang gusto ko kasi lágí e yung tambákol.
   b. Paré-parého lang ang lahat ng karindérya díto.
   c. Hindí naman ganoong kamahal.
   d. Sa Mother's Best na lang táyo kumáin.

3. *Lumípat ka na ngá ba?*
   a. Óo, doon na lang táyo sa Rosíta's.
   b. Hindí pa, sa Linggo pa ako lílípat.
   c. Sa Lúnes ka na lang pumunta díto.
   d. Akálá ko'y lílípat ka na kinábukásan.

4. *Gusto mo bang kumáin ng isdà?*
   a. Alam mo naman, kókóntí lang ang péra ko.
   b. Péro mahal daw doon, sábi ng mga kaibígan ko.
   c. Kung gusto mo ng isdà, sa Mother's Best na lang táyo pumunta.
   d. Óo, gusto kong kumáin ng isdà.

5. *Kókóntí lang ba ang péra mo?*
   a. Doon na lang táyo sa múra.
   b. Óo, kókóntí lang ang péra ko ngayon.
   c. E di ókey lang doon sa Rosíta's?
   d. E hindí naman ganoong kamahal.

6. *Kailan ka ba lílípat?*
   a. Akálá ko'y lílípat ka na kinábukásan.
   b. Siya ngá pala, lumípat ka na ngá ba?
   c. Sa Linggo pa ako lílípat.
   d. Hindí pa ngá, e.

7. *Mahal ba ang pagkáin sa Mother's Best?*
   a. Kung gusto mo ng isdà, sa Mother's Best na lang táyo.
   b. Alam mo naman kóntí lang ang péra ko ngayon.

    c. E hindí naman ganoong kamahal.

    d. Mabúti doon at lági silang nagháhandá ng isdà.

8. *Dí ba nándoon na táyo noong Lúnes?*

    a. Sa Lúnes na hó ako lílípat.

    b. Hindí pa ngá e.

    c. Óo, péro hindí pa rin ako lumílípat.

    d. Sigúro mga isang taon pa o dalawa.

9. *Gutom ka na ba?*

    a. Síge, ba!

    b. Kung ganoon sa Mother's Best na lang táyo kumáin.

    c. Hindí pa naman ako gaánong gutom.

    d. Doon na lang táyo sa múra.

10. *Ókey ba ang mga karindérya díto?*

    a. Ókey lang ang isdá doon.

    b. Sa Mother's Best na lang táyo pumunta.

    c. Ókey. Paré-parého lang lahat.

    d. Hindí naman ganoong kamahal

AIV.   **Buuin ang mga sumúsunod na pangungúsap úpang magkaroon ng ganap na díwà.**

1. Doon na lang táyo sa... 2. Alam mo namang kókóntí lang ang... 3. Akálá ko'y... 4. Paré-parého lang lahat... 5. Mabúti doon at... 6. E hindí naman ganoong... 7. Sa Linggo pa... 8. Ang gusto ko kasi... 9. Sa Mother's Best na lang... 10. Dí ba nándoon na ngá táyo... 11. E di ókey lang... 12. Kung gusto mo ng isdà,... 13. Sábi ng mga kaibígan ko,... 14. Kinábukásan na lang ako... 15. Pumunta na lang táyo sa...

AV.   **Sagutin ang mga sumúsunod na tanong. Answer the following questions.**

1. Téka, saan mo ba gustong kumáin? 2. Siyangá pala, kailan ka ba lílípat? 3. Gusto mo na bang kumáin? 4. Ano ba ang gusto mong isdà? 5. Ano ngá ba ang sábi ng mga kaibígan mo? 6. Saan ba láging nagháhandá ng isdà? 7. Bákit gusto mong kumáin sa Rosíta's? 8. Alin sa dalawang karindérya ang gusto mo? 9. Bákit doon lang táyo sa múra? 10. Talaga bang mahal sa Mother's Best? 11. Bákit áyaw[1] mo sa Mother's Best? 12. Násaan ba táyo noong Lúnes? 13. Kákáin ba táyo sa Rosita's o sa Mother's Best? 14. Saan táyo pwédeng pumunta kung gusto mo ng isdà? 15. Lílípat ka na ba kinábukásan?

BI. **Ikalawang Bahági**	**BI.** **Second Part**
LÉSLIE	LESLIE

12a. Hindí pá 'ko pwédeng lumípat doon.   12a. I can't move in (lit. move there) yet.

                                            b.Their son isn't going back until Saturday, they said.

  b. Sa Sábado pa raw bábalik ang anak nila, e.

---

[1] New word: *áyaw* "not want to, dislike."

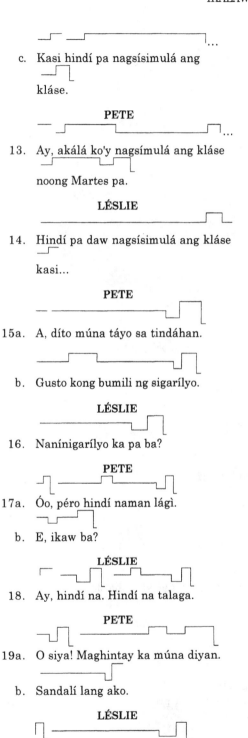

c. Kasi hindí pa nagsísimulá ang kláse.

c. Because classes haven't started yet.

PETE

13. Ay, akálá ko'y nagsímulá ang kláse noong Martes pa.

13. My, I thought classes had started already on Tuesday.

LÉSLIE

14. Hindí pa daw nagsísimulá ang kláse kasi...

14. They haven't started yet, they say, because...

PETE

15a. A, díto múna táyo sa tindáhan.

15a. Oh! Let's stop (lit. let's be here) a second at the store.

b. Gusto kong bumili ng sigarílyo.

b. I want to buy some cigarettes.

LÉSLIE

16. Nanínigarílyo ka pa ba?

16. Do you still smoke?

PETE

17a. Óo, péro hindí naman lágì.

17a. Yep. But not all the time.

b. E, ikaw ba?

b. Umm, how about you?

LÉSLIE

18. Ay, hindí na. Hindí na talaga.

18. Oh, no (more), I really don't any more.

PETE

19a. O siya! Maghintay ka múna diyan.

19a. There! Wait here (lit. there) for a second.

b. Sandalí lang ako.

b. I'll just (be) a minute.

LÉSLIE

20a. O, saan ka naman púpunta?

20a. Oh, where are you going (lit. now where are you ...)?

b.   Sásáma na lang ako.

PETE

21.   Kúkúha lang naman ako ng péra.

LÉSLIE

22a.   Huwag na.

b.   Marámi naman akong dalang péra

    díto, e.

b.   I'll just go with (you).

PETE

21.   I am just going to get some money.

LESLIE

22a.   Don't bother!

b.   I've got lots of money here (lit. brought here).

Commentary to difficult forms in 4B1

12b.	sa Sábado	"On Saturday."
	sa Sábado pa	"Not until Saturday" (§4.321).
	sa Sábado pa raw	"They say it won't be until Saturday" (§4.81).
c.	bábalik	"Will go back."
	nagsimulà	"Started."
	hindí pa nagsísimulà	"Hasn't started yet" (§4.221).
13.	akálá ko	"I thought, I took for granted."
	akálá ko'y	Akálá ko plus the particle ay which marks things put at the front of the sentence.
	noong Martes	"Last Tuesday."
	noong Martes pa	"Already last Tuesday" (§4.322).
15a.	díto	"Here."
	díto táyo	"Let's go here" (§4.4).
	díto múna táyo	"Let's go here first."
17a.	hindí lágì	"Not always."
	hindí naman lágì	"Not always, contrary to what you think" (§4.82).
18.	hindì	"No."
	hindí na	"No longer" (§4.31).
19.	siya!	"All right (starting a new topic and leaving the old)."
	maghintay	"Wait."
	sandalì	"A second."
	sandalí lang	"Just a second."
20a.	saan	"Where."
	saan naman	"Oh, now where..." (§4.82)
21.	kúkúha	"Will get."
	kúkúha naman	"Oh, I (so-and-so) will get."
	naman	Particle used in explaining why a previous statement or presupposition is the case. (§4.82)
22a.	huwag	"Don't." Negates imperatives (§2.54).
	huwag na	"Don't bother."
b.	huwag na. Marámi naman	"Don't bother because there is lots..."
	maráming péra	"There is lots of money."

marámi akong péra	"I have lots of money" (§§2.52, 2.53).
dala	"Something brought along" (§9.72).
dalang péra	"Money brought along."

BII.   Pagsasánay. Ipalit ang mga salitang nása loob ng saklong. Pattern Practices. Substitute the form in parenthesis.

1. *I can't move in there yet.*
    Hindí pa ako pwédeng lumípat doon.   *(si Léslie)*
    Hindí pa pwédeng lumípat doon si Léslie.   *(ka)*
    Hindí ka pa pwédeng lumípat doon.   *(ang anak mong babáe)*
    Hindí pa pwédeng lumípat doon ang anak   *(siya)*
        mong babáe.
    Hindí pa siya pwédeng lumípat doon.   *(ang katúlong mo)*
    Hindí pa pwédeng lumípat doon ang   *(táyo)*
        katúlong mo.
    Hindí pa táyo pwédeng lumípat doon.   *(ang asáwa ko)*
    Hindí pa pwédeng lumípat doon ang asáwa
        ko.

2. *The classes haven't started yet, they say.*
    Hindí pa daw nagsísimulá ang kláse.   *(si Léslie)*
    Hindí pa daw nagsísimulá si Léslie.   *(kumákáin)*
    Hindí pa daw kumákáin si Léslie.   *(bumábalik)*
    Hindí pa daw bumábalik si Léslie.   *(umáalis)*
    Hindí pa daw umáalis si Léslie.   *(lumílípat)*
    Hindí pa daw lumílípat si Léslie.   *(nagtútúrò)*
    Hindí pa daw nagtútúró si Léslie.

3. *I thought the classes had started already.*
    Akálá ko'y nagsimulá na ang kláse.   *(si Mr. Ocámpo)*
    Akálá ko'y nagsimulá na si Mr. Ocámpo.   *(nanínigarílyo)*
    Akálá ko'y nanínigarílyo si Mr. Ocámpo.   *(sásáma)*
    Akálá ko'y sásáma si Mr. Ocámpo.   *(nagháhandá ng isdà)*
    Akálá ko'y nagháhandá ng isdá si Mr.   *(nagtútúró ng Ingles)*
        Ocámpo.
    Akálá ko'y nagtútúró ng Ingles si Mr.   *(kúkúha ng péra)*
        Ocámpo.
    Akálá ko'y kúkúha ng péra si Mr. Ocámpo.

4. *Where are you going?*
    Saan ka naman púpunta?   *(si Léslie)*
    Saan naman púpunta si Léslie?   *(ang katúlong n'yo)*
    Saan naman púpunta ang katúlong n'yo?   *(ang asáwa mo)*
    Saan naman púpunta ang asáwa mo?   *(táyo)*
    Saan naman táyo púpunta?   *(sila)*
    Saan naman sila púpunta?   *(ang anak mo)*
    Saan naman púpunta ang anak mo?

5. *Do you still smoke?*
    Nanínigarílyo ka pa ba?   *(kumákáin)*
    Kumákáin ka pa ba?   *(nag-ááral)*
    Nag-ááral ka pa ba?   *(mag-ááral)*
    Mag-ááral ka pa ba?   *(lílípat)*
    Lílípat ka pa ba?   *(kúkúha ng péra)*
    Kúkúha ka pa ba ng péra?   *(sásáma)*
    Sásáma ka pa ba?   *(áalis)*
    Áalis ka pa ba?

6. *I can't move in there yet.*
    Hindí pa ako pwédeng lumípat doon.   *(Leslie)*
    Hindí pa pwédeng lumípat doon si Léslie.   *(you)*
    Hindí ka pa pwédeng lumípat doon.   *(your daughter)*
    Hindí pa pwédeng lumípat doon ang anak   *(he)*
      mo.
    Hindí pa siya pwédeng lumípat doon.   *(your maid)*
    Hindí pa pwédeng lumípat doon ang   *(we)*
      katúlong mo.
    Hindí pa táyo pwédeng lumípat doon.   *(my wife)*
    Hindí pa pwédeng lumípat doon ang asáwa
      ko.

7. *The classes haven't started yet, they say.*
    Hindí pa daw nagsísimulá ang kláse.   *(Leslie)*
    Hindí pa daw nagsísimulá si Léslie.   *(eaten)*
    Hindí pa daw kumákáin si Léslie.   *(gone back)*
    Hindí pa daw bumábalik si Léslie.   *(left)*
    Hindí pa daw umáalis si Léslie.   *(moved in)*
    Hindí pa daw lumílípat si Léslie.   *(taught)*
    Hindí pa daw nagtútúró si Léslie.

8. *I thought the classes had started already.*
    Akálá ko'y nagsimulá na ang kláse.   *(Mr. Ocampo)*
    Akálá ko'y nagsimulá na si Mr. Ocámpo.   *(smokes)*
    Akálá ko'y nanínigarílyo si Mr. Ocámpo.   *(will go along)*
    Akálá ko'y sásáma si Mr. Ocámpo.   *(prepares fish)*
    Akálá ko'y nagháhandá ng isdá si Mr.   *(teaches English)*
      Ocámpo.
    Akálá ko'y nagtutúró ng Ingles si Mr.   *(will get money)*
      Ocámpo.
    Akálá ko'y kukúha ng péra si Mr. Ocámpo.

9. *Where are you going?*
    Saan ka naman púpunta?   *(Leslie)*
    Saan naman púpunta si Léslie?   *(your maid)*
    Saan naman púpunta ang katúlong n'yo?   *(your wife)*
    Saan naman púpunta ang asáwa mo?   *(we)*
    Saan naman táyo púpunta?   *(they)*
    Saan naman sila púpunta?   *(your son)*
    Saan naman púpunta ang anak mo?

10. *Do you still smoke?*
    Nanínigarílyo ka pa ba?   *(Are you still eating?)*
    Kumákáin ka pa ba?   *(studying)*
    Nag-ááral ka pa ba?   *(still going to study)*
    Mag-ááral ka pa ba?   *(to move)*
    Lílípat ka pa ba?   *(to get money)*
    Kúkúha ka pa ba ng péra?   *(go along)*
    Sásáma ka pa ba?   *(go away)*
    Áalis ka pa ba?

BIII.   **Piliin ang támang sagot. Choose the right answer.**

   1. *Hindí ka pa ba pwédeng lumípat doon?*
     a. Hindí pa daw nagsísimulá ang kláse.
     b. Díto múna táyo sa tindáhan.
     c. Hindí pa ako pwédeng lumípat doon.

    d. Ay, hindí na, hindí na talaga.
2. *Saan ka naman púpunta?*
    a. Sásáma na lang ako.
    b. Maghintay ka múna diyan.
    c. Kúkúha lang ako ng péra.
    d. Huwag na!
3. *Kailan daw ba bábalik ang anak nila?*
    a. Sa Linggo pa ako lílípat.
    b. Hindí pa daw nagsísimulá ang kláse kasi.
    c. Akálá ko'y nagsimulá na ang kláse noong Martes pa.
    d. Sa Sábado pa raw siya bábalik.
4. *Naninigarílyo ka pa ba?*
    a. Huwag na!
    b. Ay, hindí na, hindí na ako púpunta sa plása.
    c. Óo, péro hindí naman lágì.
    d. Sandalí lang ako.
5. *Marámi ka bang dalang péra?*
    a. Kúkúha lang ako ng péra.
    b. Óo, maghintay ka múna dyan.
    c. Óo, sásáma na lang ako.
    d. Óo, marámi naman akong dalang péra.
6. *Pwéde bang maghintay ka múna diyan?*
    a. Sandalí lang ako.
    b. Hindí pa ngá e.
    c. Óo, péro saan ka ba púpunta?
    d. Óo, péro hindí naman lágì.
7. *Gusto mo bang bumili ng sigarílyo?*
    a. Siya! Maghintay ka múna diyan.
    b. Alam mo namang kókóntí lang ang péra ko.
    c. Óo, saan ako pwédeng bumili ng sigarílyo?
    d. Kúkúha lang naman ako ng péra.
8. *Nagsimulá na ba ang kláse?*
    a. Hindí pa ngá e. Kumáin na táyo.
    b. Huwag múna táyong umuwì.
    c. Hindí pa. Búkas pa sigúro magsísimulá yon.
    d. Óo ngà, péro hindí naman lágì.
9. *Púpunta ka ba sa tindáhan?*
    a. Iyon ang dápat magbáyad.
    b. Mabúti pa, maglakad na lang táyo.
    c. Óo, púpunta ako sa tindáhan.
    d. Gusto kong kumáin ng isdà.
10. *Sásáma ka ba?*
    a. Kúkúha lang ako ng péra.
    b. Huwag ka nang bumili ng sigarílyo.
    c. A! Díto múna táyo sa tindáhan.
    d. Óo, kung pwéde.

BIV. **Buuin ang mga sumúsunod na pangungúsap úpang magkaroon ng ganap na díwà. Complete the following sentences to have a complete thought.**

1. Hindí pa ako pwédeng... 2. Marámi naman akong... 3. Sa Sábado pa raw... 4. Kúkúha lang... 5. Akálá ko'y nagsimulá... 6. Gusto kong... 7. Díto múna táyo... 8. O, saan ka naman... 9. O siya! Maghintay... 10. Sásáma na lang... 11. Hindí naman ako láging... 12. Bumili táyo ng... 13. Sa totoo lang... 14. Gusto mo bang lumípat... 15. Sa tindáhan na lang...

BV. **Sagutin ang mga sumúsunod na tanong. Answer the following questions.**

1. Kailan pa raw bábalik ang anak nila? 2. Nagsimulá na ba ang kláse noong Martes? 3. Saan ka naman púpunta? 4. Naínigarílyo ka pa ba? 5. Saan ka bumili ng sigarílyo? 6. Ano ang akálá mo sa tindáhan? 7. Kailan akálá mo nagsimulá ang kláse? 8. Bákit áalis ka sa tindáhan? 9. Bákit sa Sábado pa bábalik ang anak nila? 10. Bákit hindí ka pa pwédeng lumípat ng báhay? 11. Bákit tumígil táyo sa tindáhan? 12. Bákit hindí ka na áalis sa tindáhan? 13. Síno ang bábalik sa Sábado? 14. Bákit hindí ko na kailángang kumúha ng péra? 15. Hindí pa ba nagsísimulá ang kláse?

CI. **Ikatlong Bahági**

Pagkatápos kumáin...

LÉSLIE

23a. Ókey ang hapúnan nátin a.

  b. Busog ná 'ko.

PETE

24a. Huwag múna táyong umuwí ngayon,

  ha?

  b. Gusto mo bang manood múna táyo

  ng síne?

LÉSLIE

25. May maganda bang palabas?

PETE

26a. Maglakad táyo do'n sa may Ágrix.

  b. At tingnan nátin kung may

  magandang síne.

LÉSLIE

27a. Sa totoo lang, walá na akong péra.

CI. **Third Part**

After the meal...

LESLIE

23a. That was good.

  b. I'm full.

PETE

24a. Let's not go home yet, (lit. for the while), OK?

  b. Shall we go see (lit. do you want for us to go to see) a movie first?

LESLIE

25. Is there a good film?

PETE

26a. Let's take a walk over there to Agrix (lit. where Agrix is).

  b. And let's see if there is a good movie.

LESLIE

27a. To be honest, I don't have any more money.

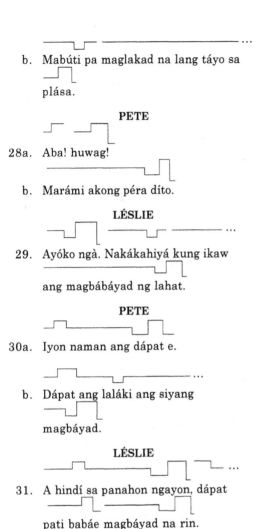

b. Mabúti pa maglakad na lang táyo sa plása.

PETE

28a. Aba! huwag!

b. Marámi akong péra díto.

LÉSLIE

29. Ayóko ngà. Nakákahiyá kung ikaw ang magbábáyad ng lahat.

PETE

30a. Iyon naman ang dápat e.

b. Dápat ang laláki ang siyang magbáyad.

LÉSLIE

31. A hindí sa panahon ngayon, dápat pati babáe magbáyad na rin.

PETE

32a. Ókey, sa súsunod ikaw naman ang magbáyad.

b. Péro ngayon, ako na lang múna.

---

b. It'd be better just to take a walk in the plaza.

PETE

28a. Oh, no!

b. I've got lots of money here.

LESLIE

29. Oh no! (Lit. I don't want it really.) It's embarassing if you pay (lit. are the one who pays) for everything.

PETE

30a. But that's the way (lit. that's what) it should be!

b. The man is the one who should pay.

LESLIE

31. Oh no! Nowadays, women also should pay their way (lit. It should be including women should pay now also).

PETE

32a. OK, next time, you (be the one) to pay.

b. OK, this time, let me pay. (Lit. But now, I will just be the one for the while.)

Commentary to difficult forms in 4CI

23a.	*hapúnan*	"Dinner."
b.	*busog*	"Full."
	busog na	"Already full."
24a.	*huwag... táyo*	"Let's not."

	huwag múna... táyo	"Let's not for the while."
b.	*manood*	"See (a show.)"
25.	*palabas*	"Show." The root of *manood* is *panood* (§4.13).
26a.	*maglakad*	"Walk."
b.	*tingnan nátin*	"Let's see." *Tingnan* is the local passive dependent form of *tingin* (§6.1).
	sa Ágrix	"At Agrix."
	sa may Ágrix	"To where Agrix is" (§11.85).
27a.	*walà*	"There is none."
	walá na	"There is no more."
	walá na ako	"I don't have any more."
b.	*maglakad táyo*	"If we walk."
	maglakad na lang táyo	"If we just walk (rather than do something else which might be more fun.)"
28.	*ayóko*	"I don't want (it)" (§4.73).
	ayóko ngà	"Really, I don't want (it)."
	nakákahiyà	"It's embarassing." *Nakáka-* conjugation will be discussed in §10.12.
29a.	*iyon ang dápat*	"That is what is proper."
	iyon naman ang dápat	"But (contrary to what you are implying) that is what is proper" (§4.82).
b.	*ang magbáyad*	"The one who should pay."
	ang siyang magbáyad	"That person who should pay" (§4.61).
30.	*pati*	"Even, including" (§4.71).
	magbáyad rin	"Should pay as well."
	magbáyad na rin	"Now should pay as well (where as formerly they didn't)."
31a.	*ikaw naman ang magbáyad*	"You pay, you be the one to pay in turn" (§4.61).
b.	*ako na lang*	"Let me just be the one (rather than someone else)."
	ako na lang múna	"For the time being, let me just be the one."

CII. Pagsasánay. Ipalit ang salitang nása loob ng saklong. Pattern Practices. Substitute the form in parenthesis.

1. *Let's not go home yet.*
   H'wag na múna táyong umuwì.　*(manood ng síne)*
   H'wag na múna táyong manood ng síne.　*(bumili ng sigarílyo)*
   H'wag na múna táyong bumili ng sigarílyo.　*(maglakad)*
   H'wag na múna táyong maglakad.　*(kumáin)*
   H'wag na múna táyong kumáin.　*(lumípat)*
   H'wag na múna táyong lumípat.　*(mag-áral)*
   H'wag na múna táyong mag-áral.

2. *I'm full.*
   Busog na ako.　*(si Léslie)*
   Busog na si Léslie.　*(ang mga babáe)*
   Busog na ang mga babáe.　*(siya)*
   Busog na siya.　*(ang kaibígan ko)*
   Busog na ang kaibígan ko.　*(ang katúlong námin)*
   Busog na ang katúlong námin.

3. *There! Wait here.*
   Hayan! Maghintay ka múna díto.　*(sa báhay)*
   Hayan! Maghintay ka múna sa báhay.　*(sa tabi)*
   Hayan! Maghintay ka múna sa tabi.　*(diyan)*
   Hayan! Maghintay ka múna diyan.　*(sa plása)*

Hayan! Maghintay ka múna sa plása.   *(sa iskwelahan)*
Hayan! Maghintay ka múna sa iskwelahan.

4. *I'll just be a minute.*
    Sandalí lang ako.   *(kákáin)*
    Kákáin lang ako.   *(úuwì)*
    Úuwí lang ako.   *(magtútúrò)*
    Magtútúró lang ako.   *(magháhandà)*
    Magháhandá lang ako.   *(lílípat)*
    Lílípat lang ako.

5. *All the eateries here are about the same.*
    Paré-parého lang lahat ang karindérya díto.   *(mga báhay díto)*
    Paré-parého lang lahat ang mga báhay díto.   *(malalaki)*
    Malalaki lahat ang mga báhay díto.   *(múra)*
    Múra lahat ang mga báhay díto.   *(maliliit)*
    Maliliit lahat ang mga báhay díto.   *(mga isdá díto)*
    Maliliit lahat ang mga isdá díto.

6. *Let's take a walk over to Agrix.*
    Maglakad táyo do'n sa may Ágrix.   *(kumáin)*
    Kumáin táyo do'n sa may Ágrix.   *(maghintay)*
    Maghintay táyo do'n sa may Ágrix.   *(lumípat)*
    Lumípat táyo do'n sa may Ágrix.   *(sa may sílya)*
    Lumípat táyo do'n sa may sílya.   *(sa may plása)*
    Lumípat táyo do'n sa may plása.

7. *Do you want to see a movie first?*
    Gusto mo bang manood múna?   *(kumáin)*
    Gusto mo bang kumáin múna?   *(magbáyad)*
    Gusto mo bang magbáyad múna?   *(maglakad)*
    Gusto mo bang maglakad múna?   *(umuwì)*
    Gusto mo bang umuwí múna?   *(tumígil)*
    Gusto mo bang tumígil múna?

8. *And let's see if there is a good movie.*
    At tingnan nátin kung may magandang síne.   *(báhay)*
    At tingnan nátin kung may magandang báhay.   *(babáe)*
    At tingnan nátin kung may magandang babáe.   *(kwárto)*
    At tingnan nátin kung may magandang kwárto.   *(sílya)*
    At tingnan nátin kung may magandang sílya.   *(lamésa)*
    At tingnan nátin kung may magandang lamésa.

9. *Let's not go home yet.*
    H'wag na múna táyong umuwì.   *(watch a movie)*
    H'wag na múna táyong manood ng síne.   *(buy cigarette)*
    H'wag na múna táyong bumili ng sigarílyo.   *(take a walk)*
    H'wag na múna táyong maglakad.   *(eat)*
    H'wag na múna táyong kumáin.   *(move)*
    H'wag na múna táyong lumípat.   *(study)*
    H'wag na múna táyong mag-áral.

10. *I'm full.*
    Busog na 'ko.   *(Leslie)*
    Busog na si Léslie.   *(the girls)*

Busog na ang mga babáe.   *(he, she)*
Busog na siya.

11. *There! Wait here for a second.*
Hayan! Maghintay ka múna díto.   *(in the house)*
Hayan! Maghintay ka múna sa báhay.   *(at the side)*
Hayan! Maghintay ka múna sa tabi.   *(at the plaza)*
Hayan! Maghintay ka múna sa plása.   *(at the school)*
Hayan! Maghintay ka múna sa iskwelahan.

12. *I'll just be a minute.*
Sandalí lang ako.   *(will eat)*
Kákáin lang ako.   *(will go home)*
Úuwí lang ako.   *(will teach)*
Magtútúró lang ako.   *(will prepare)*
Magháhandá lang ako.   *(will be moving)*
Lílípat lang ako.

13. *All the eateries here are about the same.*
Paré-parého lang lahat ang mga karindérya   *(the houses here)*
   díto.
Paré-parého lang lahat ang mga báhay díto.   *(big)*
Malalaki lahat ang mga báhay díto.   *(cheap)*
Múra lahat ang mga báhay díto.   *(small)*
Maliliit lahat ang mga báhay díto.   *(the fish here)*
Maliliit lahat ang mga isdá díto.

14. *Let's take a walk over to where Agrix is.*
Maglakad táyo do'n sa may Ágrix.   *(eat)*
Kumáin táyo do'n sa may Ágrix.   *(wait)*
Maghintay táyo do'n sa may Ágrix.   *(move)*
Lumípat táyo do'n sa may Ágrix.   *(where the chairs are)*
Lumípat táyo do'n sa may mga sílya.   *(where the plaza is)*
Lumípat táyo do'n sa may plása.

15. *Do you want to see a movie first?*
Gusto mo bang manood múna ng síne?   *(eat)*
Gusto mo bang kumáin múna?   *(pay)*
Gusto mo bang magbáyad múna?   *(walk)*
Gusto mo bang maglakad múna?   *(go home)*
Gusto mo bang umuwí múna?   *(stop)*
Gusto mo bang tumígil múna?

16. *And let's see if there's a good movie.*
At tingnan nátin kung may magandang   *(house)*
   síne.
At tingnan nátin kung may magandang   *(girl)*
   báhay.
At tingnan nátin kung may magandang   *(room)*
   babáe.
At tingnan nátin kung may magandang   *(table)*
   kwárto.
At tingnan nátin kung may magandang   *(chair)*
   lamésa.
At tingnan nátin kung may magandang
   sílya.

CIII.   **Piliin ang támang sagot. Choose the right answer.**

1. *Gusto mo bang manood múna táyo ng síne?*
   a. Maglakad táyo do'n sa may Ágrix.
   b. Sa totoo lang gutom na ako.
   c. H'wag múna táyong umuwí ngayon.
   d. Aba! H'wag na lang. Walá akong dalang péra.

2. *May maganda bang palabas?*
   a. Mabúti pa maglakad na lang táyo sa plása.
   b. Péro mahal daw do'n.
   c. Óo. Dápat may magandang palabas.
   d. Péro ako múna ang magbábáyad ngayon.

3. *Ang laláki ba ang dápat magbáyad?*
   a. Ókey. Sa súsunod ikaw naman ang magbáyad.
   b. Óo, marámi akong péra ngayon.
   c. Busog na ako.
   d. Óo ngà. Di nakakahiyá kung ang babáe ang siyang magbábáyad.

4. *Pwéde bang huwag múna táyong umuwí ngayon?*
   a. Ayóko ngà! Nakákahiyá kung ikaw ang magbábáyad ng lahat.
   b. Maglakad táyo doon sa may Ágrix.
   c. Sa totoo lang, dápat na táyong umuwì.
   d. Huwag na lang táyo maglakad sa may Ágrix.

5. *Walá ka na bang péra?*
   a. Péro ngayon ako na lang múna.
   b. Ang laláki ang dápat siyang magbáyad.
   c. Hindì Marámi pa ako díto.
   d. Iyun naman ang dápat e.

6. *Gusto mo bang maglakad na lang táyo sa plása?*
   a. Óo. At tingnan nátin kung ano ang palabas sa Ágrix.
   b. Péro ngayon ako na lang múna.
   c. Óo. Kasi lágí silang nagháhandá ng isdà.
   d. Sa totoo lang dápat maganda ngá e.

7. *Busog ka na ba?*
   a. Aba! H'wag na lang.
   b. Óo. Kumáin na kasi ako e.
   c. Marámi akong péra díto.
   d. Ókey, yon. Kumáin na táyo.

8. *Nakákahiyá ba kung ako ang magbábáyad?*
   a. Ókey, sa súsunod ikaw ang magbáyad.
   b. Hindí naman. Síge lang kung gusto mo!
   c. Marámi akong péra díto.
   d. Sa súsunod ako ang magbábáyad.

9. *Saan ba táyo maglálakad?*
   a. Aba! H'wag na lang.
   b. Kumáin kayo doon sa may Ágrix.
   c. Sa may Ágrix. Tingnan nátin kung may magandang palabas.
   d. Pwéde na rin. OK yon.

10. *Saan ba may magandang palabas?*
   a. Hindí naman ganoong kaganda.
   b. Ang laláki ang dápat magbáyad.
   c. Maganda daw ang palabas sa Ágrix.
   d. Tingnan nátin kung múra ang pagkáin sa may Ágrix.

CIV.   **Buuin ang mga sumúsunod na pangungúsap úpang magkaroon ng ganap na díwà. Complete the following sentences to have a complete thought.**

1. H'wag múna táyong... 2. Sa súsunod ikaw naman... 3. Gusto mong manood... 4. Sa panahon ngayon, dápat... 5. May maganda bang... 6. Ang laláki ang dápat... 7. Maglakad táyo... 8. Ayóko ngà! Nakákahiyá kung... 9. Tingnan nátin kung may... 10. Marámi akong dalang... 11. Sa totoo lang, walá... 12. Sa plása na lang táyo... 13. Huwag na lang táyong... 14. Manood táyo ng síne sa... 15. Ako na lang múna ang...

CV.   **Sagutin ang mga sumúsunod na tanong. Answer the following questions.**

1. Síno ba ang dápat magbáyad? 2. Bákit áyaw mong magbáyad ako? 3. Ano ba ang dápat sa panahon ngayon? 4. Bákit gusto mong maglakad na lang sa plása? 5. Ano ang méron sa may Ágrix? 6. Síno sa átin ang dápat magbáyad? 7. Saan ba may magandang palabas? 8. Ano ba sána ang gusto mo ? 9. Bákit nakákahiyá kung ako ang magbábáyad? 10. Bákit áyaw mong maglakad lang sa plása? 11. Talaga bang dápat na ako ang magbáyad ng lahat? 12. Síno sa átin ang magbábáyad sa súsunod? 13. Saan táyo maglálakad? 14. Ano ang títingnan nátin sa Ágrix? 15. Gusto mo bang manood ng síne?

DI.   **Guided Conversation for Unit 4**

Do the following conversation. This is a conversation between you and a classmate.

You: Where did you go last Sunday?

Classmate: Please be patient, classmate. Because I went to Agrix. My companion was the eldest son of Mr. Ocampo. We bought some food for the house and then some cigarettes for Mr. Ocampo. After that, we went to the movies because it was a good movie. It was embarassing because Mr. Ocampo's eldest child is a boy and he was the one who paid for everything. But I told him that next time I would be the one that should pay. After that we took a walk around the plaza and waited for a jeep. Afterwards (hint: *pagkatápos*), we went home.

You: Oh, so that's why. Just a second, I'm hungry now. Have you eaten? Let's eat.

Cla: Actually, not yet. But where shall we eat?

You: How about you, where do you want to? If you like mackerel fish, let's go to Mother's Best.

Cla: Not there. Because it's expensive there.

You: The eateries here are all about the same. All right, let's just (go to) Rosita's.

Cla: OK.

You: Wait a second here. I'm just going to get some money. Because I am going to buy some cigarettes at the store.

Cla: Do you still smoke all the time?

You: Oh, no. Oh, classmate, let us go.

Cla: Oh, everything is expensive at Agrix.

You: Really? But probably there are also some cheap (things).

Cla: Yes. But few. I have very little money.

You: By the way, when will those two women that went to your house on Sunday move in?

Cla: They said (hint: *raw*) they will come back on Tuesday. Just a second, your classes are starting now, aren't they?

You: Oh yes. Already last Tuesday.

Cla: I'm already full. I don't want anymore.

You: Me too. Let's go home.

Cla: OK. Let's go.

DII.   Free Conversation

Engage a classmate in a free conversation involving the following topics: where did he or she go to, going to movies, going for walks, going shopping, buying cigarettes, eating, liking food at such-and-such a place, things are expensive or cheap, when school starts, when one can move or not move ... or anything else you can say in Pilipino without asking your tutor for new words.

Grammar

4.1   Active verb forms

In this unit we will study three kinds of active verbs: the *-um-* verbs, the *mag-* verbs, and the *maN-* verbs. Some verbal roots take *-um-*, some take *mag-*, some take *maN-*, some take two, and some all three of these affix types.

We will learn from the examples in the dialogues which roots take which conjugation (which have *-um-*, which have *mag-* and which have *maN-*). After you have seen a large number of roots in context, you will be in a position to understand the patterns. At this point if you have learned the affixed verb in your dialogue, you will be able to use the verb freely. There are four tense forms which are discussed in §4.2ff.

4.11   *-um-* verbs

The infix *-um-* is inserted immediately after the first consonant of the root: e.g. *kumáin* "eat!" (root: *káin*) or initially if the root begins in a vowel e.g. *umupò* "sit!" (root *upò*). The four tenses of the *-um-* verbs are shown by the following examples.

Root	Past[2]	Present	Imperative-Dependent	Future
tuloy	tumuloy	tumútuloy	tumuloy	tútuloy
túlong	tumúlong	tumútúlong	tumúlong	tútúlong
upò	umupò	umúupò	umupò	úupò
alis	umalis	umáalis	umalis	áalis
dating	dumating	dumárating	dumating	dárating[3]
inom	uminom	umíinom	uminom	íinom
páyag	pumáyag	pumápáyag	pumáyag	pápáyag
lípat	lumípat	lumílípat	lumípat	lílípat
kúha	kumúha	kumúkúha	kumúha	kúkúha
káin	kumáin	kumákáin	kumáin	kákáin
káin	kumáin	kumákáin	kumáin	kákáin
uwì	umuwì	umúuwì	umuwì	úuwì
tígil	tumígil	tumítígil	tumígil	títígil
tira	tumira	tumítira	tumira	títira
punta	pumunta	pumúpunta	pumunta	púpunta
balik	bumalik	bumábalik	bumalik	bábalik
bili	bumili	bumíbili	bumili	bíbili
sáma	sumáma	sumásáma	sumáma	sásáma
sunod	sumunod	sumúsunod	sumunod	súsunod
tingin	tumingin	tumítingin	tumingin	títingin

---

[2]With the *-um-* conjugation the past is the same as the imperative-dependent form, but for other conjugations these two tenses have different shapes.

[3]With *dating* and other verbs with initial *d-* , the *d* changes to *-r-* between vowels.

4.12 *Mag-* verb forms

The four tenses of the *mag-* verbs are shown by the following examples:

Root	Past	Present	Imperative-Dependent	Future
hánap[4]	naghanap	nagháhanap	maghanap	magháhanap
trabáho	nagtrabáho	nagtátrabáho	magtrabáho	magtátrabáho
áral	nag-áral	nag-ááral	mag-áral	mag-ááral
túrò	nagtúrò	nagtútúrò	magtúrò	magtútúrò
punta	nagpunta	nagpúpunta	magpunta	magpúpunta
handà	naghandà	nagháhandà	maghandà	magháhandà
hintay	naghintay	naghíhintay	maghintay	maghíhintay
pasénsiya	nagpasénsiya	nagpápasénsiya	magpasénsiya	magpápasénsiya
báyad	nagbáyad	nagbábáyad	magbáyad	magbábáyad
lákad	naglakad	naglálakad	maglakad	maglálakad
simulà	nagsimulà	nagsísimulà	magsimulà	magsísimulà
dala	nagdala	nagdádala	magdala	magdádala
sábi	nagsábi	nagsásábi	magsábi	magsásábi

4.13 *maN-* verb forms

The symbol *N-* represents a variety of consonants, which one depends on the initial consonant of the root. This is shown in the following chart. (There are some exceptions with individual words.)

Before roots that begin with	N- represents replacement of the first consonant with
p, b	m
t, s, d	n
l	nl
k	ng
k, ng, g	ngg

The following chart shows *maN-* verbs which we have had so far:

maN-	+	bili	=	mamili *shop*
maN-	+	paléngke	=	mamaléngke *shop at the market*
maN-	+	Tagálog	=	managálog *speak Tagalog*
maN-	+	sigarílyo	=	manigarílyo *smoke cigarette*
maN-	+	damit	=	manamit *wear clothes*
maN-	+	lóko	=	manlóko *make a fool of*
maN-	+	kúha	=	mangúha *get (as fruit from trees)*
maN-	+	gulo	=	manggulo *make trouble*
maN-	+	útang	=	mangútang *go into debt*
maN-	+	hiram	=	manghiram *borrow*

The following chart shows the conjugation of some of these verbs.

---

[4]The root *hánap* gets changed to *hanap* (i.e. gets a short vowel) with the *mag-* conjugation. The root *lákad* also gets changed to *lakad* with the *mag-* conjugation.

Root	Past	Present	Imperative-Dependent	Future
paléngke	namaléngke	namámaléngke	mamaléngke	mamámaléngke
bili	namili	namímili	mamili	mamímili
sigarílyo	nanigarílyo	nanínigarílyo	manigarílyo	manínigarílyo
panood[5]	nanood	nanonood	manood	manónood

4.131. Verbs that have both an -um- and a mag- conjugation

For many verbs that have both an -um- and a mag- conjugation the difference in meaning between the two is one of a slight nuance: the mag- forms denote a more purposeful action than the -um- verbs (mean something like "decide to do X" as opposed to simply "do X"). So far we have had punta with both -um and mag forms.

1. *Sa Mother's Best na lang táyo **pumunta**.* "Let's just **go** to MB." (4A7)
2. *Noong únang taon, **nagpunta** hó ako sa Marindúque.* "The first year I **took an assignment** in Marinduque." (3C26a)

4.132 Verbs that have both an -um- and a maN- conjugation

Some verbs occur with both the -um- prefixes and with the maN- prefixes. There often is a difference in meaning between the two conjugations with the same root (though in some cases there is little difference in meaning between the -um- and the maN- conjugation). Two very freqeuently occurring roots of this type are *bili* "buy" and *kúha* "get." When *bili* is conjugated with -um-, it means " buy," but when it takes maN- prefixes, it means "shop."

3. ***Bumili** ka ba ng isdá sa paléngke?* "**Did** you **buy** fish from the market?"
4. *Kailan táyo **mamímili** sa San Páblo?* "When **will** we **shop** at San Pablo?"

Kúha is conjugated with -um- when it means "get" whereas when the maN- prefixes are added, the verb means "get as fruit from the trees."

5. ***Kumúha** na kayo ng pagkáin sa kusínà.* "**Get** food from the kitchen now."
6. ***Mangúha** na lang kayo ng ságing.* " Just go **pick** bananas."

4.14   Summary chart of the active forms

The following chart summarizes the active verb affixes:

Past	Present	Imperative-Dependent	Future
-um-	R-um-	-um-	R-
nag-	nag-R-	mag-	mag-R-
naN-	naN-R-	maN-	maN-R-

The symbol R- means the reduplication of the initial consonant plus vowel of the word with the vowel lengthened (or if the root begins in a vowel R- means reduplication of the first vowel lengthened).

DO GRAMMAR EXERCISE 4A.

---

[5]The root of *manood*, etc. is considered to be *panood*. The *pa* disappears when the active tense prefixes are added, but it makes a reappearance in some other verb forms which we will study in later units.

4.2   Tense

For each conjugation there are four verb forms in Pilipino which express tense. We give them the labels "Past," "Present," "Future" and "Dependent" (or "Imperative-Dependent"). However, Pilipino tenses are not isomorphic with English tenses, and we have to study each context individually.

DO GRAMMAR EXERCISE 4B1 FOR TENSE PRACTICE.

4.21   Past tense forms

The past tense verb forms are used to express past tense (but not past time that is continuing in time - see the next section, §4.22)

7. *Násaan ka nung bágo ka **dumating** díto?* "Where were you when you first **came** here?" (3C25)
8. *Nung únang taon **nagpunta** hó ako sa Marindúque. Tápos **nagpunta** hó ako sa Maynílà.* "The first year I **was assigned to** Marinduque. Then I **was assigned to** Manila." (3C 26a)
9. *Namaléngke ako nung Linggo.* "I **went shopping** on Sunday."

4.211   Past tense verbs with *na*

Past tense verb forms modified with *na* mean "have (has) or had (done) (as of a certain point in time)."

10. *Kumáin ka **na** ba?* "**Have** you **eaten**?" (4A1)
11. *Lumípat ka **na** ngá ba?* "**Have** you (finally) **moved**?" (4A9c)
12. *Akálá ko'y **nagsimulá na** ang kláse nung Martes pa.* "I thought they **had** already **started** classes on Tuesday." (4B13)

For the negative of these expressions, see §4.221 below.

4.22   The present tense forms

The present tense verb forms are used for actions which go on at the present or which went on in time in the past or which happen generally or on a repeated basis. Examples of present forms used for actions going on at the present:

13. *Ayan **dumárating** na siya o.* "There he is! He **is on his way** now." (3A2b)
14. *Si Léslie ang **nagháhanap** ng kwárto.* "Leslie is the one who **is looking for** a room."
15. *Namímili lang siya sa paléngke ngayon.* "She **is** just **shopping** at the market now." (2C30b)

An example of a present tense verb which refers to an action which went on over time in the past:

16. *Umíinom lang ako ng bir sa tindáhan.* "I was just drinking a beer at the store." (3A3C)

Examples of present tense forms used to refer to an action which occurred over an extended stretch of time at repeated intervals:

17. *Lágí silang **naghahandá** ng isdà.* "They always **serve** fish." (4A6b)
18. *Naninigarílyo ka pa ba?* "**Do** you still **smoke**?" (4B16a)

4.221 The present tense used in negative sentences to refer to past: "have(n't) done (up to now)"

The meaning "haven't (hasn't) done (so-and-so) up to now" is expressed by *hindí pa* followed by the present tense.

19. *Hindí pa **nagsísimulá** ang kláse.* "Classes **haven't started** yet." (4B12C)
20. *Lumípat ka na ngá ba? – Hindí pa ngá ako **lumilípat**.* "Have you moved yet? – No, I **haven't moved** yet."
21. *Kumáin ka na ba? – Hindí pa ngá ako **kumákáin**.* "Have you eaten? – No I **haven't eaten** yet."

The above two examples (numbers 20 and 21) show the use of the past plus *na* in the meaning of "have (done)" (Cf. §4.221, above) and the present tense modified by *hindí pa* in the meaning "haven't (done) yet".

DO GRAMMAR EXERCISE 4B3.

4.23 Imperative-Dependent verb forms

The imperative-dependent forms (or, as we will hereafter refer to, the DEPENDENT verb forms) are used in a variety of contexts. So far we have had them in two contexts: (1) as imperative or exhortations (phrases meaning "lets [do])" and (2) after the AUXILIARIES: *gusto* "want," *dápat* "should," and *pwéde* "can." (Other auxiliaries with similar meanings also are followed by the dependent verb form.) Examples of the dependent in imperatives and exhortations:

22. *Kumáin na táyo.* "**Let's eat!**" (4A3a)
23. *Sa Mother's Best na lang táyo **pumunta**,* "**Let's** just **go** to Mother's Best." (4A7)
24. *Maghintay ka múna diyan.* "**Wait** here a minute." (4B19a)
25. *Maglakad táyo doon sa may Ágrix.* "**Let's** just take a walk down to the Agrix." (4C26a)
26. *Huwag ka nang **manigarílyo**.* "**Don't smoke!**" (4C32a)
27. *Sa súsunod, ikaw naman ang **magbáyad**.* "**Next time, you pay.**" (4C32a)

Examples of the dependent form after the auxiliaries *dápat, pwéde,* and *gusto* .

28. *Gusto ko hong[6] **tumígil** díto ng isang taon pa.* "I wanted **to stay** here one more year." (3C28C)
29. *Gusto kong **bumili** ng sigarílyo.* "I want **to buy** some cigarettes."
30. *Hindí pa ako pwédeng **lumípat** doon.* "I cannot **move** there yet." (4B12a)
31. *Dápat ang laláki ang siyang **magbáyad**.* "The man should be the one who **pays**." (4C30b)

DO GRAMMAR EXERCISE 4B5.

4.231 The root alone

The root alone can be used as an imperative for *-um-* and *mag-* (but not for *maN-*) verbs, if it is first in the sentence.

32. *Tuloy(=tumuloy) hó múna kayo.* "Please **come in**." (1A6b)
33. *Pasénsiya (=magpasénsiya) na kayo.* "Please **be patient**." (2A2)
34. *Káin(=kumáin) na táyo.* "**Let's eat**." (4A3a)

---

[6]Note that the auxiliaries are linked with *ng*. Also the auxiliaries do not change for tense.

4.24   The future forms

The future forms are used to express future time.

35. *Saan ka ngá **kúkúha** ng pagkáin?* "Where **will** you **take your** meals, by the way?" (3B11)
36. *A, sa labas na lang hó ako **kákáin**.* "I'll just **take my meals** outside." (3B12a)
37. ***Magtátrabáho** ka ba o **mag-ááral** díto?* "**Will** you **be working** or **studying** here?" (3B13)

Note that Pilipino uses the future form also for future events seen from a past perspective.

38. *Akálá ko'y **lílípat** ka na kinábukásan.* "I thought you **would move** the next day." (4A11b)

In clauses introduced by *kung* "if", future verb forms are used.[7]

39. *Kung **pápáyag** hó kayo.* "If you **agree** to it." (3A7b)
40. *Nakákahiyá kung ikaw ang **magbábáyad** ng lahat.* "It is embarrassing if you are the one that **pays** for everything." (4C29)

DO GRAMMAR EXERCISE 4B4.

4.241   Future forms plus *na*

Na with a future verb form means "already (will be, do, etc)."

41. *Akálá ko'y **lílípat** ka **na** kinábukásan.* "I thought you **would already move** on the following day." (4A11b)

4.242   Future after *dápat*

In §4.23 above we stated that *dápat* "should (do)" is followed by a *dependent* verb form:

31a. ***Dápat** akong **magbáyad**.* "I should **pay**."

However, if the meaning is "should (do) but won't" then the *future tense* is used:

42. ***Dápat** sána'y **úuwí** na hó ako.* "I **should go home** now (but I won't)." (3C28b)
31b. ***Dápat** sána ako ang **magbábáyad**. Kayá lang walá akong péra.* "I **should** be the one to **pay**, only I don't have any money."

Note that when *dápat* is followed by the future it is optionally linked with *ay* and the short words and pronouns are not attracted to it. But when it is followed by the dependent, *dápat* is most commonly linked with *ng* and the short form and pronoun are attracted to it.

4.25   Direct object of active verbs

The direct object[7a] of active verbs is introduced by *ng*. If the direct object is a proper name or a pronoun, then the dative use used for the direct object. If the direct object is a demonstrative pronoun (*ito, iyan, iyon*), then the genitive forms is used for the direct object (*nito,niyan, noon or niyon*):

43. *Maghanap ka **ng isdà** (nito) (kay Léslie)!* "Look for **some fish** (this) (from Leslie)!

4.3   Expressions of time with *na* and *pa; noong* vs. *sa*

4.31   Negatives of sentences with *na* and *pa*

When sentences with *na* "by now" are negated, the *na* is changed to *pa* "yet."

---

[7] Not as in English which uses the present tense verb forms in the analogous context.

[7a] By the term DIRECT OBJECT we mean the thing affected by the action— e.g in the sentence "I hit the ball", the phrase "the ball" is the DIRECT OBJECT.

44. *Kumáin ka na ba? – Hindí pa!* "Have you eaten yet (lit. **by now**)? – No. Not **yet**!"

44a. *May bakánteng kwárto na ba? – Walá pa!* "Are there any vacant rooms yet (lit. **by now**)? – No, not **yet**!"

When sentences with *pa* "still" are negated, the *pa* is changed to *na*. The combination *hindí na* and *walá na* means "no longer, not any more."

45. *Akálá ko'y nagsimulá na ang kláse.– Hindí pa daw.* "I thought classes had started **already**.– No, not **yet,** they say." (4B13-14)

46. *Naninigarílyo ka pa ba? – Ay, hindí na!* "Do you **still** smoke? – Nope! Not **any more**!"

47. *May bakánteng kwárto pa hó ba kayo? – Ay, walá na talaga!* "Do you have **any more** vacant rooms? –No, really I don't **(any more)**."

DO GRAMMAR EXERCISES 4C1, 4C2.

4.311 Summary of tense together with the particles

The following charts summarize what we have said about the particles *pa*, *na*, and *lang* and the effect they have on the tense meanings.

Na vs. *Pa* in positive sentences

Na	*has been*	Ilang taon ka na díto?	*How long have you been here?*
Pa	*will be longer*	Ilang taon ka pa díto?	*How many more years will you be here?*
No particle	*past*	Ilang taon ka doon?	*How many years were you there?*
	future	Ilang taon ka díto?	*How many years will you be here?*

Na vs. *Pa* in negative sentences

Na	*will not any more*	Hindí ka na matagal díto.	*You won't be here long any more.*
Pa	*hasn't been yet*	Hindí ka pa matagal díto.	*You haven't been here long yet.*
No particle	*past*	Hindí ka matagal díto.	*You were not here long.*
	future	Hindí ka matagal díto.	*You will not be here long.*

Na, Pa, Lang, Na Lang, Pa Lang summary

Na	*has been*	Isang taon na ako díto.	*I have been here one year.*
Pa	*still, more*	Isang taon pa ako díto.	*I will still be here for one more year.*
Na Lang	*will only*	Isang taon na lang ako díto.	*I will be here only one more year.*
Pa Lang	*has only been*	Isang taon pa lang ako díto.	*I have been here only one year.*
Lang	*was only*	Isang taon lang ako díto.	*I was here only one year.*
	will only	Isang taon lang ako díto.	*I will be here only one year.*

Pa vs. *Lang*[8]

Pa	(future) *not until*	Sa Sábado pa siya dárating.	*He won't come until Saturday.*
	(past) *already, sooner than expected*	Noong Sábado pa siya dumating.	*He already came on Saturday*
Lang	(future) *the only time*	Sa Sábado lang siya dárating.	*He will come only on Saturday.*
	(past) *the first time or not until*	Noong Sábado lang siya dumating.	*He came only last Saturday, Last Saturday was the first time that he had come.*

---

[8]This is explained in §4.322.

4.32   *Noong* vs *sa*

For expressions of time, *noong* refers to past time and *sa* refers to present, future, or something repeated. *Noong* (shortened to *nung*) and *sa* are particles which may introduce phrases which refer to time.[9] The following example shows present time.

49.   *Sa panahon ngayon, dápat pati babáe magbáyad na rin.* "Nowadays, women should pay as well." (4C31)

The following examples show future time:

50.   *Sa súsunod, ikaw naman ang magbábáyad.* "Next time you pay." (4C32a).
51.   *Sa Linggo na ako lílípat díto kung pwéde.* "I'll move here **on** Sunday if possible."

The following examples show past time:

52.   *Násaan ka **nung** bágo ka dumating díto?* "Where were you **when** you first came here?" (3C25)
53.   *Nung únang taon, nagpunta ako sa Marindúque.* "**The first year** I was assigned to Marinduque." (2C26a).

DO GRAMMAR EXERCISE 4B2.

4.321   *Noong* (*nung*) introducing a clause

Noong (*nung*) introduces a clause which means "when so-and -so happened (past time)."

54.   *Walá pang karindérya díto **nung** lumípat ako díto.* "There were no cafes here **when** I moved here."
55.   *Walá ako sa báhay **noong** dumating ka.* "I wasn't at the house **when** you came here."

For "when" in the present or future time, see §15.422 of Unit 15.

4.322   *Pa* with expressions of time

Pa with future expressions of time gives the implication that the event should have taken place earlier. The following sentences show future time expressions with *pa*.

56.   *Sa Sábado **pa** raw bábalik ang anak nila.* "Their son is **only** supposed to go back on Saturday. (They say I won't go back **until** Saturday.)" (4B12b)
57.   *Sa Linggo **pa** ako lílípat.* "I **won't** move **until** Sunday." (4A10b)

With past time expressions *pa* gives the implication that the event was sooner than expected: "was, had already been the case."

58.   *Akálá ko'y nagsimulá na ang kláse noong Martes **pa**.* "I thought the classes had **already** begun on Tuesday." (4B13)

4.323 Summary of sentences meaning "already" and "not until"

The following chart shows the use of the particles *na, lang,* and *pa* in sentences meaning "already (do, did, will do)" and "didn't, won't (do) until."

---

[9]Not all expressions of time are introduced by *noong* or *sa*. For example *búkas* "tomorrow" is not:

48.   *Búkas ako lílípat díto. Kung pwéde.* "I'll move here tomorrow, if I may."

Past tense		
"already"	Noong Linggo pa ako lumípat	*I already moved last Sunday.*
"not until"	Dápat ay noong Lúnes lang ako lumípat.	*I was only supposed to move Monday.*

Future Tense		
"already"	Dápat ay lílípat na ako sa Sábado.	*I should move on Saturday.*
"not until"	Péro sa Linggo pa ako pwédeng lumípat	*But I cannot move until Sunday.*

4.33   Review of Tenses

Past active verb tense forms: action completed

	Pumunta siya díto noong Linggo.	*He came here on Sunday.*
na	Pumunta na siya díto.	*He has come here.*

Present active verb tense forms: action not completed or in progress or occurs habitually

	Pumúpunta na siya díto.	*He is on his way here now.*
	Akálá ko'y pumúpunta siya díto	*I thought he was coming here.*
lági	Lágí siyang pumúpunta díto.	*He always comes here.*
hindí pa	Hindí pa siya pumúpunta díto.	*He hasn't come here yet.*
hindí na	Hindí na siya pumúpunta díto.	*He doesn't come here any more.*
noong	Noong pumúpunta siya díto ay kumákáin ako.	*When he was coming here, I was eating.*

Future active verb tense forms: action to be completed

	Púpunta siya díto.	*He will come here.*
	Akálá ko'y púpunta siya díto kinábukásan.	*I thought he would come here the next day.*
na	Akálá ko'y púpunta na siya díto kinábukásan.	*I thought he would already come here the next day.*
pa	Sa Linggo pa siya púpunta díto.	*He will not come here until Sunday.*
dápat	Dápat (sána) ay púpunta na siya díto.	*He should have come here.*
noong	Noong púpunta siya díto ay kumákáin na ako.	*When he was about to come here, I was already eating.*

Dependent active verb tense forms: imperatives and exhortations, or co-occur with auxiliaries and conjunctions

	Kumáin táyo doon.	*Let's eat there!*
	Huwag táyong kumáin doon.	*Let's not eat there!*
dápat	Dápat akong kumáin doon.	*I should eat there.*
pwéde	Pwéde akong kumáin doon.	*I can eat there.*
gusto	Gusto kong kumáin doon.	*I want to eat there.*
bágo	Dápat magbáyad múna táyo bágo táyo kumáin doon.	*We should pay first before we eat there.*
noong	Walá ako sa báhay noong pumunta siya díto.	*I was not home when he came here.*

DO GRAMMAR EXERCISES 4I, 4J.

4.4   Location in commands or exhortations

Locations in commands or exhortations are expressed with the dative (that is, *díto (ríto)* "here," *diyan (riyan)* "there," *doon (roon)* "there (far away)" or *sa* plus a noun. In other words, the preposition *na-* is not used in commands or exhortations.

59. **Doon** *na lang táyo sa múra.* "**Let's** just **go** (lit. **be there**) to a cheap place." (4A4)
60. **Dito** *múna táyo sa tindáhan.* "**Let's stop here** in the store a minute." (4B15a)
61. **Dito** *ka na lang múna.* "Wait **here** a minute."
62. *Síge.* **Diyan** *ka na ha.* "Bye. See you! (taking leave of a fellow-passenger who is not getting off yet. Lit. You just **be there**.)"
63. **Sa Mother's Best** *na lang táyo.* "Let's just (eat) **at Mother's Best.**

DO GRAMMAR EXERCISES 4Dff.

4.41   Position of expression of time and location

Expressions of time and location are often placed first in the sentence. Positioning these expressions first focuses attention on them. In the case in exhortations the tendency is to give a command stressing the time or place rather than the activity, and so the expression of time or place comes first in the sentence. Compare the following pairs:

64. **Doon** *na lang táyo kumáin sa Rosíta's.* "Let's just make it **at** Rosita's that we eat."
64a. *Kumáin na lang táyo* **doon** *sa Rosíta's.* "Let's just **eat at** Rosita's (rather than drink or do something else)."
65. **Dito** *ka na lang múna maghintay.* "Just wait **here** for the while (rather than elsewhere)."
65a. *Maghintay ka na lang múna* **dito**. "Just **wait here** for the while (rather than do something else)."
66. **Búkas** *pa táyo lumípat.* "Let's not move until **tomorrow**."
66a. *Lumípat lang táyo* **búkas.** "Let's just move **tomorrow** (rather than do something else)."

4.5   Phrases which mean "like this, like that" followed by an adjective

"Like this, like that" are expressed by the following words:

ganito	*"like this"*
ganiyan	*"like that (close)"*
ganoon	*"like that (far or well known)"*

In short, "like this or that" is expressed by *ga-* plus the genitive of the demonstrative pronouns. When these words are followed by an adjective in phrases meaning "as (adjective) as...," the adjective usually gets a prefix *ka-*. The words *ganito, ganiyan* and *ganoon* are optionally linked with *ng.*

67. *Hindí naman ganoong* **kamahal** *(or* **ganoon kamahal**)*. "It isn't **so expensive**." (4A9a)

If the adjective has a prefix *ma-* the *ma-* is dropped before the prefix *ka-* is added.

68. *Hindí ko alam na* **ganito kadámi** *(or* **ganitong kadámi**)*. "I didn't know there were **that many!**"

Kókóntì (or *kakauntì*) "few" is irregular in that the root is *kóntì (kauntì)*. In phrases with *ganito*, *ganyan*, and *ganoon* it is the root which gets *ka-* that is, *kakóntì* or *kákauntì*.

69. *Hindí ko alam na **ganito** lang **kakónti** ang péra mo.* "I didn't know you had **so little money.**"

DO GRAMMAR EXERCISE 4E.

4.6   Predicates consisting of nouns or pronouns

Sentences with a predicate which consists of a noun or pronoun identify the noun or pronoun as the one to whom (or thing to which) the subject refers. In the following sentence *ang kwárto sa tabi niyan* "the room next to it" is the predicate. There was a vacant room, and this one (*ang kwárto sa tabi niy*an) is it.

70. ***Ang kwárto sa tabi niyan** yung bakánte.* "The vacant room is **the one which is next to it.**" (2A8C).

Similarly, in the following sentence the pronoun *kayong dalawa* "the two of you" is provisionally identified as the one looking for a room. (It is known that someone is looking for a room and the question asks the identification of the party.)

71. ***Kayo bang dalawa** ang naghahanap ng kwárto?* "Are the **two of you** (the ones) looking for a room?" (2C24b)

In this last sentence we have a subject (*ang naghahanap ng kwárto* "the one looking for a room") which consists of a verb phrase.

Imperatives or exhortations can have the pronoun as predicate. In that case the sentence means "you be the one to (do), let me (do), let us (do)."

72. *Sa súsunod **ikaw** naman ang magbáyad.* "In the future, **you** pay (lit. be the one who should pay)." (4C32a)
73. ***Siya** na lang ang magbáyad.* "Let **him** pay. (Lit. The one who should pay let it just be him.)"

DO GRAMMAR EXERCISE 4F.

4.61   *Ikaw* vs *ka*

As we said in Unit One, §1.3, *ikaw* and *ka* "you (singular nominative)" are not interchangeable. *Ikaw* is used as a predicate and *ka* is not. In the following two sentences *ikaw* is used because it stands in the predicate construction.

74. *Sa súsunod **ikaw** naman ang magbáyad.* "Next time, **you** pay (lit. you be the one who pays)." (4C32a)
75. *Nakákahiyá kung **ikaw** ang magbábáyad ng lahat!* "It is embarrassing if **you** pay for everything!" (4C29)

Further, *ikaw* is used whenever the word for "you (singular)" is in the beginning of the sentence, whether it is the subject or the predicate. In the following sentence *ikaw* is the subject, but *ikaw* is used rather than *ka*, because it stands initial in the sentence.

76. *E **ikaw** e naninigarílyo pa ba?* "How about **you**, do you still smoke?"

Otherwise, that is when it is a subject not first in the sentence, the word for "you (singular)" is *ka*.

77. *Nanínigarílyo **ka** pa ba?* "Do **you** still smoke?" (4B16)

4.62   *Siyang* as an identifier

The form *siyang* (*siya* plus a linker *ng*) is used to specify one out of a group: "the one of the group who is, does, etc." It is common after the subject marker *ang* when the predicate is a noun or pronoun. In the following sentences the predicates are all names. The subject by *ang siyang* (rather than just *ang*) to indicate that the subject is the one out of the possibilities.

78. *Dápat ang laláki **ang siyang** magbáyad.* "The man should pay. (Lit. The one (of the two sexes) that pays should be the man.)" (4C30b)
79. *Si Léslie na lang **ang siyang** kúkúha ng sílya sa kwárto.* "Let Leslie be the one (of the persons there) to get the chairs from the room."
80. *Si Léslie **ang siyang** naghághanap ng kwárto.* "Leslie is the one (in charge of) looking for a room."

In the case of 80 above there were several people who needed a room and Leslie was the one doing the looking. In the following sentence, Leslie is identified as the one who needed the room but not as the one out of several. Therefore, *siya* is not used.

81. *Péro si Léslie **ang** naghághanap ng kwárto.* "But Leslie is (lit. **is the one**) looking for a room."

4.7   Word Study

4.71   *Pati*

Pati goes with the subject of a sentence and means "(the predicate) goes for (the subject) as well." Usually the subject marker *ang* is dropped if the subject has *pati*. Also subjects with *pati* often come before the predicate because attention is focused on them.

82. *Dápat **pati** babáe magbáyad na rin.* "Now women should pay **as well**. (Lit. It should be, women as well, pay now also.)" (4C31)
83. ***Pati** si Léslie naghághanap ng kwárto.* "Leslie is looking for a room **as well**. (Lit. And that goes for Leslie as well, she too is looking for a room.)"
84. *Gutom na silang lahat. **Pati** na rin ako.* "Everybody's hungry! **Including** me."

DO GRAMMAR EXERCISE 4G1.

4.72   *Lahat*

Lahat "all" can be used to modify a predicate. It follows the predicate directly.

85. *Paré-parého lang **lahat** ang karindérya díto.* "The eateries here are **all** alike." (4A9b)

Lahat may also function as a noun. In the following sentences *lahat* is a noun followed by a genitive.

86. *Paré-parého lang ang **lahat** ng karindérya díto.* "**All** of the eateries here are alike."

There is no difference in meaning between sentences 85 and 86 above

4.73   Áyaw

Áyaw "not want, not like" is the negative of *gusto*. *Áyaw* is followed by a dependent verb form, like *gusto* and the other auxiliaries. It is also linked with *ng* like the other auxiliaries.

87.   **Áyaw niyang** *kumáin*. "He does **not want to** eat."

Áyaw ko "I don't want to" and *áyaw mo* "you don't want to" are usually pronounced *ayóko* and *ayómo*, respectively.

DO GRAMMAR EXERCISE 4G2.

4.74   The plural of the name markers: *sina, nina, kina*

The name markers, *si* (*ni* and *kay*) are used only for the singular (preceding a name of title referring to one single person). If the name refers to several people, the particle *sina* replaces the nominative *si*, *nina* the genitive *ni*, and *kina*, the dative *kay*.

88.   Nandíto na **sina** Mr. Ocámpo. "The Ocampos are here now."

Note that when one is referring to a home and the person whose home it is, the person is referred to by the plural (i.e., the home is looked at as belonging to the whole family).

89.   *Ito hó ba ang báhay* **nina** *John*. "Is this the house of John's family?"
90.   *Nándoon na ngá táyo* **kina** *Mr. Ocámpo noong Lúnes*. "Weren't we already at the Ocampo's last Monday?" (4A11a)

DO GRAMMAR EXERCISE 4H.

4.75   The names of the days of the week

The names of the days of the week are as follows:

Linggo	Sunday
Lúnes	Monday
Mártes	Tuesday
Myérkules	Wednesday
Hwébes	Thursday
Byérnes	Friday
Sábado	Saturday

4.8   Particle Study

We have one new particle in the basic sentences of this lesson: *daw* (also alternatively *raw*), the quotative particle. We will study this and review *naman* and *ngà* in this section.

4.81   Daw (raw)

Daw (or *raw*) is a particle used with quotes, "he says, they say, etc."

91.   *Mahal* **daw** *doon*. "**They say** it's expensive there." (4A8)
92.   *Sa Sábado pa* **raw** *bábalik ang anak nila e*. "**They say** their son isn't going back until Saturday." (4B12b)

4.82   Naman

Naman is used with a predicate which is given in response or a predicate in a series of statements.

93. *Doon na lang táyo sa múra. Alam mo naman...* "Let's just go someplace cheap. **Anyway** you know..." (4A4a,b)
94. *Saan ka naman púpunta? – Kúkúha lang naman ako ng péra.– Huwag na. Marámi naman akong dalang péra díto.* "**Now** where are you going? – **Oh**, I'm just getting some money. – Never mind. **Anyway** I've got lots of money with me." (4B20, 21, 22)

Naman is especially used in predicates which contradict.

95. *Mahal daw doon.– Hindí naman ganoong kamahal.* "They say it is expensive there. – **Oh no**, it's not that expensive." (4A8-9a)
96. *Óo ngá péro hindí naman lági.* "**Oh** yes, but **actually** not all the time." (4B17a)

Naman is used in predicates which question a turn of events: "now (what's going on)."

97. *Saan ka naman púpunta?* "**Now** where are you going?" (4B20a)

Naman is also used with subjects which come first and are the focus of attention. *Naman* gives the notion "how about (subject), now as for (subject)."

98. *Yun naman ang dápat e!* "**Now** that's the way it should be!"
99. *Ikaw naman. Líto, gusto mo rin ba?* "**How about** you, Lito, do you also want some?"

4.83   *Ngà*

Ngà is a particle which affirms that the predicate which it modifies is the case: "really, this is the way it is." Also at the same time *ngà* states that the predicate is normal or in accordance with what one might expect or in accordance with what was stated previously or the interlocutor knows to be true.

100. *Kumáin ka na ba? Hindí pa ngá e.* "Have you eaten? No (you're right, I haven't)." (4A1-2)

With a quesiton *ngà* gives the meaning "(so-and-so) is the case, is it not?"

101. *Lumípat ka na ngá ba? – Hindí pa ngá e.* "You **have** moved, **haven't** you"– No (**as you might expect**)." (4A9c-10a)

Siyangá pala is an idiom meaning "by the way (bringing up a new subject)." *Siya ngá pala* is the same in meaning as *óo ngá pala* and *téka ngá pala*. The phrase *áyaw ngà* means "I really wouldn't like (to do)." *Ngà* takes the sting out of *áyaw* "don't want to."

102. *Aba! Huwag na lang. Marámi akong péra díto. – Ayóko ngà.* "Don't (worry about paying). I've got lots of money here. – No, don't (spend your money). **Really!** (Lit. I really would not like it)."

Grammar Exercises

4A.   *-um-* vs *mag-* vs *maN-* (§4.14)

Ipalit ang mga salitang násá loob ng saklong. Substitute the form in parenthesis.

Únang Hakbang. Pangkasalukúyan. Present Tense.

They always serve fish.

Lágí silang nagháhandá ng isdà.	*(eat)*
Lágí silang kumákáin ng isdà.	*(get)*
Lágí silang kumúkúha ng isdà.	*(buy)*
Lágí silang bumíbili ng isdà.	*(look for)*
Lágí silang nagháhanap ng isdà.	*(at the market)*
Lágí silang nagháhanap ng isdà sa paléngke.	*(go back)*
Lágí silang bumábalik sa paléngke.	*(wait)*
Lágí silang naghíhintay sa paléngke.	*(shop)*
Lágí silang namímili sa paléngke.	*(smoke)*
Lágí silang nanínígarílyo sa paléngke.	*(stop)*
Lágí silang tumítígil sa paléngke.	*(move)*
Lágí silang lumílípat sa paléngke.	*(work)*
Lágí silang nagtátrabáho sa paléngke.	

Ikalawang Hakbang. Pangnakaraan. Past tense.

I thought the children had already started.

Akálá ko'y nagsimulá na ang mga bátà.	*(work)*
Akálá ko'y nagtrabáho na ang mga bátà.	*(drink)*
Akálá ko'y uminom na ang mga bátà.	*(study)*
Akálá ko'y nag-áral na ang mga bátà.	*(eat)*
Akálá ko'y kumáin na ang mga bátà.	*(shop)*
Akálá ko'y namili na ang mga bátà.	*(buy)*
Akálá ko'y bumili na ang mga bátà.	*(cigarette)*
Akálá ko'y bumili na ng sigarílyo ang mga bátà.	*(at the market)*
Akálá ko'y bumili na ng sigarílyo sa paléngke ang mga bátà.	*(go along to the market)*
Akálá ko 'y sumáma na sa paléngke ang mga bátà.	*(look for a room)*
Akála ko'y naghanap na ng kwárto ang mga bátà.	*(follow)*
Akálá ko'y sumunod na ang mga bátà.	*(prepare food)*
Akálá ko'y naghandá na ng pagkáin ang mga bátà.	

Ikatlong Hakbang. Panghináharap. Future Tense.

He won't move until Sunday.

Sa Linggo pa siya lílípat.	*(come)*
Sa Linggo pa siya dárating.	*(leave)*
Sa Linggo pa siya áalis.	*(go home)*

Sa Linggo pa siya úuwì.	*(go)*
Sa Linggo pa siya púpunta.	*(come back)*
Sa Linggo pa siya bábalik.	*(follow)*
Sa Linggo pa siya súsunod.	*(buy)*
Sa Linggo pa siya bíbili.	*(go with)*
Sa Linggo pa siya sásáma.	*(watch movie)*
Sa Linggo pa siya manónood ng síne.	*(shop)*
Sa Linggo pa siya mamímili	*(work)*
Sa Linggo pa siya magtátrabáho.	*(study)*
Sa Linggo pa siya mag-áaral.	*(prepare fish)*
Sa Linggo pa siya magháhandá ng isdà.	

Ikaápat na Hakbang. Pawatas (Pandíwang Nababátay) Dependent.

Let's just go to Mother's Best.

Sa Mother's Best na lang táyo pumunta.	*(eat)*
Sa Mother's Best na lang táyo kumáin.	*(stop)*
Sa Mother's Best na lang táyo tumígil.	*(buy)*
Sa Mother's Best na lang táyo bumili.	*(drink)*
Sa Mother's Best na lang táyo uminom.	*(wait)*
Sa Mother's Best na lang táyo maghintay.	*(Manila)*
Sa Maynílá na lang táyo maghintay.	*(study)*
Sa Maynílá na lang táyo mag-áral.	*(work)*
Sa Maynílá na lang táyo magtrabáho.	*(look for)*
Sa Maynílá na lang táyo maghanap.	*(shop)*
Sa Maynílá na lang táyo mamili.	*(smoke)*
Sa Maynílá na lang táyo manigarílyo.	*(watch movie)*
Sa Maynílá na lang táyo manood ng síne.	

4B.   **Kahulugan ng Pánahúnan. Meaning of the Tenses.**

4B1.   **Pangkasalukuyan, Pangnagdaan, Panghináharap. (Present, Past, Future, Dependent) (§4.2)**

Únang Hakbang

Have you really moved?

Lumípat ka na ngá ba?	*(will you)*
Lílipat ka na ngá ba?	*(will you start)*
Magsísimulá ka na ngá ba?	*(have you started)*
Nagsimulá ka na ngá ba?	*(did you eat)*
Kumáin ka na ngá ba?	*(served fish)*
Naghandá ka ngá ba ng isdà?	*(do you serve fish)*
Nagháhandá ka ngá ba ng isdà?	*(are you eating fish)*
Kumákáin ka ngá ba ng isdà?	*(will you eat fish)*
Kákáin ka ngá ba ng isdà?	*(will you buy fish)*
Bíbili ka ngá ba ng isdà?	*(have you bought fish)*
Bumili ka na ngá ba ng isdà?	*(did you buy fish)*
Bumili ka ngá ba ng isdà?	

Ikalawang Hakbang

Let's just go to Mother's Best.
Sa Mother's Best na lang táyo pumunta.   *(look for food)*
Sa Mother's Best na lang táyo maghanap ng   *(eat)*
    pagkáin.
Sa Mother's best na lang táyo kumáin.   *(ate)*
Sa Mother's Best táyo kumáin.   *(will eat)*
Sa Mother's Best na lang táyo kákáin.   *(will wait)*
Sa Mother's Best na lang táyo maghíhintay.   *(waited)*
Sa Mother's Best táyo naghintay.   *(drank)*
Sa Mother's Best táyo uminom.   *(drink)*
Sa Mother's Best táyo umíinom.   *(will drink)*
Sa Mother's Best na lang táyo íinom.   *(will buy)*
Sa Mother's Best na lang táyo bíbili.   *(bought)*
Sa Mother's Best táyo bumili.   *(buy)*
Sa Mother's Best táyo bumíbili.

Ikatlong Hakbang

Let's take a walk over to Agrix.
Maglakad táyo doon sa may Ágrix.   *(we will)*
Maglálakad táyo doon sa may Ágrix.   *(go to the movie)*
Manónood táyo ng síne.   *(Let's)*
Manood táyo ng síne.   *(we went to the movies)*
Nanood táyo ng síne.   *(over to Agrix)*
Nanood táyo sa may Ágrix.   *(we took a walk to)*
Naglakad táyo sa may Ágrix.   *(are taking a walk)*
Naglálakad táyo sa may Ágrix.   *(have taken a walk)*
Naglakad na táyo sa may Ágrix.   *(have gone)*
Pumunta na táyo sa may Ágrix.   *(let's go)*
Magpunta táyo sa may Ágrix.

Ikaápat na Hakbang

I thought you would move (as expected).
Akálá ko'y lílípat ka na ngà.   *(had moved)*
Akálá ko'y lumípat ka na ngà.   *(had eaten)*
Akálá ko'y kumáin ka na ngà.   *(eating fish)*
Akálá ko'y kumákáin ka na ngá ng isdà.   *(serving fish)*
Akálá ko'y nagháhandá ka na ngá ng isdà.   *(would serve)*
Akálá ko'y magháhandá ka na ngá ng isdà.   *(would buy)*
Akálá ko'y bíbili ka na ngá ng isdà.   *(had bought)*
Akálá ko'y bumili ka na ngá ng isdà.   *(buying)*
Akálá ko'y bumíbili ka na ngá ng isdà.   *(had gotten)*
Akálá ko'y kumúha ka na ngá ng isdà.   *(would get)*
Akálá ko'y kúkúha ka na ngá ng isdà.   *(getting)*
Akálá ko'y kumúkúha ka na ngá ng isdà.

4B2.   **Pánáhúnan kasáma ng pagpapahiwátig ng panahon. Tense plus expression of time. (§4.32)**

Únang Hakbang. *Sa... pa* vs *noon... pa*

She won't transfer until Sunday.
Sa Linggo pa siya lílípat.   *(she transferred already)*
Noong Linggo pa siya lumípat.   *(worked)*
Noong Linggo pa siya nagtrabáho.   *(not until...will work)*
Sa Linggo pa siya magtátrabáho.   *(go shopping)*
Sa Linggo pa siya mamímili.   *(went shopping)*
Noong Linggo pa siya namili.   *(already went to the movies)*
Noong Linggo pa siya nanood ng síne.   *(went to Manila)*
Noong Linggo pa siya nagpunta sa Maynílà.   *(not until...will go)*
Sa Linggo pa siya magpúpunta sa Maynílà.   *(not until...will pay)*
Sa Linggo pa siya magbábáyad.   *(already paid)*
Noong Linggo pa siya nagbáyad.

Ikalawang Hakbang. Iba't-ibang pagpapahiwátig ng panahon. Variety of time expressions.

They always serve fish,
Lágí silang nagháhandá ng isdà.   *(On Sunday they served)*
Noong Linggo sila naghandá ng isdà.   *(On Sunday they will serve)*
Sa Linggo sila magháhandá ng isdà.   *(Only on Sunday will they serve)*
Sa Linggo lang sila magháhandá ng isdà.   *(will they move)*
Sa Linggo lang sila lílípat.   *(already on Sunday they moved)*
Noong Linggo pa sila lumípat.   *(bought fish)*
Noong Linggo pa sila bumili ng isdà.   *(on Sunday they will buy)*
Sa Linggo sila bíbili ng isdà.   *(only on Sunday)*
Sa Linggo lang sila bíbili ng isdà.

4B3.   **Kabaligtarang may kasámang *hindí pa*. Ibigay ang kabaligtaran ng mga sumúsunod na pangungúsap. Negative with *hindí pa*. Negate the following expressions. (§4.221)**

1a.   Kumáin ka na ngá ba?
 b.   Hindí ka pa ngá ba kumákáin?
2a.   Nagsimulá na ba ang kláse?
 b.   Hindí pa ba nagsísimulá ang kláse?
3a.   Namaléngke ka na ngá ba?
 b.   Hindí ka pa ngá ba namámaléngke?
4a.   Lumípat ka na ba?
 b.   Hindí ka pa ba lumílípat?
5a.   Umupó na ba sila?
 b.   Hindí pa ba sila umúupò?
6a.   Sumáma ka na ngá ba?
 b.   Hindí ka pa ngá ba sumásáma?
7a.   Pumunta ka na ba sa Maynílà?
 b.   Hindí ka pa ba pumúpunta sa Maynílà?
8a.   Pumáyag na ba sila?
 b.   Hindí pa ba sila pumápáyag?
9a.   Uminom ka na ba?
 b.   Hindí ka pa ba umíinom?

10a. Umalis na ba siya?
  b. Hindí pa ba siya umáalis?
11a. Kumúha ka na ba?
  b. Hindí ka pa ba kumúkúha?
12a. Bumili ka na ba ng sigarílyo?
  b. Hindí ka pa ba bumíbili ng sigarílyo?
13a. Pumunta ka na ba sa plása?
  b. Hindí ka pa ba pumúpunta sa plása?
14a. Dumating na ba si Léslie?
  b. Hindí pa ba dumárating si Léslie?
15a. Umuwí na ba si Pete?
  b. Hindí pa ba umúuwí si Pete?

4B4. **Panghináharap na may kasámang _kung_. Punuan ang puwang ng anyong panghináharap o pandíwang nababátay. Future with _kung_. Fill in the blanks with a future or dependent verb form. (§4.24)**

1a. Lílípat ako doon kung sila'y...
  b. pápáyag.
2a. Hindí ako magbábáyad kung ikaw ang...
  b. magbábáyad.
3a. Sa labas na lang ako kákáin kung pwéde akong...
  b. kumáin sa labas.
4a. Sásáma na lang ako kung... ka sa Maynílà.
  b. púpunta ka sa Maynílà.
5a. Kákáin ako doon kung... sila ng isdà.
  b. magháhandá sila ng isdà.
6a. Maghíhintay ako sa labas kung... ka ng sigarílyo.
  b. bíbili ka ng sigarílyo.
7a. Hindí ako títígil kung ikaw ay...
  b. manínigarílyo.
8a. Hindí táyo pwédeng manood kung hindí ako... ng péra sa báhay.
  b. kúkúha.
9a. Bábalik ang anak nila kung... na ang kláse.
  b. magsísimulà.

4B5. **Mga pantúlong na sinúsundan ng nababátay. The dependent after auxiliaries. (§4.23)**

Únang Hakbang. Panghináharap vs. Nababátay. Future vs Dependent

I won't move until Saturday.
  Sa Sábado pa ako lílípat.   _(gusto ko)_
  Sa Sábado ko pa gustong lumípat.   _(pa)_
  Sa Sábado ko pa gustong magbáyad.   _(dápat ako)_
  Sa Sábado pa ako dápat magbáyad.   _(will pay)_
  Sa Sábado pa ako magbábáyad.   _(pwéde)_
  Sa Sábado pa ako pwédeng magbáyad.   _(go to Manila)_
  Sa Sábado pa ako púpunta sa Maynílà.   _(gusto ko)_
  Sa Sábado ko pa gustong pumunta sa   _(pwéde ako)_
    Maynílà.
  Sa Sábado pa ako pwédeng pumunta sa   _(go home)_
    Maynílà.

Sa Sábado pa ako pwédeng úmuwì.	*(will go home)*
Sa Sábado pa ako úuwì.	*(should go home)*
Sa Sábado pa ako dápat úmuwì.	

Ikalawang Hakbang. Iba't-ibang pánahúnan vs. Nababátay. Variety of tenses vs Dependent.

They always serve fish.

Lágí silang naghához ng isdà.	*(like)*
Gusto nilang maghandá ng isdà.	*(they will only on Saturday)*
Sa Sábado lang sila magháhandá ng isdà.	*(they only served on Saturday)*
Noong Sábado lang sila naghandá ng isdà.	*(always)*
Lágí silang nagháhandá ng isdà.	*(eat)*
Lágí silang kumákáin ng isdà.	*(can)*
Pwéde silang kumáin ng isdà.	*(won't be able to until Saturday)*
Sa Sábado pa sila pwédeng kumáin ng isdà.	*(they like)*
Gusto nilang kumáin ng isdà.	

4B6.   **Exercise on dependent or future tense after *dápat*. (§4.242)**

Piliin ang támang sagot sa loob ng saklong.

1. Dápat ay (*lumípat, lílípat*) ako sa Linggo, péro sa Lúnes pa áalis yung nakatira doon. 2. Dápat akong (*lumípat, lílípat*) sa bágong kwárto kasi dárating na ang anak nila. 3. Dápat na táyong (*kumáin, kákáin*) dáhil mag-ááral na ako. 4. Dápat ay (*kumáin, kákáin*) táyo sa Mother's Best kayá lang ("the only problem is") mahal doon. Kayá sa báhay na lang táyo. 5. Hindí ba e dápat kang (*bumalik, bábalik*) sa inyo kasi walã kang péra. 6. Óo ngá e, dápat sána'y (*bumalik, bábalik*) ako sa ámin, kayá lang e nákatulog ako. 7. Dápat na silang (*dumating, dádating*) dáhil magsísimulá na táyo. 8. Dápat ay (*dumating, dádating*) na sila ngayon, kayá lang nagpunta pa sila kina Mrs. Ocámpo. 9. Dápat ka nang (*bumili, bíbili*) ng mga gámit sa báhay. 10. Dápat ngá ay (*bumili, bíbili*) na ako kahápon kayá lang walá na akong péra. Kayá hindí ako bumili.

4C1.1.   *Pa, na, lang* (§4.31)

Únang Hakbang. *Pa* vs.*Na*

1. Ilang taon ka (*pa, na*) tumígil díto sa ámin? 2. Ilang taon ka (*pa, na*) títigil díto sa ámin? 3. Dalawang taon ka (*pa, na*) díto! Matagal na! 4. Dalawa (*pa, na*) lang ang anak ko. Kókóntí lang. 5. Ánim (*pa, na*) ang anak ko. Maráming trabáho! 6. Áalis (*pa,na*) ako at salámat. 7. Hindí (*pa, na*) ako pumúpunta sa Maynílà. Gusto kong pumunta doon. 8. Hindí (*pa, na*) ako bíbili doon. Masyádong mahal kasi noong Sábado akong bumili doon. 9. Dápat maghanap ako ng isa (*pa, na*)ng kwárto. Kasi masyádong marámi (*pa, na*) ang mga anak ko. 10. Sóri hò. Walá (*pa, na*) akong péra kasi bumili ako ng maráming pagkáin.

Ikalawang Hakbang. *pa* vs. *lang*

1. Mga dalawang taon (*pa lang, lang*) ako tumígil díto. 2. Matagal ako díto. Péro isang taon (*pa, lang*) at úuwí na ako. 3. Isang taon (*pa, lang*) ako noon doon bágo ako umuwí. 4. Hindí (*pa, lang*) múna ako mag-ááral. 5. Hindí ka (*pa, lang*) matagal díto sa Pilipínas. 6. Ilang taon ka (*pa, lang*) tumígil sa kanila? 7. Walá (*pa, lang*) siya ríto. Nása kabilá (*pa, lang*). 8. Uminom (*pa, lang*) ako sa tindáhan kanína kayá matagal ako doon. 9. Hindí (*pa, lang*) ako matagal

nagháhanap ng kwárto. Mga isang taon (*pa lang, lang*). 10. Sa Sábado (*pa, lang*) siya bábalik kasi walá (*pa, lang*) siyang péra. 11. Noong Sábado (*pa, lang*) bumalik na siya. 12. Ngayon (*pa, lang*) siya pumunta sa Maynílà.

4C1.2. Piliin ang támang sagot. (§4.31)

1. Naninigarílyo ka pa ba?
   a. Óo. Péro sa Sábado pa ako pwéde.
   b. Óo. Péro noong Sábado pa ako pwéde.
   c. Óo. Péro hindí na lágì.
   d. Hindí pa e. Walá pa ngang sigarílyo a.

2. Nagsimulá na ba ang kláse?
   a. Hindì. Noong Lúnes lang nagsimulà.
   b. Nagsimulá na nung Lúnes pa.
   c. Kung magsísimulá na, bábalik siya.
   d. Óo. Péro hindí naman lágì.

3. Matagal ka na bang nag-ááral ng Tagálog?
   a. Hindí pa. Sa súsunod pa ako pwéde.
   b. Hindì. Dalawang taon lang akong nagtútúrò.
   c. Hindí pa. Mga dalawang taon pa lang.
   d. Dápat sána. Dápat matagal táyong mag-áral.

4. Kumáin ka na ba?
   a. Hindí e. Péro gutom na ako.
   b. Hindí pa ngá e. Péro gutom na ako.
   c. Hindí pa kasi gutom na ako.
   d. Hindì. Péro kákáin pa ako.

5. Lumípat ka na ba kina Mrs. Ocámpo?
   a. Óo. Péro sa Sábado pa.
   b. Óo. Noong Sábado pa.
   c. Óo. Péro sa Sábado lang.
   d. Óo. Sa Sábado pa ngà.

6. Naghandá ka na ba ng isdà?
   a. Hindì, kasi ngayon na kami bumili ng isdà.
   b. Hindì, kasi ngayon pa kami bumili ng isdà.
   c. Hindí pa, kasi ngayon lang kami bumili ng isdà.
   d. Hindí na, kasi bíbili pa kami ng isdà.

7. May bakánteng kwárto pa hó ba kayo?
   a. Méron. Péro dalawa.
   b. Méron pa. Isang malaki at isang maliit.
   c. Walang malaking kwárto.
   d. Méron na. Péro e malaki at maliit.

8. May resérbang sílya pa hó ba kayo?
   a. Óo. Madámi ngá lang resérba.
   b. Óo. Péro madámi yong resérba.
   c. Méron pa. Madámi pa ngang resérba e.
   d. Méron na. Madámi ang resérba.

9. Nagúgútom na ako. Méron pa bang pagkáin sa kusínà?
   a. Óo. Kóntí pa ang pagkáin doon.
   b. Méron na. Kókóntí lang ang pagkáin doon.
   c. Méron pa. Péro kókóntí na ang pagkáin doon.
   d. Walá pang pagkáin doon.

10. Walá na akong péra. Ikaw, méron ka pa ba?
   a. Méron na at madámi akong péra.
   b. Méron na at madámi na akong péra.

    c. Méron na at madámi pa akong péra.

    d. Méron pa. Madámi pa ngá akong péra e.

11. *Bumalik na ba ang anak nila sa Maynílà?*

    a. Hindí pa. Sa Sábado pa siya bábalik.

    b. Óo. Noong Sábado na siya bábalik.

    c. Hindì. Péro sa Sábado pa siya bábalik.

    d. Óo. Sa Sábado pa siya bábalik.

12. *Púpunta na ba táyo kina Mrs. Ocámpo?*

    a. Óo. Púpunta na táyo ngayon kina Mrs. Ocámpo.

    b. Hindí táyo nagpunta kina Mrs. Ocámpo.

    c. Óo. Magpúpunta lang táyo mámayá pa.

    d. Óo. Púpunta pa táyo búkas.

13. *Méron pa bang palabas sa Ágrix?*

    a. Mérong palabas búkas pa.

    b. Óo. Méron na.

    c. Óo. Méron pa. Maganda ngá e.

    d. Hindí maganda ang palabas.

14. *Kúkúha pa ba ako ng péra?*

    a. Huwag at sa Sábado pa.

    b. Huwag na! Madámi naman akong péra e.

    c. Huwag at kókóntí ang péra e.

    d. Huwag at walá akong péra.

15. *Maglálákad na ba táyo ngayon sa plása?*

    a. Huwag pa at marámi pang péra.

    b. Huwag! Manood na lang táyo ng síne.

    c. Huwag na at sa Linggo pa bábalik.

    d. Hindí pa. Manood múna táyo ng síne.

4C2. **Isálin sa Tagálog ang mga salitang násá panaklong úpang maging ganap ang díwá ng pangungúsap. Translate to Tagalog the form in parenthesis to have a complete thought.**

1. (*Have you been for a long time*) nagháhanap ng kwárto? 2. Hindì. Mga dalawang áraw (*only*). 3. (*I will stay much longer*) díto sa inyo. Mga dalawang taon (*more*) kung pwéde. 4. Hindí (*yet*) ako pwédeng lumípat doon. (*Not until Saturday*) akó pwédeng lumípat. 5. Kasi (*not until Friday*) bábalik ang anak nila. 6. Bumalik na siya sa Maynílá (*on*) Sábado (*already*). Kayá pwéde (*now*) akong lumípat sa báhay nila. 7. Lílípat ka (*now*) ba ngayong bumalik na ang anak nila (*already last Saturday?*) 8. Hindí (*yet*). Dáhil walá na ang anak nila (*not until Sunday*) ako lílípat doon. 9. Akálá ko'y lílípat ka (*already*) ngayon, yon pala ay (*not yet*). 10. Siyángá pala, nagsimulá (*already*) ang kláse? (*If not yet*) úuwí múna ako. 11. (*Have you eaten already*)? (*If not yet*) kumáin (*now*) táyo. 12. Násaan ka (*when*) magpunta ako sa inyo? 13. (*On Monday already*) ako magsísimulá sa Rúral High School. 14. Akálá ko ba ay (*already begun*) ang kláse (*last Tuesday*). 15. (*Shall I still get*) ng péra? Walá kasi akong péra díto e. 16. (*I still have lots of*) péra kayá huwag ka na lang kumúha. 17. Ako múna ngayon. (*Next time*) ikaw ang magbábáyad. 18. (*During the present time*), dápat pati babáe magbáyad din. 19. Saan ka tumira (*when you first came here*)? 20. (*Last year*) tumira ako sa Marindúque. 21. Dápat sána'y úuwí (*now*) ako kayá lang gusto kong tumígil díto (*for one more year*). 22. (*For only one year*) ako tumítíra díto kayá gusto kong tumira díto (*for one or two more years*). 23. (*Do you still smoke*)? Kasi akó 'y (*not any more*). 24. Óo, (*I still smoke*). Péro (*not often any more*). 25. Ang sábi ni Mrs. Ocámpo ay (*no more*) bakánteng kwárto. Yun pala mérong (*two more rooms*) bákante doon. 26. Kung (*you are going to move now*), magsábi ka sa ákin at púpunta agad ako diyan. 27. (*Last Saturday already*) sána ako lílípat, péro hindí pwéde kasi nagsábi si Mrs. Ocámpo na (*on Monday*) ako lumípat sa kanila. 28. (*Not until Monday*) ang simulá ng kláse kayá manónood múna ako ng síne ngayon. 29. (*I haven't*) kumákáin. Ikaw, (*have you*

already eaten) o (*will you still come along*) sa karindérya? 30. (*Not until next year*) ako úuwí sa Marindúque káhit (*I'm supposed to do that now*).

4D. Location and Expressions of time. (§4.4)

4D1. **Choose** *na-* **+ dative vs dative** (*nárito* vs *díto*, *náriyan* vs *diyan*, *nása* vs *sa*, *nároon* vs *doon*).

1. (*Sa, Nása*) Lola's Kitchen na lang táyo kumáin. Múra daw (*doon, nároon*). 2. (*Doon, Nároon*) ang gusto kong isdà. 3. (*Doon, Nároon*) na lang táyo kumáin. 4. (*Sa, Nása*) Lola's kitchen ang mga kaibígan ko. 5. (*Díto, Nárito*) ka na kumáin. 6. Ayókong kumáin (*sa, nása*) Lola's kitchen. 7. (*Díto, Nárito*) na lang táyo (*sa, nása*) Mother's Best. 8. Mas masarap ang pagkáin (*díto, nárito*). 9. Mas mahal ang pagkáin (*náriyan, diyan*). 10. (*Náriyan, Diyan*) ang masarap na isdà. 11. (*Díto, Nárito*) ka lang múna ha? 12. O! (*Díto, Nárito*) ka na pala! 13. (*Sa, Nása*) báhay ka na matúlog. 14. Akálá ko ay (*sa, nása*) Maynílá ka. 15. (*Sa, Nása*) Maynílá pa ako kumáin. 16. (*Díto, Nárito*) ka maghintay. 17. (*Sa, Nása*) Maynílá ang masarap na pagkáin. 18. Walang masarap na pagkáin (*díto, nárito*). 19. (*Díto, Nárito*) naman ang mas múrang isdà. 20. Mahal ang isdá (*doon, nároon*). 21. (*Doon, Nároon*) ang trabáho ko (*sa, nása*) Maynílà. 22. (*Díto, Nárito*) na ako! 23. Akálá ko ay lílípat ka na(*díto, nárito*). 24. (*Diyan, Náriyan*) múna kayo. 25. (*Doon, Nároon*) ka kumáin sa Mother's Best.

4D2. **Bagúhin ang mga sumúsunod na pangungúsap sa pamamagítan ng pagpapaloob ng mga salitang nása saklong. Convert the following sentences by emphasizing the expression of time or location by inserting the form in parenthesis.**

1a.	Kumáin táyo doon sa múra.	(*doon na lang*)
b.	Doon na lang táyo kumáin sa múra.	
2a.	Pumunta táyo sa Mother's Best.	(*sa Mother's Best na lang*)
b.	Sa Mother's Best na lang táyo pumunta.	
3a.	Lílípat ako sa Linggo.	(*sa Linggo pa*)
b.	Sa Linggo pa ako lílípat.	
4a.	Maghintay ka múna diyan.	(*diyan na lang*)
b.	Diyan ka na lang múna maghintay.	
5a.	Lumípat ka sa ámin.	(*sa ámin na lang*)
b.	Sa ámin ka na lang lumípat.	
6a.	Kumáin ka ba noong Lúnes?	(*Noong Lúnes pa*)
b.	Noong Lúnes ka pa ba kumáin?	
7a.	May isdá sa Rosíta's.	(*Sa Rosítas daw*)
b.	Sa Rosítas daw ay may isdà.	
8a.	Sábi ng mga kaibígan ko, mahal doon.	(*Doon daw*)
b.	Doon daw ay mahal, sábi ng mga kaibígan ko.	
9a.	Lumípat ka ba kina Mr. Ocámpo?	(*Kina Mr. Ocámpo daw*)
b.	Kina Mr. Ocámpo ka ba daw lumípat?	
10a.	Pumunta siya sa paléngke.	(*Sa paléngke lang*)
b.	Sa paléngke lang siya pumunta.	
11a.	Uminom ka díto.	(*Díto na lang*)
b.	Díto ka na lang uminom.	

12a. Mahal ang pagkáin sa   *(Sa karindéryang iyon daw)*
      karindéryang iyon.
  b. Sa karindéryang iyon daw mahal
      ang pagkáin.
13a. Kákáin ba táyo sa labas?   *(Sa labas ngà)*
  b. Sa labas ngá ba táyo kákáin?
14a. Mag-áral ka díto.   *(Díto na lang)*
  b. Díto ka na lang mag-áral.

4E.   **Ipalit ang mga salitang nása loob ng saklong. (§4.5)**

It is expensive, but not that expensive.

Mahal ngá péro hindí naman ganoong   *(maganda)*
kamahal.

Maganda ngá péro hindí naman ganoong   *(maliit)*
kaganda.

Maliit ngá péro hindí naman ganoong kaliit.   *(mabúti)*

Mabúti ngá péro hindí naman ganoong   *(marámi)*
kabúti.

Marámi ngá péro hindí naman ganoong   *(múra)*
karámi.

Múra ngá péro hindí naman ganoong   *(malaki)*
kamúra.

Malaki ngá péro hindí naman ganoong   *(masamà)*
kalaki.

Masamá ngá péro hindí naman ganoong   *(gutom)*
kasamà.

Gutom ngá péro hindí naman ganoong   *(busog)*
kagutom.

Busog ngá péro hindí naman ganoong   *(kónti)*
kabusog.

Kóntí ngá péro hindí naman ganoong
kakóntì.

4F.   **Sagutin ang mga sumúsunod na tanong áyon sa mga pahiwátig na nása saklong.**
       Answer the following questions based on cues in parenthesis. (§4.6)

1a. Sa súsunod síno ang magbábáyad?   *(I)*
  b. Sa súsunod ako ang magbábáyad.
2a. Síno ang magbábáyad ng lahat?   *(You-sing.)*
  b. Ikaw ang magbábáyad ng lahat.
3a. Síno ang títira díto?   *(The two of us)*
  b. Kaming dalawa ang títira díto.
4a. Síno ang dápat maghanap?   *(You- sing.)*
  b. Ikaw ang dápat maghanap.
5a. Síno ang pwédeng lumípat doon?   *(He)*
  b. Siya ang pwédeng lumípat doon.
6a. Síno ang hindí pwédeng lumípat   *(You-sing.)*
      doon?
  b. Ikaw ang hindí pwédeng lumípat
      doon.
7a. Síno ang dápat lumípat doon?   *(They)*
  b. Sila ang dápat lumípat doon.

8a. Síno ang lílípat doon?   *(I)*
 b. Ako ang lílípat doon.
9a. Síno ang hindí lílípat doon?   *(You-sing.)*
 b. Ikaw ang hindí lílípat doon.
10a. Síno ang bábalik sa Sábado?   *(You-plural)*
 b. Kayo ang bábalik sa Sábado.
11a. Síno ang hindí bábalik sa Sábado.   *(You-sing.)*
 b. Ikaw ang hindí bábalik sa Sábado.
12a. Síno ang pwédeng bumalik sa   *(The two of them)*
    Sábado?
 b. Silang dalawa ang pwédeng
    bumalik sa Sábado.
13a. Síno ang hindí pwédeng bumalik sa   *(You-sing.)*
    Sábado?
 b. Ikaw ang hindí pwédeng bumalik
    sa Sábado.
14a. Síno ang pwédeng bumili ng   *(I)*
    sigarílyo?
 b. Ako ang pwédeng bumili ng
    sigarílyo.
15a. Síno ang bíbili ng sigarílyo?   *(I)*
 b. Ako ang bíbili ng sigarílyo.
16a. Síno ang hindí nanínigarílyo?   *(You-sing.)*
 b. Ikaw ang hindí nanínigarílyo.

4G1. **Muling ihayag ang mga sumúsunod na pangungúsap sa pamamagítan ng paggámit ng *pati*. Restate the following sentences with *pati*. (§4.71)**

1a. Nagháhanap pa rin ako ng mátitirhan.
 b. Pati ako ay nagháhanap pa rin ng mátitirhan.
2a. Dápat ang babáe ay magbáyad na rin.
 b. Dápat pati babáe ay magbáyad na rin.
3a. Pwéde na akong lumípat doon.
 b. Pati ako ay pwéde na ring lumípat doon.
4a. Sa Sábado pa ako bábalik.
 b. Pati ako ay sa Sábado pa rin bábalik.
5a. Ang kláse ay magsísimulá na.
 b. Pati ang kláse ay magsísimulá na rin.
6a. Siya ay nanínigarílyo na rin.
 b. Pati siya ay nanínigarílyo na rin.
7a. Naghintay ako díto.
 b. Pati ako ay naghintay rin díto.
8a. Púpunta siya sa Maynílá búkas.
 b. Pati siya ay púpunta rin sa Maynílá búkas.
9a. Kúkúha ako ng sigarílyo.
 b. Pati ako ay kúkúha rin ng sigarílyo.
10a. Magdádala ako ng maráming péra.
 b. Pati ako ay magdádala rin ng maráming péra.

4G2. **_Áyaw_ vs. _Hindì_. Ibigay ang kabaligtaran ng mga sumúsunod na pangungúsap. Negate the following sentences. (§4.73)**

1a. Gusto mo bang manood?
 b. Áyaw mo bang manood?

2a. Nanood ka na ba?
  b. Hindí ka pa ba nanónood?
3a. Gusto mo bang kumáin?
  b. Áyaw mo bang kumáin?
4a. Kumáin ka na ba?
  b. Hindí ka pa ba kumákáin?
5a. Gusto mo bang lumípat?
  b. Áyaw mo bang lumípat?
6a. Lílípat ka na ba?
  b. Hindí ka pa ba lílípat?
7a. Gusto mo bang bumalik sa Martes?
  b. Áyaw mo bang bumalik sa Martes?
8a. Bábalik ka ba sa Lúnes?
  b. Hindí ka ba bábalik sa Lúnes?
9a. Gusto mo bang manigarílyo?
  b. Áyaw mo bang manigarílyo?
10a. Nanínigarílyo ka ba?
  b. Hindí ka ba nanínigarílyo?

4H. **Gawing máramihan. Give the plural of the name markers. (§4.74)**

1a. Lumípat na ngá rin si Pete.
  b. Lumípat na ngá rin sina Pete.
2a. Pára lang ito kay Pete.
  b. Pára lang ito kina Pete.
3a. Punta na táyo sa kaibígan mo.
  b. Punta na táyo sa mga kaibígan mo.
4a. Doon na lang táyo sa karindérya ni Nánay Luísa.
  b. Doon na lang táyo sa karindérya nina Nánay Luísa.
5a. Gutom na naman si Léslie.
  b. Gutom na naman sina Léslie.
6a. Kumáin na rin lang táyo kay Aling Tóyang.
  b. Kumáin na rin lang táyo kina Aling Tóyang.
7a. Díto na ngá táyo sa tindáhan ni Mang Téban.
  b. Díto na ngá táyo sa tindáhan nina Mang Téban.
8a. Nabusog si Léslie sa tambákol ni Nánay Luísa.
  b. Nabusog sina Léslie sa tambákol nina Nánay Luísa.
9a. Kumúha ng sigarílyo kay Mr. Ocámpo ang kaibígan ni Pete.
  b. Kumúha ng sigarílyo kina Mr. Ocámpo ang kaibígan nina Pete.
10a. Bumili si Pete ng sigarílyo kay Aling Séla.
  b. Bumili sina Pete ng sigarílyo kina Aling Séla.

4I. **Review of Tenses. Ipalit ang mga salitang nása loob ng saklong. Substitute the form in parenthesis. (§4.33)**

Únang Hakbang. Pangnakaraan. Past Active Verb Tense Forms

1. Leslie came here yesterday.

Dumating si Léslie kahápon.	*(hintay)*
Naghintay si Léslie kahápon.	*(balik)*
Bumalik si Léslie kahápon	*(uwì)*
Umuwí si Léslie kahápon.	*(panood)*
Nanood si Léslie kahápon.	*(túrò)*

Nagtúró si Léslie kahápon. *(noong isang áraw)*
Nagtúró si Léslie noong isang áraw. *(Pete)*
Nagtúró si Pete noong isang áraw. *(noong Sábado)*
Nagtúró si Pete noong Sábado.

2. *He has come home to the Philippines.*
  Umuwí na siya sa Pilipínas. *(balik)*
  Bumalik na siya sa Pilipínas. *(lípat)*
  Lumípat na siya sa Pilipínas. *(tira)*
  Tumira na siya sa Pilipínas. *(áral)*
  Nag-áral na siya sa Pilipínas. *(trabáho)*
  Nagtrabáho na siya sa Pilipínas. *(ako)*
  Nagtrabáho na ako sa Pilipínas. *(alis)*
  Umalis na ako sa Pilipínas. *(tindáhan)*
  Umalis na ako sa tindáhan.

3. *He already paid on Saturday (sooner than expected).*
  Noong Sábado pa siya nagbáyad. *(lipat)*
  Noong Sábado pa siya lumípat. *(kahápon)*
  Kahápon pa siya lumípat. *(Pete)*
  Kahápon pa lumípat si Pete. *(panood)*
  Kahápon pa nanood si Pete. *(noong isang Linggo)*
  Noong isang Linggo pa nanood si Pete. *(páyag)*
  Noong isang Linggo pa pumáyag si pete. *(alis)*
  Noong isang Linggo pa umalis si Pete. *(simulà)*
  Noong isang linggo pa nagsimulá si Pete.

4. *He paid only last Saturday (later than expected).*
  Noong Sábado lang siya nagbáyad. *(páyag)*
  Noong Sábado lang siya pumáyag. *(hánap)*
  Noong Sábado lang siya naghanap. *(simulà)*
  Noong Sábado lang siya nagsimulà. *(trabáho).*
  Noong Sábado lang siya nagtrabáho. *(Léslie)*
  Noong Sábado lang nagtrabáho si Léslie. *(noong isang áraw)*
  Noong isang áraw lang nagtrabáho si *(dating)*
    Léslie.
  Noong isang áraw lang dumating si Léslie. *(kahápon)*
  Kahápon lang dumating si Léslie.

Ikalawang Hakbang. Pangkasalukúyan. Present Active Verb Tense Forms

1. *They are studying in school.*
  Nag-ááral sila sa iskwelahan. *(sigarílyo)*
  Nanínigarílyo sila sa iskwelahan. *(túrò)*
  Nagtútúró sila sa iskwelahan. *(hintay)*
  Naghíhintay sila sa iskwelahan. *(báhay)*
  Naghíhintay sila sa báhay *(ang mga bátà)*
  Naghíhintay sa báhay ang mga bátà. *(trabáho)*
  Nagtátrabáho sa báhay ang mga bátà. *(ako)*
  Nagtátrabáho ako sa báhay. *(alis)*
  Umáalis ako sa báhay.

2. *I alway buy things from the store.*
  Lágí akong bumíbili sa tindáhan. *(báyad)*
  Lágí akong nagbábáyad sa tindáhan. *(inom)*
  Lágí akong umíinom sa tindáhan. *(punta)*
  Lágí akong pumúpunta sa tindáhan. *(Pete)*
  Láging pumúpunta sa tindáhan si Pete. *(iskwelahan)*

láging pumúpunta sa iskwelahan si Pete. *(panood ng síne)*

Láging nanónood ng síne sa iskwelahan si
Pete. *(ako)*

Lágí akong nanónood ng síne sa iskwelahan. *(plása)*

Lágí akong nanónood ng síne sa plása.

3. *I don't shop at the market any more.*

Hindí na ako namímili sa paléngke. *(punta)*

Hindí na ako pumúpunta sa paléngke. *(trabáho)*

Hindí na ako nagtátrabáho sa paléngke. *(bili ng isdà)*

Hindí na ako bumíbili ng isdá sa paléngke. *(dala)*

Hindí na ako nagdádala ng isdá sa
paléngke. *(ang aking bunsò)*

Hindí na nagdádala ng isdá sa paléngke
ang aking bunsò. *(siya)*

Hindí na siya nagdádala ng isdá sa
paléngke. *(hánap ng trabáho)*

Hindí na siya nagháhanap ng trabáho sa
paléngke. *(bakánteng kwárto)*

Hindí na siya nagháhanap ng bakánteng
kwárto.

4. *He hasn't moved to his new room yet.*

Hindí pa siya lumílipat sa bago niyang
kwárto. *(tira)*

Hindí pa siya tumítira sa bago niyang
kwárto. *(balik)*

Hindí pa siya bumábalik sa bago niyang
kwárto. *(Ágrix)*

Hindí pa siya bumábalik sa Ágrix. *(ang anak kong laláki)*

Hindí pa bumábalik sa Ágrix ang anak
kong laláki. *(panood ng palabas)*

Hindí pa nanónood ng palabas sa Ágrix ang
anak kong laláki. *(Maynílà)*

Hindí pa nanónood ng palabas sa Maynílá
ang anak kong laláki. *(áral ng Ingles)*

Hindí pa nag-ááral ng Ingles sa Maynílá
ang anak kong laláki. *(túrò)*

Hindí pa nag-tútúró ng Ingles sa Maynílá
ang anak kong laláki.

5. *We are shopping in San Pablo now.*

Namímili na kami sa San Páblo. *(tígil)*

Tumítígil na kami sa San Páblo. *(ang asáwa niya)*

Tumítígil na ang asáwa niya sa San Páblo. *(kabilang báhay)*

Tumítígil na ang asáwa niya sa kabilang
báhay. *(inom ng bir)*

Umíinom na ng bir ang asáwa niya sa
kabilang báhay. *(ang katúlong námin)*

Umíinom na ng bir ang katúlong námin sa
kabilang báhay. *(bakánteng kwárto)*

Umíinom na ng bir ang katúlong námim sa
bakánteng kwárto. *(labas)*

Umíinom na ng bir ang katúlong námin sa
labas. *(kúha ng pagkáin)*

Kumúkúha na ng pagkáin sa labas ang
katúlong námin.

Ikatlong Hakbang. Panghináharap. The Future Active Verb Tense Forms

1. *We will eat at Mother's Best because their food is cheap.*
   Kákáin kami sa Mother's Best kasi múra   *(Rosíta's)*
   ang pagkáin doon.
   Kákáin kami sa Rosíta's kasi múra ang   *(punta)*
   pagkáin doon.
   Púpunta kami sa Rosíta's kasi múra ang   *(isdà)*
   pagkáin doon.
   Púpunta kami sa Rosíta's kasi múra ang   *(paléngke)*
   isdá doon.
   Púpunta kami sa paléngke kasi múra ang   *(hánap)*
   isdá doon.
   Háhánap kami sa paléngke kasi múra ang   *(bili)*
   isdá doon.
   Bíbili kami sa paléngke kasi múra ang isdá   *(Mr. Ocámpo)*
   doon.
   Bíbili sa paléngke si Mr. Ocámpo kasi múra   *(malaki)*
   ang isdá doon.
   Bíbili sa paléngke si Mr. Ocámpo kasi
   malalaki ang mga isdá doon.
2. *I thought he would already study in Manila.*
   Akálá ko'y mag-ááral na siya sa Maynílà.   *(hintay)*
   Akálá ko'y maghíhíntay na siya sa Maynílà.   *(hánap ng trabáho)*
   Akálá ko'y magháhanap na siya ng trabáho   *(Léslie)*
   sa Maynílà.
   Akálá ko'y magháhanap na ng trabáho si   *(sila)*
   Léslie sa Maynílà.
   Akálá ko'y magháhanap na sila ng trabáho   *(mátitirhan)*
   sa Maynílà.
   Akálá ko'y magháhanap na sila ng   *(tira)*
   mátitirhan sa Maynílà.
   Akálá ko'y títira na sila sa Maynílà.   *(lípat búkas)*
   Akálá ko'y lílípat na sila búkas sa Maynílà.   *(dating)*
   Akálá ko'y dárating na sila búkas sa
   Maynílà.
3. *I won't come back to the Philippines until next year.*
   Sa isang taon pa ako bábalik sa Pilipínas.   *(simulà)*
   Sa isang taon pa ako magsísimulà.   *(túrò)*
   Sa isang taon pa ako magtútúrò.   *(áral)*
   Sa isang taon pa ako mag-ááral.   *(hánap ng trabáho)*
   Sa isang taon pa ako magháhanap ng   *(Búkas)*
   trabáho.
   Búkas pa ako magháhanap ng trabáho.   *(balik sa iskwelahan)*
   Búkas pa ako bábalik sa iskwelahan.   *(handá ng pagkáin)*
   Búkas pa ako magháhandá ng pagkáin.   *(lípat)*
   Búkas pa ako lílípat.
4. *I would have looked for a vacant room.*
   Dápat magháhanap ako ng bakánteng   *(inom ng kok)*
   kwárto
   Dápat íinom ako ng kok.   *(punta sa kanila)*
   Dápat púpunta ako sa kanila.   *(áral ng Tagálog)*
   Dápat mag-ááral ako ng Tagálog.   *(dala ng péra)*
   Dápat magdádala ako ng péra.   *(kúha ng pagkáin)*

Dápat kúkúha ako ng pagkáin.   *(sáma sa paléngke)*
Dápat sásáma ako sa paléngke.   *(upó sa sílya)*
Dápat úupó ako sa sílya.   *(túró ng Ingles)*
Dápat magtútúró ako ng Ingles.

5. *He will just go to the comfort room.*
Púpunta lang siya sa CR.   *(inom ng bir)*
Íinom lang siya ng bir.   *(punta sa iskwelahan)*
Púpunta lang siya sa iskwelahan.   *(Léslie)*
Púpunta lang si Léslie sa iskwelahan.   *(handá ng pagkáin)*
Magháhandá lang si Léslie ng pagkáin.   *(bili ng sigarílyo)*
Bíbili lang si Léslie ng sigarílyo.   *(laláki)*
Bíbili lang ang laláki ng sigarílyo.   *(báyad sa tindáhan)*
Magbábáyad lang ang laláki sa tindáhan.   *(hánap ng karindérya)*
Magháhanap lang ang laláki ng karindérya.

6. *I will just buy food at the eatery (as a second best choice).*
Bíbili na lang ako ng pagkáin sa karindérya.   *(kúha)*
Kúkúha na lang ako ng pagkáin sa karindérya.   *(dala)*
Magdádala na lang ako ng pagkáin sa karindérya.   *(sa iskwelahan)*
Magdádala na lang ako ng pagkáin sa iskwelahan.   *(lákad)*
Maglálakad na lang ako sa iskwelahan.   *(tuloy si Mrs. Ocámpo)*
Tútuloy na lang si Mrs. Ocámpo sa iskwelahan.   *(trabáho)*
Magtátrabáho na lang si Mrs. Ocámpo sa iskwelahan.   *(túrò)*
Magtútúró na lang si Mrs. Ocámpo sa iskwelahan.   *(hintay)*
Maghíhintay na lang si Mrs. Ocámpo sa iskwelahan.

Ikaápat na Hakbang. Pawatas. The Dependent Active Verb Tense Forms. Pagsasánay sa pagbabalangkas. Gawing hindí paayon ang mga sumúsunod na pangungúsap.

1a. Lumípat táyo kina Pete.
  b. Huwag táyong lumípat kina Pete.
2a. Manigarílyo táyo sa tindáhan.
  b. Huwag táyong manigarílyo sa tindáhan.
3a. Mamili ka ng pagkáin sa paléngke.
  b. Huwag kang mamili ng pagkáin sa paléngke.
4a. Tumira kayo sa malaking báhay.
  b. Huwag kayong tumira sa malaking báhay.
5a. Magtrabáho táyo sa Sábado.
  b. Huwag táyong magtrabáho sa Sábado.
6a. Sumáma ka kay Mrs. Ocámpo sa iskwelahan.
  b. Huwag kang sumáma kay Mrs. Ocámpo sa iskwelahan.
7a. Tumúlong kayo sa mga trabáho díto.
  b. Huwag kayong tumúlong sa mga trabáho díto.
8a. Pumunta táyo sa likod ng tindáhan.
  b. Huwag táyong pumunta sa likod ng tindáhan.

Ikalimang Hakbang. Pagpapalit.

1. *You should study Tagalog at UPLB.*
   Dápat kang mag-áral ng Tagálog sa UPLB.   *(pwéde)*
   Pwéde kang mag-áral ng Tagálog sa UPLB.   *(gusto)*
   Gusto mong mag-áral ng Tagálog sa UPLB.   *(trabáho)*
   Gusto mong magtrabáho sa UPLB.   *(Maynílà)*
   Gusto mong magtrabáho sa Maynílà.   *(pwéde sila)*
   Pwéde silang magtrabáho sa Maynílà.   *(gusto)*
   Gusto nilang magtrabáho sa Maynílà.   *(dápat kayo)*
   Dápat kayong magtrabáho sa Maynílà.   *(gusto)*
   Gusto ninyong magtrabáho sa Maynílà.

2. *We should work first before we leave.*
   Dápat magtrabáho múna táyo bágo táyo umalis.   *(before you go home)*
   Dápat magtrabáho múna táyo bágo ka umuwì.   *(you should eat first)*
   Dápat kumáin ka múna bágo ka umuwì.   *(before you shop at the market)*
   Dápat kumáin ka múna bágo ka mamili sa paléngke.   *(you should get money first)*
   Dápat kumúha ka múna ng péra bágo ka mamili sa paléngke.   *(Leslie)*
   Dápat kumúha múna ng péra si Léslie bágo siya mamili sa paléngke.   *(before she goes back to school)*
   Dápat kumúha múna ng péra si Léslie bágo siya bumalik sa iskwelahan.   *(Leslie should prepare food first)*
   Dápat maghandá múna ng pagkáin si Léslie bágo siya bumalik sa iskwelahan.   *(before she buys Coke)*
   Dápat maghandá múna ng pagkáin si Léslie bágo siya bumili ng Kok.

3. *I was in Manila when you moved into Mr. Ocampo's house.*
   Nása Maynílá ako noong lumípat ka kina Mr. Ocámpo.   *(túró sa UPRHS)*
   Nása Maynílá ako noong magtúró ka sa UPRHS.   *(punta sa Marindúque)*
   Nása Maynílá ako noong magpunta ka sa Marindúque.   *(balik sa San Páblo)*
   Nása Maynílá ako noong bumalik ka sa San Páblo.   *(dating sa áming báhay)*
   Nása Maynílá ako noong dumating ka sa áming báhay.   *(tígil sa áking kwárto)*
   Nása Maynílá ako noong tumígil ka sa áking kwárto.   *(walá sa áming báhay)*
   Walá ako sa áming báhay noong tumígil ka sa áking kwárto   *(tira sa ámin)*
   Walá ako sa áming báhay noong tumira ka sa ámin.   *(uwí sa UPLB)*
   Walá ako sa áming báhay noong umuwí ka sa UPLB.

4J. Piliin ang támang sagot sa loob ng saklong.

Únang Hakbang. Pangnakaraan vs. Pangkasalukúyan

1. Palágí na lang na siya ang (*nagbábáyad, nagbáyad*) pára sa pagkáin námin. 2. (*Nagbalik, Nagbábalik*) na siya gáling sa iskwelahan kahápon. 3. Siya ang (*tumúlong, tumútúlong*) kung may kailángan ako. 4. Lágí siyang (*pumúpunta, pumunta*) díto at may dala pang kéndi bar palágì. 5. Hindí siya (*kumákáin, kumáin*) ng káhit anong pagkáin ("any food") kahápon, isdá lang. 6. Talagang (*naghintay, naghíhintay*) kami sa inyo noong Sábado. 7. (*Nagtúrò, Nagtútúrò*) si Mrs. Ocámpo sa UPRHS noong isang taon. 8. Talaga palang (*nag-áral, nag-ááral*) si Pete sa UPLB ngayong taong ito. 9. Siya ay láging (*nagsábi, nagsásábi*) sa ákin ng totoo. 10. (*Sumáma, Sumásáma*) ba kayo sa inyong mga magúlang noong pumunta sila sa Marindúque?

Ikalawang Hakbang. Pangnakaraan vs. Panghináharap

1. Ako na lang ang (*nagdala, magdádala*) ng pagkáin mo sa Sábado. 2. Noong Linggo ako (*namili, mamímili*) ng pagkáin pára sa báhay. 3. Saan ka (*nag-áral, mag-ááral*) ng Tagálog sa isang taon? 4. Kung gusto mo, ako ang (*tumúlong, túlong*) sa iyo. 5. (*Sumáma, Sásáma*) ako sa kanila kung (*pumáyag, pápáyag*) ka. 6. (*Lumípat, Lílípat*) na si Léslie kina Mr. Ocámpo kahápon. 7. (*Nagsimulà, Magsísimulà*) na ba táyo ngayon o hindí pa? 8. (*Nagtúrò, Magtútúrò*) ka pa rin ba ng Ingles sa taong ito? 9. Nárito na pala si Léslie. Kailan siya (*dumating, dádating*)? 10. May pagkáin na díto pára sa iyo at ako ang (*kumúha, kúkúha*) nito.

Ikatlong Hakbang. Pangnakaraan vs. Pawatas

1. Kailángang (*naghanap, maghanap*) si Léslie ng trabáho. 2. Hindí na ako (*nagbalik, magbalik*) sa iskwelahan noong Lúnes. 3. Dápat (*naghandà, maghandà*) na táyo ng mga kailángan nátin. 4. Huwag kang (*nagsáma, magsáma*) ng mga anak mo sa Maynílà. 5. Síno ang (*nagdala, magdala*) ng kok díto sa kusínà? 6. Gusto niyang (*nagtrabáho, magtrabáho*) sa Marindúque. 7. Pwéde bang ikaw na lang ang (*naghintay, maghintay*) kay Léslie? 8. (*Nagpunta, Magpunta*) ba sila kina Mr. Ocámpo? 9. Ang anak kong babáe ay (*nag-áral, mag-áral*) sa Atenéo. 10. Hindí siya (*nagtúrò, magtúrò*) sa iskwelahan námin noong isang taon.

Ikaápat na Hakbang. Pangkasalukúyan vs. Panghináharap

1. Lágí akong (*pumúpunta, púpunta*) kina Pete noong isang taon. 2. Kung gusto mo ay (*umúuwì, úuwì*) táyo sa Marindúque sa Lúnes. 3. (*Sumásáma, Sásáma*) ka ba sa ámin sa Maynílà? 4. Kung lágí silang (*namímili, mamímili*) díto bákit walá sila díto ngayon? 5. Huwag kang (*nanónood, manónood*) ng síne sa Ágrix kasi hindí maganda. 6. Mámayá pa (*nagsísimulà, magsísimulà*) ang síne doon. 7. (*Sumásáma, Sásáma*) ako kina Mr. Ocámpo sa Marindúque kung (*pumápáyag, pápáyag*) ang mga magúlang ko. 8. Baká walá nang trabáho kayá (*umúuwì, úuwì*) na lang ako. 9. (*Dumádating, Dádating*) ang pangánay kong anak sa Linggo. 10. Hindí na siya (*umíinom, íinom*) ng bir simulá ngayon.

Ikalimang Hakbang. Pangkasalukúyan vs. Pawatas

1. Pwéde kang (*sumásáma, sumáma*) sa ámin kung gusto mo. 2. Sa karindérya na lang ako (*kumúkúha, kumúha*) palágí ng pagkáin ko. 3. Ako ay láging (*umíinom, uminom*) ng kok sa iskwelahan. 4. Hindí ka dápat (*umáalis, umalis*) kina Pete kasi maganda ang báhay nila. 5. (*Umúuwì, Úuwì*) ako sa Marindúque sa súsunod na Sábado. 6. Lágí ka bang (*naninigarílyo, manigarílyo*)? 7. Hindí ako pwédeng (*nagtútúrò, magtúrò*) ng Tagálog kasi hindí naman ako magaling. 8. Kailángang (*naghúhandà, maghandà*) táyo ng mga pagkáin pára sa Linggo.

9. Pwéde bang kayo na lang ang (*naghíhintay, maghintay*) kay Mrs. Ocámpo? 10. Saan kayo (*namímili, mamili*) ng pagkáin?

Ikaánim na Hakbang. Panghináharap vs. Pawatas

1. (*Manood, Manónood*) pa ba kayo ng síne doon? 2. Gusto kong (*magtrabáho, magtátrabáho*) sa Maynílà. 3. Hindí ako (*maghanap, magháhanap*) ng trabáho kung ókey lang sa iyo yon. 4. Dápat kang (*tumúlong, tútúlong*) sa iyong mga magúlang. 5. Táyo na doon kung gusto mong (*kumáin, kákáin*) sa karindérya. 6. (*Sumáma, Sásáma*) ka na lang sa ákin sa Maynílà. 7. Dápat ay (*umuwì, úuwì*) ka ngayon kasi ay nandoon ang iyong mga kaibígan. 8. (*Mag-áral, Mag-ááral*) ang mga anak ko sa UPLB. 9. (*Magsimulà, Magsísimulà*) na pala ang síne sa Lúnes. 10. (*Magbalik, Magbábalik*) ako sa iskwelahan mámayà.

Ikapitung Hakbang. Pangnagdaan vs. pangkasalukúyan vs. panghináharap vs. pawatas. Lagyan ng támang panlápí ang mga salitang-ugat sa loob ng saklong. (*Supply necessary affixes to root words in parenthesis.*)

1. Gusto mo ba talagang (*túrò*) sa iskwelahan sa Los Baños? 2. Bákit lágí kang (*sigarílyo*) káhit hindí mabúti iyon pára sa iyo? 3. (*Sábi*) ako kay Mrs. Ocámpo kahápon na sa Lúnes na lang ako (*lípat*) sa kanila. 4. (*Hintay*) kami sa kanya nang matagal péro hindí siya (*dating*) kahápon. 5. Kailángang (*simulà*) na táyo kasi madámi táyong trabáho ngayon. 6. Dápat akong (*sáma*) sa mga kaibígan ko sa Marindúque, pero kailángang (*sábi*) múna ako sa áking mga magúlang. 7. Gusto niyang (*tira*) díto sa Maynílá péro hindí pa (*páyag*) sina Mr. Ocámpo nang (*sábi*) siya. 8. (*Handà*) kami ng maráming pagkáin péro walá namang (*dating*) noong Lúnes. 9. Noong (*inom*) ako ng kok sa karindérya ay (*báyad*) ako. 10. Kung (*páyag*) ka, gusto kong (*sáma*) kay Léslie sa Marindúque.

4K. Ehersisyo pára sa salitang *pa, na,* at *lang*

Únang Hakbang. *Pa* vs *na*

1. Noong isang taon (*pa, na*) ako nagpunta sa Marindúque. Matagal (*pa, na*). 2. Pasénsya ka (*pa, na*) kasi walá kaming kok díto sa báhay. 3. Maghandá (*pa, na*) táyo ng mga pagkáin kasi dádating ang mga kaibígan nátin. 4. Kúkúha ka (*pa, na*) rin ba ng pagkáin káhit hindí mo gusto? 5. Hindí (*pa, na*) lang sigúro ako mag-ááral sa UPLB kasi walang péra ang mga magúlang ko. 6. Hindí (*pa, na*) ako bumábalik sa iskwelahan. Sa Lúnes (*pa, na*). 7. Huwag múna táyong umuwì. Magtrabáho (*pa, na*) táyo. 8. Sumáma ka (*pa, na*) sa ámin kasi walá kang kasáma díto. 9. Noong Sábado (*pa, na*) siya bumili ng lámsyed kayá hindí (*pa, na*) niya kailángang bumili ulì. 10. Dumating (*pa, na*) ba ang iyong mga magúlang? Hindí (*pa, na*) ngá e. Sigúro mámayá (*pa, na*).

Ikalawang Hakbang. Ituloy ang mga sumúsunod na mga pangungúsap.

   1a. Dápat na akong lumípat noong Sábado, pero noong Byérnes ...
    b. Noong Byérnes lang ako pwédeng lumípat.
   2a. Noong Byernes lang ako dápat lumípat, péro noong Hwébes...
    b. Noong Hwébes pa ako pwédeng lumípat.
   3a. Sa Byérnes pa ako kailángang lumípat, pero sa Hwébes...
    b. Sa Hwébes na ako pwédeng lumípat.
   4a. Dapat ay sa Byérnes na siya dárating, pero may probléma. Sa Linggo...
    b. Sa Linggo pa siya pwédeng dumating.

Supplementary Unit 1

This lesson reviews the verb forms which we have studied heretofore. Absolutely no new material is presented here, and for students who feel that they are on top of the verbs we have studied so far and are anxious to get ahead, there is nothing wrong with skipping this lesson entirely. However, many users of these lessons need a break at this point from the relentless onslaught of new grammar after completing Unit Four and would profit from going back and repeating what has been studied before. This time we will explain the verbs from a slightly different point of view and adopt a new arrangement, with the expectation that this will help you see the verbal system in a new light and thus solidify your understanding of it.

SU1.0   Conjugation types

We studied three types of conjugations: the *-um-* conjugation, the *mag-* conjugation, and the *maN-* conjugation. (See §§3.1, 4.11, 4.131, 4.132 for a list of the affixes which these conjugations have.) At this point, for all intents and purposes the best way to deal with these conjugations is simply to remember which roots take affixes of which conjugations. Some roots have only one kind (have only the *-um-* or only the *mag-* or only the *maN-* affixes); some roots have two of these three types; some have all three. Sometimes there is a difference in meaning between one type as opposed to the other, e.g. there is an *-um-* and a *mag-* conjugation of a given root and the meaning of *mag-root* is different from the meaning of *-um- root*. (E.g. *bumili* "buy" means something different from *magbili* "sell.") In other cases the root with *-um-* and the root with *mag-* have no discernable difference in meaning (e.g. *magpunta* "go" in many contexts means exactly the same as *pumunta* "go.") At this point we are not prepared to learn rules or worry which conjugation a root can have. It is the best thing to remember the conjugation which each root has as you come to it. Later, when we have had a great deal of experience (worked with a large number of verb forms), we can start giving some of the rules as to conjugation types. The following chart lists the verbs we have had so far. This chart is purely for reference purposes. There is no need to memorize the forms in the charts. If you know the basic sentences which give contexts for these verbs, that will be sufficient knowledge to enable you to speak Pilipino correctly.

root	-um-		mag-		maN-	
upò	umupò	*sit*	none¹	none	none	
inom	uminom	*drink*	none		none	
tira	tumira	*stay*	none		none	
dating	dumating	*come*	none		none	
páyag	pumáyag	*agree*	none		none	
káin	kumáin	*eat*	none		none	
tígil	tumígil	*stop*	none		none	
sunod	sumunod	*follow*	none		none	
tingin	tumingin	*look*	none		none	
kúha	kumúha	*get*	none	mangúha	*get many things*	
tuloy	tumuloy	*continue*	magtuloy	*continue*	none	
hánap	humánap	*look for*	maghanap	*look for*	none	
punta	pumunta	*go*	magpunta	*go*	none	
balik	bumalik	*go back*	magbalik	*go back*	none	
alis	umalis	*go away*	mag-alis	*get rid of s.t.*	none	

¹We say "none", but in fact the root may indeed occur with this affix. However, it is not a form which we will be learning at this point, so that for the purposes of this lesson, there are none.

root	-um-		mag-		maN-	
lípat	lumípat	*move*	maglípat	*move something*	none	
uwì	umuwì	*go home*	mag-uwì	*take home*	none	
sáma	sumáma	*go with*	magsáma	*take s.t. along*	none	
lákad	lumákad	*go, walk*	maglákad	*take s.t. around*	none	
bili	bumili	*buy*	magbili	*sell*	mamili	*shop*
pasénsiya	none		magpasénsiya	*be patient*	none	
trabáho	none		magtrabáho	*work*	none	
áral	none		mag-áral	*study*	none	
túrò	none		magtúrò	*teach*	none	
handà	none		maghandà	*prepare*	none	
sábi	none		magsábi	*say*	none	
simulà	none		magsimulà	*begin*	none	
dala	none		magdala	*take*	none	
hintay	none		maghintay	*wait*	none	
báyad	none		magbáyad	*pay*	none	
sigarílyo	none		magsigarílyo	*smoke*	manigarílyo	*smoke*
gáling	none		none		manggáling	*come from*
panood	none		none		manood	*see a show*

SU 1.1   Past tense

The **PAST TENSE** verb forms we have had are those with the affixes *-um-*, *nag-* and *naN-*. E.g., *kumáin* "ate", *nagpunta* "went", *nanood* "went to see a movie." The **PAST TENSE** refers to past time. The following sentences illustrate the verb in the **PAST TENSE**.

1. *Násaan ka nung bágo ka **dumating** díto?* Where were you before you **came** here? (3C25)
2. *Nung únang taon, **nagpunta** hó ako sa Marindúque. Tápos, **nagpunta** hó ako sa Maynílà.* "Last year I **went** to Marinduque, then I **went** Manila." (3C26a, b)
3. *Ay, akálá ko'y **nagsimulá** ang kláse noong Martes pa.* "My, I thought the classes had already started last Tuesday." (4C13)

If the **PAST TENSE** is modified by *na* "by now" the meaning of the verb phrase is "has (have, had) done (so-and-so) by now."

4. *Kumáin ka na ba?* "**Have** you **eaten** yet? (4A1)
5. *Siya ngá pala, lumípat ka na ngá ba?* "By the way, **have** you **moved yet?**" (4A9c)

Now let us do an exercise on past tense verbs. Respond to the following sentences with a past tense verb according to the pattern which we provide.

SU1.1 Bagúhin ang mga sumúsunod na pangungúsap áyon sa modélo.

1a. Lílípat pa ba siya?
 b. Hindí na. Lumípat na siya kanína.
2a. Mamámaléngke ka pa ba ngayon?
 b. Hindí na. Namaléngke na ako kanína.
3a. Íinom pa ba ang anak mo?
 b. Hindí na. Uminom na ang anak ko kanína.
4a. Kákáin pa ba ang tátay mo?
 b. Hindí na. Kumáin na hó siya kanína.
5a. Kúkúha pa ba si Léslie ng pagkáin?

    b. Hindí na. Kumúha na siya kanína.
6a. Mangúngúha pa ba sila ng gúlay búkas?
    b. Hindí na. Nangúha na sila kanína.
7a. Púpunta pa ba siya sa plása?
    b. Hindí na. Pumunta na siya kanína.
8a. Magpúpunta ka pa ba kina Léslie?
    b. Hindí na. Nagpunta na ako sa kanila kanína.
9a. Bábalik ka pa sa báhay ninyo?
    b. Hindí na. Bumalik na ako kanína.
10a. Magbábalik pa ba si Pete sa kanila?
    b. Hindí na. Nagbalik na siya kanína.
11a. Mag-áalis pa ba si Pete ng sapátos "shoes"?
    b. Hindí na. Nag-alis na siya kanína.
12a. Maglílípat ka pa ba ng mga gámit mo?
    b. Hindí na. Naglípat na ako kanína.
13a. Úuwí pa ba si Cárlos sa báhay nila búkas?
    b. Hindí na. Umuwí na siya sa báhay nila kanína.
14a. Mag-úuwí ka pa ba ng gúlay sa inyo?
    b. Hindí na. Nag-uwí na ako kanína.
15a. Sásáma pa ba si Cárlos sa iyo Pete?
    b. Hindí na. Sumáma na siya sa ákin kanína.
16a. Bíbili ka pa ba ng libro sa paléngke?
    b. Hindí na. Bumili na ako kanína.
17a. Magbíbili ka pa ba ng iba mong libro?
    b. Hindí na. Nagbili na ako kanína.
18a. Magtátrabáho pa ba sila sa isang linggo?
    b. Hindí na. Nagtrabáho na sila kanína.
19a. Mag-ááral ka pa ba mámayang hápon?
    b. Hindí na. Nag-áral na ako kanína.
20a. Magtútúró pa ba si Léslie ng Tagálog kay John mámayà?
    b. Hindí na. Nagtúró na siya kanína.
21a. Magháhandá pa ba siya ng mga kailángan niya?
    b. Hindí na. Naghandá na siya kanína.
22a. Magdádala ka pa ba sa kanya ng pagkáin niya pára sa isang linggo?
    b. Hindí na. Nagdala na ako kanína.
23a. Magbábáyad pa ba siya kay Nána Ánsay?
    b. Hindí na. Nagbáyad na siya kanína.
24a. Manínigarilyo ka ba mámaya?
    b. Hindí na. Nanigarilyo na ako kanína.
25a. Manónood pa ba si Pete ng síne sa plása?
    b. Hindí na. Nanood na siya kanína.

SU1.2 Present tense

The **PRESENT TENSE** verbs are those which have the affixes *R-um-*, *nag-R-*, *naN-R-*: e.g., *dumárating* "is coming", *nagháhanap* "is looking for", *namímili* "is shopping." One meaning of the **PRESENT TENSE** refers to an action which is going on at the present time:

6. *Síno ba yung **nagháhanap** ng kwárto? Kayo bang dalawa ang **nagháhanap** ng kwárto?* "Who is the one **looking for** a room? Are the two of you **looking for** a room? (2C24a, b)
7. *Ayan, **dumárating na** siya o!* "There he **is coming** now."(3A2b)
8. *Namímili lang siya sa paléngke ngayon.* "She is just **shopping** at the market now." (2C30b)

The **PRESENT TENSE** verb form can also refer to an action which continued in the past (was going on in time in the past or was progressive aspect, to use the terminology common for English) -- that is, the verb means "was (were) doing (so-and-so)." In the following sentence *umíinom* refers to past time, but the action is talked about as continuing in time:

9. *Umíinom lang ako ng bir sa tindáhan.* "I **was** just **drinking** beer at the store." (3A3c)

The **PRESENT TENSE** verb form can also refer to an action which happens repeatedly or customarily (called "iterative aspect" in English grammar). The following sentences refer to something which someone does habitually, so the **PRESENT TENSE** is used:

10. *Ha? Nagtátrabáho hó ba siya sa Maynílà?* "Huh? **Does** she **work** in Manila?" (2C27)
11. *Nag-ááral pa lang siya sa ano, sa Atenéo.* "He **is** just **studying** at the Ateneo." (2C28)
12. *Aba, nagtútúró din ng Ingles ang asáwa ko!* "My! My wife also **teaches** English!" (3B15)
13. *Lágí silang nagh/áhandá ng isdà.* "They always **have** (lit. **prepare**) fish." (4A6b)
14. *Nanínigarílyo ka pa ba?* "**Do** you still **smoke**?" (4B16)

In negative sentences with *hindí pa* -- that is, sentences which mean "(so-and-so) hasn't happened yet", the verb is expressed with a **PRESENT TENSE**.

15. *Kasi hindí pa nagsísimulá ang kláse.* "Because classes **haven't started yet**." (4B12c)
16. *Hindí pa daw nagsísimulá ang kláse.* "They say classes **haven't started yet**." (4B14)

Now let us do some exercises on the present tense. Respond to the following sentences according to the pattern given.

SU1.2 Únang Hakbang. Sagutin ang mga sumúsunod na pangungúsap áyon sa modélo.

1a. Maganda daw ang bágong kwarto mo. Kailan ka lumípat?
 b. Hindí pa naman ako lumílípat.
2a. Nanood daw kayo sa may Ágrix. Totoo ba?
 b. Hindí pa naman kami nanónood.
3a. Uminom na pala kayo ng dyus. Ang sarap ng dyus nila, dí ba?
 b. Hindí pa naman kami umíinom.
4a. Tumira ka na ba sa Los Bános? Isang taon akong tumira doon.
 b. Hindí pa ako tumítira doon.
5a. Pumáyag na ngá ba ang Lóla? Iyon ang sábi ni Pete.
 b. Hindí pa naman pumápáyag ang Lóla.
6a. Kumáin ka na pala ng abokádo. Bákit hindí ka naghintay na dumating kami?
 b. Hindí pa naman ako kumákáin.
7a. Bákit marámi ka pa ring trabáho? Sigúro ay tumígil ka ng isang óras kanína.
 b. Hindí pa naman ako tumítígil.
8a. Kumúha na sila ng istro kanína. Marámi ba ang kailángan ninyo?
 b. Hindí pa naman sila kumúkúha.
9a. Naghanap sila ng bakánteng kwárto kahápon. Sa Los Bános ba nila gustong tumira?
 b. Hindí pa naman sila nagháhanap.
10a. Pumunta ka pala sa Maynílá kahápon. Nakabili ka ba ng kailángan mo?

b.	Hindí pa naman ako pumúpunta.
11a.	Nagpunta ka pala sa kanila kahápon. Nagbáyad ba siya?
b.	Hindí pa naman ako nagpúpunta.
12a.	Ókey daw iyong bágo mong tíráhan. Naglípat ka na ngá ba ng mga gámit?
b.	Hindí pa naman ako naglílípat.
13a.	Sábi ni Pete ay umuwí ka raw kahápon. Nagsáma ka ba ng kaibígan mo?
b.	Hindí pa naman ako umúuwì.
14a.	Bumili ka raw ng bágong lámsyed. Saan ka bumili?
b.	Hindí pa naman ako bumíbili.
15a.	Marámi kang alam na Tagálog ngayon. Nag-áral ka sigúro kahápon, ano?
b.	Hindí pa naman ako nag-ááral.
16a.	Cárlos, alam kong nagbili ka ng sigarilyo. Násaan ang péra?
b.	Hindí pa naman ako nagbíbili.
17a.	Kanína pa pala dumating si Léslie. Bákit ang sábi mo e walá pa siya?
b.	Hindí pa naman dumárating si Léslie.
18a.	Bumalik na pala siya gáling Maynílà. Kumusta na kayá siya?
b.	Hindí pa naman siya bumábalik.
19a.	Walá na sa kwárto ang mga gámit nila. Umalis na ba sila Pete?
b.	Hindí pa naman sila umáalis.
20a.	Lumákad na pala ang kúya mo. Gusto ko pa namang sumáma.
b.	Hindí pa naman siya lumálákad.
21a.	Búkas na ang áting eksam. Sigúro ay nag-áral na kayo kahápon pa.
b.	Hindí pa naman kami nag-ááral.
22a.	Kúkúha raw sila ulí ng gúlay sa iyo. Nagbáyad na raw kasi sila sa iyo kanína.
b.	Hindí pa naman sila nagbábáyad.
23a.	Sa Linggo na pala ang punta ninyo sa Gisgis. Sigurádong naghandá na kayo ng mga kailángan ninyo.
b.	Hindí pa naman kami nagháhandà.
24a.	Kahápon pa sila nagsimulà. Ókey ba ang trabáho nila?
b.	Hindí pa naman sila nagsísimulà.
25a.	Umupó ka na kanína e úupó ka na naman ngayon.
b.	Hindí pa naman ako umúupò.
26a.	Ikaw na lang ang magtrabáho dáhil nagtrabáho na raw siya kanína.
b.	Hindí pa naman siya nagtátrabáho.

SU1.2 Ikálawang Hakbang. Sagutin ang mga sumúsunod na pangungúsap áyon sa modélo.

1a.	Gusto mo bang kumáin ng isdà?
b.	Óo ngá e. Lági akong kumákáin ng isdà.
2a.	Pati kagabi, nag-áral ka pa rin ng Tagálog?
b.	Óo ngá e. Lági akong nag-ááral ng Tagálog.
3a.	Gáling siya sa tindáhan. Uminom sigúro siya ng kok, ano?
b.	Óo ngá e. Lágí siyang umíinom ng kok sa tindáhan.
4a.	Dumalo ka pala sa kanilang pista. Naghandá ba sila ng isdà?
b.	Óo ngá e. Lágí silang nagháhandá ng isdá sa pista.
5a.	Lumípat na naman pala siya ng tíráhan, ano?
b.	Óo ngá e. Lágí siyang lumílípat ng tíráhan.
6a.	Maráming abokádo sa lamésa. Si Pete ba ang nagdala nito?
b.	Óo ngá e. Lágí siyang nagdádala ng abokádo.
7a.	Alas kwátro na ng hápon dumating si Pete. Naghintay pa ba siya kay Léslie?
b.	Óo ngá e. Lágí siyang naghíhintay kay Léslie.
8a.	Sa Ágrix pala sila gáling ni Pete. Sigúro'y nanood na naman sila ng síne doon.
b.	Óo ngá e. Lágí silang nanónood ng síne sa Ágrix.

9a. May alam na namang Tagálog si Pete. Si Léslie sigúro ang nagtúrò.
 b. Óo ngá e. Lágí siyang nagtútúró ng Tagálog kay Pete.
10a. Si Léslie na naman ba ang nagpasénsiya kay Pete?
 b. Óo ngá e. Láging siya ang nagpápasénsiya kay Pete.
11a. Méron pa siyang pagkáin e kumúha na naman siya kanína.
 b. Óo ngá e. Lágí siyang kumúkúha ng pagkáin.
12a. Marámi na namang táo sa kanila. Nagsáma ba si Pete ng mga kaibígan niya?
 b. Óo ngá e. Lágí siyang nagsásáma ng kaibígan.
13a. Sumáma ba si Cárlos kay Pete? Walá siya sa kanila e.
 b. Óo ngá e. Lágí siyang sumásáma kay Pete.
14a. Walá nang péra si Cárlos. Sigúro'y bumili na naman siya ng bir.
 b. Óo ngá e. Lágí siyang bumíbili ng bir.
15a. Walá na naman si Pete sa báhay nila. Umalis ba siya?
 b. Óo ngá e. Lágí siyang umáalis.

SU1.3 Future tense

FUTURE TENSE verb forms are used for future time, -- that is, for verbs which mean "going to (do), will (do)." The future tense verb forms are those with *R-*, *mag-R-*, and *maN-R-*, e.g. *kákáin* "will eat", *mag-ááral* "will study", *manónood* "will see a show." The following sentences exemplify the future tense verbs.

17. *Kélan ka ngá pala lílípat díto?* "Oh yes, when **will** you **move** in?" (3A8)
18. *Sa labas na lang hó ako kákáin.* "I **will** just **take my meals** outside." (3B12a)
19. *Saan ka ngá pala kúkúha ng pagkáin?* "Oh yes, where **will** you **take** your meals? (3B11)
20. *Sa Sábado pa raw bábalik ang anak nila, e.* "They say their son **won't return** until Saturday.' (4B12b)

FUTURE TENSE verbs are also used in referring to action which is going to go on in time in the future, -- that is, means "will be (do)ing":

21. *Magtátrabáho ka ba o mag-ááral díto?* "**Will** you **be working** or **will** you **be studying** here?" (3 B13)
22. *Péro mag-ááral din hó ako ng Tagálog.* "But I **will** also **be studying** Tagalog." (3B14b)

Sometimes verbs which in English are expressed with the present progressive tense are classed by Pilipino as **FUTURE TENSE**. That is, English may have a present tense but Pilipino looks at the action as going to happen in the future. For example in the following sentence English says "are going" but Pilipino looks at the action as meaning "are planning to go" because it hasn't happened yet.

23. *O, saan ka naman púpunta?* "Now where **are** you **going** to?" (4B20a)

Similarly, the following examples have **FUTURE TENSE** verbs in Pilipino though in English a present progressive verb form is used.

24. *Dápat sána úuwí na hó 'ko.* "I should **be going home** now." (3C28b)
25. *Kúkúha lang naman ako ng péra.* "I'm just **getting** some money." (4B21)

In sentences which mean "if (so-and-so) happens", Pilipino usually has a **FUTURE TENSE** verb. For example in the following sentences English uses a present tense verb, but Pilipino uses a **FUTURE TENSE** because the action has not happened yet.

26. *Kung pápáyag hó kayo.* "If you **agree**." (3A7b)

27. *Nakákahiyá kung ikaw ang* **magbábáyad** *ng lahat.* "It's embarassing if you **pay** for everything." (4C29)

Pilipino also uses a **FUTURE TENSE** verb if the action is future in respect to some past time (that is, means "was [were] going to [do]"). In the following example the verb is future:

28. *Akálá ko'y* **lílipat** *ka na kinábukásan.* "I thought you **were** already **going to move** the following day." (4A11b)

Now let us do some exercises on the future verb. Respond to the following questions according to the pattern.

SU1.3 Únang Hakbang. Sagutin ang mga sumúsunod na pangungúsap áyon sa modélo.

1a. Ikaw ba ang gustong kumáin ng lahat?
 b. Hindí naman. Hindí ba nakákahiyá kung ako ang kákáin ng lahat?
2a. Áyaw mo bang pumáyag?
 b. Hindí naman. Hindí ba nakákahiyá kung hindí ako pápáyag?
3a. Akálá ko'y si Pete ang gustong magbáyad ng lahat.
 b. Hindí naman. Hindí ba nakákahiyá kung siya ang magbábáyad ng lahat.
4a. Gusto mo bang tumira sa kanila?
 b. Hindí naman. Hindí ba nakákahiyá kung títira ako sa kanila.
5a. Mabúti pa Léslie ay ikaw na lang ang magsábi kay Pete na gusto mo siya.
 b. Hindí naman. Hindí ba nakákahiyá kung ako ang magsásábi kay Pete na gusto ko siya.
6a. Si Léslie ngá ba ang gusto mong magtúró sa iyo ng Tagálog, Pete?
 b. Hindí naman. Hindí ba nakákahiyá kung siya ang magtútúró sa ákin ng Tagálog?
7a. Gusto mo raw na kayo lang dalawa ni Léslie ang manood ng síne sa Ágrix, siya ngá ba?
 b. Hindí naman. Hindí ba nakákahiyá kung kami lang dalawa ni Léslie ang manónood ng síne sa Ágrix?
8a. Pwéde yátá akong manigarílyo díto sa Mother's Best.
 b. Hindí naman. Hindí ba nakákahiyá kung manínigarílyo ka díto sa Mother's Best?
9a. Pwéde sigúrong hindí múna ako magbáyad sa kanya ngayon.
 b. Hindí naman. Hindí ba nakákahiyá kung hindí ka múna magbábáyad sa kanya ngayon?
10a. Áyaw mo bang pumunta sa paléngke pára bumili ng mga kailángan nátin?
 b. Hindí naman. Hindí ba nakákahiyá kung hindí ako púpunta sa paléngke pára bumili ng mga kailángan nátin?
11a. Áyaw mo raw mag-áral káhit alam mong búkas na ang inyong eksam.
 b. Hindí naman. Hindí ba nakákahiyá kung hindí ako mag-ááral?
12a. Huwag ka na lang magtrabáho. Walá namang magsásábi kay Bos e.
 b. Hindí naman. Hindí ba nakákahiyá kung hindí ako magtátrabáho?
13a. Ókey lang sigúro káhit hindí sila dumating.
 b. Hindí naman. Hindí ba nakákahiyá kung hindí sila dárating.
14a. Mabúti pa ay huwag na lang akong sumáma. Walá naman akong kilála doon.
 b. Hindí naman. Hindí ba nakákahiyá kung hindí ka sásáma.
15a. Hindí naman táyo sa paléngke púpunta. Huwag na lang táyong magdala ng péra.
 b. Hindí naman. Hindí ba nakákahiyá kung hindí táyo magdádala ng péra.

SU1.3 Ikalawang Hakbang. Sagutin ang mga sumúsunod na pangungúsap áyon sa modélo.

1a. Lumípat ka na ngá ba?
 b. Hindí pa ako lumílípat. Mámayá pa ako lílipat.

2a. Namaléngke ka na ngá ba?
 b. Hindí pa ako namámaléngke. Mámayá pa ako mamámaléngke.
3a. Nagbáyad ka na ngá ba sa kanya?
 b. Hindí pa ako nagbábáyad. Mámayá pa ako magbábáyad.
4a. Nagsimulá ka na ngá ba sa trabáho mo?
 b. Hindí pa ako nagsísimulà. Mámayá pa ako magsísimulà.
5a. Nagtrabáho na ngá ba siya kanína?
 b. Hindí pa siya nagtátrabáho. Mámayá pa siya magtátrabáho.
6a. Lumákad na ngá ba ang mga kaibígan mo?
 b. Hindí pa sila lumálákad. Mámayá pa sila lálákad.
7a. Násaan si Léslie? Umalis na ba siya?
 b. Hindí pa siya umáalis. Mámayá pa siya áalis.
8a. Sa totoo lang, nanood na ba kayo ng síne kahápon?
 b. Hindí pa kami nanónood. Mámayá pa kami manónood.
9a. Dárating na ang mga kaibígan nila. Bumili na ba sila ng bir?
 b. Hindí pa sila bumíbili ng bir. Mámayá pa sila bíbili.
10a. Malamig ang dyus nila. Uminom ka na ba?
 b. Hindí pa ako umíinom. Mámayá pa ako íinom.
11a. Nagdala ako ng pagkáin pára sa iyo. Kumáin ka na ba?
 b. Hindí pa ako kumákáin. Mámayá pa ako kákáin.
12a. Pumunta ka na pala kina Léslie. Nároon ba siya?
 b. Hindí pa ako pumúpunta. Mámayá pa ako púpunta.
13a. Kumúha na ba siya sa tindáhan ng mga kailángan niya?
 b. Hindí pa siya kumúkúha. Mámayá pa siya kúkúha.
14a. Búkas na pala siya áalis. Dápat ay naghandá na siya ng mga gámit niya kahápon pa.
 b. Hindí pa siya nagháhandà. Mámayá pa siya magháhandà.
15a. Aba! Umalis na naman ng báhay si Cárlos. Nag-áral na ba siya?
 b. Hindí pa siya nag-ááral. Mámayá pa siya mag-ááral.

SU1.4 Dependent verb forms

The **DEPENDENT** verb forms usually refer to a future action. The **DEPENDENT** is used in place of the future tense form in phrases which express a wish, command, suggestion, or the like. There are many uses of the dependent, and we will study them gradually in these lessons, one at a time. The affixes of the **DEPENDENT** active verbs are as follows: -*um*-, *mag*-, and *maN*-: e.g., *kumáin* "to eat", *mag-áral* "to study", *mamili* "to shop."

One most common use of the **DEPENDENT** form is for the imperative, – that is, in commands, as for example in the following sentence.

29. *O siya! **Maghintay** ka múna diyan.* "OK. Just **wait** there for a minute." (4B19a)

In the following sentence the verb functions as the subject of the sentence, but a **DEPENDENT** verb is used because the meaning is still imperative.

30. *Ókey, sa súsunod ikaw naman ang **magbáyad.*** "OK, the next time you **pay** (lit. you **be** the one **to pay**)." (4C32a)

DEPENDENT verbs are also used in exhortations (in sentence's meaning "let's [do]").

31. ***Kumáin** na táyo.* "Let's **eat**." (4A3a)
32. *Sa Mother's Best na lang táyo **pumunta.*** "Let's just **go** to Mother's Best." (4A7)
33. ***Maglakad** táyo do'n sa may Ágrix.* "Let's **take a walk** to the Agrix complex." (4c26a)

The **DEPENDENT** verb form is also used in negative imperatives or exhortations (with *huwag* "don't").

34. *Huwag múna táyong **umuwí** ngayon, ha?* "Let's not **go home** yet, OK?" (4C24a)

DEPENDENT verbs are also used in phrases introduced by *gusto* "want to, would like to", *dápat* "should", *kailángan* "have to", *pwéde* "can", and other words of similar meaning. For example, in the following sentences, the verb is **DEPENDENT** in form because the verb is in a phrase with *gusto* "want to."

35. *Péro **gusto** ko hong **tumígil** díto ng isang taon pa.* "But I **would like to stay** here one more year." (3C28c)
36. *E sigúro **gusto** mo ring **tumira** díto sa 'min.* " You probably also **want to stay** here in our country." (3C29)
37. ***Gusto** kong **bumili** ng sigarilyo.* "I **want to buy** some cigarettes." (4B15b)

In sentences which mean "X wants Y to do", if the verb phrase is introduced by *gusto*, the **DEPENDENT** form of the verb is used.

38. ***Gusto** mo bang **manood** múna táyo ng síne?* "Do you **want** us **to go to the movies** first?" (4C24b)

If a phrase is introduced by *pwéde* "can", the verb is **DEPENDENT**.

39. *Hindí pá 'ko **pwédeng lumípat** doon.* "I **cannot move** in yet." (4B12a)

Verbs which are in a phrase following *dápat* "should" are dependent.

40. *A hindì. Sa panahon ngayon, **dápat** pati babáe **magbáyad** na rin.* " Oh no. Nowadays, women **should pay** as well." (4C31)

When *dápat* modifies a whole sentence which means "the way it should be is (so-and-so)," the verb of the sentence is **DEPENDENT**.

41. ***Dápat** ang laláki ang siyang **magbáyad**.* " The man **should** be the one **to pay**. (Lit. **The way it should be** is the man is the one who **pays**.) (4C30b)

Verbs in sentences or phrases with words or phrases which are similar in meaning to *gusto*, *pwéde*, and *dápat* are also **DEPENDENT**. For example, the following sentence is introduced by a phrase *mabúti pa* "it would be better to..." The verb in the sentence is **DEPENDENT**.

42. ***Mabúti pa maglakad** na lang táyo sa plása.* "**The best thing would be** for us just **to walk** to the plaza." (4C27b)

DEPENDENT verb forms are also used in sentences which are introduced by an adjective referring to manner and which mean "(someone) does (so-and-so) in (such-and-such a manner)." For example in the foliowing two sentences *magaling* "well" and *marúnong* "know how to do well" are adjectives of manner. The verbs *mag-Ingles* "speak English" and *mag-Tagálog* "speak Tagalog" are **DEPENDENT**.

43. *Sigúro talagang **magaling mag-Ingles** si Mrs. Ocámpo.* "Probably Mrs. Ocampo really **speaks English well**. (3B18b)
44. *Péro ikaw, **marúnong** ka talagang **mag-Tagálog**.* "But you really **know how to speak Tagalog**." (3B19b)

Now let us do some exercises on the dependent verb forms. Listen to the following questions and answer in accordance with the model we give.

SU1.4 Únang Hakbang. Sagutin ang mga sumúsunod na pangungúsap áyon sa modélo

1a. Dápat sána'y áalis na ako.
b. Huwag ka múnang umalis.
2a. Kailángan ko nang lumípat. Ayóko nang tumira díto.
b. Huwag ka múnang lumípat.
3a. Dápat na kaming bumili ng TV pára hindí láging umáalis ng báhay ang mga anak ko.
b. Huwag múna kayong bumili ng TV.
4a. Magsísimulá na kami sa trabáho.
b. Huwag múna kayong magsimulá sa trabáho.
5a. Umupó naman táyo dáhil pagod na táyo e.
b. Huwag múna táyong umupò.
6a. Diyan ka na. Manónood na kami ng síne.
b. Huwag múna kayong manood ng síne.
7a. May péra na ako. Magbábáyad na ako sa kanya.
b. Huwag ka múnang magbáyad sa kanya.
8a. Naghíhintay na sila sa ákin. Úuwí na ako.
b. Huwag ka múnang umuwì.
9a. Kailángang magdala na táyo ngayon ng gúlay sa paléngke.
b. Huwag múna táyong magdala ngayon ng gúlay sa paléngke.
10a. Pete, magháhandá na kami ng mga kailángan námin.
b. Huwag múna kayong maghandá ng mga kailángan ninyo.
11a. Síno pa ba ang walá díto? Lumákad na táyo.
b. Huwag múna táyong lumákad.
12a. Kahápon ko pa gustong lumípat sa bágo kong tíráhan.
b. Huwag ka múnang lumípat sa bágo mong tíráhan.
13a. Mabúti pa ay pumunta na táyo sa Maynílà.
b. Huwag múna táyong pumunta sa Maynílà.
14a. Tumígil naman táyo. Kanína pa táyo naglálakad e.
b, Huwag múna táyong tumígil.
15a. Hápon na pala. Bábalik na ako sa ámin.
b. Huwag ka múnang bumalik sa inyo.

SU1.4 Ikalawang Hakbang. Sagutin ang mga sumúsunod na pangungúsap áyon sa modélo

1a. Nag-íingles ba si Mrs. Ocámpo?
b. Marúnong siyang mag-Ingles.
2a. Nagháhandá ba si Kíkoy ng isdà?
b. Marúnong siyang maghandá ng isdà.
3a. Umíinom ba si Cárlos ng bir?
b. Marúnong siyang uminom ng bir.
4a. Nanínigarilyo ba si Pete, Léslie.
b. Marúnong siyang manigarilyo.
5a. Pumúpunta ba sa Maynílá ang anak mo?
b. Marúnong pumunta sa Maynílá ang anak ko.
6a. Nanónood ba ng TV ang bunsó mo?
b. Marúnong manood ng TV ang bunsó ko.
7a. Nagtútúró ba ng Ingles si Léslie?
b. Marúnong magtúró ng Ingles si Léslie.
8a. Nágbábáyad ba ng útang "debt" si Pete?
b. Marúnong magbáyad ng útang si Pete.
9a. Nagsásábi ba sa iyo ang anak mo ng mga kailángan niya?

    b.   Marúnong siyang magsábi sa ákin ng mga kailángan niya.

10a.   Nagháhandá ba ng pagkáin sa lamésa si Léna?

    b.   Marúnong siyang maghandá ng pagkáin sa lamésa.

11a.   Nagtátrabáho ba sa kusíná ang anak mong si Léslie?

    b.   Marúnong siyang magtrabáho sa kusínà.

12a.   Nagpápasénsiya ba si Léslie sa kapatid niyang si Cárlos?

    b.   Marúnong siyang magpasénsiya sa kapatid niyang si Cárlos.

13a.   Lumálákad na ba ang anak mong bunsò?

    b.   Marúnong na siyang lumákad.

14a.   Sumúsunod ba siya sa mga útos ["command"] mo?

    b.   Marúnong siyang sumunod sa mga útos ko.

15a.   Kumákáin na ba ang anak mong dalawang taon pa lang?

    b.   Marúnong na siyang kumáin.

SU1.4 Ikatlong Hakbang. Sagutin ang mga sumúsunod na pangungúsap áyon sa modélo

1a.   Áalis na ako ha?

   b.   Bákit gusto mong umalis?

2a.   Sa Sábado pa siya lílípat.

   b.   Bákit sa Sábado pa niya gustong lumípat?

3a.   Magsísimulá na ako ngayon, ha?

   b.   Bákit gusto mong magsimulá na ngayon?

4a.   Sa kwárto ni Pete ako mag-ááral.

   b.   Bákit sa kwárto ni Pete mo gustong mag-áral?

5a.   Ako daw ang bíbili ng kok sa tindáhan. Iyon ang sábi niya.

   b.   Bákit ikaw ang gusto niyang bumili ng kok sa tindáhan?

6a.   Magháhanap siya ng kwárto sa Los Bános. Doon siya títira ng isang taon.

   b.   Bákit sa Los Bános niya gustong tumira?

7a.   Diyan ka múna. Manónood ako ng palabas sa plása.

   b.   Bákit mo gustong manood ng palabas sa plása?

8a.   Pagkatápos kong mag-áral sa UPLB ay magtútúró ako ng Tagálog.

   b.   Bákit gusto mong magtúró ng Tagálog pagkatápos mong mag-áral sa UPLB?

9a.   Lílípat agad siya sa kanyang bágong kwárto.

   b.   Bákit gusto niyang lumípat agad sa kanyang bágong kwárto?

10a.   Sa Linggo pa siya magháhanap ng bágong kwárto.

   b.   Bákit sa Linggo pa niya gustong maghanap ng bágong kwárto?

11a.   Alam kong pagod na si Pete, péro magtátrabáho pa siya.

   b.   Bákit gusto pa niyang magtrabáho?

12a.   Bíbili pa siya ng libro káhit méron na siya.

   b.   Bákit gusto pa niyang bumili ng libro?

13a.   Íinom ng bir sa tindáhan si Cárlos.

   b.   Bákit gusto niyang uminom ng bir sa tindáhan?

14a.   Dárating si Léslie at maghíhintay si Pete sa kanya.

   b.   Bákit gusto ni Pete na maghintay sa kanya.

15a.   Ayóko ngà. Akálá ko ay ikaw ang magsásábi sa kanya.

   b.   Bákit ako ang gusto mong magsábi sa kanya?

Now let us do an exercise using all of the tenses.

SU1.5 Lagyan ng panlápí ang mga salitá sa loob ng panaklong

1. Kíkò: Saan ka (*punta*)?

2. Línda: Kina Mrs. Mendez. (*Hánap*) ako ng mátítirhan. May (*sábi*) sa ákin na may bakánteng kwárto sa kanila.

3. Kíkò: Sandalí lang. Gusto kong (*sáma*).
4. Línda: Bákit? Hindí ka pa ba (*káin*)?
5. Kíkò: (*Káin*) na ako, péro kailángan kong (*bili*) múna ng sigarílyo.
6. Línda: Bákit? (*Sigarílyo*) ka na pala? Hindí ka dápat (*sigarílyo*).
7. Kíkò: Alam ko, alam ko. Siya ngá pala, bákit gusto mong (*lípat*)?
8. Línda: (*Dating*) na kasi sa (*sunod*) na Linggo ang anak ni Mrs. Ocámpo na (*áral*) sa Maynílà.
9. Kíkò: A, (*áral*) ba siya sa Maynílà? Ang akálá ko ay (*trabáho*) siya doon.
10. Línda: (*Trabáho*) siya ng dalawang taon péro pagkatápos ay (*tígil*) siya. (*Balik*) siya sa Ateneo dáhil gusto niyang (*áral*) ulit. At ngayon ay (*uwì*) na siya.
11. Kíkò: Akálá ko ay (*túrò*) siya sa Ateneo pagkatápos niyang (*áral*).
12. Línda: Gusto niyang (*túrò*), péro hindí (*páyag*) ang nánay niya.
13. Kíkò: (*Punta*) táyo sa Ágrix at doon ako (*bili*) ng sigarílyo.
14. Línda: Síge. Gusto kong (*inom*) ng kok hábang (*bili*) ka ng sigarílyo.
15. Kíkò: Kung ganoon ay (*punta*) na lang táyo sa Mother's Best. Lágí silang (*handà*) ng masarap na abokádo dyus.
16. Línda: Ókey ang abokádo dyus nila, péro ayókong (*inom*) ng abokádo dyus. Doon na lang táyo (*punta*) sa Ágrix. Doon ay pwéde akong (*bili*) ng kok at pwéde ka ring (*bili*) ng sigarílyo.
17. Kíkò: (*Dala*) ka ba ng péra?
18. Línda: Óo, péro kung (*bili*) ka ng sigarílyo ay hindí ako ang (*báyad*).
19. Kíkò: Nakákahiyá kung ikaw ang (*báyad*). Mabúti pa ay (*punta*) na lang táyo kina Mrs. Mendez.
20. Línda: Hindì. (*Bili*) táyo ng kok sa Ágrix at ako ang (*báyad*). Ikaw naman ang (*báyad*) kahápon.

Sa báhay nina Mrs. Mendez

21. Línda: Táo pò. Náriyan hó ba si Mrs. Mendez? Ako hó ang (*hanap*) ng bakánteng kwárto.
22. Mr. M.:   Walá pa siya. (*Panood*) siya ng síne sa Ágrix. Pwéde kayong (*hintay*) sa kanya dáhil ang sábi niya ay (*dating*) siya mámayà.
23. Línda: Pwéde hó ba kaming (*upò*) díto hábang (*hintay*) kami sa kanya?
24. Kíkò: Línda, (*tingin*) ka sa labas. Hindí ba't si Mrs. Mendez iyong (*dating*)?
25. Mrs. M.: Magandang hápon sa inyo. Ano ang kailángan ninyo?
26. Línda: (*Gáling*) hó ako díto kahápon. Anak nyo hó yátá ang (*sábi*) sa ákin na méron kayong bakánteng kwárto.
27. Mrs. M.: Ikaw pala ang (*kúha*) ng bakánteng kwárto námin. Kailan ka (*simulà*)ng lumípat?
28. Línda: Pwéde na hó ba akong (*lípat*) ng mga gámit ko búkas. Gusto ko na hó kasing (*alis*) doon kina Mrs. Ocámpo káhit pwéde pa akong (*tira*) doon hanggang sa Linggo.
29. Mrs. M.: Aba óo. Káhit ngá ngayon ay pwéde ka nang (*lípat*) díto.
30. Línda: Kung gayon hó ay (*lákad*) na kami.

SU1.6 Future and past tense verbs with the particles *pa, na, lang,* and their absence

In Lesson Four we discussed what these particles do to the meaning of the tenses. In general in osme cases they express that the action was sooner than it was expected to be or should have been (or will take place sooner than it is expected to take place or should take place) and in other cases they express that the action was later than it was expected to be or should have been (or will be later than is expected to be or should be). Let us look at a single sentence taken through various combinations.

<table>
<tr><td colspan="3" align="center">Future</td></tr>
<tr><td>already</td><td>Sa Byérnes ko na bíbilhin</td><td>I will already buy it on Friday (rather than on Saturday)</td></tr>
<tr><td>not until</td><td>Sa Byérnes ko pa bíbilhin</td><td>I won't buy it until Friday (rather than on Thursday)</td></tr>
<tr><td>neutral</td><td>Sa Byérnes ko bíbilhin</td><td>I will buy it on Friday (no implication that there was an expectation of buying on an earlier or on a later day)</td></tr>
</table>

<table>
<tr><td colspan="3" align="center">Past</td></tr>
<tr><td>already</td><td>Noong Byérnes ko pa binili</td><td>I already bought it on Friday (rather than on Saturday)</td></tr>
<tr><td>not until</td><td>Noong Byérnes ko lang binili</td><td>I didn't buy it until Friday (rather than on Thursday)</td></tr>
<tr><td>neutral</td><td>Noong Byérnes ko binili</td><td>I bought it on Friday (no implication that there was an expectation of buying on an earlier or on a later day)</td></tr>
</table>

Now let us do an exercise on these combinations

SU1.6 Tapúsin ang mga sumúsunod na pangungúsap úpang magkaroon ng díwà

1. Kíkò: Sa Sábado (*you are going to move*) daw.
2. Línda: Ah hindì. Hindí (*I can't move yet*) sa Sábado kasi sa Linggo (*will not come until Sunday*) si Misis Mendéz.
3. Kíkò: Kayá sa súsunód na Linggo (*you won't move until next Sunday*).
4. Línda: Naku hindì. (*I can already move*) sa Linggo kasi (*she will already arrive*) ng alas sais ng umágang iyon. Siya ngá pala, noong isang linggó (*you already moved*) daw.
5. Kíkò: Ôo. Noong Myérkules (*I already moved*).
6. Línda: Kayá nása bágong báhay ka na (*already last Thursday*).
7. Kíkò: A, hindì. Noong Byérnes (*not until last Friday I*) tumígil doon. Pwéde ka bang pumunta sa báhay búkas pára tingnan mo?
8. Línda: Hindí sigúro. Sa Byérnes na lang.
9. Kíkò: Pwéde bang sa Hwébes ka na lang pumunta sa ámin? Kasi sa Byérnes (*I will already be going*) sa Maynílà.
10. Línda: Péro (*I can only do it on Thursday*) pwéde. Ah sandalí lang, pwéde pala akong pumunta sa Myérkules. Walá ka na ba sa Myérkules?
11. Kíkò: Hindì. Nandíto ako. Pwéde sa Myérkules. Siya ngá pala, bumili ka na ba ng librong Ingles?
12. Línda: Bumili ako noong isang buwan bágo pa tumaas ang présyo. Ikaw e, (*did you buy one*) ba bágo tumaas ang présyo?
13. Kíkò: Hindì. Noong isang linggo (*I only bought one last week*). Noong isang linggo (*I only began*)ng mag-áral.
14. Línda: Bákit? Dáhil ba noong (*you only bought a book last week*)?
15. Kíkò: Óo. Ikaw, kayá ba (*you just began last month*)ng mag-áral, dáhil (*only then you bought*) ng libro?
16. Línda: Naku hindì. Hindí pa ako nagsísimulang mag-áral. Nagtátrabáho pa rin ako.
17. Kíkò: Kailan ka magsísimulang mag-áral?
18. Línda: Dápat ay sa súsunod na dalawang linggo (I *will already begin*)ng mag-áral, péro magtátrabáho pa rin ako.
19. Kíkò: Kayá (*you can only begin next month*)ng mag-áral.

20. Línda: Hindì. (*In already three weeks I*) pwédeng magsimulà. Kailan ka bábalik
               sa Maynilà? (*Already on Monday*) ba?
21. Kíkò   Hindì. (*I will only be going on Friday*) sa Maynílà.
22. Línda   Kayá (*not until Thursday you*) bábalik.
23. Kíkò   Hindì. Sa Myérkules na ako bábalìk .
24. Línda   Kayá (*you can already begin*)ng mag-áral sa Hwébes.
25. Kíkò: Hindì. Magtátrabáho pa rin ako. (*Not until the following week I*)
               pwédeng magsimulà. Matagal na bang pumunta sa Ilókos si Mísis
               Mendéz?
26. Línda: Hindì. (*Only last week*).
27. Kíkò: Kayá (*already came back*) siya kahápon?
28. Línda   Hindì. (*Not until Sunday he*) bábalik. Kayá (*only on Sunday I can*)ng
               lumípat.

Ikalimang Aralin. Unit 5

AI. Únang Bahági

Mamímili sina Pete at Léslie

PETE

1. Ano naman ang dala-dala mo dyan sa bag mo?

LÉSLIE

2a. A, Liwayway mágasin.

b. Palágí ko 'tong binábása.

c. O ba't ka nagtátawa?

d. Dí naman 'to masamà, dí ba? Maganda ngá e.

e. Láló na yung kómiks.

PETE

3. Kung ako ang tátanungin mo, nag-áaksaya ka lang ng óras.

LÉSLIE

4. Hindí naman. Kung bábasáhin mo, madámi ka ring matútutúnan.

PETE

5. Ano ngá pala'ng gágawin nátin ngayon?

AI. First Part

Pete and Leslie go shopping

PETE

1. Oh, what do you have there? (Lit. What is it you are bringing there, in your bag?)

LESLIE

2a. Oh, *Liwayway* magazine.

b. I always read it.

c. Oh, why are you laughing?

d. It's (lit. this is) not bad, is it? As a matter of fact, it's good.

e. Especially the comics.

PETE

3. If you ask me, you're just wasting your time.

LESLIE

4. Oh no. Not really. If you read it, there is lots that you will learn from it as well.

PETE

5. By the way, what shall we do now?

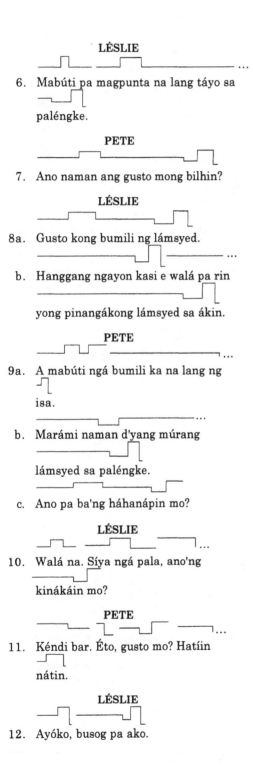

LÉSLIE

6. Mabúti pa magpunta na lang táyo sa paléngke.

PETE

7. Ano naman ang gusto mong bilhin?

LÉSLIE

8a. Gusto kong bumili ng lámsyed.

b. Hanggang ngayon kasi e walá pa rin yong pinangákong lámsyed sa ákin.

PETE

9a. A mabúti ngá bumili ka na lang ng isa.

b. Marámi naman d'yang múrang lámsyed sa paléngke.

c. Ano pa ba'ng háhanápin mo?

LÉSLIE

10. Walá na. Síya ngá pala, ano'ng kinákáin mo?

PETE

11. Kéndi bar. Éto, gusto mo? Hatíin nátin.

LÉSLIE

12. Ayóko, busog pa ako.

LESLIE

6. The best thing (would be for) us to go to the market now.

PETE

7. What do you want to buy?

LESLIE

8a. I want to buy a lamp.

b. Until now I still don't have (lit. still isn't there) the lamp (they) promised me.

PETE

9a. Yes, the best would be for you just to buy one.

b. There are lots of inexpensive lamps (there) at the market.

c. What else are you looking for?

LESLIE

10. That's all. By the way, what are you eating?

PETE

11. Candy bar. Here! You want some? Let's split it.

LESLIE

12. Nah. I'm still full.

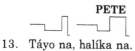

PETE

13. Táyo na, halíka na.

PETE

13. Let's go. Come on!

Commentary to difficult forms in 5AI

1.	*ano*	"What."
	ano naman	"Now what..., what is it this time that..."
	dala-dala	"Things carried around."
2b.	*binábása*	This is the present direct passive verb form of *bása*.
c.	*ba't*	This is the short form of *bákit*.
3.	*tátanungin*	Note that in if-clauses (sentences introduced by *kung*) the verb is normally future. Literally this sentence means "if I am the one you will ask" (§4.24). *Tátanungin* is the future direct passive verb form of *tánong*.
4.	*matútutúnan*	"Things to learn." *Matútutúnan* is the future potential local passive verb form of *túto*. This is a verb form which we will discuss in §7.1.
5.	*ano ngá palang*	This is for *ano ngá pala ang*.
	gágawin	This is the future direct passive verb form of *gawà*.
6.	*mabúti pa*	"The best thing to do would be..."
	magpunta	"Go." The dependent form of the verb is used after *mabúti pa* "it is better to..., the best thing to do is..." §5.6.
7.	*ano naman*	"Well then, what...?"
8b.	*walá pa*	"Still is not there."
	walá pa rin	"Still is not there nevertheless" (§5.71).
	lámsyed	"Lamp (from English *lampshade*)."
	pinangákò	"Thing promised." This is a *paN*-verb form discussed in Unit 7, §7.71. The form will be dicussed in §9.1, *ipinangákò*.
	pinangákong lámsyed	"The lamp that was promised."
9a.	*mabúti*	"Good."
	mabúti ngà	"Yes I agree it is good."
	bumili ka	"You should buy." Note the use of the dependent after *mabúti...* "it is good to..."
	bumili na lang	"Just buy (even though one might want to do something else)."
b.	*maráming lámsyed*	"There are many lamps."
	marámi dyang lámsyed	"There are many lamps there." Note that *dyan* "there" may be attached to the word *marámi* or it may be placed at the end of the predicate: i.e. this could also be said: *marámi namang múrang lámsyed dyan sa paléngke*.
c.	*háhanápin mo*	"Are you going to look for." The future is used here because they are talking about something they are going to do.
11.	*hatíin nátin*	"Let's split it." The dependent form is used if the meaning is "let's do..." (§4.23).
12.	*busog ako*	"I'm full."
	busog pa ako	"I'm still full (not hungry yet)" (§5.8).
13.	*halíka*	"Come here."
	halíka na	"Come on, come over this way now."

AII. Pagsasánay. Ipalit ang mga salitang nása loob ng saklong.

1. *What is it that you are carrying there?*
   Ano naman ang dala-dala mo diyan?   *(looking for)*
   Ano naman ang hináhánap mo diyan?   *(eating)*
   Ano naman ang kinákáin mo diyan?   *(waiting for)*
   Ano naman ang hiníhintay mo diyan?   *(reading)*
   Ano naman ang binábása mo diyan?   *(buying)*
   Ano naman ang biníbili mo diyan?   *(doing)*
   Ano naman ang ginágawá mo diyan?   *(getting)*
   Ano naman ang kinúkúha mo diyan?

2. *I always read this.*
   Palágí ko itong binábása.   *(look for)*
   Palágí ko itong hináhánap.   *(eat)*
   Palágí ko itong kinákáin.   *(wait for)*
   Palágí ko itong hiníhintay   *(read)*
   Palágí ko itong binábása.   *(get)*
   Palágí ko itong kinúkúha.   *(buy)*
   Palágí ko itong biníbili.

3. *If you ask me.*
   Kung ako ang tátanungin mo.   *(wait for)*
   Kung ako ang híhintayin mo.   *(look for)*
   Kung ako ang háhanápin mo.   *(he)*
   Kung ako ang háhanápin niya.   *(ask)*
   Kung ako ang tátanungin niya.   *(bring)*
   Kung ako ang dádalhin niya.   *(Pete)*
   Kung ako ang dádalhin ni Pete.

4. *By the way, what shall we do now?*
   Ano ngá pala ang gágawin nátin ngayon?   *(wait for)*
   Ano ngá pala ang híhintayin nátin ngayon?   *(eat)*
   Ano ngá pala ang kákaínin nátin ngayon?   *(read)*
   Ano ngá pala ang bábasáhin nátin ngayon?   *(do)*
   Ano ngá pala ang gágawin nátin ngayon?   *(get)*
   Ano ngá pala ang kúkúnin nátin ngayon?   *(buy)*
   Ano ngá pala ang bíbilhin nátin ngayon?   *(drink)*
   Ano ngá pala ang íinumin nátin ngayon?

5. *What is it you are bringing in the bag?*
   Ano ang dala-dala mo sa bag?   *(you want)*
   Ano ang gusto mo?   *(your problem)*
   Ano ang probléma mo?   *(looking for)*
   Ano ang hináhánap mo?   *(doing)*
   Ano ang ginágawá mo?   *(drinking)*
   Ano ang iníinom mo?   *(getting)*
   Ano ang kinúkúha mo?

6. *Oh, why are you laughing?*
   O, bákit ka nagtátawa?   *(leaving)*
   O, bákit ka umáalis?   *(buying a book)*
   O, bákit ka bumíbili ng libro?   *(smoking)*
   O, bákit ka nanínigarílyo?   *(waiting)*
   O, bákit ka naghíhintay?   *(reading)*
   O, bákit ka nagbábasa?

7. *I want to buy a lamp.*
   Gusto kong bumili ng lámsyed.   *(food)*
   Gusto kong bumili ng pagkáin.   *(house)*

Gusto kong bumili ng báhay.	*(the house)*
Gusto kong bilhin ang báhay.	*(your candy)*
Gusto kong bilhin ang kéndi mo.	*(your cigarette)*
Gusto kong bilhin ang sigarílyo mo.	*(go away)*
Gusto kong umalis.	*(sit)*
Gusto kong umupò.	*(make a chair)*
Gusto kong gumawá ng sílya.	*(get a room)*
Gusto kong kumúha ng kwárto.	

8. *The best thing for us is to just go to the market.*

Mabúti pang magpunta na lang táyo sa paléngke.	*(wait)*
Mabúti pang maghintay na lang táyo sa paléngke.	*(drink)*
Mabúti pang uminom na lang táyo sa paléngke.	*(buy chairs)*
Mabúti pang bumili na lang táyo ng mga sílya sa paléngke.	*(eat)*
Mabúti pang kumáin na lang táyo sa paléngke.	*(at home)*
Mabúti pang kumáin na lang táyo sa báhay.	*(study)*
Mabúti pang mag-áral na lang táyo sa báhay.	

9. *What else are you looking for?*

Ano pa ba ang hináhánap mo?	*(going to drink)*
Ano pa ba ang íinumin mo?	*(bring)*
Ano pa ba ang dádalhin mo?	*(read)*
Ano pa ba ang bábasáhin mo?	*(wait)*
Ano pa ba ang híhintayin mo?	*(doing)*
Ano pa ba ang ginágawá mo?	*(getting)*
Ano pa ba ang kinúkúha mo?	*(buying)*
Ano pa ba ang biníbili mo?	

10. *What do you want to buy?*

Ano ang gusto mong bilhin?	*(read)*
Ano ang gusto mong basáhin?	*(drink)*
Ano ang gusto mong inumin?	*(get)*
Ano ang gusto mong kúnin?	*(eat)*
Ano ang gusto mong kaínin?	*(look for)*
Ano ang gusto mong hanápin?	

AIII. Pilíin ang támang sagot.

1. *Ano bang gusto mong basáhin?*
   - a. Huwag na lang náting basáhin ang kómiks.
   - b. Ang gusto ko'y sa iskwelahan magbasa.
   - c. Gusto kong magbasa ng kómiks.
   - d. Ngayon na lang táyo magbasa.
2. *Gusto mo bang bumili ng lámsyed?*
   - a. Bumili ako ng lámsyed nung Martes.
   - b. Ang áming lámsyed ay malaki.
   - c. Óo, péro walá pa ang pinangákó sa ákin.
   - d. Óo, péro saan ba táyo bíbili?
3. *Kéndi bar ba 'yang kinákáin mo?*
   - a. Malaki pala yang kéndi bar mo.

    b.   Kúnin mo ngá ang kéndi bar sa báhay.

    c.   Óo, gusto mo bang bumili pa ako?

    d.   Ang kéndi bar na ito ay binili ni Léslie.

4. *Ilang óras ka na bang naghíhintay?*

    a.   Dal'wang óras na, saan ka ba nagpunta?

    b.   Naghintay ako sa iyo nung Martes, saan ka ba kumáin?

    c.   Híhintayin ko sána si Léslie péro gusto ko na talagang umalis.

    d.   Ang mga ínúmin ay handá na, pasénsya na lang hó kayo.

5. *Nagháhanap ka ba ng báhay?*

    a.   Pápáyag ka bang sumáma ako kay Léslie sa báhay niya?

    b.   Nagháhanap ka ba ng sigarílyo sa báhay ni Léslie nang dumating ako?

    c.   Bábalik ako sa báhay péro bíbili múna ako ng sigarílyo sa tindáhan.

    d.   Óo, kasi walá na 'kong mátitirahan ngayon.

6. *Ano ang ginawá mo kay Léslie at siya'y umuwí?*

    a.   Óo. Ginawá ito ni Léslie.

    b.   Ginawá ni Léslie ang lahat. At umuwí siya.

    c.   Walá akong ginawá kay Léslie.

    d.   Ginawá niya iyon noong isang Linggo.

7. *Pápáyag ka bang tumira ako sa báhay nínyo?*

    a.   Pwéde, péro kailángang díto ka rin kákáin.

    b.   Tumira ka ba sa báhay ni Mr. Ocámpo?

    c.   Pumáyag akong pumunta sa plása.

    d.   Óo. Páyag akong kumáin ng isdà.

8. *Ano ngá pala ang gágawin nátin ngayon?*

    a.   Mabúti naman at pinangákó ang lámsyed sa ákin.

    b.   Mabúti pa, magpunta na lang táyo sa plása.

    c.   Mabúti ka pa, nagtátawa.

    d.   Mabúti na lang nagpunta táyo sa paléngke.

9. *Bíbili ka ba múna ng lámsyed bágo kumáin?*

    a.   Óo. Kákáin na lang ako.

    b.   Hindì. Bíbili múna ako.

    c.   Óo. Kákáin ako.

    d.   Hindì. Kákáin múna ako.

10. *Bákit ka pa bíbili ng maráming gámit?*

    a.   Kasi kókóntí ang binábása ko.

    b.   Kasi marámi pa akong gámit.

    c.   Kasi walá pa ang mga pinangákong gámit sa ákin.

    d.   Kasi nagpunta ako sa paléngke.

AIV. Buuin ang mga sumúsunod na pangungúsap úpang magkaroon ng ganap na díwà.

1. Ano naman ang dala-dala... 2. Palági ko itong... 3. Kung ako ang tátanungin mo... 4. A mabúti ngá bumili... 5. Gusto kong bumili... 6. Mabúti magpunta na lang... 7. Kung bábasáhin mo... 8. Hanggang ngayon walá pa rin... 9. Marámi naman dyan... 10. Gusto mo bang hatíin... 11. Magháhanap ka ba ng... 12. Doon na lang táyo bumili... 13. Gusto mo bang basáhin... 14. Kumákáin ka ba ng... 15. Sa paléngke ka na lang...

AV.   Sagutin ang mga sumúsunod na tanong.

1. Ano ba ang dala-dala mo dyan sa bag? 2. Gusto mo bang basáhin ang Liwayway mágasin? 3. Marámi bang lámsyed sa paléngke? 4. Násaan ba ang kómiks? 5. Bákit gusto mong magpunta sa paléngke? 6. Ano ang binili mo sa paléngke? 7. Ano ba ang kinákáin mo? 8. Hanggang ngayon ba'y walá ka pang lámsyed? 9. Ano ang gágawin nátin sa paléngke? 10. Gusto mo bang bumili ng kéndi bar? 11. Múra ba ang sílya sa paléngke? 12. Gusto mo na

bang kumáin? 13. Ano pa bang háhanápin nátin? 14. Gusto mo bang hatíin ko ang kéndi bar? 15. Saan ba pwédeng bumili ng lámsyed?

BI. Ikalawang Bahági	**BI. Second Part**
(Nagtátanong sa dráyber ng dyip)	**(Asking the driver of a jeep)**

LÉSLIE	LESLIE

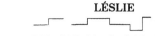

14a. Mámà! Paléngke hó ba?	14a. Driver! Do you go to the market?

b. Ay. Huwag na lang hò.	b. Oh, never mind.

c. Masikip na pala.	c. It's too full (already I see).

DRÁYBER	DRIVER

15. Kásya pa! Pítúhan 'to.	15. There is still room. (There's enough room for) seven.

LÉSLIE	LESLIE

16. Ayóko hò! Pete, maghintay na lang táyo ng iba.	16. No, I don't want to. Pete, let's wait for another one.

PETE	PETE

17a. O éto na ang isa.	17a. Oh, here's another (lit. the other) one now.

b. Halíka. Sakay na táyo.	b. Come on! Let's get on.

LÉSLIE	LESLIE

18. Éto'ng báyad, mámà, pára hó sa dalawa, o.	18. Here's the fare, driver, for two here.

PETE	PETE

19a. H'wag kang magbáyad Léslie.	19a. Don't pay, Leslie.

b. Ako na'ng bahálá sa báyad.	b. Let me (lit. I'll be the one to) take care of the fare.

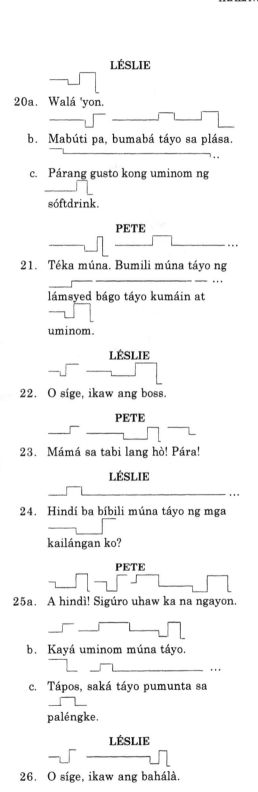

LÉSLIE

20a. Walá 'yon.

b. Mabúti pa, bumabá táyo sa plása.

c. Párang gusto kong uminom ng sóftdrink.

PETE

21. Téka múna. Bumili múna táyo ng lámsyed bágo táyo kumáin at uminom.

LÉSLIE

22. O síge, ikaw ang boss.

PETE

23. Mámá sa tabi lang hò! Pára!

LÉSLIE

24. Hindí ba bíbili múna táyo ng mga kailángan ko?

PETE

25a. A hindì! Sigúro uhaw ka na ngayon.

b. Kayá uminom múna táyo.

c. Tápos, saká táyo pumunta sa paléngke.

LÉSLIE

26. O síge, ikaw ang bahálà.

LESLIE

20a. It's (lit. that's) nothing.

b. The best is for us to get off at the plaza.

c. I kind of feel like drinking a soft drink.

PETE

21. Just a second. Let's first buy a lamp before we eat and drink.

LESLIE

22. OK, you're the boss.

PETE

23. Driver! (Stop) at the side. Stop!

LESLIE

24. Weren't we going to buy the things I need first?

PETE

25a. Oh, no. You're probably thirsty (already) now.

b. So let's (get something to) drink first.

c. Then afterwards we will go to the market.

LESLIE

26. Oh, all right. You are the one in charge.

Commentary to difficult forms in 5BI

14a.	*mámà*	This is a term of address to men of working class.
b.	*huwag hò*	"Don't, sir."
	hwag na lang hò	"Never mind, sir."
	masikip	"Tight."
15.	*kásya*	"Go around, be enough (adjective)."
	pito	"Seven."
	pítúhan	"Occupied by seven."
16.	*maghintay táyo*	"Let's wait." The dependent is used in sentences meaning "let's."
18.	*éto*	"Here it is."
	éto o	"Here it is (pointing)."
	éto'ng báyad	"Here is the payment (=héto ang báyad)."
19.	*h'wag kang magbáyad*	"Don't pay." Note that the negative imperative *huwag* is linked with *ng (na)*.
	ako ang...	"I am the one who..."
	ako na ang...	"Let me be the one to..."
	ako na'ng bahálà	"Let me be the one in charge (=ako na ang bahálà)." Note that *bahálà* is followed by the dative (§17.94).
20c.	*pára*	"Like."
	párang (sentence)	"It is as though (sentence) is the case" (§5.71).
21.	*bágo uminom*	"Before drinking." Note that *bágo* "before" is followed by the dependent when the action is future (§5.74).
23.	*sa tabi*	"Make it at the side (i.e. stop by at the side)."
	sa tabi lang	"Just stop at the side."
	pára	"Stop."
25b.	*kayà*	"So, therefore."
c.	*saká táyo pumunta*	"Let's go... afterwards."

BII. Pagsasánay. Ipalit ang mga salitang násá loob ng saklong.

1. *Here's the fare for two.*
   Éto ang báyad pára sa dalawa.   *(for us)*
   Éto ang báyad pára sa ámin.   *(for the two of us)*
   Éto ang báyad pára sa áming dalawa.   *(for him)*
   Éto ang báyad pára sa kanya.   *(for them)*
   Éto ang báyad pára sa kanila.   *(for my friend)*
   Éto ang báyad pára sa kaibígan ko.   *(for Mrs. Ocampo)*
   Éto ang báyad pára kay Mrs. Ocámpo.
2. *I kind of feel like drinking Coke.*
   Párang gusto kong uminom ng Kok.   *(reading Liwayway)*
   Párang gusto kong magbasa ng Liwayway.   *(going to the bathroom)*
   Párang gusto kong pumunta sa CR or   *(eating at home)*
      Párang gusto kong magpunta sa CR.
   Párang gusto kong kumáin sa báhay.   *(buying a house)*
   Párang gusto kong bumili ng báhay.   *(going home)*
   Párang gusto kong umuwì.   *(leaving)*
   Párang gusto kong umalis.
3. *Let's just wait for another one.*
   Maghintay na lang táyo ng iba.   *(beautiful one)*
   Maghintay na lang táyo ng maganda.   *(big one)*
   Maghintay na lang táyo ng malaki.   *(pay)*
   Magbáyad na lang táyo ng malaki.   *(lamp)*

Magbáyad na lang táyo ng lámsyed.   *(soft drink)*
Magbáyad na lang táyo ng sóftdrink.   *(drink)*
Uminom na lang táyo ng sóftdrink.   *(buy)*
Bumili na lang táyo ng sóftdrink.

4. *Let's buy first before we drink.*
   Bumili múna táyo bágo táyo uminom.   *(study first)*
   Mag-áral múna táyo bágo táyo uminom.   *(pay first)*
   Magbáyad múna táyo bágo táyo uminom.   *(go home)*
   Magbáyad múna táyo bágo táyo umuwì.   *(leave)*
   Magbáyad múna táyo bágo táyo umalis.   *(go down first)*
   Bumabá múna táyo bágo táyo umalis.   *(walk in the plaza first)*
   Maglakad múna táyo sa plása bágo táyo   *(drink soft drinks first)*
     umalis.
   Uminom múna táyo ng sóftdrink bágo táyo
     umalis.

5. *The best is for us to get off at the plaza.*
   Mabúti pa, bumabá táyo sa plása.   *(leave the eatery now)*
   Mabúti pa, umalis na táyo sa karindérya.   *(let's pay now)*
   Mabúti pa, magbáyad na táyo.   *(drink at the store)*
   Mabúti pa, uminom táyo sa tindáhan.   *(buy food first)*
   Mabúti pa, bumili múna táyo ng pagkáin.   *(go home now)*
   Mabúti pa, umuwí na táyo.

6. *Aren't we going to buy first?*
   Hindí ba bíbili múna táyo?   *(wait)*
   Hindí ba maghíhintay múna táyo?   *(read)*
   Hindí ba magbábasa múna táyo?   *(pay)*
   Hindí ba magbábáyad múna táyo?   *(eat)*
   Hindí ba kákáin múna táyo?   *(go)*
   Hindí ba púpunta múna táyo?   *(go home)*
   Hindí ba úuwí múna táyo?   *(leave)*
   Hindí ba áalis múna táyo?

7. *Then afterwards, we will go to the market.*
   Tápos, saká táyo pumunta sa paléngke.   *(wait in the store)*
   Tápos, saká táyo maghintay sa tindáhan.   *(go home to our place)*
   Tápos, saká táyo umuwí sa ámin.   *(leave the school)*
   Tápos, saká táyo umalis sa iskwelahan.   *(go back next door)*
   Tápos, saká táyo bumalik sa kabílà.   *(get on the jeep)*
   Tápos, saká táyo sumakay sa dyip.   *(pay the driver)*
   Tápos, saká táyo magbáyad sa dráyber.   *(have soft drinks)*
   Tápos, saká táyo uminom ng sóftdrink.

8. *Don't pay, Leslie.*
   Huwag kang magbáyad, Léslie.   *(wait)*
   Huwag kang maghintay, Léslie.   *(drink)*
   Huwag kang uminom, Léslie.   *(buy)*
   Huwag kang bumili, Léslie.   *(leave)*
   Huwag kang umalis, Léslie.   *(get on)*
   Huwag kang sumakay, Léslie.   *(sit down)*
   Huwag kang umupò, Léslie.

9. *Let's get on now.*
   Sakay na táyo.   *(go back)*
   Balik na táyo.   *(go home)*
   Uwí na táyo.   *(leave)*
   Alis na táyo.   *(pay)*
   Báyad na táyo.   *(buy)*

Bili na táyo.   *(get off)*
Babá na táyo.   *(drink)*
Inom na táyo.   *(stop)*
Tígil na táyo.   *(go)*
Punta na táyo.

10. *Driver, (stop) just at the side.*
    Mámà, sa tabi lang hò.   *(at the back)*
    Mámà, sa likod lang hò.   *(near Agrix)*
    Mámà, sa may Ágrix lang hò.   *(at the store)*
    Mámà, sa tindáhan lang hò.   *(by the market)*
    Mámà, sa may paléngke lang hò.   *(at the back of the jeep)*
    Mámà, sa likod lang hó ng dyip.   *(outside)*
    Mámà, sa labas lang hò.   *(near the plaza)*
    Mámà, sa may plása lang hò.   *(outside the eatery)*
    Mámà, sa labas lang hó ng karindérya.

BIII. Pilíin ang támang sagot.

1. *Pwéde pa ba kaming sumakay, mámà?*
   a.   Mabúti pa bumabá táyo sa plása.
   b.   O, éto ang isa, sakay na táyo.
   c.   Kásya pa! Pítúhan 'to.
   d.   Búkas na táyo sumakay.

2. *Hindí ba bíbili múna táyo ng kailángan ko?*
   a.   Sa tindáhan na lang táyo bumili.
   b.   Nung Martes pa kami bumili ng lámsyed.
   c.   Huwag kang magbáyad Léslie!
   d.   Huwag múna! Kumáin múna táyo.

3. *Gusto mo bang bumabá táyo sa plása?*
   a.   Pumunta na kami sa paléngke nung Lúnes.
   b.   Óo, kasi párang gusto kong uminom ng sóftdrink.
   c.   Mámà, sa tabi na lang hò!
   d.   Hindì, gusto mo bang kumáin táyo doon?

4. *Mámà! Paléngke hó ba?*
   a.   Óo, sa Martes pa ako bíbili ng sigarílyo.
   b.   Kásya pa! Pítúhan 'to.
   c.   Óo, sa paléngke ang punta nito.
   d.   Ayóko hò! Maghintay na lang táyo ng iba.

5. *Ano ba ang gusto mong bilhin?*
   a.   Sa paléngke na lang táyo bumili.
   b.   Gusto kong kumáin ng isdà.
   c.   Noong Martes pa kami bumili ng lámsyed.
   d.   Gusto kong bumili ng lámsyed.

6. *Gusto mo bang kumáin múna táyo bágo mamili?*
   a.   Mabúti pa pumunta na táyo sa iskwelahan.
   b.   Mabúti pa bumabá táyo sa plása.
   c.   Mabúti pa ngà, kumáin múna táyo.
   d.   Ako nang bahálá sa báyad.

7. *Sigúro uhaw ka na ngayon.*
   a.   Hindí pa ako bumili ng lámsyed.
   b.   Búkas na táyo uminom ng sóftdrink.

    c.   Óo ngá at gutom na rin ako.

    d.   Síge, bumili ka ng lámsyed.

8. *Saan ka ba naghintay?*

    a.   No'ng Linggo pa ako naghíhintay.

    b.   Híhintayin ko sána siya noong Martes.

    c.   Naghintay ako sa plása at doon na rin ako kumáin.

    d.   Mabúti pa maghintay na lang táyo sa Ágrix.

9. *Saang dyip ba táyo sásakay?*

    a.   Doon na lang táyo sumakay sa bus.

    b.   Sa paléngke na lang táyo bumabà.

    c.   Doon na lang táyo sumakay sa súsunod.

    d.   Masikip na pala ang dyip na ito.

10. *Kailan ba táyo púpunta sa plása?*

    a.   Síge, sa plása na lang táyo bumabà.

    b.   Sigúro uhaw ka na ngayon.

    c.   Sa Linggo na lang táyo bumili ng lámsyed.

    d.   Sa Martes na lang táyo pumunta sa plása.

BIV. **Buuin ang mga sumúsunod na pangungúsap úpang magkaroon ng ganap na díwà.**

1. Mabúti pa uminom ka múna bágo... 2. Masikip na pala díto. Maghintay na lang táyo... 3. Ano ba, bíbili ba múna táyo... 4. Ayóko hò, masikip na pala. Maghíhintay na lang... 5. Pete, talaga bang... 6. Sásakay na ba táyo kasi... 7. Mámà, púpunta ba... 8. O nása paléngke na táyo. Mámá... 9. Étong báyad mámà, pára... 10. Doon na lang táyo bumabá... 11. O Pete, ayan na yung dyip! Ay... 12. Naúúhaw ka na ba? O síge... 13. Ikaw ang bahálá sa pagkáin. Ako ang bahálá... 14. Téka mabúti pa bumili múna... 15. O, éto ang isang dyip...

BV. **Sagutin ang mga sumúsunod na tanong.**

1. Uhaw ka na ba? 2. Anóng gusto mong inumin? 3. Bíbili ba múna táyo ng kailángan nátin? 4. Saan ka pumunta? 5. Kailángan bang maghintay táyo ng ibang dyip? 6. Ano ang íinumin nátin sa plása? 7. Masikip na ba sa dyip? 8. Nagbáyad ka na ba doon sa mámà? 9. Bákit sa paléngke ka ba bíbili ng kailángan mo? 10. Bákit ka púpunta sa paléngke? 11. Síno ang bahálá sa báyad? 12. Mé lámsyed ba sa paléngke? 13. Gusto mo bang maghintay sa plása. 14. Bíbili ka ba ng sóftdrink sa plása? 15. Bákit bábabá na táyo sa paléngke? 16. Bíbili ba múna táyo o kákáin múna? 17. Ano ang gágawin nátin tápos uminom? 18. Bákit ikaw lágí ang bahálà? 19. Ilan ba talaga ang kásya sa dyip? 20. Ano ang gusto mong bilhin bágo táyo uminom at kumáin?

CI. **Ikatlong Bahági**	CI. **Third Part**
Sa plása	**At the plaza**
PETE	PETE
27. Umupó na lang táyo sa labas.	27. Let's just take a seat outside.
LÉSLIE	**LESLIE**
28. Síge. Mas malamig sa labas e.	28. OK. It's cooler outside.
29. Ano ang gusto mong inumin?	29. What do you want to drink?

30. Éwan ko. Kung ano ang gusto mo, iyon na rin ang híhingin ko.

30. I don't know. Whatever you want, I'll order (lit. ask for) the same.

31. Walá ba rítong wéytres?

31. Aren't there any waitresses here?

32. Walà. Ikaw ang kúkúha dun sa counter.

32. You have to get it at the counter (lit. there at the counter).

33a. Ay, óo ngá naman.

33a. Oh, yes, of course.

b. Dalawang abokádo dyus na lang ang kúkúnin ko.

b. Um, I'll just get two avocado juices.

34. Ókey lang sá'kin.

34. That's OK with me.

35. Gusto mo ba talaga ríto, Léslie?

35. Um, do you really like it here, Leslie?

36a. Ikaw naman, Pete!

36a. Oh, Pete!

b. Iyon lágí ang tinátanong mo!

b. That's what you always ask!

37. E ano ba talaga? Gusto mo ba?

37. Well really? Do you?

38a. Syémpre, gusto!

38a. Yes, of course I do.

b. Pete, alam mo naman, méron na akong nóbyo doon sá 'min.

b. Pete, you know I have a boyfriend back home.

39. Iyan naman ang lágí mong sinásábi!

39. Oh, that's what you always say!

40a. 'Wag na táyong magtagal.

40a. Let's not take too long.

b. Mukhang úulan na e.

b. It looks like it's going to rain.

c. Ubúsin mo na 'tong ínúmin ko.

c. Finish off my drink.

d. Marámi yátá pára sa 'kin 'to e.

d. It seems it's (too) much for me.

41a. O síge. Tara na!   41a. OK. Let's go!

b. Mukhang úulan na ngá e.   b. It does look like rain.

Commentary to difficult forms in 5C1

27.	*umupó táyo*	"Let's sit." Note the dependent for the meaning "let's (do)."
28.	*malamig*	"Cool."
	mas malamig	"Cooler."
29.	*inumin*	"Drink (verb)." Note the use of the dependent after *gusto*.
	gustong inumin	"Want to drink." Note that *gusto* is linked with *ng (na)*.
30.	*éwan ko*	"I dunno (= *aywan ko*)." This is a bit impolite because it indicates that the speaker doesn't know and doesn't really care very much.
	kung ano	"Whatever."
	iyon	"That."
	iyon na	"(I'll take) that."
	iyon rin	"Also that."
	iyon na rin	"I'll just have that too."
	híhingin	This is the future direct passive of *hingì* "ask for" (the *i* of the final syllable and the glottal stop after it is lost when the suffix *-in* is added – §5.11).
33.	*ay óo*	"Oh yes."
	ay óo ngà	"Oh yes indeed, oh yes, you're right."
	ay óo ngá naman	"Oh of course you are right, indeed it is so."
	abokádo dyus	"Avocado juice."
	abokádo dyus na lang	"Just make it avocado juice."
34.	*Ókey lang sa ákin*	"It's OK as far as I'm concerned."
35.	*gusto mo talaga*	"You really like it."
36.	*ikaw*	"You."
	ikaw naman	"Oh, you (that's the way you always are)."
	si Pete naman	"Oh, Pete (why do you act that way?)."
	iyon lágì	"It's always that, that is always it."
37.	*e ano ba*	"Well, what about it?"
38.	*syémpre*	"Yes, of course."
	doon sa ámin	"Back home, at our place."
40a.	*'wag*	"Let's don't...(= *huwag*)."
	magtagal	"Take a long time" (§15.74).
c.	*ínúmin*	"Drinks." This is a noun formed by the rules given in §17.32.
41.	*mukhang úulan na*	"It looks like it is going to rain" (§5.71).
	mukhang úulan na ngà	"It does indeed look like rain."

CII. Pagsasánay. Ipalit ang mga salitang nása loob ng saklong.

1. *It's cooler outside.*

Mas malamig sa labas, e.	*(beautiful)*
Mas maganda sa labas, e.	*(at the plaza)*
Mas maganda sa plása, e.	*(expensive)*
Mas mahal sa plása, e.	*(at the market)*
Mas mahal sa paléngke, e.	*(more)*

Mas marámi sa paléngke, e.   *(fewer)*
Mas kóntí sa paléngke, e.
2. *I want whatever you want.*
   Kung ano ang gusto mo ay gusto ko rin.   *(Leslie wants)*
   Kung ano ang gusto ni Léslie ay gusto ko   *(Pete wants)*
   rin.
   Kung ano ang gusto ni Pete ay gusto ko rin.   *(Leslie wants, too)*
   Kung ano ang gusto ni Pete ay gusto rin ni   *(whoever Pete wants)*
   Léslie.
   Kung síno ang gusto ni Pete ay gusto rin ni   *(I want, too)*
   Léslie.
   Kung síno ang gusto ni Pete ay gusto ko rin.   *(whoever you want)*
   Kung síno ang gusto mo ay gusto ko rin.
3. *I'll ask for the same.*
   Iyan na rin ang híhingin ko.   *(for coke)*
   Kok ang híhingin ko.   *(drink)*
   Kok ang íinumin ko.   *(will ask Leslie)*
   Si Léslie ang tátanungin ko.   *(you)*
   Ikaw ang tátanungin ko.   *(will look for you)*
   Ikaw ang háhanápin ko.   *(Pete will look for)*
   Ikaw ang háhanápin ni Pete.
4. *That's just OK (fine) with me.*
   Ókey lang sa ákin.   *(with Leslie)*
   Ókey lang kay Léslie.   *(with him)*
   Ókey lang sa kanya.   *(with Mr. Ocámpo)*
   Ókey lang kay Mr. Ocámpo.   *(with the woman)*
   Ókey lang sa babáe.   *(with the child)*
   Ókey lang sa bátà.   *(with both of us)*
   Ókey lang sa áting dalawa.
5. *Let's not take too long.*
   Hwag na táyong magtagal.   *(get off)*
   Hwag na táyong bumabà.   *(smoke)*
   Hwag na táyong manigarílyo.   *(see a show)*
   Hwag na táyong manood ng palabas.   *(drink beer)*
   Hwag na táyong uminom ng bir.   *(read)*
   Hwag na táyong magbasa.
6. *Finish this off. It's too much for me.*
   Ubúsin mo na ito. Masyádong marámi pára   *(eat it)*
   sa ákin.
   Kaínin mo na ito. Masyádong marámi pára   *(drink it)*
   sa ákin.
   Inumin mo na ito. Masyádong marámi pára   *(too cold)*
   sa ákin.
   Inumin mo na ito. Masyádong malamig   *(too hot, hot=maínit)*
   pára sa ákin.
   Inumin mo na ito. Masyádong maínit pára   *(drink the coffee)*
   sa ákin.
   Inumin mo na ang kape. Masyádong maínit
   pára sa ákin.
7. *You, that's what you always bring.*
   Ikaw naman, iyon lágí ang dinádala mo.   *(say)*
   Ikaw naman, iyon lágí ang sinásábi mo.   *(buy)*
   Ikaw naman, iyon lágí ang biníbili mo.   *(Leslie)*

Si Léslie naman, iyon lágí ang biníbili mo.   *(read)*

Si Léslie naman, iyon lágí ang binábása mo.   *(ask for)*

Si Léslie naman, iyon lágí ang hiníhingí mo.   *(do)*

Si Léslie naman, iyon lágí ang ginágawá mo.   *(wait for)*

Si Léslie naman, iyon lágí ang hiníhintay mo.   *(look for)*

Si Léslie naman, iyon lágí ang hináhánap mo.   *(she is)*

Si Léslie naman, siya lágí ang hináhánap mo.

8. *I'll just take avocado juice.*

    Abokádo dyus na lang ang kúkúnin ko.   *(food)*

    Pagkáin na lang ang kúkúnin ko.   *(two fish)*

    Dalawang isdá na lang ang kúkúnin ko.   *(the other jeep)*

    Yung isang dyip na lang ang kúkúnin ko.   *(soft drinks)*

    Softdrink na lang ang kúkúnin ko.   *(will drink)*

    Softdrink na lang ang íinumin ko.   *(coke)*

    Kok na lang ang íinumin ko.   *(will buy)*

    Kok na lang ang bíbilhin ko.

9. *You have to get it at the counter.*

    Ikaw ang kúkúha sa counter.   *(look for)*

    Ikaw ang háhánap sa counter.   *(buy)*

    Ikaw ang bíbili sa counter.   *(pay)*

    Ikaw ang magbábáyad sa counter.   *(drink)*

    Ikaw ang íinom sa counter.   *(ask)*

    Ikaw ang magtátanong sa counter.   *(tell, say)*

    Ikaw ang magsásábi sa counter.

10. *And that's what you always say.*

    Iyan naman ang lágí mong sinásábi.   *(bring)*

    Iyan naman ang lágí mong dinádala.   *(get)*

    Iyan naman ang lágí mong kinúkúha.   *(look for)*

    Iyan naman ang lágí mong hináhánap.   *(buy)*

    Iyan naman ang lágí mong biníbili.   *(drink)*

    Iyan naman ang lágí mong iníinom.   *(say)*

    Iyan naman ang lágí mong sinásábi.

CIII. Piliin ang támang sagot.

1. *Ano ang gusto mong inumin?*
   a. Sa paléngke na lang táyo uminom.
   b. E, ano ba ang gusto mong kaínin?
   c. Éwan ko. Kung ano ang gusto mo, yun na rin ang híhingin ko.
   d. Síge, uhaw na ngá ako at gutom pa.

2. *Mukhá bang úulan?*
   a. Noong Linggo ay umulan.
   b. Magtagal kayá ang ulan?
   c. Óo ngà, kayá 'wag na táyong magtagal.
   d. O síge. Tara na!

3. *Walá bang wéytres díto?*
   a. Sigúro umuwí na ang katúlong nila.
   b. Ay, óo ngá naman.
   c. Walà. Ikaw ang kúkúha doon sa counter.

    d.   Síge, búkas ka na kumúha ng kómiks.
4. *Gusto mo ba talaga ríto, Léslie?*
    a.   Óo, kákáin ako sa karindérya.
    b.   Síge, mas malamig sa labas e.
    c.   Syémpre, gusto ko.
    d.   'Wag na táyong magtagal.
5. *Méron ka na bang nóbyo?*
    a.   Walá pa. Nagháhanap pa ngà.
    b.   Sa Lúnes pa púpunta ang nóbyo ko díto.
    c.   Óo, méron na akong nóbyo doon sa 'min.
    d.   Iyon lágí ang sinásábi mo.
6. *Mas malamig ba sa labas?*
    a.   Ay óo ngá naman. Nása labas pa!
    b.   Umupó na lang táyo sa labas.
    c.   Óo. Kayá doon na lang táyo sa labas.
    d.   Mukhang úulan na e.
7. *Pwéde bang ubúsin mo na 'tong ínúmin ko?*
    a.   Síge, mas malamig sa labas.
    b.   Éwan ko, kung gusto mo bumili na lang táyo ng ínúmin.
    c.   Síge, marámi yátá iyan pára sa iyó e.
    d.   Áyaw mo bang uminom?
8. *Abokádo dyus na lang ang inumin nátin.*
    a.   A gusto mo ba talaga ríto.
    b.   Ókey yun sa ákin a.
    c.   Marámi yátá ito pára sa ákin.
    d.   Ano ang gusto mong inumin?
9. *Umupó na lang táyo sa labas.*
    a.   Mukhang úulan na ngá e.
    b.   Ay óo ngá naman.
    c.   Síge, mas malamig sa labas e.
    d.   Iyon naman lágí ang sinásábi mo e.
10. *Saan ba kúkúha ng ínúmin?*
    a.   Ubúsin mo na itong ínúmin ko.
    b.   Éwan ko! Kung ano ang gusto mo, yon na rin ang híhingin ko.
    c.   Doon ako bumíbili sa plása.
    d.   Éwan ko. Sigúro doon na rin sa counter.

CIV.   **Buuin ang mga sumúsunod na pangungúsap úpang magkaroon ng ganap na díwà.**

1. Mabúti pa sa labas na lang táyo... 2. Tara na Pete, at mukhang... 3. Kumúha ka kung ano ang... 4. Óo ngà, sa labas ngá pala'y... 5. Híhingin ko na rin kung ano... 6. Walang wéytres díto Pete. Ikaw ang kúkúha sa counter ng... 7. Kung gusto mo ng abokádo dyus... 8. Pete, alam mo namang méron... 9. Ang abokádo dyus... 10. Bákit ba gusto mong umupó... 11. Marámi yátá ito pára sá 'kin, éto... 12. Bákit ba 'yon na lang ang lágí... 13. Mukhang úulan, pwéde bang hwag... 14. Óo ngá ano, mas malamig pala... 15. Kung ano ang gusto mo, iyon na rin...

CV.   **Sagutin ang mga sumúsunod na tanong.**

1. Saan mo gustong umupò? 2. Bákit gusto mo sa labas? 3. Ano ang híhingin mo? 4. Méron hó ba rítong wéytres? 5. Méron ka na bang nóbyo? 6. Marámi ba ang dyus mo? 7. Násaan ba ang nóbyo mo? 8. Saan ako kúkúha ng abokádo dyus? 9. Ano bang dyus ang gusto mo? 10. Mukhá bang úulan? 11. Gusto mo ba talaga ng abokádo dyus? 12. Talaga bang méron ka nang nóbyo?

13. Gusto mo ba talagang umupó sa labas? 14. Mas malamig ba sa labas? 15. Malamig ba ang ínúmin mo?

DI. Guided Conversation for Unit 5

You play the role of Leslie and a classmate plays the role of Pete. A second classmate or the teacher may play the role of incidental characters (a waitress at the cafeteria and a driver).

L.   Do you have food for sale? (hint: "food for sale" is *tindang pagkáin*)
Waitress: What do you want? Because all that we have (hint: say "is here") is fish.
L.   Never mind, thanks.

Pete meets Leslie

Pete: Hey, where are you going?
L: Oh, to Mother's Best. I will buy some food. There isn't any there in the eatery.
P: Oh, OK. I'll just go with you, if I may. (hint: "go with" is *sáma*)
L: OK, let's go. Oh, what is that you are carrying? Heavenly days! That's *Liwayway*! Why are you reading that?
P: I just bought this for my friend. Why are you laughing?
L: Oh it's nothing. Be patient with me, OK? My heavens! It's Sunday today, isn't it? (I just realized). It just occurred to me, there's no food at Mother's Best. It'd be better if we just buy food at Rosita's. Come on. Let's get on a jeep.
P: Driver. To the market! Oh, I think it's too full.
Driver: No. There's still room. It's enough for seven people.
P: Come on Leslie.
L: Oh, it's too crowded (I see). We should not have gotten on this one. We should just have waited for another jeep. Here driver – payment for the two of us. Whoa!
P: Leslie, let's get off now. Where shall we (go)?
L: To Rosita's, wasn't it? They say the food is cheap there. One mackerel, please. Come on.
P: The best thing for us to do is drink first before we go home. What do you want, avocado juice or a soft drink?
L: Whatever you have, I'll ask for the same thing.
P: What time shall we go home?
L: I don't care. (hint: *Bahálá na*) Hey! They've got bags for sale here. (hint: *may tinda díto*) I thought they only had them at the market. Oh yes, they also have lamps.
P: Why? Are you looking for a lamp?
L: Because my mother promised me one, but up to now it hasn't made its appearance yet (hint: *walá pa*).
P: But the thing is (hint: *Kung sabágay*), it's cheaper in Manila. You will just waste your money if you buy (one) here. Because it is expensive here.
L: Really? Oh, here's the soft drink. You do seem to be thirsty now.
P: You want some (of this) candy bar?
L: No, thanks. I'm still full.
P: Let's sit outside here, so it's a little bit cooler. (hint: "a bit" is *ng kónti*)
L: Look at that waitress. Is she pretty?
P: You are prettier (hint: *mas maganda*).
L: What did you say?
P: You are prettier.
L: Hey! I've already got a boyfriend!
P: I know. There – just finish off that soft drink because (hint: *at*) it looks like it is going to rain. Here, there's a jeep. Let's go.

Grammar

5.1   The direct passives

In Units 1-4 we had **active** verb forms. In this unit we have examples of the **direct passive**[1] verb form. The following chart shows the direct passives of verbs we have had so far. (Some verbs do not have a direct passive).

Root	Past	Present	Dependent	Future
hánap	hinánap	hináhánap	hanápin	háhanápin
trabáho	tinrabáho	tinátrabáho	trabahúhin	tátrabahúhin
inom	ininom	iníinom	inumin	íinumin
kúha	kinúha	kinúkúha	kúnin or	kúkúnin or
			kuhánin	kúkuhánin
káin	kináin	kinákáin	kaínin	kákaínin
bili	binili	biníbili	bilhin	bíbilhin
básа	binása	binábása	basáhin	bábasáhin
dala	dinala	dinádala	dalhin	dádalhin
tanong	tinanong	tinátanong	tanungin	tátanungin
aksaya	inaksaya	ináaksaya	aksayahin	áaksayahin
gawà	ginawà	ginágawà	gawin	gágawin
hátì	hinátì	hináhátì	hatíin	háhatíin
hintay	hinintay	hiníhintay	hintayin	híhintayin
hingì	hiningì	hiníhingì	hingin	híhingin
sábi	sinábi	sinásábi	sabíhin	sásabíhin
úbos	inúbos	inúúbos	ubúsin	úubúsin

The tense meanings are the same as the tense meanings presented in Unit 4, §4.2. Example of the various tenses with passive verbs are as follows:

Past tense

1. *Inúbos ni Pete ang ínúmin ni Léslie.* "Pete **finished off** Leslie's drink."
2. *Binili mo **na** ba iyong lámsyed?* "**Have** you **bought** that lamp **yet**?"

Present tense

3. *Ano ang **kinákáin** mo?* "What **are** you **eating**?." (5A10)
4. *Palági ko itong **binábása**..* "I always **read** it." (5A2b)

Dependent form

5. *Hatíin nátin!* "Let's **split it!**" (5A11)
6. *Ubúsin mo na itong ínúmin ko.* "**Finish** off my drink." (5C40c)

Future form

7. *Kung **bábasáhin** mo, madámi ka ring mátututúnan.* "If you **read** it, there is also lots (for you) to learn." (5A4)
8. *Ano ngá pala ang **gágawin** nátin ngayon?* "By the way, what **shall** we **do** now?" (5A5)

---

[1] Although we call this form "passive" it is often translated by an English **active verb** in analogous contexts.

5.11 Summary of the direct passive affixes and changes the root undergoes when the affixes are added.

The following chart summarizes the direct passive affixes. R- represents the first consonant of the syllable (or nothing) followed by the first vowel lengthened.

Past	Present	Dependent	Future
-in-	R-in-	-in	R-in

Changes when the suffixes are added

(1) Intercalation of **h**

When the suffix **-in** is added to a root which ends in a vowel, an **h** is placed at the end of the root before the suffix:

bása	+	*-in*	=	*basáhin*
sábi	+	*-in*	=	*sabíhin*
trabáho	+	*-in*	=	*trabahúhin*

Note that if a root ends in a glottal stop, no **h** is intercalated. (The glottal stop is retained before the suffix and the writing of two vowels together indicates the presence of the glottal stop.)

háti	+	*-in*	= *hatíin*

(2) Long vowel shift

When the root has a long vowel (that is, a vowel marked with an acute accent here) in the penult (second syllable from the end), the resulting affixed form also has a long vowel in the penult. The vowels in the following examples which are marked with an accute accent are in the penult:

úbos	+	*-in*	= *ubúsin*
háti	+	*-in*	= *hatíin*
bása	+	*-in*	= *basáhin*
hánap	+	*-in*	= *hanápin*
hintay	+	*-in*	= *hintayin*

If the penult is not long in the root, the penult in the affixed form is also not long.

(3) Short vowel in the penult of the root

When a root ends in a vowel or glottal stop and the penult is **not** long, in most cases the final vowel of the root is lost when a suffix is added.[2] For example, when **-in** is added to *dala* the **h** is intercalated (by the rule #1 above) and the final vowel of the root is dropped.

dala +	*-in*	=	(via *dalahin*) =	*dalhin*

Another example:

bili	+	*-in* =	*bilhin*

---

[2] This doesn't happen in all cases. For example the final vowel of the root is not dropped in the following case: *aksaya* + *-in* = *aksayahin*

When a root with a short vowel penult ends in a glottal stop the final vowel is dropped (in some cases) and the glottal stop vanishes.

$$gaw\grave{a} \quad + \quad \text{-}in \quad = \quad gawin$$
$$hing\grave{i} \quad + \quad \text{-}in \quad = \quad hingin$$

(4)   Irregularities

A few very common words do not follow a general rule but must be learned individually. So far we have had *kúha* which has two alternative forms (both common) when *-in* is added.

$$k\acute{u}ha \quad + \quad \text{-}in = \quad k\acute{u}nin \text{ or } kuh\acute{a}nin$$
$$k\acute{u}ha \quad + \quad R\text{-}in \quad = \quad k\acute{u}k\acute{u}nin \text{ or } k\acute{u}kuh\acute{a}nin$$

DO GRAMMAR EXERCISES 5A1, 5A2.

5.12   Direct passive of roots with *paN-*

Some base words which contain a prefix *paN-* also have direct passive forms. The direct passive affixes are added directly to the base with *paN-*, without dropping the *paN-* or changing its form. The following chart exemplifies the direct passive of two verbs which contain *paN-: panood* "see a movie" and *pamili* "buy (several things)."

Base	Past	Present	Dependent	Future
panood	pinanood	pinanónood	panoorin	panónoorin
pamili	pinamili	pinamímili	pamilhin	pamímilhin

5.2   The agent of the action and of the passive form.

The **agent** is the one who performs the action of the verb. In the following sentences the agent is in **bold face.**

With active verbs:

9. *Si Léslie ang naghάhanap ng kwárto.* "**Leslie** is the one looking for a room."
10. *Bákit ka nagtátawa?* "Why are **you** laughing?" (5A2c)
11. *Maghintay na lang táyo ng iba.* "Let's just wait for another one." (5B16)

With direct passive verbs:

12. *Iyan na rin ang híhingin ko.* "**I** will ask for the same thing." (5C30)
13. *Kung ako ang tátanungin mo.* "If **you** ask me." (5A3)
14. *Hatíin nátin.* "Let's split it." (5A11)

The agent of the active verb is most commonly the subject or predicate of the sentence.[3] For example in sentence 9 above, the agent "Si Léslie" is the predicate. In sentences 10 and 11 above the agent is the subject. The subject and predicate is in the nominative case (as explained in Unit Two §2.6 above). Thus the agent of the active verb is usually nominative. The agent of the passive verb (that is, the direct passives and all other forms which we will study later which are specified as passive) is **genitive.** Thus *ko* of example 12 above, *mo* of example 13, and *nátin* of example 14 are all genitive forms because they are the agents of passive verb. The rules of word order given in Unit Two, Sec 2.1, hold in sentences with passive verbs, as always. Thus the genitive pronouns, being

---

[3] This is not always the case. We have had a few sentences in which the agent is neither subject nor predicate. We will study these situations in Unit Six (§6.52).

short forms, get moved to the first word of the predicate. For example, in the following sentence the agent *ko* comes after the first word of the predicate and is separated from the verb:

15. *Palágí ko itong binábása.* "I always read it." (5A26)

Other examples of genitive agent with a passive verb:

16. *Ano ang binábása ni Léslie?* "What is Leslie reading?"
17. *Úubúsin na lang ng kasáma ko ang ínúmin ko.* "My companion will just finish off my drink."

DO GRAMMAR EXERCISES 5A3, 5A4.

5.21 The subject and predicate of passive sentences

In passive sentences the verb is commonly the subject of the sentence (preceded by *ang*).

18. *Kung ako ang tátanungin mo.* "If you ask **me** (lit. If I am the one you ask)." (5A3)
19. *Ano ngá pala ang gágawin nátin?* "By the way, what **shall we do**?" (5A5)
20. *Iyan naman ang lágí mong sinásábi!* "That is what **you always say**!" (5c39)

In cases where the direct passive verb is the subject (that is in a phrase introduced by *ang*) the predicate refers to the **direct object**[4] (the thing or person who receives or gets changed by the action). Thus in example 18, *ako* is the predicate of the sentence. It is the direct object of the verb *tátanungin* "will ask." Similarly, in example 19, *ano* "what" is the predicate and the direct object of the verb *gágawin* "will do." Futher, in example 20, *iyan* "that" is the predicate and is the direct object of *sinásábi* "say." The passive verb also may be the predicate of the sentence. In the following sentence *ito* "this" is the subject and the rest of the sentence is the predicate.

21. *Palágí ko itong binábása.* "I always read **it** (lit. this)." (5A2b)

Similarly, in the following sentence *itong ínúmin ko* is the subject and the rest of the sentence which contains the verb (*ubúsin* "finish off") is the predicate.

22. *Ubúsin mo na itong ínúmin ko.* "Just finish off **my drink** (lit. this drink of mine)." (5C40c)

The subject of these sentences are the direct object. Thus, in sentence 21 above, *ito* "this" is the direct object of *binábása* "read." Similarly, in sentence 22, *itong ínúmin ko* "this drink of mine" is the direct object of *ubúsin* "finish off." Sentences which have a direct passive form as a predicate and no subject mean "do to **it**." That is, the direct object is something already known in the conversation and not expressed. The choice of a direct passive verb is enough to express the English meaning "it." The following sentences have a passive verb predicate and no subject. The direct object is unexpressed, and English would use "it" to refer to the direct object.

23. *Hatíin nátin.* "Let's divide **it** up." (5A11)
24. *Binása mo na ba?* "Have you read **it**?"
25. *Búkas ko na lang bíbilhin.* "I'll just buy **it** tomorrow."

---

[4] The term **direct object** is used to refer forms which have meanings like the direct object in English. E.g. the direct object of "John hit the ball" is **the ball**. Of course, Pilipino syntax is different from English and the grammatical construction of things which have analogous meanings can be (and usually is) quite different in the two languages. Thus the meaning "direct object" is expressed by grammatical constructions which are not analogous in the two languages.

A subject could be supplied for the above three sentences. The subject is in bold face in the following three sentences. (The subject is the direct object of the verb.)

23a. *Hatíin nátin ang kéndi.*"Let's divide **the candy up**."
24a. *Binása mo na ba ang libro?* "Have you read **the book?**"
25a. *Búkas ko na lang bíbilhin ang libro.* "I'll just buy **the book** tomorrow."

5.22 Verbs which modify a noun

Verbs in Pilipino may be used to modify noun or pronoun by linking the verb and the noun with *na* (*ng*). In the following sentence the verb *nagháhanap* "is looking for" modifies *babáe* "woman" and is linked with *ng* "who."

26. *Si Léslie ang babáeng nagháhanap ng kwárto.* "Leslie is the woman **who is looking for a room**."

Similarly, in the following sentence *binábása* "are reading" modifies *yang kómiks* "the comics" and is linked with *na* "that."

27. *Maganda ba yang kómiks na binábása mo diyan?* "Are those comics **you are reading** there good?"

The verb can precede the noun it modifies as well as follow it with little difference in meaning. (Compare what we said in §2.4 of Unit Two about the freedom of adjectives to come before or after the noun they modify.) For example, in the following sentence *pinangákò* "had been promised" precedes the word which it modifies *lámsyed* "lamp." The verb and noun are linked with *ng*.

28. *Walá pa rin yong pinangákong lámsyed sa ákin.(= lámsyed na pinangákó sa ákin).*"The **lamp that was promised** to me still hasn't come." (5A8b)

If the word which the verb modifies is the agent, the verb is active, as in example 26 above. If the word which the verb modifies is the direct object, the verb is in the direct passive (as in example 27 and 28 above).

5.23 When to use the active and when to use the direct passive

The active and direct passive are not interchangeable. Some sentences are expressed better with an active and some better with a direct passive. The general rule is that if what one is talking or asking about is the **agent** or **what is being done** then an active verb is used. If what one is talking or asking about is the **direct object**, then the direct passive is used. For example, the following three sentences are asking or talking about what is being done and the verbs are active.

29. *Bákit ka nagtátawa?* "Why **are** you **laughing**?" (5A2c)
30. *Mabúti pa magpunta na lang táyo sa paléngke.* "The best thing would be for us **to go** to the market." (5A6)
31. *Hindí ba bíbili múna táyo ng mga kailángan ko?* "Weren't we **going to buy** the things I need first?"

The following three sentences are about the direct object. Therefore, the direct passive verb is used.

32. *Kung ako ang tátanungin mo.* "If you ask **me** (lit. If it is **me** you're **going to ask**). (5A3)
33. *Ano ngá pala ang gágawin nátin ngayon?* "**What shall** we **do** now?" (5A5)
34. *Kéndi bar. Hatíin nátin.* "A candy bar. **Let's split it**." (5A11)

These are general guidelines, but they don't provide the airtight rules, and only after a considerable additional amount of material will you develop a feel for what it does to the meaning to choose active or direct passive verb. However, there are some airtight rules which are easy to learn and which will bring you to making the right choice in the great majority of cases.

DO GRAMMAR EXERCISE 5A5.

5.231 Verb in phrases introduced by the markers *ang*, *ng* (*na*), and *sa*

In the verb phrases introduced by a marker (*ang*, *na*, *ng*, or *sa*) if there is an agent as part of the phrase, the passive **must be** used. In the following sentence the agent is *mo* "you" and the verb is *kinákáin*. The verb is passive because there is an agent in the phrase:

35. *Ano ang kinákáin mo?* "What are you eating?" (5A10)

Similarly, the following phrase has a verb and agent *ko* "I." It is introduced by *ang*. Thus the passive is used.

36. *Ang kúkúnin ko.* "What I am going to get."

Similarly, if a phrase consisting of a verb plus an agent is introduced by the other markers the verb is passive. The following sentence gives an example of verb plus an agent after the linker *na*.

37. *Múra ang lámsyed na binili ni Léslie.* "The lamp Leslie bought is cheap."

In examples 35, 36, 37 above the verb is the direct passive and the whole phrase refers to the direct object (the one you are bringing, the one I am going to get, the one Leslie bought). The passive was used because there was a word referring to the agent inside the phrase introduced by the marker. On the other hand if there is **no** agent in the phrase introduced by the marker[5] then the active verb is used.

38. *Ang mga librong bíbilhin búkas...* "The books (someone) is going to buy tomorrow..."
39. *Si Léslie **ang naghághanap** ng kwárto.* "Leslie is the one **looking for** a room."
40. *Kung ikaw **ang magbábáyad** ng lahat.* "If you are the one **who pays for** everything." (4C29)

As these examples show, the phrase consisting of a marker plus an active verb phrase refers to the agent of the action.

5.3   Interrogatives, numbers and *kókónti*, *marámi* as predicate

Whenever a sentence contains an interrogative, the interrogative must be the predicate or part of the predicate.

The interrogatives we have had so far are:

ilan	how many	*alin*	which (of several)
ano	what	*saan* or *násaan*	where
síno	who		

Ano, *síno*, and *alin* must be followed by a subject (that is a pronoun, a name or title introduced by *si* (*sina*) or a phrase introduced by *ang*. In the following sentence *ang* cannot be dropped because *síno*

---

[5] If the agent has been dropped (that is, if an agent is understood), the passive must still be used.

is the predicate and the rest of the sentence is the subject (which must have *ang*, *si*, or be nominative).

41. *Síno ang dárating búkas?* "Who is going to come tomorrow?"

Similarly, in the folowing sentence *ang* is obligatory because the interrogatives are the predicate and the rest of the sentence is the **subject**.

42. *Alin sa dalawa **ang gusto n'yo?*** "Which of the two do you want?" (3A6b)

43. *Ano pa **ang háhanápin mo?*** "What else are you going to look for?" (5A9c)

5.31 *Ano, síno,* and *alin* as the direct object

When *ano* "what," *síno* "who," or *alin* "which one" function as the direct object of the verb, the verb must be passive.[6] Thus the following sentence *ano* "what" is the direct object of *kinákáin* "be eating". Therefore, the verb is passive.

44. *Ano **ang kinákáin mo?*** "What are you eating?" (5A10)

Similarly in the following sentence *síno* "who" is the direct object. Thus, the verb must be passive.

45. *Síno **ang tátanungin mo?*** "Who are you going to ask?"

Further, in the following sentence *alin* "which one" is the direct object, and the verb must be passive.

46. *Alin sa dalawa **ang gusto mong bilhin?*** "Which of the two do you wish to buy?"

5.32 Statement or question of number or amount

Statements or questions of numbers or amount are normally expressed by making the number or the word for amount the predicate. That is, to say in order to express (1) "there are two, three, etc." or (2) "there are many, few..." or to say (3) "do something to two, three, many, few, etc.," the number or expression of quantity is made the predicate. For example in the following sentence the phrase including the number is made the predicate.

47. ***Dalawang táo** ang nagháhanap ng kwárto.* "Two people are looking for a room.
(Lit. It was two people who were looking for a room)"

Another example:

48. ***Dalawang libro** ang binili* [7] *ko.* "I bought two books."

Similarly *kókóntì* and *marámi* are made the predicate.

49. ***Kókóntì lang pala** ang kináin mo.* "You ate so little!"

The interrogative phrase with *ilan* "how many" must also be the predicate.

50. ***Ilang libro na ba** ang binili mo.* "How many books have you bought?"

DO GRAMMAR EXERCISES 5Bff.

---

[6] When *ano, síno,* or *alin* function as the agent, the verb must be active. See example 41, above.

[7] Note (for examples 48, 49, and 50) that the direct passive verb must be used in the predicate because the subject, introduced by *ang*, contains a word for the agent as well as the verb.

5.4 The direct object with action verb

The direct object may also be expressed with active verbs. The direct object with active verbs is (1) a dative of the pronoun or (2) the dative particle before a name or title (*kay* or *kina*) or (3) *ng* (pronounced *nang*) plus a noun or phrase. Note the direct object marker *ng* is written separate from what precedes it. The direct object of an active verb **must** follow the verb. The following sentence exemplify active verbs followed by direct object.

51. *Kayo bang dalawa ang naghǎhanap **ng kwárto**?* "Are both of you looking for **a room**?" (2C24b)
52. *Magtútúró hó ako **ng Ingles** at mag-ááral din hó ako **ng Tagálog**.* "I will teach **English** and also study **Tagalog**." (3B14)
53. *Lágí silang naghǎhandá **ng isdà**.* "They always serve **fish**." (4A6b)

If the direct object of the active verb is a proper noun or a pronoun the dative form is used.

54. *Ako na lang ang magtátanong **kay Mr. Ocámpo**.* "I'll be the one to ask **Mr. Ocámpo**."
55. *Síno kayá ang gustong maghintay **sa iyo**?* "Who would want to wait for **you**?"

However, the genitive of the demonstrative pronoun is used as the direct object of active verb. For example, in the following sentence *noong libro* "those books" is the direct object of the active verb *bumili*.

56. *Ako ang bumili **noong mga libro** (or **ng mga librong iyon**).* "I was the one who bought **those books**."

With a verb that refers to motion the direct object is introduced by *sa* or *ng* alternatively.[8]

57. *Sa Sábado pa siya bábalik **ng** (or **sa**) Maynílà.* "He will only be going back **to** Manila on Saturday."

5.5 More, too (adjective)

Mas means "more, (adjective), -er": *mas mabúti* "better."

58. *Mas malamig sa labas e.* "It is cooler outside." (5C28)

Pa is added to adjectives to give a meaning "even more (so and so)." The dependent form of the verb is used after *mabúti pa*.

59. *Mas mabúti pa magpunta na lang táyo sa paléngke.* "It would be even better to just go to the market."

The form *mas* can be dropped.

60. *Mabúti ngá bumili ka na lang ng isa a.* "You'd do better just to buy one." (5A9a)

Masyádo + *ng* + (adjective) means "too (adjective)."

61. *Hindí naman **masyádong** malaki.* "It isn't **too** big." (1B20a)

The form *masyádo* can be dropped.

---

[8] *Sa* introduces phrases that refer to location (§3.31) and the direct object of a verb which refers to motion can be thought of as the direct object or as the location.

62. *Marámi yátá pára sa ákin ito e.* "It seems to be **too much** for me apparently."
(5C40d)

5.6   Word study

5.61   Mukhà, pára

Mukhà "apparently" and *pára* "like"[9] precede the forms they modify and are linked with *ng*.

63. *Mukhang úulan na ngà.* "It does **look like** rain." (5C41b)
64. *Párang gusto kong uminom ng softdrink.* "I feel like a soft drink"
65. *Párang úulan na ngà!* "It does **seem like** it's going to rain!"

5.62   Palágì (lágì), talaga

Palágì (short form *lágì*) "always" and *talaga* "really" may alternatively precede the forms they modify, in which case they are linked with *ng*, or they may come immediately after the particles in which case they are not linked.

66. *Talagang walá na hó ba kayong bakánteng kwárto?* "Do you **really** have no vacant rooms?"

In the following sentences *talaga* comes after the particles:

67. *Gusto mo ba talaga ríto?* "Do you **really** like it here?" (5C35)
68. *Lágí silang nagháhandá ng isdà.* "They **always** serve fish." (4A6b)
69. *Iyon lágí ang tinátanong mo!* "That is what you **always** ask!" (5C36b)

5.63   Kasi

Kasi "because" comes first in the clause or immediately after the particles

70. *Kasi hindí pa nagsísimulá ang kláse.* "**Because** the classes haven't started!" (4B12c)
71. *Hanggang ngayon kasi walá pa rin.* "**Because** up to now, there still isn't any." (5A8b)

5.64   Bágo

Bágo basically means "new."

72. *Lumípat na kami sa bágo náming báhay.* (or *Lumípat na kami sa bágong báhay námin.)* "We have moved to our **new** house."

As an adverb, *bágo* means "first, newly"

73. *Nung bágo ka dumating díto.* "When you **first** came here." (3C25)

As a conjunction *bágo* means "before." In this usage it is followed by the dependent form of the verb.

---

[9]*Pára* "like" is not to be confused with its homonym *pára* "for."

74. *Bumili múna táyo ng lámsyed **bágo** táyo **uminom**.* "Let's buy a lamp **before** we **get a drink**." (5B21)

DO GRAMMAR EXERCISE 5C.

5.7   Particle study

Review what we say in §1.9, 3.5, and 4.8 of Units One, Three, and Four, respectively. Here, we provide additional information.

5.71   *Pa*

The basic meaning of *pa* is "still, yet."

75. ***Busog pa*** *ako.* "I'm **still** full." (5A12)

In negative sentences *pa* means "(not) yet."

76. *Walá **pa** rin yong pinangákó sa ákin.* "They **still** haven't (given me) what they promised me." (5A8b)

With numbers, pronouns or *ano, pa* means "still (so-and-so many more), else."

77. *Ano **pa** ba ang háhanápin mo?* "What **else** are you looking for?" (5A9c)

With adjectives *pa* means "even more (so-and-so), See §5.5, above.

5.72   *Rin (din)*

The basic meaning of *din (rin)* is "also, too."

78. *Iyon na **rin** ang híhingin ko.* "I'll just ask for that **same** thing (lit. for that, too)." (5C30)

The phrase *pa rin (pa din)* means "still not yet (though it was expected already)."

79. *Walá **pa rin** yong lámsyed.* "That lamp **still** hasn't (been given) to me." (5A8b)

5.73   *Múna*

The basic meaning of *múna* is "first, before doing something else."

80. *Hindí ba bíbili **múna** táyo ng lámsyed bágo táyo uminom?* "Weren't we going to buy a lamp before we get something to drink?" (5B21)

5.74   *Yátà*

Yátà means "apparently."

81. *Marámi **yátà** pára sa ákin.* "It **seems** like it's too much for me." (5C40d)

DO GRAMMAR EXERCISES 5Dff.

Grammar Exercises

5A1. Pagpapalit (§5.11)

Únang Hakbang. Pangnagdaan

What did you do in Marinduque?
Ano ang ginawá mo sa Marindúque?   (look for)
Ano ang hinánap mo sa Marindúque?   (ate)
Ano ang kináin mo sa Marindúque?   (drank)
Ano ang ininom mo sa Marindúque?   (bought)
Ano ang binili mo sa Marindúque?   (got)
Ano ang kinúha mo sa Marindúque?   (read)
Ano ang binása mo sa Marindúque?   (brought)
Ano ang dinala mo sa Marindúque?   (wait for)
Ano ang hinintay mo sa Marindúque?   (said)
Ano ang sinábi mo sa Marindúque?

Ikalawang Hakbang. Pangkasalukúyan

And what are you carrying there?
Ano naman ang dala-dala mo dyan?   (looking for)
Ano naman ang hináhánap mo dyan?   (eating)
Ano naman ang kinákáin mo dyan?   (drinking)
Ano naman ang iníinom mo dyan?   (asking for)
Ano naman ang hiníhingí mo dyan?   (reading)
Ano naman ang binábása mo dyan?   (waiting for)
Ano naman ang hiníhintay mo dyan?   (getting).
Ano naman ang kinúkúha mo dyan?   (doing)
Ano naman ang ginágawá mo dyan?   (saying)
Ano naman ang sinásábi mo dyan?

Ikatlong Hakbang. Panghináharap

By the way, what shall we do now?
Ano ngá palang gágawin nátin ngayon?   (will look for)
Ano ngá palang háhanápin nátin ngayon?   (will drink)
Ano ngá palang íinumin nátin ngayon?   (will eat)
Ano ngá palang kákaínin nátin ngayon?   (will wait for)
Ano ngá palang híhintayin nátin ngayon?   (will read)
Ano ngá palang bábasáhin nátin ngayon?   (will buy)
Ano ngá palang bíbilhin nátin ngayon?   (will get)
Ano ngá palang kúkúnin (kúkuhánin) nátin   (will ask for)
  ngayon?
Ano ngá palang híhingin nátin ngayon?   (will say)
Ano ngá palang sásabíhin nátin ngayon?   (will bring)
Ano ngá palang dádalhin nátin ngayon?

Ikaápat na Hakbang. Pawatas

What do you want to drink?
Ano ang gusto mong inumin?   (look for)
Ano ang gusto mong hanápin?   (eat)

Ano ang gusto mong kaínin?	*(wait for)*
Ano ang gusto mong hintayin?	*(read)*
Ano ang gusto mong basáhin?	*(buy)*
Ano ang gusto mong bilhin?	*(get)*
Ano ang gusto mong kúnin?	*(ask for)*
Ano ang gusto mong hingin?	*(say)*
Ano ang gusto mong sabíhin?	*(divide up)*
Ano ang gusto mong hatíin?	*(finish off)*
Ano ang gusto mong ubúsin?	*(waste)*
Ano ang gusto mong aksayahin?	*(bring)*
Ano ang gusto mong dalhin?	

5A2. Pagpapalit (§5.11)

Únang Hakbang

That's what you always say.

Iyon lágí ang sinásábi mo.	*(noong Linggo)*
Iyon ang sinábi mo noong Linggo.	*(búkas)*
Iyon ang sásabíhin mo búkas.	*(gusto)*
Iyon ang gusto mong sabíhin.	*(káin)*
Iyon ang gusto mong kaínin.	*(búkas)*
Iyon ang kákáinin mo búkas.	*(noong Linggo)*
Iyon ang kináin mo noong Linggo.	*(lágì)*
Iyon lágí ang kinákáin mo.	*(gawà)*
Iyon lágí ang ginágawá mo.	*(gusto)*
Iyon lágí ang gusto mong gawin.	*(noong Linggo)*
Iyon ang ginawá mo noong Linggo.	*(búkas)*
Iyon ang gágawin mo búkas.	

Ikalawang Hakbang

I will ask for the same thing.

Iyon na rin ang híhingin ko.	*(asked)*
Iyon na rin ang hiningí ko.	*(want to ask)*
Iyon na rin ang gusto kong hingin.	*(always ask)*
Iyon na rin ang lágí kong hiníhingì.	*(will always get)*
Iyon na rin ang lágí kong kúkúnin (kúkuhánin).	*(got)*
Iyon na rin ang kinúha ko.	*(want to get)*
Iyon na rin ang gusto kong kúnin.	*(will get)*
Iyon na rin ang kúkúnin ko.	*(buy)*
Iyon na rin ang biníbili ko.	*(bought)*
Iyon na rin ang binili ko.	*(want to buy)*
Iyon na rin ang gusto kong bilhin.	*(will always buy)*
Iyon na rin ang lágí kong bíbilhin.	

Ikatlong Hakbang

I always read it.

Lágí ko itong binábása.	*(noong Linggo pa)*
Noong Linggo ko pa ito binása.	*(sa Linggo pa)*
Sa Linggo ko pa ito bábasáhin.	*(gusto)*
Gusto ko itong basáhin.	*(hánap)*

Gusto ko itong hanápin.	*(Noong Linggo pa)*
Noong Linggo ko pa ito hinánap.	*(Sa Linggo pa)*
Sa Linggo ko pa ito háhanápin.	*(lágì)*
Lágí ko itong hináhánap.	*(hintay)*
Lágí ko itong hiníhintay.	*(noong Linggo pa)*
Noong Linggo ko pa ito hinintay.	*(sa Linggo pa)*
Sa Linggo ko pa ito híhintayin.	*(pwéde)*
Pwéde ko itong hintayin.	*(dala)*
Pwéde ko itong dalhin.	*(sa Linggo pa)*
Sa Linggo ko pa ito dádalhin.	*(noong Linggo pa)*
Noong Linggo ko pa ito dinala.	*(lágì)*
Lágí ko itong dala-dala.	

5A3. Balangkasin ang mga sumúsunod sa paraang ang "direct object" ay magíging "predicate." (§5.2)

Únang Hakbang

1a.   Kung sa ákin ka magtátanong
 b.   Kung ako ang tátanungin mo
2a.   Kung sa tátay siya magtátanong
 b.   Kung ang tátay ang tátanungin niya
3a.   Kung sa inyo ako magtátanong
 b.   Kung kayo ang tátanungin ko
4a.   Kung kay Léslie ako magtátanong
 b.   Kung si Léslie ang tátanungin ko
5a.   Kung sa kanila táyo magtátanong
 b.   Kung sila ang tátanungin nátin
6a.   Kung kay Pete kayo magtátanong
 b.   Kung si Pete ang tátanungin ninyo
7a.   Kung sa ámin sila magtátanong
 b.   Kung kami ang tátanungin nila
8a.   Kung sa babáe táyo magtátanong
 b.   Kung ang babáe ang tátanungin nátin
9a.   Kung sa átin siya magtátanong
 b.   Kung táyo ang tátanungin niya
10a. Kung sa katúlong ako magtátanong
 b.   Kung ang katúlong ang tátanungin ko
11a. Kung sa kanya ako magtátanong
 b.   Kung siya ang tátanungin ko
12a. Kung kay Mrs. Ocámpo kami magtátanong
 b.   Kung si Mrs. Ocámpo ang tátanungin námin
13a. Kung sa kanila sila magtátanong
 b.   Kung sila ang tátanungin nila
14a. Kung sa dráyber kayo magtátanong
 b.   Kung ang dráyber ang tátanungin ninyo
15a. Kung sa ákin sila magtátanong
 b.   Kung ako ang tátanungin nila

Ikalawang Hakbang

1a.   Kung magbábasa ka ng Liwayway
 b.   Kung Liwayway ang bábasáhin mo

2a. Kung maghíhintay siya sa ákin
 b. Kung ako ang híhintayin niya
3a. Kung mag-áaksaya sila ng péra
 b. Kung péra ang áaksayahin nila
4a. Kung magdádala kami ng pagkáin
 b. Kung pagkáin ang dádalhin námin
5a. Kung magháhanap sila sa ákin
 b. Kung ako ang háhanápin nila
6a. Kung magsásábi táyo ng probléma
 b. Kung probléma ang sásabíhin nátin
7a. Kung magháhátí táyo sa kéndi
 b. Kung kéndi ang háhatíin nátin
8a. Kung maglálakad ako sa Ágrix
 b. Kung Ágrix ang lálakárin ko
9a. Kung tátáwag ako ng dráyber
 b. Kung dráyber ang tátawágin ko
10a. Kung gágawá kami ng báhay
 b. Kung báhay ang gágawin námin
11a. Kung maghíhintay táyo sa kanya
 b. Kung siya ang híhintayin nátin
12a. Kung magtátanong ako sa kanya
 b. Kung siya ang tátanungin ko

5A4. Pagpapalit (§5.2)

Únang Hakbang

I always read it.

Palágí ko itong binábása	*(Liwayway)*
Palágí kong binábása ang Liwayway.	*(ni Pete)*
Paláging binábása ni Pete ang Liwayway.	*(ng katúlong)*
Paláging binábása ng katúlong ang	*(ito)*
Liwayway	
Palágí itong binábása ng katúlong.	*(ni Mr. Ocámpo)*
Palágí itong binábása ni Mr. Ocámpo.	*(ninyo)*
Palágí ninyo itong binábása.	*(kómiks)*
Palágí ninyong binábása ang kómiks.	*(ni Léslie)*
Paláging binábása ni Léslie ang kómiks.	*(námin)*
Palágí náming binábása ang kómiks.	*(nila)*
Palágí nilang binábása ang kómiks.	*(mo)*
Palágí mong binábása ang kómiks.	*(libro)*
Palágí mong binábása ang libro.	*(ng laláki)*
Paláging binábása ng laláki ang libro.	*(ng anak mo)*
Paláging binábása ng anak mo ang libro.	*(ko)*
Palágí kong binábása ang libro.	

Ikalawang Hakbang

Are you still going to look for that fish?

Háhanápin mo pa ngá ba yung isdà?	*(ng katúlong)*
Háhanápin pa ngá ba ng katúlong yung	*(iyon)*
isdà?	
Háhanápin pa ngá ba iyon ng katúlong?	*(niya)*

Háhanápin pa ngá ba niya iyon?   *(mo)*
Háhanápin mo pa ngá ba iyon?   *(ang libro)*
Háhanápin mo pa ngá ba ang libro?   *(ng kaibígan mo)*
Háhanápin pa ngá ba ng kaibígan mo ang   *(nátin)*
   libro?
Háhanápin pa ngá ba nátin ang libro?   *(iyan)*
Háhanápin pa ngá ba nátin iyan?   *(ng babáe)*
Háhanápin pa ngá ba ng babáe iyan?   *(ninyo)*
Háhanápin pa ngá ba ninyo iyan?   *(ang karindérya)*
Háhanápin pa ngá ba ninyo ang   *(nila)*
   karindérya?
Háhanápin pa ngá ba nila ang karindérya?   *(ang paléngke)*
Háhanápin pa ngá ba nila ang paléngke?   *(ni Léslie)*
Háhanápin pa ngá ba ni Léslie ang   *(ang plása)*
   paléngke?
Háhanápin pa ngá ba ni Léslie ang plása?

Ikatlong Hakbang

I just won't buy the lamp.
Hindí ko na lang bíbilhin ang lámsyed.   *(ng kaibígan ko)*
Hindí na lang bíbilhin ng kaibígan ko ang   *(niya)*
   lámsyed.
Hindí na lang niya bíbilhin ang lámsyed.   *(námin)*
Hindí na lang námin bíbilhin ang lámsyed.   *(ito)*
Hindí na lang námin bíbilhin ito.   *(ng katúlong)*
Hindí na lang bíbilhin ng katúlong ito.   *(ang báhay)*
Hindí na lang bíbilhin ng katúlong ang   *(ni Mr. Ocámpo)*
   báhay.
Hindí na lang bíbilhin ni Mr. Ocámpo ang   *(ang libro)*
   báhay.
Hindí na lang bíbilhin ni Mr. Ocámpo ang   *(ko)*
   libro.
Hindí ko na lang bíbilhin ang libro.   *(nila)*
Hindí na lang nila bíbilhin ng libro.   *(ang kómiks)*
Hindí na lang nila bíbilhin ang kómiks.   *(ng laláki)*
Hindí na lang bíbilhin ng laláki ang kómiks.   *(ng babáe)*
Hindí na lang bíbilhin ng babáe ang   *(ang abokádo)*
   kómiks.
Hindí na lang bíbilhin ng babáe ang   *(mo)*
   abokádo.
Hindí mo na lang bíbilhin ang abokádo.

5A5. Únang Hakbang. Piliin ang támang sagot sa saklong. Active vs. Passive (§5.23)

1. Ano naman ang (*kumákáin ka, kinákáin mo*) diyan? 2. Liwayway! Palágí (*kong binábása, akong nagbábasa*) nito. 3. Gusto kong (*bumili, bilhin*) ng lámsyed. 4. Ano pa ang gusto mong (*bumili, bilhin*)? 5. Gusto mo bang (*maghátí táyo, hatíin nátin*) itong kéndi? 6. (*Kumúkúha, Kinúkúha*) ko lang ang péra ko. 7. Sa Linggo pa ako (*magháhanap, háhanápin*) ng báhay. 8. Bir ang gusto kong (*uminom, inumin*). 9. (*Bábasáhin mo, Magbábasa kayo*) ba ang kómiks? 10. (*Magháhanap, Háhanápin*) ni Léslie ang bakánteng kwárto. 11. Dyus ang gusto kong (*uminom, inumin*). 12. Ako na lang ang (*magbábáyad, bábayáran*) sa dráyber. 13. (*Úubos, Úubúsin*) ko lahat ang dyus. 14. Ikaw na lang ang (*kumúha, kuhánin*) ng dyus. 15. (*Bíbili, Bíbilhin*) ni Léslie ang lámsyed sa paléngke. 16. (*Mag-úbos, Ubúsin*) mo na itong pagkáin mo.

17. Magpunta táyo sa plása kasi (*maghíhintay táyo,   híhintayin nátin*) si Léslie doon.
18. (*Magdala ka, Dalhin mo*) ang libro mo búkas. 19. Sina Léslie at Pete ay (*maghíhintay, híhintayin*) ng dyip. 20. Liwayway mágasin ang (*nagdádala si, dinádala ni*) Léslie sa iskwelahan. 21. Magpunta táyo sa plása. (*Kumáin táyo, Kaínin nátin*) doon. 22. Gusto mo bang (*magbasa, basáhin*) ang kómiks? 23. Saan mo ngá pala gustong (*kináin, kumáin*)? 24. (*Dalhin nátin, Magdala táyo*) sa plása ang laláki. 25. (*Tanungin nátin, Magtanong táyo*) ang táo sa plása. 26. Si Léslie ang (*humingì, hiningì*) ng abokádo. 27. (*Binábása mo, Nagbábasa ka*) pa ba itong libro? 28. (*Hinátì,   Naghátì*) námin ang abokádo sa dalawa. 29. Gusto mo bang (*uminom, inumin*) ng sóftdrink? 30. Sa asáwa mo ikaw (*humingì, hingin*) ng péra.

Ikalawang Hakbang. Isálin sa Pilipíno ang mga salitang násá loob ng saklong.

1. (*Went*) si Léslie sa paléngke pára (*buy*) ng tambákol. 2. Kasi tambákol ang gusto niyang (*to eat*). 3. Péro masyádong mahal kayá hindí na lang niya (*bought it*). (*Kayá = that is why*). 4. Kasi hindí marámi ang pérang (*she brought with her*). 5. (*Divide up*) na lang nátin ang abokádo sa dalawa. 6. Sa paléngke mo na lang ako (*to wait*). 7. (*Do you have*) péra? 8. (*Let's look for*) ang isdà. 9. Bir ang (*I drink*) palágì. 10. Masyádong marámi ang (*I bought*) kéndi. 11. Paláging (*I read*) ang Liwayway. 12. Kayá palági (*I buy*) nito sa paléngke. 13. (*Waited*) niya ako sa Ágrix noong Martes. 14. Péro (*I said*) sa kanya sa plása niya ako (*he should wait*). 15. Ano ngá ba ang (*we should do*) ngayon? 16. Mabúti pa (*we look for [it] at*) Ágrix. 17. Óo ngà, at (*let's watch*) na rin táyo ng síne. 18. Gusto mo bang (*to buy*) ng kómiks? 19. Óo, kasi (*I will read*) ito sa báhay. 20. Péro (*did you bring*) ba ng péra? 21. (*I shall ask*) ko ba si Léslie kung ano ang gusto niyang (*to eat*)? 22. Hindí na, si Pete na lang ang (*you ask*). 23. Huwag mo namang (*waste*) ang péra mo. 24. Hindí ko naman (*wasting [it]*), ah! (*will buy*) lang ako ng Liwayway. 25. (*You drink*) na ang kok mo. 26. Sa Lúnes ko na lang (*I will get*) yung libro ko. 27. Pwéde nang (*you get*) ngayon. 28. Tapos ko na namang (*read it*), e! 29. (*You finish off*) na ang pagkáin mo. 30. Kélan (*will we build*) ang báhay ninyo?

Ikatlong Hakbang

1. Ano ang (*you did*) sa iskwelahan? 2. Ano naman ang (*you are looking for*) dyan? 3. Ano ngá pala'ng (*we will drink*) ngayon? 4. Gusto mo bang (*drink*) ngayon? 5. (*Let's eat*) ng tambákol ngayon. 6. Masyádong múra ang abokádo kayá ito ang (*I bought*). 7. At isa pa, kókóntí ang pérang (*I brought with me*). 8. (*Will buy*) pa kasi ako ng kómiks at libro. 9. (*I looked for*) ang libro ko noong Martes pa. 10. (*Will wait for*) ka námin sa Ágrix. 11. Doon mo kami (*look for*) sa plása. 12. (*I will eat*) ng abokádo búkas. 13. Palági (*I shop*) sa San Páblo. 14. (*Will finish off*) kong lahat iyon. 15. Hindí (*I will tell*) sa asáwa ko na may abokádo kami. 16. Pwedé bang (*we ride*) ng bus sa plása? 17. Huwág na táyong (*ride*). (*Let's walk*) na lang táyo. 18. (*Let's look for*) ang anak ko sa plása. 19. Alas diyes pa táyo pwédeng (*go home*). 20. (*Ask*) mo ngá ang táo sa plása kung ano ang (*he is looking for*). 21. (*Let's eat*) na nátin yung (*you brought*) pagkain. 22. Si Léslie ba ang (*is looking for*) ng bakánteng kwárto? 23. Ano naman ang (*you are bringing*) diyan sa bag? 24. Gusto mo bang (*to read*) ang kómiks? 25. Gusto mo bang (*to read*) ang kómiks na (*I bought*)? 26. Ah, Liwayway mágasin! Palági (*I read it*)! 27. Ano naman ang gusto (*you eat*)? 28. (*I will get*) lang ang péra ko. 29. Úuwí ako pára (*to get*) ng péra. 30. Ano naman ang gusto mong (*to buy*)?

5B.   Balangkasin sa paraang ang "numerical phrase" ay magíging "predicate." (§5.32)

5B1.   Bagúhin ang mga sumúsunod na pangungúsap áyon sa modélo.

    1a.   Sina Léslie at Pete ang nagháhanap ng kwárto.
     b.   Dalawang táo ang nagháhanap ng kwárto.
    2a.   Si Mr. Ocámpo ang nagháhanap kina Pete at Mími.

    b.   Dalawang táo ang hináhánap ni Mr. Ocámpo.

    3a.   Kumáin si Léslie ng isang tambákol at ng isa pang isdà.

    b.   Dalawang isdá ang kináin ni Léslie.

    4a.   Uminom ako ng kok at ng isa pang sóftdrink.

    b.   Dalawang sóftdrink ang ininom ko.

    5a.   Ang babáe ay nagbábasa ng Liwayway mágasin at isa pang mágasin.

    b.   Dalawang mágasin ang binábása ng babáe.

    6a.   Si Mrs. Ocámpo ang bumíbili ng isang maliit na lámsyed at isang malaking lámsyed.

    b.   Dalawang lámsyed ang biníbili ni Mrs. Ocámpo.

    7a.   Isang laláki at isang babáe ang naghintay kay Pete.

    b.   Dalawang táo ang naghintay kay Pete.

    8a.   Si Pete ang naghíhintay kay Léslie at sa katúlong.

    b.   Dalawang táo ang hiníhintay ni Pete.

    9a.   Si Pete at si Mími ang nagdala ng kómiks díto.

    b.   Dalawang táo ang nagdala ng kómiks díto.

    10a.   Si Léslie ang nagdala ng tambákol at isa pang isdà.

    b.   Dalawang isdá ang dinala ni Léslie.

5B2. Isálin sa Pilipíno ang mga sumúsunod.

1. You ate so much! I didn't eat much. 2. Who likes fish? 3. Which of the two do you want to eat? 4. I ate two fish. What else shall I eat? 5. I'm waiting for two people, Leslie and Mimi. 6. I have two children. 7. I want to buy two lamps, not just one. 8. What do you always drink? 9. I always eat a lot. 10. I'm thirsty. I want two cokes. 11. The two of us went to the movies at Agrix. 12. There are two books. I will buy just one of them. 13. Leslie has two boyfriends. They are both going to come to the Philippines. 14. Only one of her friends is looking for a room. 15. But Leslie is looking for two rooms.

5C.   Bágo. Pagtambalin ang mga pangungúsap sa pamamagítan ng paggámit ng bágo. (§5.64) Combine sentences by using bágo.

    1a.   Bíbili múna táyo ng lámsyed. At saká na lang táyo íinom.

    b.   Bíbili múna táyo ng lámsyed bágo táyo uminom.

    2a.   Bábasáhin múna niya ang kómiks. At saká niya bíbilhin.

    b.   Bábasáhin múna niya ang kómiks bágo niya bilhin.

    3a.   Kumáin múna táyo. At saká táyo úuwì.

    b.   Kumáin múna táyo bágo táyo umuwì.

    4a.   Kúkúha múna ako ng péra. At saká táyo kákáin.

    b.   Kúkúha múna ako ng péra bágo táyo kumáin.

    5a.   Hintayin múna nátin si Pete. At saká na lang táyo áalis.

    b.   Hintayin múna nátin si Pete bágo táyo umalis.

    6a.   Bíbilhin ko múna ang kómiks. At saká ko na lang bábasáhin.

    b.   Bíbilhin ko múna ang kómiks bágo ko basáhin.

    7a.   Humánap múna táyo ng bakánteng kwárto. At saká na lang táyo íinom.

    b.   Humánap múna táyo ng bakánteng kwárto bágo táyo uminom.

    8a.   Humingí múna táyo ng péra. At saká na lang táyo bíbili.

    b.   Humingí múna táyo ng péra bágo táyo bumili.

    9a.   Uminom múna táyo. At saká na lang táyo bíbili ng lámsyed.

    b.   Uminom múna táyo bágo táyo bumili ng lámsyed.

    10a.   Umuwí múna táyo. At saká na lang táyo kákáin.

    b.   Umuwí múna táyo bágo táyo kumáin.

5D. Particles (§5.71-74)

5D1. Lagyan ng *na* o *pa* ang mga patlang sa mga sumúsunod na pangungúsap.

1. Nandíto ____ siya sa Pilipínas noong isang taon ____. 2. Busog ____ ako. Ayóko ____ kumáin. 3. Dal'wang taon ____ lang siya díto. Bágo ____ siya ríto. 4. Matagal-tagal ____ rin ako díto. Mga dalawang taon ____ e. 5. Díto ____ lang siya mag-ááral. 6. Ayan, dumárating ____ siya. 7. Mabúti ____ magpunta ____ lang táyo sa paléngke. 8. Mabúti ____ ngá bumili ka ____ lang ng isa. 9. Ay, huwag ____ lang hò. Masikip ____ pala. 10. Kásya ____! Pítúhan 'to. 11. O éto ____ yung isa. Halíka! Sakay ____ táyo. 12. Mabúti ____ bumabá ____ lang táyo sa plása. 13. Umupó ____ lang táyo sa labas. 14. A, dalawang abokádo dyus ____ lang ang kúkúnin ko. 15. Ano ____ bang háhanápin mo? 16. Walá ____ rin yung pinangákó sa áking lámsyed. 17. Alam mo naman, méron ____ akong nóbyo doon sá 'min. 18. Wag ____ táyong magtagal. Mukhang úulan ____ e. 19. Nása iskwelahan ____ hó siya. 20. Mabúti ____ kumáin múna táyo saká ____ lang táyo pumunta sa paléngke.

5D2. Lagyan ng támang sagot ang mga patlang. (General particle review)

1. Ano ____ ____ ang kinákáin mo dyan? (*By the way, what are you eating?*) 2. O, bákit ka nagtátawa? Dí ____ ito masamà, dí ba? (*This isn't bad at all, is it?*) 3. Nangákó siyang dárating noong Myérkules pa. Péro walá ____ ____ siya. (*but until now, he's still not here, either.*) 4. Ano ____ ____ ang dala-dala mo dyan sa bag? (*by the way, what is it?*) 5. Ano ____ ____ ang gusto mong bilhin? (*by the way, what is it that you want to buy?*) 6. Uminom ____ táyo at saká táyo pumunta sa paléngke. (*let's drink first.*) 7. Kung ano ang gusto mo, yun na ____ ang híhingin ko. (*I'll also ask for that.*) 8. Ay! Óo ngá____. (*Oh, I see, yes!*) 9. Iyon ____ ang lágí mong sinásábi. (*That's what you always say.*) 10. Marámi ____ pára sa ákin 'to e. (*This seems to be too much.*) 11. Ang maliit na kwárto ____ e sa katúlong námin. (*The other room, on the other hand.*) 12. A sa labas ____ lang ako kákáin. (*I'll just eat outside.*) 13. Aba, nagtútúró ____ ng Ingles ang asáwa ko! (*my husband also teaches.*) 14. Saan mo ____ gustong kumáin? (*by the way, where do you want to eat?*) 15. Ang gusto ko ____ ay yung magandang lámsyed. (*the only thing I want.*) 16. Mas malamig ____ díto sa labas. (*oh I see, it's colder.*) 17. Walá ____ ____ yung lámsyed na pinangákó sa ákin. (*Isn't it still here yet?*) 18. Gusto mo ____ ba ng abokádo dyus? (*Do you want some juice now?*) 19. Mukhang úulan ____ ngá e. (*Looks like it's going to rain.*) 20. Méron ____ ba kayong bakánteng kwárto? (*Do you still have?*)

Supplementary Unit 2

This lesson reviews the verb forms which we have studied heretofore. Absolutely no new material is presented here, and for students who feel that they are on top of the verbs we have studied so far and are anxious to get ahead, there is nothing wrong with skipping this lesson entirely. However, many users of these lessons need a break at this point from the relentless onslaught of new grammar after completing Unit Five and would profit from going back and repeating what has been studied before. This time we will explain things from a slightly different point of view and adopt a new arrangement, with the expectation that this will help you see the verbal system in a new light and thus solidify your understanding of it.

SU2.1 The concept of "active" and "passive" in Pilipino

Let us start by discussing these concepts from the Pilipino point of view. Most languages have "active" and "passive" verbs, including English, but we should be clear at the outset that the **CONTEXTS** in which the active and the passive verbs are used in English are quite different from the contexts in which the active and passive verbs are used in Pilipino. This is shown by the fact that we often are unable to translate a Pilipino passive verb with anything but an English active. Hence it does not really matter if you know what an English passive verb is, for this knowledge is in any case irrelevant to the Pilipino case. If you know the rules for the Pilipino passive and what it means, you will be well poised to speak Pilipino correctly.

We started out by talking about **CONTEXTS**. Let us take two English sentences as an example.

1. I **bought** a book.
2. I **read** the book.

Now, do we express the verb "bought" in sentence one with a Pilipino active or a passive? Further, do we express the verb "read" in sentence two with a Pilipino active or a passive? The answer depends on the **CONTEXT**. Let us imagine a context: suppose the story is as follows:

> Yesterday, I didn't have anything to do, so I went downtown and I bought a book.
> When I read the book, I realized it was one that I already had read before.

In the first part of the story the context is about what I was doing to fill my lack of something to do. Now when the context is about what one is doing, Pilipino prefers the active. Or to put it another way, the active verb signals that what is important in the sentence is the action or the agent of the action. So, we express sentence one in this context with an active verb (go back to §4.1ff if you wish to consult the list of verb forms which are active):

1. *Pumunta* ako sa plása at *bumili* ako ng libro. "I went downtown and I bought a book."

In the second part of the story the context is about the book – that upon reading the book it turned out that it was one that I had already read. When the context is about an object that something happened to, then Pilipino prefers a passive. Or to put it another way, the passive verb signals that what is important in the sentence is the object or the recipient of the action. So, we express sentence two in this context with passive verb. That is, in a sentence "John hit the ball", if what one is talking about is the ball, then one uses a passive, but if one talks about what John did, then in Pilipino one uses the active. (Go back to §5.1 if you wish to consult the list of verb forms which are passive. In that unit we talk about the **DIRECT PASSIVE**, for there are other kinds of passives, but we do not need to worry about the other kinds, which will be discussed in future units. What we say about the passive applies to all passive verbs, although our examples here will be strictly direct passive forms.) In short, we will express the second part of the story with a passive verb:

2. *Nang basáhin ko ang libro ay...* "When I **read** the book,..."

Of course if one is talking about reading a book and is not thinking about any particular book or what happened to it, the active form would be used.

2a. *Nákatulog ako nang nagbábasa ako ng libro.* "I fell asleep as I **was reading** a book."

SU2.11   The connection between the meanings expressed by "the" and "a, an" or "some" and the Pilipino active and passive

Sentence one in the preceding section talks about "**A BOOK**." For reasons explained in the preceding section Pilipino chooses an active verb for the verb meaning "bought" in this context (that is, *bumili* was chosen). The fact of the matter is that most times that one talks of an object of an action which is **NONSPECIFIC** that is, means "a (an) (object)" or "some (objects)", the context is one in which the attention is on the action itself or upon the doer of the action. (This rule is not **always** true, but it **usually** holds.) Thus an active verb is used. Let us look at some other sentences to see how this works.

3. *Kayo bang dalawa ang naghâhanap ng kwárto?* "Are the two of you the ones **looking for a** room? (2C24b)
4. *Umíinom lang ako ng bir sa tindáhan.* "I was just **having a** beer at the store." (3A3c)
5. *Saan ka ngá pala kúkúha ng pagkáin?* "Where **will** you **take** your meals?" (3B11)
6. *Lági silang naghâhandá ng isdà.* "They always **serve** fish." (4A6b)

These sentences all refer to an object of the action which is nonspecific. The context of the sentences are such that the focus of attention is on the one doing the action or on the activity itself, and not on the object or the recipient of the action. We can compare these sentences to sentences in which the object of the action is specific and the context is one in which the attention is focused on the recipient of the action. For example, let us imagine a context in which one is talking about "looking for **THE ROOM**." The following example would be a normal sort of situation where one might say "looking for **THE ROOM**":

3a. I am looking for the room where they said they put my luggage."

In this sentence the speaker has a particular room in mind and the context is such that the focus of attention is on the room. Therefore, by the rules explained in the above section, Pilipino uses a passive verb. Also notice that the object of the action is **SPECIFIC**.

3a. *Hinâhánap ko ang kwartong...* "I'm looking for **the room** that..."

Suppose we had a sentence with the phrase "drinking **THE BEER**." Again if we imagine a context in which this phrase is used, we see again that the context is going to be one in which the speaker is thinking of some specific beer and is focusing attention on that. Let's make up a realistic example:

4a. She looked at me kind of funny when she saw that I was drinking the beer that was next to my plate because it actually belonged to her, not to me."

To put the relevant portions of this sentence into Pilipino:

4a. *Nákíta niyang iníinom ko ang bir na...* "She saw that I **was drinking the** beer that...

Similarly a phrase meaning "will get **THE FOOD**" would occur in a context where the speaker is thinking of specific food. The focus of the attention is on the food and what happens to it. For example, suppose someone fixed some food for a party and you ask your friend when he is going to go get it:

5a. *Kaylan mo kúkúnin ang pagkáing...* "When **will** you **pick up the** food that...?"

At this point it would be a good idea to work an exercise which illustrates active and passive.

2.11 Únang Hakbang. Piliin ang támang sagot.

1. Léslie, kangína ka pa (*hiníhintay, naghíhintay*) kay Pete diyan. 2. (*Hiníhintay, naghíhintay*) ko ngá hó si Pete. 3. (*Manónood, Panónoorin*) hó kasi kami ng síne. 4. (*Manónood, Panónoorin*) hó námin ang palabas sa Ágrix ngayon. 5. Kayá ka pala (*humingì, hiningì*) ng péra sa tátay mo ay dáhil (*manónood, panónoorin*) ka ng síne. 6. Si Pete hó ang bahálá doon. (*Hiningì, Humingì*) ko ang péra na ito kay Tátay dáhil may bíbilhin ako búkas. 7. (*Bíbili, Bíbilhin*) hó ako búkas ng libro sa plása. 8. (*Bíbili, Bíbilhin*) ko ang librong kailángan ko sa kláse. 9. Sa Sábado hó e méron akong eksam, kayá (*bábasáhin, magbábasa*) ako ng libro. 10. (*Bábasáhin, Magbábasa*) ko ang librong (*bíbili, bíbilhin*) ko búkas. 11. Kayá pala kahápon ka pa (*nagháhanap, hináhánap*) ng libro sa plása. 12. (*Nagháhanap, Hináhánap*) ko ngá hó iyon kahápon pa dáhil talagang kailángan ko iyon. 13. "O Pete, Bákit ngayon ka lang," ang tanong ni Léslie. "(*Gumawà, Ginawà*) pa kasi ako ng mga tanong pára sa kláse búkas," ang sagot ni Pete. 14. (*Gumawà, Ginawà*) ko ang mga tanong na tungkol sa libro ni Mr. Cruz. 15. Sa síne: Sandalí lang, Léslie. (*Kúkúha, Kúkúnin*) lang ako ng pwéde náting inumin. 16. Léslie, (*uminom, inumin*) mo na ang kok na binili ko pára sa iyo. 17. Pete, hindí ako (*umíinom, iníinom*) ng kok. 18. Kayá pala (*kumúha, kinúha*) ng kapatid mo ang kok mo kangína sa báhay ay alam niya na hindí ka (*umíinom, iníinom*) ng kok. 19. Kung sa bágay ay malamig pa ang dyus na dinala ko. (*Íinumin, Íinom*) ko na lang itong dyus na ito. 20. Siya ngá pala, (*nagdala, dinala*) rin ako ng kéndi bar, Pete. 21. (*Nagdala, Dinala*) ko ang kéndi bar na binili mo kahápon pára sa ákin. 22. Mabúti pa ay (*maghátì, hatíin*) na nátin ang kéndi bar na iyan. 23. Hindí ako marúnong (*maghátì, hatíin*) ng kéndi bar, Pete. 24. Pete, (*umúbos, ubúsin*) mo itong dyus ko dáhil masyádong marámi pára sa ákin. 25. Ó síge, dáhil pwéde akong (*umúbos, ubúsin*) ng maráming dyus.

Ikalawang Hakbang. Lagyan ng panlápí ang mga salitá sa loob ng panaklong.

1. Nay, áalis hó ako. (*Bili*) ko na hó ngayon ang librong kailángan ko sa kláse ko. 2. Saan ka naman (*bili*) ng libro e Linggo ngayon? 3. (*Tanong*) hó múna ako sa kaibígan ko. 4. (*Tanong*) ko hó si Línda kung saan niya (*bili*) ang libro niya. 5. E di (*hingì*) ka sa ákin ng péra ngayon, gayon ba? 6. (*Hingì*) ko na hó sa tátay kahápon ang pérang kailángan ko, kayá hindí na ako (*hingì*) sa inyo. 7. Siya ngá pala, (*gawà*) ako ng dyus kanína. 8. (*Gawà*) kong dyus ang abokádong dinala ni Pete kahápon. 9. Bágo ka umalis ay (*inom*) ka múna ng abokádo dyus. 10. (*Inom*) mo ang abokádo dyus na nása lamésa dáhil iyon ay pára sa iyo. 11. Mámayá ko na lang (*inom*) ang abokádo dyus ko. 12. (*Hintay*) pa hó kasi ako ng dyip sa labas. 13. (*Hintay*) hó kasi ako ni Pete sa Ágrix mámayà kayá gusto ko hong dumating agad doon. Sásáma hó kasi siya sa ákin. 14. (*Dala*) siya ng mga lámsyed sa tindáhan nila sa Los Báños. 15. (*Dala*) niya sa kanilang tindáhan ang mga lámsyed na ginawá ng tátay niya.

Ikatlong Hakbang. Isálin sa Tagálog ang mga salitang nása loob ng panaklong.

1. O Pete, kumusta ka? (*Are you waiting for*) ng dyip? 2. Aba hindì, Línda. (*I'm waiting for*) si Léslie. 3. (*She will ask*) sa iyo, kayá púpunta sána kami sa báhay ninyo. 4. (*Will ask*) ka niya kung saan mo binili ang librong kailángan ninyo sa kláse búkas. 5. Nanggáling ako sa tindáhan námin. (*I brought*) ng mga lámsyed. 6. (*I brought*) sa tindáhan námin ang mga

lámsyed na ginawá ng tátay ko. 7. (*Makes*) ngá pala ng lámsyed ang tátay mo. 8. Sa inyo na lang ako (*will buy*) ng lámsyed. Kailángan ko kasi ng isa sa kwárto ko. 9. (*I will buy*) na lang ang lámsyed na nása tabi ng nánay mo kahápon. Nagpunta kasi ako sa tindáhan ninyo kahápon. 10. Óo, (*made*) lang ni Tátay ang lámsyed na iyon. Saan ka naman púpunta, Línda? 11. (*I will watch*) ng síne diyan sa Ágrix. 12. (*Watched*) kahápon ni Léslie ang palabas na (*you will watch*). O, éto na si Léslie. 13. (*Said*) ba sa iyo ni Pete na púpunta sána kami sa inyo ngayon? 14. Doon táyo sa tindáhan. (*Let's drink*) ng kok dáhil párang uhaw na uhaw si Léslie. 15. Óo ngà. Hindí ko kasi (*drank*) kangína ang dyus na ginawá ni Nánay pára sa ákin.

SU2.12   Verbs without a direct object are normally active

If there is no direct object spoken or implied in the context in which a verb is used, the verb is active because the focus of attention is on the action and not on the object. (The object is not even mentioned or implied.) Thus, in the following sentences we find active verbs.

6. Ayan **dumárating** na siya o! "There he **is coming** now!" (3A2b)
7. Kélan ka ngá pala **lílipat** díto? "Oh yes, when **will** you **move** in?" (3A8)
8. Ilang taon kang **títigil** díto? "How many years **will** you **stay** here?" (3c31)

Even if the verb is one which could take a direct object (that is, even in the case of transitive verbs), if no direct object is stated or implied the verb will be active:

9. **Maghintay** ka múna diyan. "You wait there for a minute." (4B19a)
10. Bágo táyo **uminom** at **kumáin**. "Before we **eat** and **drink**."(5B21)

Let us do another exercise illustrating the contrast between the active and the passive. This time we will have a mixture of verbs with objects and verbs with no objects, and the exercise for this reason should be a bit easier than the above exercise.

SU2.12   Únang Hakbang. Lagyan ng panlápí ang mga salitá sa loob ng panaklong.

1. Táyo ay (*upò*) múna hábang (*inom*) táyo. 2. Sinábi sa ákin ni Pete na (*tanong*) ka raw sa kanya. 3. Óo, (*tanong*) ko siya tungkol sa librong kailángan nátin búkas. 4. Saan mo ba (*bili*) ang librong kailángan nátin sa kláse? 5. Huwag ka na lang (*bili*). 6. Pwéde mong (*bása*) ang libro ko dáhil tapos ["done"] na ako. 7. (*Bása*) na lang ako ng mga kómiks pagkatápos kong (*panood*). 8. (*Bása*) ko ang mga kómiks na nása kwárto ng áte ko. 9. Salámat, Línda. Alam mo, (*hánap*) ko ang librong iyon sa plása kahápon. 10. Siya ngá pala, (*dating*) na kahápon si Inting. 11. Bákit siya (*balik*) díto sa Los Bános? 12. Gusto kasi niyang (*trabáho*) díto sa Los Bános. 13. (*Túrò*) daw siya sa UPLB. 14. Sa Sábado na siya (*simulà*). 15. Kung gayon ay díto na siya (*tira*) sa Los Bános? 16. Ang akálá ko ay (*trabáho*) siya ngayon sa Maynílà. 17. (*Alis*) na siya sa kanyang trabáho doon. 18. Pumunta táyo sa kanila ngayon. Doon táyo (*sakay*) sa dyip na iyon dáhil papunta iyon sa kanila. 19. Walá siya sa kanila ngayon. (*Hánap*) kasi siya ng bakánteng kwárto. 20. Sa ngayon ay doon múna siya (*uwì*) sa lóla niya. 21. (*Kúha*) pala siya ng mátitirhan díto sa Los Bános. 22. Pwéde niyang (*kúha*) ang bakánteng kwárto kina Mrs. Ocámpo. 23. Búkas na lang táyo (*punta*) sa kanila. 24. (*Dala*) táyo ng prútas ["fruits"] sa kanya. 25. (*Dala*) ko iyong létse plan na ginawá ko kangína. 26. Ó síge. Doon ako sa báhay námin (*hintay*). 27. (*Hintay*) ko kayong dalawa búkas, ha? 28. Huwag na lang kayá akong (*panood*) ngayon. 29. Sa Linggo ko na lang (*panood*) ang palabas ngayon sa Ágrix. 30. Ang (*sunod*) na palabas ay maganda rin, Línda.

Ikalawang Hakbang. Isálin sa Tagálog ang mga salitang nása saklong.

1. Púpunta si Léna sa Los Bános búkas. (*She will look for*) ang báhay ni Léslie. 2. (*She will look for*) ng bakánteng kwárto doon kayá kailángan niya ng kasáma. 3. (*She will stay*) sa Los Bános ng dalawang taon. 4. (*She will study*) sa UPLB. 5. Hindí niya mákíta ang báhay ni

Léslie. (*She stopped*) sa isang tindáhan. 6. (*She will ask*) sa táong nároroon. 7 (*She asked*) ang isang babáe. 8. (*Said*) ng babáe kung násaan ang báhay ni Léslie. 9. (*Bought*) múna siya ng kéndi bar sa tindáhan bágo (*she left*) doon. 10. (*She bought*) ang kéndi bar na gusto ni Léslie. 11. (*She paid*) at pagkatápos ay (*continued*) na siya. 12. Nang makarating siya sa báhay ni Léslie ay (*she sat down*). 13. Walá si Léslie sa kanilang báhay. (*She is watching*) ng síne. 14. (*Will come home*) naman agad si Léslie pagkatápos ng palabas. 15. "(*I'll just wait*) hanggang sa dumating hó siya," ang sábi ni Léna. 16. Diyan ka múna at (*I will get*) ng kok pára sa iyo. 17. Huwag na lang hò. (*I don't drink*) ng kok. 18. (*I'll just get*) ang dyus na nása lamésa pára iyon ang inumin mo. 19. (*She drank*) ang malamig na dyus. 20. Ilang sandalí lang at dumating na si Léslie. Léslie, (*I've been waiting for*) kita kangína pa. 21. "(*Did you watch*) ang palabas sa Ágrix", ang tanong ni Léna. 22. Hindí na lang ako (*watched*). 23. (*I was going to watch*) sána iyon, kayá lang ay (*said*) ni Línda na hindí maganda iyon. 24. (*I just read*) ng kómiks kina Línda. 25. (*I read*) ang mga kómiks niyang Ingles. 26. Dumating ang kúya ni Léslie. (*He asked for*) ng péra kay Léslie. 27. (*He will buy*) ng sigarílyo sa tindáhan. 28. "(*Is smoking*) na pala ang kúya mo," ang sábi ni Léna. 29. "(*He started*) noon pang nása UPLB siya," ang sagot ni Léslie. 30. (*He finishes off*) palágí ang sigarílyo ng tátay ko. 31. (*He finishes off*) ng maráming sigarílyo. 32. "(*Where does he work*) ngayon," ang tanong ni Léna. 33. (*He teaches*) sa UPLB. 34. (*Makes*) din siya ng mga lámsyed. 35. (*He made*) iyong lámsyed na nása kwárto ko. 36. (*They said*) sa nánay ni Léslie na (*will leave*) na sila. 37. (*Agreed*) ang nánay ni Léslie. 38. "(*We will come back*) mámayà," ang sábi nila. 39. Pagkatápos ay (*they got on*) ng dyip. 40. (*They said*) sa dráyber na sa may iskiníta sila (*will get off*).

SU2.13   Active and Passive after *ang* "the one who"

The particle *ang* "the one who" may be followed by a verb. The verb is **ACTIVE** if the phrase with *ang* means "the one who does (did, will do, and so forth)." For example, in the following sentences *ang* is followed by an active verb, and the phrase consisting of *ang (verb)* means "the one who did (does, etc.)."

11. *Nakákahiyá kung ikaw **ang magbábáyad** ng lahat.* "It would be embarrassing if you **were (the one) to pay** for everything." (4C29)
3. *Kayo bang dalawa **ang naghahanap** ng kwárto?* "**Are** the two of you **the ones looking for** a room?" (2C24b)

This is another rule which is consistent with the rule given in §SU2.11 above, where we said that when the context is such that the focus of attention is on the action rather than on the object or recipient of the action, the active is used. Therefore in these sentences there are two reasons why an active verb must be used.

On the other hand, if the phrase consisting of *ang (verb)* means "the one to whom or thing to which someone is (was, will be, etc.) doing (verb)", the verb is **PASSIVE**. For example, in the following sentences *ang* is followed by a passive verb, and the phrase consisting of *ang* plus a passive verb means "the one to whom or thing to which (verb) was (is, will be, etc.) done" or "the one to whom or thing to which someone is (was, will be, etc.) doing (verb)."

12. *Kung ako **ang tátanungin** mo.* "If you ask me (Lit. If I am **the one** you are **going to ask**)." (5A3)
13. *Ano ngá pala **ang gágawin** nátin ngayon?* "By the way, what **is it that** we are **going to do** now? (Lit. What is **the thing that is going to be done** by us now?)" (5A5)
14. *Ano pa ba **ang háhanápin** mo?* "What else **is it that** you **are looking for**?" (5A9c)
15. *Iyon na rin **ang hihingin** ko.* "That **is what** I **am going to order**." (5C30)
16. *Dalawang abokádo dyus na lang **ang kúkúnin** ko.* "I'll just get two avocado juices (Lit. Two avocado juices **is what** I **am going to get**)." (5C33b)

Now try doing the following exercise.

SU2.13 Únang Hakbang. Pilíin ang támang sagot.

1. Síno ang (*uminom, ininom*) ng dyus ko? 2. Kok ang (*ininom ko, uminom ako*) at hindí dyus. 3. Si Léslie pala ang (*hináhánap, nagháhanap*) ng libro kahápon. 4. Itong librong ito ang (*hináhánap ni, nagháhanap si*) Léslie kahápon. 5. Kung ako ang (*bíbili, bíbilhin*) ng tinápay, síno naman ang (*kúkúnin, kúkúha*) ng túbig? 6. Malamig na túbig ang (*kúkúnin ko, kúkúha ako*). 7. Iyong tinápay na gusto ninyong lahat ang (*bumili ako, binili ko*). 8. Isdá at mga gúlay ang (*dádalhin ni, magdádala si*) Léna pagpunta nátin sa Gisgis. 9. Si Léslie naman ang (*dádalhin, magdádala*) ng iba náting mga kailángan. 10. Ikaw ba Pete ang (*nagbábasa, binábása*) ng mga kómiks na ito? 11. Mas marámi kang matútutúnan kung mga libro ang (*bábasáhin mo, magbábasa ka*). 12. Paláging ikaw ang (*umíistórbo, iníistórbo*) sa ákin basta ako ay may ginágawà. 13. Iyong iba na lang ang (*umistórbo ka, istórbohin mo*) dáhil kailángan kong tapúsin ito. 14. Pete, ikaw ba ang (*tinátanong, nagtátanong*) sa ákin kangína. 15. Hindí naman ikaw ang (*tinátanong ko, nagtátanong ako*) kangína e.

Ikalawang Hakbang. Lagyan ng panlápí ang mga salitá sa loob ng panaklong.

1. Si Pete ang (*pangákò*) sa ákin kahápon na (*dala*) sa ámin ng abokádo. 2. Ikaw na ang bahálang (*pasénsiya*) sa kanya, Línda. 3. Si Léna lang ang láging (*sunod*) sa mga sinásábi ko. 4. Ako na lang ba ang (*báyad*) nitong kok na ininom nátin? 5. Síno ba ang paláging (*sigarílyo*) sa CR? 6. Si Pete ang (*táwag*) kay Léslie mámayà. 7. Cárlos, si Léna ang (*táwag*) (*mo, ka*) at hindí si Léslie. 8. O, ako na lang kayá ang (*háti*) (*nitong, itong*) létse plan. 9. Kung gayon ay itong kéndi bar ang (*háti*) (*ako, ko*). 10. Siya ang (*aksaya*) ng óras kahápon dáhil (*bása*) (*siya ng, niya ang*) mga kómiks. 11. Dalawang óras ang (*aksaya*) (*siya, niya*) kahápon. 12. Síno ang (*táwa*) sa kwárto? Sabíhin mo ngá ay tumígil siya. 13. Ikaw ba Pete ang (*bása*) (*ang, ng*) mga kómiks sa kwárto ko kangína? 14. Mga kómiks na Tagálog ang (*bása*) (*ako, ko*) sa kwárto mo kangína. 15. Si Léna ang (*upò*) sa sílyang ito palágì. 16. Si Léslie ba ang (*túrò*) búkas? 17. Ang nánay ko lang ang lági kong (*sunod*). 18. Masarap ba ang (*káin*) (*táyo, nátin*) mámayà? 19. Si Léslie lang ang (*káin*) mámayá dáhil siya lang ang (*trabáho*) kangína. 20. Ang dyus na nása lamésa ang (*inom*) (*ako, ko*) mámayà.

Ikatlong Hakbang. Isálin sa Tagálog ang mga salitang nása loob ng panaklong.

1. Mga kaibígan mo ba (*the ones who came*) sa inyo kahápon? 2. Ikaw pala (*the one who will stay*) sa kwártong iyan. Ano ang pangálan mo? 3. Bákit ako (*the one who will leave*) e ikaw itong kangína pa ríto? 4. Kilála mo ba (*the one who works*) sa tindáhan ni Nána Ánsay, Pete? 5. Anak siya ng mga Ocámpo. Siya (*the one who studies*) sa Atenéo. 6. Bákit si Léna (*the one who buys*) ng bir sa tindáhan. 7. (*What she buys*) ay sigarílyo at hindí bir. 8. Ikaw ba (*the one who finished off*) ng kok ko? 9. Ákin na ang kok mo at iyan (*what I am going to finish off*). 10. Siya si Cárlos. Siya (*the one who always disturbs me*) sa kláse. 11. Bákit naman si Léna (*the one you always disturb*) sa inyong kláse, Cárlos? 12. Ikaw na lang (*the one who doesn't agree*) Línda. Bákit? 13. Walá si Léslie búkas. Síno kayá (*the one who will teach us*). 14. Áte Léslie, si Pete (*the one who is waiting for you*) sa báhay. 15. Ikaw (*the one he is waiting for*) dáhil may kailángan siya sa iyo.

SU 2.14 Active and passive verbs modifying other forms

A verb **MODIFIES** a noun or pronoun when it stands next to the noun or pronoun and is linked with *na* (shortened to *ng* after vowels, n̲, or glottal stop). That is, it is in a phrase which has the shape (*verb*) *na* (*noun*) or (*noun*) *na* (*verb*). In that case the verb is active if the phrase means "who is (are, was, will be, etc.) doing (verb) or the thing that is doing (verb)." In other words, the active verb is used when the verb in the phrase refers to the agent or to the doing of the action. For example, in the following sentence the bold-faced phrase modifies the noun *babáe* and is linked to *babáe* with the particle *na* (here in the shape *ng* because *babáe* ends in a vowel). The verb phrase means "the one who is doing (verb)."

17. *PCV yung babáeng **kumákáin** diyan.* "The woman **who is eating** over there is a Peace Corps Volunteer."

Another example where the verb in the phrase refers to the one who does the action is the following sentence. Again the active verb form is used because the verb refers to the agent of the action:

18. *Maráming matútutúnan ang táong **magbábasa** nito.* "The person **who reads** this can learn much from it."

On the other hand, if the verb in the phrase means "the one who or the thing that is (was, were, will be etc.) (verbed)", then the passive verb is used. That is, when the verb which modifies the noun refers to the object or the recipient of the action, a passive verb is used. For example in the following sentence *pinangákò* modifies *lamsyed* and is linked to it with *na* (here in the shape *ng* because *na* comes after *pinangákò* which ends in a glottal stop). The passive verb is used because the word which the verb modifies (*lámsyed*) is the recipient of the action:

19. *Yung **pinangákong** lámsyed sa ákin* "The lamp **that was promised** to me." (5A8b)

Another example is the following where again the passive verb is used in the phrase which modifies the noun (*libro*) because *libro* is the recipient or the object of the action:

20. *Héto na ang librong **hináhánap** ko.* "Here is the book **which I was looking for.**"

Now try doing the following exercise.

SU2.14   Únang Hakbang. Piliin ang támang sagot

1. Kináin ko na ang abokádong (*nagdala ka, dinala mo*) kahápon, Pete. 2. Léslie, ikaw na lang ang (*maglútó ng, lutúin ang*) isdang (*bumili ako, binili ko*) kahápon. 3. Násaan na ang lamésang (*nag-alis ka, inalis mo*) sa kwárto ko? 4. Sigúro ngá ay ito ang paléngkeng (*nagh, áhanap táyo, hináhánap nátin*). 5. Inúbos na ni Cárlos ang pérang (*humingí siya, hiningí niya*) niya sa Tátay. 6. Kilála mo ba yung mámang (*nanínigarílyo, sinísigariíyo*) díto kangína? 7. Iyan si Pete, ang PCV na (*kinúkúha ang, kumúkúha ng*) Tagálog 202. 8. Tanungin mo ngá ang laláking (*tinátanong, nagtátanong*) sa ákin kangína kung síno ang (*naghháhanap siya, hináhánap niya*). 9. Úuwí na búkas ang áking bunsong (*nagtátrabáho, tinátrabáho*) sa Maynílà. 10. Kailan bábalik ang iyong kaibígang (*ginawà ang, gumawà ng*) lámsyed na násа kwárto mo.

Ikalawang Hakbang. Lagyan ng panlápí ang mga salitá sa loob ng panaklong

1. Magbáyad ka na sa táong (*gawà*) ng lamésa náting ito. 2. Nóbyo na ba ni Léslie ang laláking (*punta*) sa inyo palágì, Léna? 3. Áyaw ni Léslie ng laláking (*sigarílyo*). 4. Tanungin mo yung babáeng (*hintay*) kay Léslie kung anong kailángan niya. 5. May nátututúnan ba naman ang iyong kaibígang (*áral*) sa Ateneo? 6. Humingí ka ng dyus sa babáeng (*handà*) kangína ng pagkáin sa lamésa. 7. Kaibígan mo ba yung laláking (*sábi*) sa ákin kung ano ang palabas ngayon sa Ágrix? 8. Ikaw ang (*hintay*) kangína pa ng mámang (*inom*) ng bir sa tindáhan ni Nána Ánsay. 9. Bákit inaksaya mo lang ang pagkáing (*dala*) (*ako, ko*) pára sa iyo? 10. Ano ang súsunod sa síneng (*panood*) (*táyo, nátin*) kahápon?

Ikatlong Hakbang. Isálin sa Tagálog ang mga salitang násaloob ng panaklong

1. Sabíhin mo doon sa laláking (*who brought*) nito ay maráming salámat. 2. Kaibígan mo daw yung babáeng (*who was asking*) kung anong óras ka dárating. 3. Siya ba yung sinásábi mong babáeng (*who will move in*) diyan sa bakánteng kwárto? 4. Ilan ba ang sigarílyong (*that I will buy*) sa tindáhan? 5. Kásya ba ang pérang (*that you asked for from*) sa tátay mo? 6. Kilála mo ba ang táong (*that they were looking for*)? 7. Ang gusto ko ay asáwang (*who will be patient with me*) palágì. 8. Asáwa pala ni Mrs. Ocámpo yung laláking (*who teaches*) ng Ingles sa UPLB. 9. Linísin mo na yung lamésang (*your father made*). 10. Ikaw na lang ang magbalik ng librong (*that I took from*) sa kwárto ni Léslie.

2.2 The object or recipient of the action

In the sentence "John hit the ball" John is the **AGENT** and ball is the **OBJECT**. We also call forms with this meaning **THE RECIPIENT OF THE ACTION**.

2.21 The object or recipient of the action of an active verb

The object of an **active verb** is a noun preceded by *nang* (written **ng** with spaces around it) and we called the grammatical construction "direct object" (§5.21). We have already given lots of examples of direct objects of active verbs. We cite them again for your reference. The **direct object (recipient of the action)** is cited in bold face in the following examples.

1. Pumunta ako sa plása at bumili ako **ng libro.** *"I went downtown and I bought a book."*

2a. Nákatulog ako nang nagbábasa ako **ng libro.** *"I fell asleep as I was reading a book."*

3. Kayo bang dalawa ang naghághanap **ng kwárto?** *"Are the two of you the ones looking for a room? (2C24b)*

4. Umíinom lang ako **ng bir** sa tindáhan. *"I was just having a beer at the store."* (3A3c)

5. Saan ka ngá pala kúkúha **ng pagkáin?** *"Where will you take (your) meals?"* (3B11)

6. Lágí silang naghághandá **ng isdà.** *"They always serve fish."* (4A6b)

If the direct object of an active verb is a demonstrative pronoun (word meaning "this, that, these, those") then the demonstrative is genitive (§5.5). In the following example *nito* is a demonstrative pronoun which is the recipient of the action. The form *nito* is genitive:

18. Maráming matútutúnan ang táong magbábasa **nito.** "The person who reads **this** can learn much from it."

If the direct object of an active verb is a proper name or personal pronoun, the dative form (§5.5) is used – that is the proper name which refers to the person who is the recipient of the action is preceded by *kay* for the singular and *kina* for the plural.

19. Ako na lang ang maghíhintay **kay Huwan.** "I will be the one to wait for **John.**"

Similarly, if the direct object of an active verb is a personal pronoun, the dative form (§5.5) is used – that is the pronoun which refers to the person who is the recipient of the action is a dative form of the pronoun (§2.8) For example in the following sentence *sa kanya* "him" is dative:

19a. Ako na lang ang maghíhintay **sa kanya.** "I will be the one to wait for **him.**"

2.22   The object or recipient of the action of a passive verb

The object (recipient of the action) of a **passive** verb is nominative (§2.6) That is, the form which refers to the object or recipient of the action of a **passive** verb is marked with *ang* in the case of common nouns, *si* in the case of names or titles, and the nominative forms of the pronouns. We have had several examples of passive verbs with objects. We cite them again for reference.

3a.   Hináhánap ko **ang kwártong**... *"I'm looking for the room that..."*

4a.   Nákíta niyang iníinom ko **ang bir** na... *"She saw that I was drinking the beer that...*

5a.   Kaylan mo kúkúnin **ang pagkáing**... *"When will you pick up the food that...?"*

12.   Kung **ako** ang tátanungin mo. *"If you ask me (lit. If I am the one you are going to ask)." (5A3)*

15.   **Iyon** na rin ang híhingin ko. ***"That** is what I am going to order." (5C30)*

Let us do an exercise on expressing the recipient of the action.

SU2.2 Únang Hakbang. Piliin ang támang sagot

1. Léslie, bákit hindí ka pa humíhingí *(ng, ang)* péra sa tátay mo? 2. Kayo ba, Tátay, *(ng, ang)* áalis mámayà? 3. Ikaw na lang ang magbigay *(ang, ng)* péra *(siya, sa kanya)*. 4. Ang nánay na lang niya *(ang, ng)* nagbigay *(ng, ang)* péra *(si, kay)* Léslie. 5. Ano bang palabas ang panónoorin *(nila, sila)*. 6. Ang tátay ko lang ang gumágawá *(nito, ito)*. 7. Saan ka bumili *(iyan, niyan)*? 8. Ano daw ang kailángan ng babáeng nagháhanap *(kay, si)* Pete? 9. Si Pete hó ba ang nagdala *(ang, ng)* mga kómiks na ito? 10. Binili na *(siya, niya)* *(ang, ng)* librong kailángan niya sa kanyang kláse. 11. Naghandá *(ng, ang)* abokádo dyus si Nánay kanína. 12. Kúkúha sána ako *(niyan, iyan)* sa inyo kanína. 13. Siya na lang ang bahálang kumúha *(niyon, iyon)*. 14. Si Léslie ang tinanong *(nila, sila)*. 15. Bákit ako *(ng, ang)* bíbili *(ang, ng)* bir sa tindáhan? 16. Hindì, kéndi bar *(ng, ang)* bíbilhin mo. 17. Mag-ááral ka ngá ba *(ng, ang)* Tagálog sa UPLB. 18. Ang kapatid ko *(ang, ng)* kúkúha *(ang, ng)* Tagálog 202. 19. Naghíhintay si Pete *(kay, si)* Léslie. 20. Hiníhintay ni Pete *(si, kay)* Léslie.

Ikalawang Hakbang. Punuan ng támang sagot ang mga patlang sa mga sumúsunod na pangungúsap

1. Magbábasa ka ba nito? Óo, ___ ang bábasáhin ko mámayà. 2. Masarap ito. Kákáin ako ___ mámayà. 3. Si Léslie ang magtátanong ___ Pete. 4. Magtátanong siya ___ Pete. 5. Ito ba ___ librong hináhánap mo kangína pa? 6. Bákit ka magdádala ___ pagkáin sa kanya? 7. Tawágin mo na ngá ___ Léslie at Léna. 8. Ako na lang ___ tátáwag ___ Pete at Cárlos. 9. Dinala na ba ___ Pete sa tindáhan ___ mga lámsyed na ginawá ko? 10. Hindí iyan ang gusto ko. Saan ka kumúha ___? 11. Ikaw na lang ba ___ maghíhintay ___ Léslie at Léna, Pete? 12. Híhintayin pala ni Pete ___ Léslie at Léna. 13. Gusto ko rin ito. Kumákáin ka ba ___? 14. Ganyan talaga siya. Magpasénsiya ka na lang ___. 15. Kúkúnin ko na ___ librong kinúha mo sa ákin. 16. Walá sa kwárto mo iyon. Ikaw na lang ang maghanap ___. 17. Kung itátanong mo iyon ___ ay sásabíhin niyang hindí niya alam. 18. Kúkúnin niya iyong bakánteng kwárto. Siya ___ kúkúha ___. 19. Pinanood ba ___ Léslie ___ palabas sa Ágrix kahápon? 20. Óo, panónoorin din námin nina Cárlos at Léna ___ palabas na iyon.

Ikaánim na Aralin. Unit 6

AI. Únang Bahági

Pistáhan sa mga lóla ni Pete

LÉSLIE

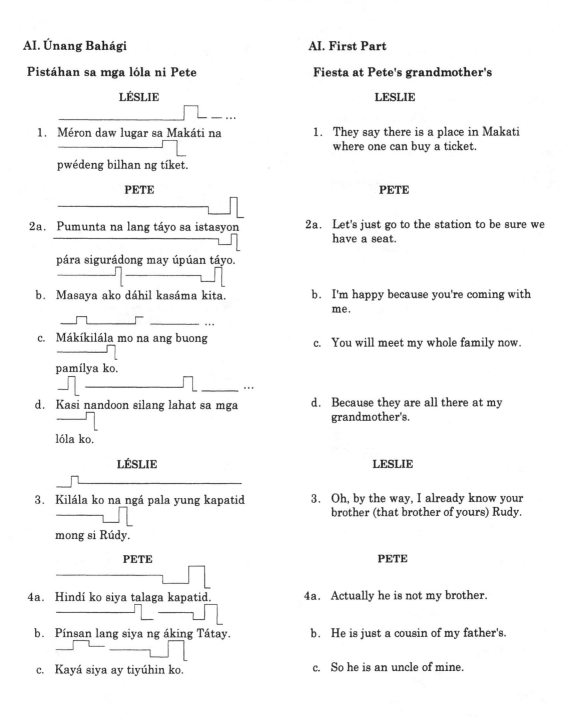

1. Méron daw lugar sa Makáti na

   pwédeng bilhan ng tíket.

PETE

2a. Pumunta na lang táyo sa istasyon

   pára sigurádong may úpúan táyo.

b. Masaya ako dáhil kasáma kita.

c. Mákíkilála mo na ang buong

   pamílya ko.

d. Kasi nandoon silang lahat sa mga

   lóla ko.

LÉSLIE

3. Kilála ko na ngá pala yung kapatid

   mong si Rúdy.

PETE

4a. Hindí ko siya talaga kapatid.

b. Pínsan lang siya ng áking Tátay.

c. Kayá siya ay tiyúhin ko.

AI. First Part

Fiesta at Pete's grandmother's

LESLIE

1. They say there is a place in Makati where one can buy a ticket.

PETE

2a. Let's just go to the station to be sure we have a seat.

b. I'm happy because you're coming with me.

c. You will meet my whole family now.

d. Because they are all there at my grandmother's.

LESLIE

3. Oh, by the way, I already know your brother (that brother of yours) Rudy.

PETE

4a. Actually he is not my brother.

b. He is just a cousin of my father's.

c. So he is an uncle of mine.

203

d. Péro dalawang taon lang ang tandá niya sa ákin.

d. But he is only two years older than I am.

e. Kayá ang táwag ko sa kanya ay kúya.

e. So I call him "elder brother."

f. Nandoon na siya noong Lúnes pa kasáma ng Áte Línda ko.

f. He was there already last Monday together with my elder sister Linda.

g. Pára tumúlong sa paghahandà.

g. To help in the preparations.

LÉSLIE

5. Téka, méron bang mga air-con na bus na papuntang Vígan?

LESLIE

5. Wait a minute, are there buses with air conditioning that go to Vigan?

PETE

6a. Méron, kayá lang sána méron pang úpúan pára sa átin.

PETE

6a. There are. The only thing is, I hope we still can get seats.

b. Téka títingnan ko múna kung saan ako pwédeng magresérba ng úpúan pára sá 'tin.

b. Wait a minute. Let me see where I can reserve a place for us.

c. Bantayan mo múna ang gámit nátin at bábalik agad ako.

c. Watch our things for a minute, and I'll be right back.

LÉSLIE

7. O ano? May tíket na ba táyo?

LESLIE

7. How about it? Do we have tickets now?

PETE

8a. Óo péro may isang óras pa bágo umalis ang bus.

PETE

8a. Yes, but there is still one more hour before the bus leaves.

b. Kayá pwéde pa táyong kumáin.

b. So we can still get something to eat.

Commentary to difficult forms in 6AI

1.	bilhan	This is the local passive dependent form of the verb bili (§6.1) "be bought at."
	bilhan ng tíket	"Where a ticket can be bought." Ng tíket is the direct object of the local passive verb (§6.3).
2a.	pára sigúrado	"So it can be sure."
	úpúan	"Place to sit." This is a nominal formation discussed in §17.33.
b.	kasáma kita	"You are my companion" (§6.5.) For the use of kita see §6.6.
c.	mákíkilála	"Will be able to get acquainted with." This verb form will be taken up in §7.1. It is the future of the potential direct passive which we will take up in Unit Seven.
d.	sa mga lóla ko	"At my grandmother's." The plural dative can mean "at (such and such a person's) house."
3.	yong kapatid mong si Rúdy	"Your brother, Rudy." Appositives are linked with na (ng). Here, Rudy is in apposition with yong kapatid mo, and therefore the two phrases are linked with ng.
4a.	áking tátay	"My father" (=tátay ko). Ákin is the preposed genitive as explained in §6.4 and linked with na (ng).
	kayà	"Therefore" (§6.91).
b.	tandá sa ákin	Tandà "age, amount one is old." Tandà plus a dative means "the amount older than (dative)."
c.	táwag	"What one calls something."
g.	pára tumúlong	"To help." The dependent form is used after pára "in order to."
	tumúlong sa	Túlong "help" is followed by dative object (§16.2).
	paghahandà	"The act of preparing." This is the abstract form discussed in §7.72.
5.	papunta	"Going to." This formation is discussed in §§7.96, 12.21.
	papuntang X	"Going to X." This is an idiom. Papunta plus the linker ng means "going to..." This formation is not found with any other root.
6a.	kayá lang	"The only thing is" (§6.91).
	sána	"I hope (so-and-so) is or was the case."
b.	títingnan	This is the future of the local passive of tingin "will look at (it)."
	kung saan	"Where (in an indirect question)." Kung introduces indirect questions (questions introduced by another statement like "he asked, I wonder, he said," and the like) §6.921.
c.	bantayan	"Watch (it)." This is the local passive imperative.
7a.	bágo umalis	"Before (X) goes off." The dependent verb form is used after bágo "before (so-and-so) happens" (§5.74).

AII.   Pagsasánay

Pagpapalit. Ipalit ang mga salitang násà loob ng saklong

1. *They say there's a place where you can buy tickets.*

Máyroon daw lugar na pwédeng bilhan ng mga tíket.   *(look for tickets)*

Máyroon daw lugar na pwédeng hanápan ng mga tíket.   *(get tickets)*

Máyroon daw lugar na pwédeng kuhánan *(get coke)*
ng tíket.

Máyroon daw lugar na pwédeng kuhánan *(buy coke)*
ng kok.

Máyroon daw lugar na pwédeng bilhan ng *(buy fish)*
kok.

Máyroon daw lugar na pwédeng bilhan ng *(buy food)*
isdà.

Máyroon daw lugar na pwédeng bilhan ng *(buy comics)*
pagkáin.

Máyroon daw lugar na pwédeng bilhan ng *(read comics)*
komiks.

Máyroon daw lugar na pwédeng basáhan
ng kómiks.

2. *Oh by the way, I already know your brother.*

A, kilála ko na ngá pala yung kapatid mo. *(he knows)*

A, kilála na ngá pala niya yung kapatid mo. *(knows your grandmother)*

A, kilála na ngá pala niya yung lóla mo. *(my father knows)*

A, kilála na ngá pala ng tátay ko yung lóla *(knows Rudy)*
mo.

A, kilála na ngá pala ng tátay ko si Rúdy. *(knows them)*

A, kilála na ngá pala sila ng tátay ko. *(I know)*

A, kilála ko na ngá pala sila. *(I know your mother)*

A, kilála ko ngá pala ang nánay mo. *(my mother knows them)*

A, kilála na ngá pala sila ng nánay ko. *(they know my mother)*

A, kilála na ngá pala nila ang nánay ko. *(they know my uncle)*

A, kilála na ngá pala nila ang tiyúhin ko. *(Pete knows my uncle)*

A, kilála na ngá pala ni Pete ang tiyúhin
ko.

3. *You're my companion.*

Kasáma kita. *(friend)*

Kaibígan kita. *(my uncle)*

Tiyúhin ko kayo. *(my brother)*

Kapatid kita. *(my father)*

Tátay ko kayo. *(my grandmother)*

Lóla ko kayo. *(I'm your companion)*

Kasáma mo ako. *(friend)*

Kaibígan mo ako. *(brother)*

Kapatid mo ako. *(father)*

Tátay mo ako. *(cousin)*

Pínsan mo ako. *(grandmother)*

Lóla mo ako.

4. *They're all at my grandmother's.*

Nándoon silang lahat sa mga lóla ko. *(at my father's)*

Nándoon silang lahat sa mga tátay ko. *(at John's)*

Nándoon silang lahat kina John. *(at the Ocampo's)*

Nándoon silang lahat kina Mr. Ocámpo. *(at my grandfather's)*

Nándoon silang lahat sa mga lólo ko.

5. *He's only my father's cousin.*

Pínsan lang siya ng áking tátay. *(my cousin)*

Pínsan ko lang siya. *(you are)*

Pínsan lang kita. *(I am your)*

Pínsan mo lang ako. *(his father is)*

Pínsan mo lang ang tátay niya. *(my father is)*

Pínsan mo lang ang tátay ko.   *(you are my father's)*
Pínsan ka lang ng tátay ko.   *(he is my father's)*
Pínsan lang siya ng tátay ko.   *(you are his cousin)*
Pínsan ka lang niya.

6. **Bagúhin ang mga sumúsunod na pangungúsap áyon sa modélo.**

  1a. Mas matandá siya sa ákin ng dalawang taon.
    b. Dal'wang taon lang ang tandá niya sa ákin.
  2a. Mas matandá ako sa iyo ng tatlong taon.(tatlo=three)
    b. Tatlong taon ang tandá ko sa iyo.
  3a. Mas matandá ako sa kanya ng isang taon.
    b. Isang taon ang tandá ko sa kanya.
  4a. Mas matandá ka sa ákin ng pitong taon.(pito=seven)
    b. Pitong taon ang tandá mo sa ákin.
  5a. Mas matandá siya sa kanya ng sampung taon.(sampu=ten)
    b. Sampung taon ang tandá niya sa kanya.
  6a. Mas matandá ka sa kanya ng ápat na taon.(ápat=four)
    b. Ápat na taon ang tandá mo sa kanya.
  7a. Mas matandá siya sa iyo ng ánim na taon.
    b. Ánim na taon ang tandá niya sa iyo.
  8a. Mas matandá ako sa kanila ng walong taon.(walo=eight)
    b. Walong taon ang tandá ko sa kanila.
  9a. Mas matandá sila sa ákin ng limang taon.(lima=five)
    b. Limang taon ang tandá nila sa ákin.
 10a. Mas matandá siya sa ákin ng siyam na taon.(siyam=nine)
    b. Siyam na taon ang tandá niya sa ákin.
 11a. Mas matandá siya sa ákin ng kalaháting taon.(kalahátì=half)
    b. Kalaháting taon ang tandá niya sa ákin.

Pagpapalit

7. *I'll see where I can reserve a ticket.*
  Títingnan ko kung saan ako pwédeng   *(who can)*
    magresérba ng tíket.
  Títingnan ko kung síno ang pwédeng   *(where I can)*
    magresérba ng tíket.
  Títingnan ko kung saan ako pwédeng   *(when I can)*
    magresérba ng tíket.
  Títingnan ko kung kélan ako pwédeng   *(if I can)*
    magresérba ng tíket.
  Títingnan ko kung pwéde akong   *(who else can)*
    magresérba ng tíket.
  Títingnan ko kung síno pa ang pwédeng   *(where she can)*
    magresérba ng tíket.
  Títingnan ko kung saan siya pwédeng
    magresérba ng tíket.

8. *There is still an hour before the bus leaves.*
  May isang óras pa bágo umalis ang bus.   *(before I leave)*
  May isang óras pa bágo ako umalis.   *(it will be another year)*
  May isang taon pa bágo ako umalis.   *(before I return home)*
  May isang taon pa bágo ako umuwì.   *(before I begin)*
  May isang taon pa bágo ako magsimulà.   *(one more hour)*
  May isang óras pa bágo ako magsimulà.   *(before I study)*

     May isang óras pa bágo ako mag-áral.   *(before I eat)*
     May isang óras pa bágo ako kumáin.   *(before Grandmother arrives)*
     May isang óras pa bágo dumating ang lóla.   *(before I teach)*
     May isang óras pa bágo ako magtúrò.

9. *I'm happy because you're coming with me.*
     Masaya ako dáhil kasáma kita.   *(my grandmother is coming with me)*
     Masaya ako dáhil kasáma ko ang lóla ko.   *(we already have tickets)*
     Masaya ako dáhil méron na táyong tíket.   *(we already have seats)*
     Masaya ako dáhil méron na táyong úpúan.   *(my uncle is there)*
     Masaya ako dáhil nándoon ang tiyúhin ko.   *(you will now meet my family)*
     Masaya ako dáhil mákíkilála mo na ang   *(he's older than I)*
       pamílya ko.
     Masaya ako dáhil mas matandá siya sa   *(the bus is air-conditioned)*
       ákin.
     Masaya ako dáhil áir-con ang bus.   *(we're going to Vígan)*
     Masaya ako dáhil púpunta táyo sa Vígan.

10. *He is two years older than me.*
     Dalawang taon ang tandá niya sa ákin.   *(three years)*
     Tatlong taon ang tandá niya sa ákin.   *(four and half)*
     Ápat at kalaháting taon ang tandá niya sa   *(half a year)*
       ákin.
     Kalaháting taon ang tandá niya sa ákin.   *(nine years)*
     Siyam na taon ang tandá niya sa ákin.   *(five years)*
     Limang taon ang tandá niya sa ákin.   *(four years)*
     Ápat na taon ang tandá niya sa ákin.   *(one year)*
     Isang taon ang tandá niya sa ákin.   *(six and a half)*
     Ánim at kalaháting taon ang tandá niya sa   *(seven years)*
       ákin.
     Pitong taon ang tandá niya sa ákin.   *(eight years)*
     Walong taon ang tandá niya sa ákin.

AIII. Piliin ang támang sagot.

1. *Kilála mo ba yung kapatid kong si Rúdy?*
     a.   Si Rúdy ngá ay kapatid ko.
     b.   Pwéde ko bang mákilála si Rúdy?
     c.   A, óo at pati na ngá ang kanyang buong pamílya.
     d.   Óo. Si Rúdy ngá ang tumúlong kay Áte Línda.

2. *Saan ba pwédeng bumili ng tíket?*
     a.   Sa Makáti kami nagpunta at doon na rin ngá pala kami bumili ng tíket.
     b.   Bábalik kami sa Makáti pára bumili ng tíket.
     c.   Sumáma ka sa ámin sa Makáti pára bumili ng tíket.
     d.   Doon sa mé tabi ng mga bus, doon pwéde.

3. *Ilang taon ang tandá mo sa ákin?*
     a.   Mga isang taon pa ako díto.
     b.   A, dal'wang taon lang, péro baká tumígil pa ako díto ng isa.
     c.   Isang taon lang sigúro, ilang taon ka na ba?
     d.   Ang tandá mo na pala!

4. *Ano ang táwag mo sa kanya?*
     a.   Kúya Rúdy, kasi mas matandá siya sa ákin.
     b.   Tátay siya ng kaibígan ko.
     c.   Hindí naman kita tinátáwag a.
     d.   O síge, tátáwag ako sa kanya.

5. *Pínsan ka ba ng tátay niya?*
   a. Óo. Péro hindí palágì.
   b. Hindì, kaibígan ko lang ang tátay niya.
   c. A, hindí díto. Nagpunta ang pínsan mo do'n sa mga tátay mo.
   d. Óo. Pínsan mo ngá si Rúdy.

6. *Méron pa bang nátitirang úpúan?*
   a. Tuloy hó múna kayo at kúkúha lang hó ako ng úpúan.
   b. A, sórry walá na yátang nátitirang pagkáin pára sa inyo.
   c. Téka lang hó at títingnan ko kung méron pa.
   d. O éto ang péra at magresérba ka ng úpúan.

7. *Gusto mo bang kumáin bágo umalis ang bus?*
   a. Isang óras pa ba bágo umalis itong bus?
   b. Mabúti pa ngá kumáin na múna táyo bágo umalis ang bus.
   c. Dápat sána umalis na táyo kahápon.
   d. Anong óras ba ang tígil nitong bus? Gutom na ako e.

8. *Saan ba púpunta ang bus?*
   a. Púpunta ako sa Ángeles.
   b. A, púpunta ito sa Vígan péro títígil múna ito sa Ángeles.
   c. Tingnan mo ngá kung saan púpunta yung bus na iyon?
   d. Ang mahal pala ng tíket sa bus.

9. *Gusto mo bang tumúlong sa paghahandà?*
   a. Umalis na ba sila pára tumúlong sa paghahandà?
   b. Óo . At kasáma ngá niya si Áte Línda.
   c. Mas mabúti ngá kung kákáin múna táyo.
   d. Óo. Tumúlong táyo sa paghahandá pára makakáin agad táyo.

10. *Bumili ka na ba ng tíket?*
   a. Háhanápin ko yung lugar na pwédeng bilhan ng tíket.
   b. Óo. Péro mga isang óras pa ang alis kayá mabúti pa kumáin múna táyo.
   c. Óo. Kayá ngá ba umupó na táyo.
   d. Kung makákabili ako ng tíket, sigurádong mé úpúan táyo.

AIV. **Buuin ang mga sumúsunod na pangungúsap úpang magkaroon ng ganap na díwà.**

1. Pumunta na lang táyo sa istasyon pára... 2. Áalis múna ako kayá bantayan mo... 3. Méron bang bus papuntang... 4. Isang óras pa bágo táyo umalis kayá... 5. Kilála ko ngá pala yung kapatid... 6. Náuna na si Áte Línda pára... 7. Saan ba pwédeng magresérba... 8. Téka, méron pa bang... 9. Gusto mo bang mákilála... 10. O ano? Kumúha... 11. Pínsan ka ng tátay ko kayá... 12. Ang táwag ko sa kanya... 13. Pára sigurádong may úpúan táyo... 14. Kapatid mo ba talaga... 15. Ang tandá niya sa ákin ay...

AV.   **Sagutin ang mga sumúsunod na tanong**

1. Saan daw ba pwédeng bumili ng tíket? 2. Ilang taon ang tandá mo sa kanya? 3. Ilang óras pa ba bágo umalis ang bus? 4. Saan ba púpunta ang bus? 5. Ano ba siya ng tátay mo? 6. Bákit tíyo ang táwag mo sa kanya? 7. Anong óras ba ang alis ng bus? 8. Anong óras dárating ang bus? 9. Ilang úpúan pa kayá ang bakánte? 10 Násaan ba ang buong pamílya? 11. Bákit náuna sina Áte Línda sa mga lóla? 12. Bákit ngayon táyo dápat magpunta sa istasyon? 13. Saan ka púpunta? Bákit hindí ako pwédeng sumáma sá iyo? 14. Bákit masaya ka kung kasáma mo si Léslie? 15. Síno ang mákíkilála ni Léslie sa Vígan? 16. Násaan ang buong pamílya mo? 17. Bákit gusto mong sumakay sa áir-con na bus? 18. Bákit dápat magresérba ng úpúan?

BI. Ikalawang Bahági

Sa kainan

LÉSLIE

—————————— ...

9a. Ang láyú-láyó pala ng áting

púpuntahan.

b. Sa palagay mo kayá nilílínis nila

díto ang pláto?

c. Ang báhú-báhó kasi e.

PETE

10. Malínis naman, kayá lang hindí

nila pinatútuyó pagkatápos nilang

banlawan.

LÉSLIE

11a. Ayókong kumáin sa may mabáhong

pláto.

b. Nawáwalan ako ng gána.

c. Téna sa ibang lugar.

PETE

12a. Du'n sa binilhan ko ng tíket, mé

nagtítinda doon ng tinápay.

b. Gusto mo ba yun na lang ang kaínin

nátin?

BI.   Second Part

At the cafe

LESLIE

9a. We sure have a long way to go!

b. Do you think (perhaps) they clean the plates here?

c. Because they sure stink!

PETE

10. Oh, they're clean, only they don't dry them after they've washed them.

LESLIE

11a. I don't want to eat at some place that has plates that stink!

b. I lose my appetite.

c. Let's go someplace else.

PETE

12a. Where I bought the ticket there is a (place that) sells bread as well.

b. Do you want to eat just that? (Lit. Do you want it to be just that which we eat?)

LÉSLIE

13a. O síge.

Sa bus.

b. Gaáno pa ba katagal bágo tumígil

ang bus?

c. Ihing-ihí na ako e.

PETE

14a. Ako din e.

b. Ang únang babá nátin e sa Ángeles

pa.

c. Sandalí na lang at dárating na táyo

doon.

LÉSLIE

15. Hay, salámat at tumígil din táyo.

PETE

16. Mámà, sa'n hó pwédeng umíhí díto?

DRÁYBER

17a. A, nákikíta ba ninyo yung ískiníta?

b. Sa banda roon e may CR.

PETE

18a. Salámat hò, téna Léslie.

Pagkalípas ng ilang sandalì

b. O tapos ka na ba?

LESLIE

13a. Ah, OK.

On the bus.

b. How long before the bus stops?

c. I'm about to burst.

PETE

14a. Me, too.

b. Our first stop is at Angeles.

c. We'll get there in just a little bit.

LESLIE

15. Hey, thank the Lord we stopped at last.

PETE

16. Say, mister, where can you go to the bathroom here?

DRIVER

17a. Oh, you see that alley?

b. Near there, there is a comfort room.

PETE

18a. Thanks. Let's go Leslie.

After a while

b. You done?

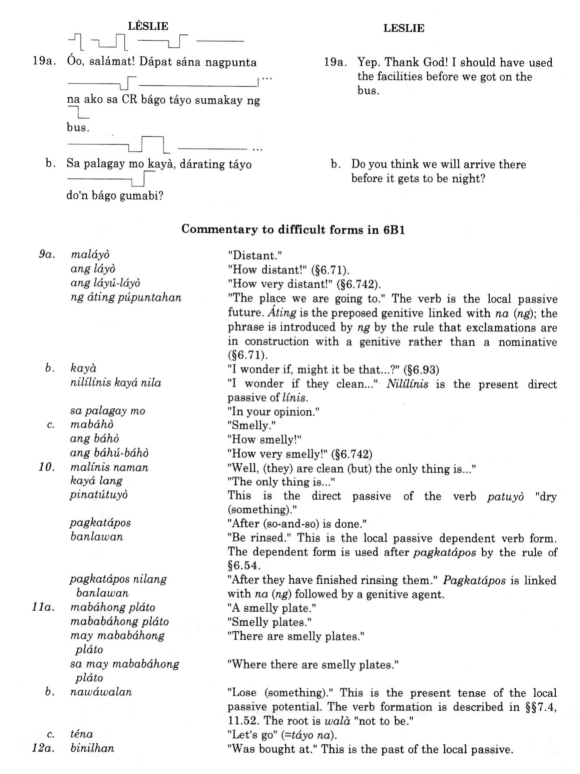

LÉSLIE	LESLIE
19a. Óo, salámat! Dápat sána nagpunta na ako sa CR bágo táyo sumakay ng bus.	19a. Yep. Thank God! I should have used the facilities before we got on the bus.
b. Sa palagay mo kayà, dárating táyo do'n bágo gumabi?	b. Do you think we will arrive there before it gets to be night?

Commentary to difficult forms in 6B1

9a.	maláyò	"Distant."
	ang láyò	"How distant!" (§6.71).
	ang láyú-láyò	"How very distant!" (§6.742).
	ng áting púpuntahan	"The place we are going to." The verb is the local passive future. *Áting* is the preposed genitive linked with *na* (*ng*); the phrase is introduced by *ng* by the rule that exclamations are in construction with a genitive rather than a nominative (§6.71).
b.	kayà	"I wonder if, might it be that...?" (§6.93)
	nilílínis kayá nila	"I wonder if they clean..." *Nilílínis* is the present direct passive of *línis*.
	sa palagay mo	"In your opinion."
c.	mabáhò	"Smelly."
	ang báhò	"How smelly!"
	ang báhú-báhò	"How very smelly!" (§6.742)
10.	malínis naman	"Well, (they) are clean (but) the only thing is..."
	kayá lang	"The only thing is..."
	pinatútuyò	This is the direct passive of the verb *patuyò* "dry (something)."
	pagkatápos	"After (so-and-so) is done."
	banlawan	"Be rinsed." This is the local passive dependent verb form. The dependent form is used after *pagkatápos* by the rule of §6.54.
	pagkatápos nilang banlawan	"After they have finished rinsing them." *Pagkatápos* is linked with *na* (*ng*) followed by a genitive agent.
11a.	mabáhong pláto	"A smelly plate."
	mababáhong pláto	"Smelly plates."
	may mababáhong pláto	"There are smelly plates."
	sa may mababáhong pláto	"Where there are smelly plates."
b.	nawáwalan	"Lose (something)." This is the present tense of the local passive potential. The verb formation is described in §§7.4, 11.52. The root is *walà* "not to be."
c.	téna	"Let's go" (=*táyo na*).
12a.	binilhan	"Was bought at." This is the past of the local passive.

b.	*kaínin*	"Be eaten." This is the dependent of the direct passive. The dependent is used because the verb is in a clause following *gusto* "want" (§6.51).
13b.	*gaáno katagal*	"How long?" This construction is described in §6.73.
	gaáno pa katagal	"How much longer?"
	íhì	"Urine."
	ihing-ihì	"Have a powerful need to urinate." This is a doubled adjective where the repetition is linked with *na (ng)* which forms an intensifier (§6.741).
14b.	*babà*	"Action of getting off" (§7.74).
	ang únang babà ni X	"The first time (X) gets off."
17a.	*nákikíta*	"Can be seen." This is the direct passive present potential (§7.21). The short vowel of the reduplication is explained in the footnote to §7.11.
b.	*banda*	"Place, direction."
	sa banda roon	"Near that place."
18b.	*tapos*	"Be all done." (this is an adjective) (§7.92).
19b.	*gumabi*	"Become night" (§6.82).

BII. Pagsasánay

1. Pagpapalit. Ipalit ang mga salitang násá loob ng saklong.

The place we're going to is so far away!

Ang láyú-láyó pala ng áting púpuntahan.	*(buy a ticket)*
Ang láyú-láyó pala ng áting bíbilhan ng tíket.	*(place to reserve a ticket)*
Ang láyú-láyó pala ng áting réresérbahan ng tíket.	*(place we eat at)*
Ang láyú-láyó pala ng áting kákaínan.	*(place we stop)*
Ang láyú-láyó pala ng áting títigílan.	*(place we move to)*
Ang láyú-láyó pala ng áting lílipátan.	*(place we will go to look for tambákol)*
Ang láyú-láyó pala ng áting háhanápan ng tambákol.	*(place where we will wait)*
Ang láyú-láyó pala ng áting paghíhintayan.	*(place where we will work)*
Ang láyú-láyó pala ng áting pagtátrabahúhan.	

2. Bálangkásan. Bagúhin ang mga sumúsunod na pangungúsap áyon sa modélo.

1a. Maláyó pala ang áting púpuntahan.
 b. Ang láyú-láyó pala ng áting púpuntahan.
2a. Mahal pala ang áting mátitirhan.
 b. Ang mahal-mahal pala ng áting mátitirhan!
3a. Masarap pala ang pagkáin díto.
 b. Ang sarap-sarap pala ng pagkáin díto!
4a. Malaki ngá pala ang kwárto!
 b. Ang laki-laki ngá pala ng kwárto!
5a. Ang báhó pala ng pláto díto!
 b. Ang báhú-báhó pala ng pláto díto!
6a. Ang dámi pala ng úlam díto.
 b. Ang dámi-dámi pala ng úlam díto!

3.   **Bálangkásan**

    1a.   Kung may mabáhong pláto, áyaw ko nang kumáin.
     b.   Áyaw ko nang kumáin kung may mabáhong pláto.
    2a.   Kung may masarap na úlam, gusto kong kumáin.
     b.   Gusto kong kumáin kung may masarap na úlam.
    3a.   Kung may áir-con na bus gusto kong sumakay.
     b.   Gusto kong sumakay kung may áir-con na bus.
    4a.   Kung maliit ang tinápay, áyaw kong bumili.
     b.   Áyaw kong bumili kung maliit ang tinápay.
    5a.   Kung bábabá táyo sa Ángeles, gusto kung umíhì.
     b.   Gusto kong umíhí kung bábabá táyo sa Ángeles.
    6a.   Kung masamá ang palabas, áyaw ko nang manood.
     b.   Áyaw ko nang manood kung masamá ang palabas.
    7a.   Kung maláyó ang áting púpuntahan, áyaw ko nang sumáma.
     b.   Áyaw ko nang sumáma kung maláyó ang púpuntahan nátin.
    8a.   Kung may tinápay, gusto kong kumáin.
     b.   Gusto kong kumáin kung may tinápay.
    9a.   Kung méron pang bakánteng úpúan, gusto kong magresérba.
     b.   Gusto kong magresérba kung méron pang bakánteng úpúan.
   10a.   Kung saan títígil ang bus, gusto kong bumabà.
     b.   Gusto kong bumabá kung saan títígil ang bus.

4.   **Pagpapalit**

  How much longer before the bus stops?

Gaáno pa ba katagal bágo tumígil ang bus?	*(before we eat)*
Gaáno pa ba katagal bágo táyo kumáin?	*(before you go home)*
Gaáno pa ba katagal bágo ka umuwì?	*(before we get off)*
Gaáno pa ba katagal bágo táyo bumabà?	*(before they arrive)*
Gaáno pa ba katagal bágo sila dumating?	*(before they leave)*
Gaáno pa ba katagal bágo sila umalis?	*(before Pete moves in)*
Gaáno pa ba katagal bágo lumípat si Pete?	*(before we shop)*
Gaáno pa ba katagal bágo táyo mamili?	*(before we watch a movie)*
Gaáno pa ba katagal bágo táyo manood ng síne?	*(before he leaves)*
Gaáno pa ba katagal bágo siya umalis?	

5.   **Bálangkásan**

    1a.   Sa Ángeles pa táyo bábabà.
     b.   Sa Ángeles pa ba ang babá nátin?
    2a.   Sa Ángeles pa títígil ang bus.
     b.   Sa Ángeles pa ba ang tígil ng bus?
    3a.   Ngayon na táyo áalis.
     b.   Ngayon na ba ang alis nátin?
    4a.   Sa istasyon pa táyo sásakay.
     b.   Sa istasyon pa ba ang sakay nátin?
    5a.   Sa báhay pa táyo kákáin.
     b.   Sa báhay pa ba ang káin nátin?
    6a.   Sa Lúnes pa dárating ang tíyo.
     b.   Sa Lúnes pa ba ang dating ng tíyo?
    7a.   Sa Vígan pa táyo púpunta.
     b.   Sa Vígan pa ba ang punta nátin?
    8a.   Búkas pa siya bábalik.

    b.   Búkas pa ba ang balik niya?
  9a.   Sa Makáti táyo sásakay
    b.   Sa Makáti pa ba ang sakay nátin?
 10a.   Sa istasyon pa táyo ííhì.
    b.   Sa istasyon pa ba ang íhí nátin?

6.   Pagpapalit

I should have used the facilities before we got on the bus.

Dápat sána nagpunta múna ako sa CR   *(I should have eaten)*
bágo táyo sumakay ng bus.

Dápat sána kumáin múna ako bágo táyo   *(before I went to the bathroom)*
sumakay ng bus.

Dápat sána kumáin múna ako bágo ako   *(I should have said)*
pumunta sa CR.

Dápat sána nagsábi múna ako bágo ako   *(before I got on the bus)*
pumunta sa CR.

Dápat sána nagsábi múna ako bágo ako   *(I should have paid)*
sumakay ng bus.

Dápat sána nagbáyad múna ako bágo ako   *(before I ate)*
sumakay ng bus.

Dápat sána nagbáyad múna ako bágo ako   *(before I drank coke)*
kumáin.

Dápat sána nagbáyad múna ako bágo ako   *(I should have eaten)*
uminom ng kok.

Dápat sána kumáin múna ako bágo ako
uminom ng kok.

7. *I wonder if we'll arrive there before nightfall?*

Dárating kayá táyo do'n bágo gumabi?   *(before John arrives)*
Dárating kayá táyo do'n bágo dumating si   *(before it rains)*
John?
Dárating kayá táyo do'n bágo umulan?   *(before they arrive)*
Dárating kayá táyo do'n bágo sila   *(before they leave)*
dumating?
Dárating kayá táyo do'n bágo sila umalis? *(before my uncle leaves)*
Dárating kayá táyo do'n bágo umalis ang   *(before Pete leaves)*
tíyo ko?
Dárating kayá táyo do'n bágo umalis si   *(before he arrives)*
Pete?
Dárating kayá táyo do'n bágo siya
dumating?

8. *How long before the bus stops?*

Gaáno pa ba katagal bágo tumígil ang bus? *(how far)*
Gaáno pa ba kaláyó bágo tumígil ang bus? *(before we arrive)*
Gaáno pa ba kaláyó bágo táyo dumating?   *(before we eat)*
Gaáno pa ba kaláyó bágo táyo kumáin?   *(how long)*
Gaáno pa ba katagal bágo táyo kumáin?   *(before we arrive)*
Gaáno pa ba katagal bágo táyo dumating?   *(how fast)*
Gaáno pa ba kabilis bágo táyo dumating?   *(how smelly before they're washed)*
Gaáno pa ba kabáhó bágo nila banlawan?   *(how cheap)*
Gaáno pa ba kamúra bágo nila banlawan?   *(before we buy them)*
Gaáno pa ba kamúra bágo nátin bilhin?

9. *We'll get there in just a little bit.*

Sandalí na lang at dárating na táyo.   *(stop)*

Sandalí na lang at títígil na táyo.   *(get off)*
Sandalí na lang at bábabá na táyo.   *(buy)*
Sandalí na lang at bíbili na táyo.   *(eat)*
Sandalí na lang at kákáin na táyo.   *(get on)*
Sandalí na lang at sásakay na táyo.   *(leave)*
Sandalí na lang at áalis na táyo.   *(clean)*
Sandalí na lang at maglílínis na táyo.

10. *Do they (perhaps) clean the plates here?*

Nílilínis kayá nila díto ang pláto?   *(wash)*
Binábanlawan kayá nila díto ang pláto?   *(dry)*
Pinatútuyó kayá nila díto ang pláto?   *(the bread)*
Pinatútuyó kayá nila díto ang tinápay?   *(buy)*
Biníbili kayá nila díto ang tinápay?   *(eat)*
Kinákáin kayá nila díto ang tinápay?   *(bring)*
Dinádala kayá nila díto ang tinápay?   *(the ticket)*
Dinádala kayá nila díto ang tíket?

BIII. Piliin ang támang sagot.

1. *Nilílínis ba nila ang mga pláto díto?*
   a.   Ayóko nang kumáin díto. Ang báhú-báhó kasi ng mga pláto.
   b.   Óo. Péro hindí nila pinatútuyó ang mga ito pagkatápos banlawan.
   c.   O, síge linísin nátin ang mga pláto díto.
   d.   Banlawan nátin ang mga pláto bágo táyo kumáin.

2. *Gaáno pa ba katagal bágo tumígil ang bus?*
   a.   Sána tumígil na ang bus, ihing-ihí na ako e.
   b.   Sigúro isang óras pa.
   c.   Matagal-tagal na rin palang hindí tumítígil ang bus.
   d.   Matagal na silang bumabà.

3. *Saan ba pwédeng umíhí díto?*
   a.   Sa CR ka magpunta at doon ka umíhì.
   b.   Ihing-ihí na ako. Hindí pa ba títígil ang bus?
   c.   O ano, nákíta mo ba kung saan pwédeng umíhì?
   d.   Nása tabi ng CR ang kwárto mo.

4. *Nilílínis ba nila ang CR díto?*
   a.   Saan ba mé CR díto, ihing-ihí na ako e.
   b.   Hindí yátà. Ang báhú-báhó kasi e.
   c.   Óo. Mé CR dyan sa tabi ng báhay.
   d.   Sána nilínis na nila yung CR sa mé istasyon ng bus. Ang báhó kasi!

5. *Tapos ka na bang kumáin?*
   a.   Ayókong kumáin do'n, mababáhó kasi ang pláto.
   b.   Pagkatápos mong kumáin ay kumúha ka ng sóftdrink.
   c.   A, óo ngá pala. Bumili múna táyo ng pagkáin nátin do'n sa mé istasyon ng bus.
   d.   Hindì. Walá pa kasi akong kasámang kumáin.

6. *Gusto mo bang kumáin ng tinápay?*
   a.   Saan ba díto pwédeng bumili ng tinápay?
   b.   Óo, masarap ang tinápay díto.
   c.   Ayóko, mabáhó doon.
   d.   Gusto ko sánang bumili ng tinápay péro walá akong péra.

7. *Sumakay na ba siya sa bus?*
   a.   Sumakay na siya péro bumabá yátà.
   b.   Sumakay na táyo at áalis na ang bus.
   c.   Sána umíhí na ako bágo ako sumakay ng bus.
   d.   Téna, sumakay na táyo at mukhang áalis na ang bus.

8. *Nawáwalan ka ba ng gána?*
   a. Óo, mabáhó kasi ang mga pláto.
   b. Ang sarap ng pagkáin! Téna káin na táyo.
   c. Kákáin ako kung masarap ang úlam.
   d. Hindí naman. Gusto kong tumígil na ang bus.
9. *Dárating na ba táyo sa Ángeles?*
   a. Ang únang babá pa nátin ay sa Ángeles.
   b. Ang láyú-láyó pala ng Ángeles.
   c. Óo, sandalí na lang at nása Ángeles na táyo.
   d. Gaáno pa ba katagal bágo tumígil ang bus?
10. *Nagtítinda ka ba ng tinápay?*
    a. Gusto mo bang yun na lang ang kaínin nátin?
    b. Óo. Sa istasyon ng bus ay mé nagtítinda ng tinápay.
    c. Óo. Gusto mo bang bumili?
    d. Óo. Gusto ko ng tinápay.

BIV. Buuin ang mga sumúsunod na pangungúsap úpang magkaroon ng ganap na díwà.

1. Gaáno pa ba katagal bágo... 2. Dárating táyo do'n bágo... 3. Ang láyú-láyó pala ng... 4. Ang báhó ng pláto. Nawáwalan... 5. Nilínis kayá nila... 6. Ihing-ihí na ako. Mámá saan ba... 7. Hindí nila pinatútuyó ang pláto pagkatápos... 8. Ang únang babá pa nátin ay... 9. Nawáwalan ako ng gána kung may... 10. Sa mé binilhan ko ng tíket, mé nagtítinda din... 11. Ayókong kumáin sa may... 12. Mabáhó ang pláto díto. Téna... 13. Saan ba únang títigil... 14. Sandalí na lang at... 15. Hay, salámat at...

BV. Sagutin ang mga sumúsunod na tanong.

1. Gaáno ba kaláyó ang áting púpuntahan? 2. Saan ba mé nagtítinda ng tinápay díto? 3. Bákit sinábi mong hindí nila nilílinis ang pláto díto? 4. Saan ba ang únang babá nátin? 5. Saan ba pwédeng umíhí díto? 6. Anong óras ba táyo dárating sa Vígan? 7. Sa Ángeles ba ang únang babá nátin? 8. Bákit áyaw mong kumáin kung may mababáhong pláto? 9. Ano ba ang gusto mong kaínin? 10. Ano ba ang gágawin nátin sa Vígan? 11. Kung áyaw mong kumáin díto, saan táyo kákáin? 12. Kélan mo gustong kumáin? 13. Bákit hindí ka múna umíhì? 14. Saan ka bumili ng tíket? 15. Dárating kayá táyo do'n bágo gumabi?

CI. Ikatlong Bahági	**CI. Third Part**
PETE	PETE

20a. Walá pa namang alas diyes e.

20a. It's not even ten yet, anyway.

b. Kung hindí masísiráan itong bus

sigúro alas kwátro o alas síngko

nando'n na táyo.

b. If we don't have a breakdown on the bus (lit. if the bus doesn't break down), we'll probably get there by four or five.

c. Yun na ang pinakamatagal.

c. That's the latest.

d. Tsaká maliwánag pa naman.

d. And it'll still be light.

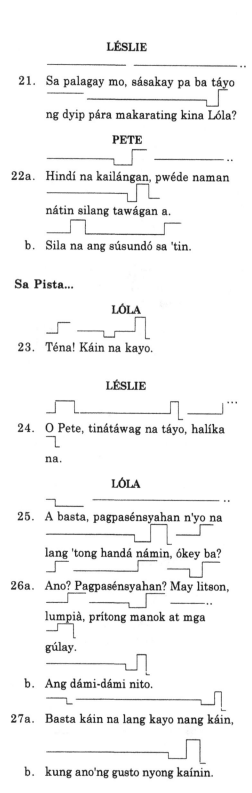

LÉSLIE

21. Sa palagay mo, sásakay pa ba táyo ng dyip pára makarating kina Lóla?

PETE

22a. Hindí na kailángan, pwéde naman nátin silang tawágan a.

b. Sila na ang súsundó sa 'tin.

Sa Pista...

LÓLA

23. Téna! Káin na kayo.

LÉSLIE

24. O Pete, tinátáwag na táyo, halíka na.

LÓLA

25. A basta, pagpasénsyahan n'yo na lang 'tong handá námin, ókey ba?

26a. Ano? Pagpasénsyahan? May litson, lumpià, prítong manok at mga gúlay.

b. Ang dámi-dámi nito.

27a. Basta káin na lang kayo nang káin,

b. kung ano'ng gusto nyong kaínin.

LESLIE

21. Do you think we still have to ride a jeep to get to (your) grandmother's?

PETE

22a. No, we won't have to (lit. have to any more). We can just phone them up.

b. They'll just (lit. they'll just be the ones to) come get us.

At the fiesta...

LOLA

23. Come on, dinner is served (lit. you all eat)!

LESLIE

24. Oh, Pete, (they're) calling us (now), come on (now).

LOLA

25. This is all we have, sorry. (Lit. As long as you are patient with this dinner of ours, is it OK?)

26a. Good Lord! (Lit. What? Be patient?) There's roast pig, egg rolls, fried chicken, and vegetables.

b. What a huge amount this is!

27a. You just eat all you can (lit. eat and eat),

b. whatever you want to eat.

28. Hay, ang sarap-sarap naman ng mga

úlam díto.

29. O káin pa kayo o. Baká gusto

ninyong tikman itong áking

matamis.

30a. A tinikman ko na hó yan.

b. Ang sarap-sarap ngá hó e.

31. Téka, sa'n ngá ba kayo

nagtátrabáho?

32. A sa UP Rural High School hò.

Parého ng pinagtátrabahúhan ng

inyong apo.

28. Yumm, the food here sure is delicious!

29. Oh, eat some more, here! You might like to try this dessert of mine.

30a. I have tried it already.

b. It really is quite good!

31. By the way, where was it you worked?

32. At the UP Rural High School. The same place your grandson is working at.

Commentary to difficult forms in 6CI

20a.	walá pang alas diyes	"It's not ten yet" (§6.811).
	masísiráan	"Will suffer a breakdown." This is the future potential local passive. The formation is discussed in §§7.4, 11.52.
	matagal	"Long."
	pínakamatagal	"Longest possible" (§6.72).
	tsakà	"Furthermore" (=at sakà).
	maliwánag	The root is liwánag "brightness, light."
21.	pára makarating	"In order to be able to arrive." This is the dependent of the potential active (§7.24).
	kina Lóla	"At Grandmother's place." The plural of the dative with forms which refer to people means "at (so-and so's) house" (§4.74).
22a.	tawágan	"Call up." This is the local passive of táwag. The direct passive of táwag means "call (him, her)." The local passive means "call (him, her) up."
25.	basta	"Just so long as" (§7.94).
	pagpasénsyahan	"Be patient with." This is the local passive of pasénsya. The pag- local passives are explained in §§6.11, 11.53.
	handà	"Preparations, food prepared."
26b.	madámi	"Much."
	ang dámi	"How very much!" (§6.71).
	ang dámi-dámi	"What a huge amount!" (§6.742).
27a.	káin na nang káin	"Keep eating and eating" (§6.743).

b.	kung ano	"Whatsoever, whatever" (6.922).
28.	masarap	"Delicious."
	ang sarap	"How delicious!" (§6.71).
	ang sarap-sarap	"How very delicious" (§6.742).
29.	bakà	"It just might be the case that."
	tikman	"Taste (it)." This is the local passive dependent form (after gusto) (§6.51). Root: tikim.
	matamis	"Dessert, sweet." The root is tamis "sweetness."
30a.	tinikman	This is the past of the local passive.
32.	parého	"Same."
	parého ng X	"The same as X" (§6.75).
	pinagtátrabahúhan	"Be working at." This is the local passive present tense of trabáho. The pag- is explained in §6.11.

CII. Pagsasánay

Ipalit ang mga salitáng nása loob ng sa klong.

1. *It's not ten o'clock yet.*
   Walá pa namang alas diyes.   *(one year)*
   Walá pa namang isang taon.   *(four o'clock)*
   Walá pa namang alas kwátro.   *(five o'clock)*
   Walá pa namang alas síngko.   *(ten o'clock)*
   Walá pa namang alas diyes.   *(two years)*
   Walá pa namang dalawang taon.   *(eight o'clock)*
   Walá pa namang alas ótso.   *(two hours)*
   Walá pa namang dalawang óras.

2. *We'll probably get there by four.*
   Sigúro alas kwátro nándoon na táyo.   *(he will arrive)*
   Sigúro alas kwátro siya dárating.   *(at five)*
   Sigúro alas síngko siya dárating.   *(he will eat)*
   Sigúro alas síngko siya kákáin.   *(they will return)*
   Sigúro alas síngko sila bábalik.   *(he will leave)*
   Sigúro alas síngko siya áalis.   *(they will transfer)*
   Sigúro alas síngko sila lílípat.   *(we will go home)*
   Sigúro alas síngko táyo úuwì.   *(we will go to market)*
   Sigúro alas síngko táyo púpunta sa paléngke.

3. *That's the latest.*
   Yon ang pínakamatagal.   *(most beautiful)*
   Yon ang pínakamaganda.   *(newest)*
   Yon ang pínakabágo.   *(cheapest)*
   Yon ang pínakamúra.   *(most expensive)*
   Yon ang pínakamahal.

4. *We can just call them up.*
   Pwéde naman nátin silang tawágan.   *(call him up)*
   Pwéde naman nátin siyang tawágan.   *(I can)*
   Pwéde ko naman siyang tawágan.   *(we can)*
   Pwéde naman nátin siyang tawágan.   *(call up John)*
   Pwéde naman náting tawágan si John.   *(call up Mr. Ocampo)*
   Pwéde naman náting tawágan si Mr. Ocámpo.   *(call him up)*
   Pwéde naman nátin siyang tawágan.   *(Leslie can)*

Pwéde naman siyang tawágan ni Léslie.   *(call up Pete)*
Pwéde namang tawágan ni Léslie si Pete.
5. *Sorry but this is all we prepared.*
    Pagpasénsyahan nyo na lang 'tong handá   *(eat)*
    námin.
    Kaínin nyo na lang 'tong handá námin.   *(finish off)*
    Ubúsin nyo na lang 'tong handá námin.   *(get)*
    Kúnin nyo na lang 'tong handá námin.   *(take)*
    Dalhin nyo na lang 'tong handá námin.   *(watch)*
    Bantayan nyo na lang 'tong handá námin.   *(divide)*
    Hatíin nyo na lang 'tong handá námin.

6. **Bagúhin ang mga sumúsunod na pangungúsap áyon sa modélo.**

    1a. Kumáin na lang kayo.
     b. Basta káin na lang kayo nang káin.
    2a. Kumúha na lang kayo ng gusto nyo.
     b. Basta kúha na lang kayo nang kúha ng gusto nyo.
    3a. Manood na lang kayo.
     b. Basta panood na lang kayo nang panood.
    4a. Uminom na lang táyo.
     b. Basta inom na lang táyo nang inom.
    5a. Maglakad na lang kayo.
     b. Basta lákad na lang kayo nang lákad.
    6a. Magtrabáho na lang kayo.
     b. Basta trabáho na lang kayo nang trabáho.
    7a. Sakay na lang táyo.
     b. Basta sakay na lang táyo nang sakay.
    8a. Maglínis na lang táyo.
     b. Basta línis na lang táyo nang línis.

7. **Bagúhin ang mga sumúsunod na pangungúsap áyon sa modélo.**

    1a. Sa isang lugar kami nagtátrabáho.
     b. Parého kami ng pinagtátrabahúhan.
    2a. Sa isang karindérya kami kumákáin.
     b. Parého kami ng kinákaínan.
    3a. Sa isang lugar kami tumítígil.
     b. Parého kami ng tinítigílan.
    4a. Sa isang lugar kami umúupò.
     b. Parého kami ng inúupuan.
    5a. Sa isang lugar kami namímili.
     b. Parého kami ng pinamímilhan.
    6a. Sa isang lugar kami pumúpunta.
     b. Parého kami ng pinúpuntahan.
    7a. Sa isang lugar kayo naghíhintay.
     b. Parého kayo ng pinaghíhintayan.
    8a. Sa isang lugar sila sumásakay.
     b. Parého sila ng sinásakyan.

CIII. Piliin ang támang sagot.

1. Sásakay pa ba táyo ng dyip?
    a.   Kailángan pa bang tawágan sila pára méron táyong sasakyan?
    b.   Huwag na lang. Pwéde namang tumáwag na lang táyo pára sila ang súsundó sa 'tin?
    c.   Kung hindí masísírá itong sasakyan, sigúro mga alas síngko nándoon na táyo.
    d.   Sumakay táyo ng bus pára makarating táyo kina Lóla.

2. Sila ba ang súsundó sa 'tin?
    a.   Hindí na kailángan. Pwéde naman silang tawágan.
    b.   A, sa UP Rural High School hò, parého ng pinagtátrabahúhan ng apo ninyo.
    c.   Óo. Mé dyip kasi sila e.
    d.   Sila pala yung naghandá at tumúlong kina Lóla.

3. Saan ka ba nagtátrabáho?
    a.   Parého hó ang trabáho námin ng apo ninyo.
    b.   Nagtátrabáho hó kami díto tuwing alas síngko.
    c.   Parého hó kaming nagtátrabáho sa U.P. Rural High School.
    d.   Dalawang taon na akong nagtátrabáho.

4. O ano, masarap ba ang mga úlam?
    a.   Baká gusto nyong tikman itong áking matamis.
    b.   Hay, ang sarap-sarap pala ng úlam díto.
    c.   Óo. Masasarap at ang dámi-dámi pa.
    d.   Basta káin na lang kayo nang káin.

5. Ano ba ang mga handá ninyo?
    a.   Ang sarap ng litson, lumpiá at manok, téna káin na táyo.
    b.   Pasénsya na kayo't yan lang ang handá námin.
    c.   Litson, lumpiá at mé prítong manok. O káin na kayo.
    d.   Tumútúlong ang kúya ko sa paghahandà.

6. Gusto ba ninyong tikman itong matamis?
    a.   A natikman ko na 'yan. Ang sarap-sarap ngá e.
    b.   O éto, tikman ninyo ang áming handang úlam.
    c.   Ang sarap pala ng matamis na handá nyo.
    d.   Gustong-gusto ko ang matamis n'yo! Ang sarap ngà e!

7. Anong óras ba táyo dárating do'n.
    a.   Sigúro dárating sila do'n nang alas kwátro.
    b.   Kung hindí táyo masísiráan sigúro alas síngko.
    c.   Nang makarating ako kina Lóla ay alas síngko na.
    d.   Hindí na kailángan. Pwéde naman nátin silang tawágan.

8. Marámi ba ang handá nilang úlam?
    a.   Litson, lumpià, prítong manok. Ang dámi-dámi nito a.
    b.   Basta káin na lang kayo nang káin at marámi pang úlam.
    c.   Óo, at méron pang matamis.
    d.   Marámi akong kináin. Masarap kasi ang mga úlam.

9. Handá na ba ang mga pagkáin.?
    a.   Hay, ang sarap-sarap naman ng mga pagkáin díto.
    b.   O Pete, halíka na, kákáin na táyo.
    c.   Hindí pa ako kumákáin. Méron pa bang úlam?
    d.   Hindí pa ngá e, kayá tikman mo múna itong matamis.

10. Ano sa palagay mo, kumáin na kayá sila?
    a.   Kumáin na ako ng handá ni Lóla.
    b.   O Pete halíka na, kumáin na daw táyo.
    c.   Hindí pa sigúro. Alas sais pa lang e.
    d.   Hindí pa sila kákáin kasi hindí pa handá ang úlam.

CIV. Buuin ang mga sumúsunod na pangungúsap úpang magkaroon ng ganap na díwà.

1. Kung hindí masísiráan ang bus nándoon táyo bágo... 2. Basta káin na lang kayo... 3. Pagpasénsyahan ninyo na lang itong... 4. Pára makarating kina Lóla, kailángan bang... 5. Ang dámi-dámi naman ng... 6. Ang sarap-sarap naman ng... 7. Gusto mo bang tikman... 8. Ang matamis ba'y gusto mong... 9. Ang apo ko'y nagtátrabáho rin sa... 10. Sa UP Rural High School ka rin ba... 11. Sásakay pa ba táyo ng dyip pára makarating... 12. Kaínin nyo kung ano ... 13. A natikman ko na yan, ang... 14. Masarap ba ang inyong... 15. Pára makarating táyo kina Lóla kailángan...

CV. Sagutin ang mga sumúsunod na tanong.

1. Anong óras ba táyo dárating do'n? 2. Anong úlam ang gusto mong kúnin ko pára sa iyo? 3. Ano ba ang mga handá kina Lóla? 4. Bákit áyaw mo nitong matamis? 5. Kélan mo natikman ang ganoong matamis? 6. Saan ka ba nagtátrabáho? 7. Ilang taon ka na bang nagtátrabáho sa U. P. Rural High School? 8. Ano ba ang masarap sa handá nila? 9. Ano ba ang paláging iniháhandá ni Lóla? 10. Anong óras ba táyo kákáin? 11. Kélan pwédeng kaínin yung matamis? 12. Anong matamis ang handá ni Lóla nung isang taon? 13. Bákit hindí pa táyo tinátáwag pára kumáin? Gutom na ako. 14. Síno ba ang súsundó sa 'tin? 15. Ano bang gusto mong kaínin?

DI.   Guided Conversation for Unit 6

Leslie goes to a movie in Makati and runs into Karla, a friend of hers.

K: Oh, Leslie, how are you now?
L: Comme ci comme ca. (Lit. I'm here.)
K: Leslie, oh yes, this is Rudy, my boyfriend.
L: How are you Rudy? Where have the two of you been?
K: Oh, we just went to the movies.
L: So, we were doing the same thing. Where are you staying now?
K: In Angeles, but we have a house here in Makati. Where are you working?
L: At the UP Rural High School.
K: Oh, I didn't know that. Where is that? Is it far away?
L: Oh no. It's at Los Baños (lit. at where Los Baños is) When you get off at Los Baños (hint: say *pagbabá mo sa Los Baños*) it is one more ride (hint: *sakay*).
K: OK, we're leaving now because Rudy's brother is going to pick us up.
L: Bye.

At home.

T: Oh, Leslie, was it a good movie you saw?
L: It was OK.
T: Oh yes, your cousin, who is in Vigan, called up and said you are to go to Vigan on Tuesday. You should go to the station, he says, so you can be sure of getting a ticket and a seat. You are to take the air-conditioned bus, he says, so it will be cool. And you should take along your brother, John, (hint: *isáma mo daw yung kapatid mong si John)* so you won't be alone (lit. will have a companion).
L: How about Mom, Dad, and my big sister, will they go there?
T: They apparently can't go. Oh, have you eaten?
L: Oh, no, I haven't yet. Have the plates here been cleaned (hint *nalínis na*)? Why do they stink?
T: The maid probably hasn't rinsed them yet.

L: It made me lose my appetite immediately.

T: There is bread there (near you). If you want, that's what you could eat.

Leslie's kid brother, John, arrives.

J: Sis, are we really going to go to Vigan?

L: Yep.

J: Is it far? Isn't it farther than Angeles (*mas maláyó sa...*)?

L: Yes. That's why we have to take a bus before ten on Tuesday .

J: What are we going to do there?

L: Oh, it is the fiesta there on Tuesday. By the way, it would be good if you could get to know Linda's whole family.

J: Which of the two of you is older?

L: She is, she is two years older. That's why I call her *áte*.

J: There will be lots of food.

L: Yes. Last year there was lechon, lumpia, chicken and other things. There was plenty of everything (lit. the dishes were really plentiful), and it was delicious. I really was very full that time.

J: Who is preparing the food there?

L: I don't know.

J: Oh, Sis, be sure not to leave (hint: *huwag kang áalis*) Tuesday without having me along, OK?

Grammar

6.1   Local Passive

In Unit Five we learned the direct passives. In this unit we will study the **LOCAL PASSIVES**. The following chart shows the local passives of the verbs we have studied which have commonly used local passives. (Not all verbs have local passives). What the local passive forms mean and how they are used is explained in §6.2 below.

The following chart summarizes the local passive affixes.

Past	Present	Dependent	Future
-in-an	R-in-an	-an	R-an

Root	Past	Present	Dependent	Future
tira	tinirhan	tinítirhan	tirhan	títirhan
dating	dinatnan	dinádatnan	datnan	dáratnan
inom	ininuman	iníinuman	inuman	íinuman
páyag	pinayágan	pinápayágan	payágan	pápayágan
lípat	nilipátan	nilílipátan	lipátan	lílipátan
kúha	kinuhánan *or*	kinúkuhánan *or*	kuhánan *or*	kúkuhánan *or*
	kinúnan	kinúkúnan	kúnan	kúkúnan

Root	Past	Present	Dependent	Future
káin	kinaínan	kinákaínan	kaínan	kákaínan
uwì	inuwian	inúuwian	uwian	úuwian
tígil	tinigílan	tinítigílan	tigílan	títigílan
punta	pinuntahan	pinúpuntahan	puntahan	púpuntahan
balik	binalikan	binábalikan	balikan	bábalikan
simulà	sinimulan	sinísimulan	simulan	sísimulan
sáma	sinamáhan	sinásamáhan	samáhan	sásamáhan
báyad	binayáran	binábayáran	bayáran	bábayáran
bása	binasáhan	binábasáhan	basáhan	bábasáhan
dala	dinalhan	dinádalhan	dalhan	dádalhan
táwa	tinawánan	tinátawánan	tawánan	tátáwanan
hingì	hiningan	hiníhingan	hingan	híhingan
tingin	tiningnan	tinítingnan	tingnan	títingnan
túlong	tinulúngan	tinútulúngan	tulúngan	tútulúngan
babá	binabaan	binábabaan	babaan	bábabaan
bantay	binantayan	binábantayan	bantayan	bábantayan
banlaw	binanlawan	binábanlawan	banlawan	bábanlawan
sakay	sinakyan	sinásakyan	sakyan	sásakyan

DO GRAMMAR EXERCISE 6A1 FOR TENSE PRACTICE.

6.11 Local passives with *pag-*

With some roots the local passive verb form has a prefix *pag-*. These are mostly verbs whose active conjugation is with *mag-* (§4.1). We have had three roots of high frequency which occur with this affix.

Root	Past	Present	Dependent	Future
trabáho	pinagtrabahúhan	pinagtátrabahúhan	pagtrabahúhan	pagtátrabahúhan
áral	pinag-arálan	pinag-áarálan	pag-arálan	pag-áarálan
bili	pinagbilhan	pinagbíbilhan	pagbilhan	pagbíbilhan

Some roots have both a local passive with *pag-* and one without *pag-* and there is a difference in meaning between the two; e.g., *pinagbilhan* "sold to" vs. *binilhan* "bought at".

6.12 Local passives with *paN-*

Verbs of the *maN-* active conjugation may have a local passive form with *paN-*

Root	Past	Present	Dependent	Future
panood	pinanooran	pinápanooran	panooran	pápanooran

6.13 Change in the root when the local passive affixes are added

The root undergoes changes when the local passive affixes are added which are analogous to those which the direct passive undergoes. (See §5.11 of Unit Five.)

1.   Intercalation of *h*

When the suffix -*an* is added to a root which ends in a vowel *h* is placed at the end of the root before the vowel:

punta   +   *an*   =   *puntahan*

If the root ends in a glottal stop, no *h* is intercalated:

uwì   +   *an*   =   *uwian*

2.   Long vowel shift

When the root has a long vowel in the penult (that is, a vowel in the second to last syllable of the root that we mark with an acute accent), the long vowel remains in the penult of the suffixed word. For example when *an* is added to *bása* we get *basáhan,* with the long vowel on the penult of the resulting word (and also on the final vowel of the root).

3.   Dropping of root vowel

When a root ends in a vowel or glottal stop and the penult is NOT LONG, in most cases the final vowel or the root is lost when a suffix is added.

tingin	+	-*an* =	*tingnan*
simulà	+	-*an* =	*simulan* (with the glottal stop lost)
bili	+	-*an* =	*bilhan* (with *h* intercalated before the vowel is dropped)

4a.   Roots which end in *d*.

Roots which end in *d* change the *d* to *r* when a suffix is added.

báyad   +   -*an*   =   *bayáran*

b.   Roots which have *o* in the last syllable

Roots which have *o* in the last syllable raise the *o* to *u* when a suffix is added:

túlong   +   -*an*   =   *tulúngan*

5.   Irregularities

A few roots are irregular.

a.   *Kúha* and *táwa* add *n* before the suffix:

kúha	+	-*an*	=	*kuhánan*
táwa	+	-*an*	=	*tawánan*

b.   *Kúha* alternatively has a local passive *kúnan:*

c.   In *dating* the final *ng* is changed to *n* when the suffix is added and initial *d* is changed to *r* when there is a prefix.

dating	+	-	*-an*	=	*datnan*	(with the *i* dropped by (3) above)
dating	+	*-R +*	*-an*	=	*dáratnan*	

6.2 The meaning of the local passive: local passive in subject, predicate, and modifying position.

It would be useful to compare what we said about the direct passives in §5.2 of Unit Five above. As is the case with the direct passive, the agent of the local passive is genitive. (The agent is the word or phrase which refers to the one who performs the action.)

6.21 Verbs with no direct passive

Some verbs have only a local passive and have no direct passive. For such verbs the local passive refers to the direct object of the action. (Compare what we said about direct object in §5.21 of Unit Five.) Verbs of this kind we have had so far are:

samáhan	*accompany (someone)*	sakyan	*ride (a vehicle)*
tulúngan	*help (someone)*	pag-arálan	*study (something)*
banlawan	*rinse (something)*	simulan	*begin (something)*
tingnan	*look at (something)*	tawánan	*laugh at (someone)*
bantayan	*watch (something)*	tikman	*taste something*

First, let us look at sentences which have a local passive verb as subject. If the local passive verb is of this group and is the subject, the predicate is the DIRECT OBJECT. That is, the predicate refers to the recipient of the action. (The agent – the one who does the action, is genitive.) In the following sentence *air-con na bus* "air conditioned bus" is the predicate. It is the direct object of the verb *sásakyan* "will ride on." The local passive of *sakay* is used because *sakay* is in the class of verbs which requires local passive to refer to the direct object. The agent *nátin* "us" is genitive.

1. *Air-con na bus ang **sásakyan** nátin papuntang Vígan.* "We **will ride** an air-conditioned bus to Vigan."

If the predicate is an interrogative, the interrogative is the direct object. In the following sentence *ano* "what" is the predicate. It is also the direct object of *tinítingnan* "look at." The local passive of *tingin* is used because *tingin* is in the class of verbs which requires a local passive to refer to the direct object. The agent *mo* "you" is genitive.

2. *Ano ang **tinítingnan** mo?* "What is it you are **looking at**?"

Second, let us look at sentences in which the local passive verb is the predicate. If the verb is of this type and is the predicate, the subject is the DIRECT OBJECT. In the following sentence the predicate is *bantayan* "watch (it)." The subject is *ang gámit nátin* "our things." The subject is the direct object (the thing watched). The local passive of *bantay* is used because *bantay* is a verb which requires a local passive to refer to the direct object.

3. ***Bantayan** mo múna ang mga gámit nátin.* "**Watch** our things for a minute."
   (6A6c)

In the following sentence the subject is *sila* "them" and is the direct object of the verb *tawágan* "call up" which is the predicate. The rule of placement of short words requires *sila* to be placed after the first word of the predicate and the particle – §2.1. Again, the local passive *tawágan* is used because *táwag* "call up" requires a local passive to refer to the direct object. The agent *nátin* is genitive.

4. *Pwéde naman nátin silang **tawágan**.* "We can **call** them **up** on the phone."
   (6C22a)

Another example where the verb predicate refers to the direct object (the dinner).

> 5. **Pagpasénsyahan** *nyo na lang itong handá námin.* "Just **be patient** with this dinner of ours."

The verb can also stand in constructions other than subject or predicate. For example, the verb can function as a modifier. (See §5.22 for further discussion.) If the verb is a modifier and if the verb is of the class in which the local passive refers to the direct object, then the word modified is the direct object.

In the following sentence *tinulúngan* "helped" modifies *babáe* "woman." The word modified by *tinulúngan, babáe,* is also the direct object of *tinulúngan.* The local passive is used because *túlong* is of the class of verbs which requires the local passive. The agent *ko* "I" is genitive, as is always the case with passive verbs.

> 6. *Ang babáeng* **tinulúngan** *ko.* "The lady I **helped**."

DO GRAMMAR EXERCISE 6A2.

6.22   Verbs which refer to location

With many roots the local passive form refers to the location of the action. Most of the verbs which we have had so far can have local passive affixes with this meaning. All of the verbs listed in §6.1 except those of §6.21 have this meaning.

By location we mean the place where, e.g. *bilhan* "the place bought at," *puntahan* "place gone to," etc. Also in Pilipino "the person to whom" is expressed by the local passive: *bayáran* "person paid," *dalhan* "person brought to." "The person from whom" or " place from which" is also expressed by the local passive: e.g. *hingan* "the person asked from." The following sections contain examples of local passives with a locational meaning in sentences.

6.221   Local passive as the subject of a sentence referring to location

In sentences which have subjects which contain local passive verbs which refer to location, the predicate is the location (place at which, the person to whom or the person from whom). In the following sentence *ito* is the predicate, *títirhan* "stay at" is the subject. *Ito* is the location. The agent *átin* "we" is genitive.

> 7. *Ito ang áting* **títirhan.** "This is the place we will **stay at**."

Similarly, in the following sentence *síno* "who" is the predicate. The subject verb *bábayáran* "pay to," refers to the person to whom – *síno.* The agent is *ko* "by me."

> 8. *Síno ang* **bábayáran** *ko?* "Whom **shall** I **pay?**"

Another example:

> 9. *Maláyung-maláyó ang áting* **púpuntahan.** "The **place** we are **going (to)** is very far."(6B9a)

6.222   Local passives with a local meaning as a predicate

When the local passive verb with the local meaning is the predicate, the subject refers to the place at which or the person to whom. In the following sentence *dalhan ng tsokoláte* is the predicate and contains a local passive verb in the local meaning. *Siya* is the subject. *Siya* is the person to whom.

> 10. **Dalhan** *mo siya ng tsokoláte.* "**Bring** her some chocolate."

11. **Púpuntahan** *nátin yung sinásábi mong babáe.* "Let's **go to see** (lit. **go to**) the woman you were telling about."

6.223 Local passive referring to the place in other construction

The local passive, like other passive verbs, is free to occur in constructions other than subject and predicate. The verb refers to the place of the action. For example, if the verb modifies a noun, the noun is the place of the action. (The agent remains genitive as always.) For example, in the following sentence *bilhan* "buy at" modifies *lugar* "place." *Bilhan* is linked to *lugar* by *na*. The word the verb refers to, *lugar* "place", is the location of the action.

12. *Méron daw lugar sa Makáti na pwédeng* **bilhan** *ng tíket.* "They say there's a **place** in Makati that **(one)** can **buy a ticket at.**"

In the following sentence *pinagtátrabahúhan* "be workin[1] g at" follows the marker *ng (nang)*. Again the verb refers to the place of the action even though the word which names the place of the action is not expressed. The agent, *ng inyong apo* "your grandson," is genitive (as is always the case with passive verbs).

13. *Paného ng* **pinagtátrabahúhan** *ng inyong apo.* "The same place your grandson **works at.**" (6C32)

If the place were to be mentioned, as for example *iskwelahan* in the example below, then *pinagtátrabahúhan* "work at" modifies *iskwelahan* and *iskwelahan* is the place of the action.

14. *Paného ang iskwelahang* **pinagtátrabahúhan** *ng inyong apo.* "Your grandson **works** in the same school."

In the following sentence the verb *binilhan* "bought at" is in a phrase introduced by *sa.* Since *binilhan* refers to the location it is local passive.

15. *Doon sa* **binilhan** *ko ng tíket.* "There, where I **bought** the ticket (**at**)." (6B12a)

DO GRAMMAR EXERCISES 6A3, 6A4.

6.3   Direct object of local passive verbs which refer to location

If a local passive verb refers to the location of the action, there may be a DIRECT OBJECT of the action expressed. The direct object is expressed by *ng (nang)* plus a noun phrase.[1] In the following example *bilhan* "buy at" is a local passive verb which refers to location. The direct object *tíket* "a ticket" is expressed by a phrase introduced by *ng.*

16. *Méron daw lugar sa Makáti na pwédeng bilhan* **ng tíket.** "They say there's a place in Makati where one can buy **a ticket** (lit. that one can buy a ticket at)." (6A1)

Similarly, in the following sentence *tsokoláte* "chocolate" is the direct object of the verb *dalhan* "will bring to." Since *dalhan* refers to the location (person to whom) the direct object must be a phrase introduced by *nang.*

17. *Dalhan mo siya* **ng tsokoláte.** "Bring her **some chocolate.**"

DO GRAMMAR EXERCISES 6A5ff.

1

[1]This holds only for local passive verbs which refer to place. If the local passive refers to the direct object, then the subject, predicate, or word modified is the direct object (see §6.21, above).

6.4   Preposed genitive pronouns

The personal pronouns have an alternative form, which derives from the dative. The following chart shows the nominative, preposed genitive, and dative of the pronoun.

Nominative	Preposed Genitive	Dative
ako	ákin	sa ákin
ka (ikaw)	iyo	sa iyo
siya	kanya	sa kanya
kami	ámin	sa ámin
táyo	átin	sa átin
kayo	inyo	sa inyo

The preposed genitive is linked with *ng:*

áking tátay	(=*tátay ko*)	"my father"
iyong tátay	(=*tátay mo*)	"your father"
kanilang tátay	(=*tátay nila*)	"their father"

18. *Pínsan lang siya ng **áking tátay**.* "He is just a cousin of **my father's**." (6A4b)

The preposed genitive is frequent with nouns and refers to possession. It does not differ in meaning from the other genitive form (the short genitive pronouns). The preposed genitive may also occur with passive verbs, but with passive verbs preposed genitives are uncommon.

19. ***Áting** púpuntahan (=Púpuntahan **nátin**).* "The place **we** are going to."(6B9a)

The preposed genitive can only be used with nouns and verbs which have no modifier preceding them. If the noun or verb has a modifier which precedes it, the short genitive pronoun must be used. For example, if *hindì* "not" modifies *púpuntahan* in example 19 above, *átin* must be changed to *nátin*.

20. ***Hindí nátin** púpuntahan.* "**We won't** go to (see) it."

The same rule applies in the following sentences. *Inyong* "your" may occur in sentence 21 because there is no modifier of *úlam*, but in sentence 22 *úlam* is modified by *lahat* "all." Therefore, only the regular genitive may be used.

21. *Masarap-sarap ang **inyong** mga úlam.* "**Your** food is quite delicious."
22. *Masarap-sarap ang úlam **ninyong** lahat.* "All of **your** food is quite delicious."

This rule does not hold for a demonstrative pronoun which modifies a noun. For example, *matamis* "dessert" is modified by *ito* "this" but a preposed genitive may nevertheless be used.

23. *Baká gusto ninyong matikman itong **áking** matamis (=itong matamis **ko**).* "Maybe you'd like to taste this dessert **of mine**."

DO GRAMMAR EXERCISES 6Bff.

6.5   Nouns which translate as verbs in English: auxiliaries

Often English sentences will not use the part of speech of the Pilipino counterpart. For example, Pilipino nouns often have to be expressed verbally in English. For example *kasáma* "companion" is a noun in Pilipino. However, we normally express the notion conveyed by sentence with *kasáma* with a verb in English.

24. ***Kasáma** ko siya.* "He **was with** me. (Lit. He was my **companion**.)"

The difficulty for English speakers is knowing which form to make NOMINATIVE and which to make GENITIVE. In the case of *kasáma* the nominative is the one being brought along and the genitive is the one doing the taking. For example:

25. **Kásama** *siya ng Áte Línda ko.* "He **went with** my sister Linda. (Lit. He was a **companion** of Linda's – i.e. she took him along.)"

In the case of *kilála* "acquainted" the nominative is the person known and the genitive is the one who does the knowing. An example:

26. **Kilála** *ko ngá pala yung kapatid mong si Rúdy.* "Oh yes, I **know** your brother Rudy. (Lit. Your brother is an **acquaintance** of mine)." (6A3)

DO GRAMMAR EXERCISES 6C1, 6C2.

6.51 Auxiliaries

The forms *pwéde* "can," *gusto* "want to," *áyaw* "not want to," *dápat* "should" and *kailángan* "need" are auxiliaries. They are most commmonly used as modifiers of the verb. The verb is DEPENDENT (Review Unit Four, §4.23). The following sentences exemplify the auxiliaries modifying a verb which is a predicate:

27. **Gusto** *kong bumili ng sigarílyo.* "I **want** to buy some cigarettes." (4B15b)
28. *Hindí pa ako* **pwédeng** *lumípat doon.* "I cannot move there yet." (4B12a)
29. **Áyaw** *kong kumáin nang may mababáhong pláto.* "I **don't want to** eat somewhere they have smelly plates." (6B11a)
30. *Hindí mo* **dápat** *bilhin iyon.* "You **should**n't buy that."
31. **Kailángan** *kong bumili ng tíket.* "I **have to** buy a ticket."

There are other words with meanings similar to the above-listed auxiliaries. They function grammatically in the same way.

6.52 The genitive after *gusto, áyaw,* and *kailángan*

After *gusto* and *áyaw* the agent is almost always expressed by a genitive, even if the verb is active. In the following sentence the genitive *ko* is used after *gusto* although the verb *bumili* is active.

32. **Gusto** *kong bumili ng lámsyed.* "I **want** to buy a lamp."(4A8a)

Similarly, *ko* is genitive after *áyaw* in the following sentence with an active verb.

33. **Áyaw** *kong kumáin sa may mababáhong pláto.* "I **don't want** to eat some place that has plates that smell bad."(6B11a)

Kailángan also may have a genitive agent following it, but the rule is optional. With active verbs both nominative and genitive agents can be used after *kailángan.*

34. **Kailángan** *ni Huwang pumunta sa Maynílá* or *Kailángang pumunta si Huwan sa Maynílá.* " John **has to** go to Manila."

6.53 The auxiliaries as nouns

The auxiliaries may function as nouns.

35. *Iyon ang* **gusto** *ko.* "That is what I **want**."
36. *Hindí iyan ang* **dápat** *mong gawin.* "That's not what you **should** be doing."

37. *Hindí ba bíbili múna táyo ng mga **kailángan** mo?*   "Weren't we going to buy the things you **need**?" (5B24)

DO GRAMMAR EXERCISE 6D.

6.54 *Pagkatápos*

Pagkatápos means "after doing (so-and-so)." *Pagkatápos* is followed by a *genitive* agent. *Pagkatápos* is linked with *ng*, and is followed by a dependent verb.

After *pagkatápos* the agent must be genitive even if the verb is active. In the following example *nila* "they" the agent is genitive even though *kumáin* "eat" is active. *Kumáin* is the dependent form and is linked to *pagkatápos* with *ng*.

38. *Áalis na sila **pagkatápos** nilang **kumáin**.* "They will leave **after** they **have eaten**."

Another example of *pagkatápos* (with a passive verb):

38a. *Hindí nila pinatútuyó **pagkatápos nilang banlawan**.* "They don't dry them **after** they **have rinsed them**." (6B10)

DO GRAMMAR EXERCISE 6E.

6.6 *Kita*

The form *kita* replaces the combination *ko* (genitive) plus *ka* (nominative). The sequence *ko... ka* does not occur.[2] Thus, for example, if *ka* is the subject and the predicate is a noun plus *ko* the form *kita* is used.

39. *Kasáma **kita**.* "You are with me. (Lit. **You** are **my** companion.)"
40. *Kilála ngá pala **kita**.* "Oh you, I do know **you**."

Similarly, in sentences with *ka* as subject and a passive verb with ***ko*** as agent, the sequence *ko... ka* automatically gets replaced by *kita*.

41. *Tátawágan lang **kita** búkas.* "**I'll** just call **you** up tomorrow."
42. *Tútulúngan **kita** kung kailángan.* "**I'll** help **you** if necessary."

DO GRAMMAR EXERCISE 6F.

6.7 Adjective study: doubling

6.71 Adjectives in exclamations

Adjectives in exclamations are preceded by *ang* or alternatively by *kay* "how (adjective)!" If the adjective has a prefix *ma-* the *ma-* is dropped.

43. ***Ang sarap** ngá e! (=**Kay sarap** ngá e)* "**How delicious**!" (Compare 6C30b)

The thing which is exclaimed over is expressed by a GENITIVE. In the following sentence *nito* "this" is genitive. It is the thing about which the exclamation *ang dámi-dámi* "how much" is uttered.

44. *Ang dámi nito!!* "How much this is!!" (Compare 6C26b)

---

[2] The sequence of *ko* + *ikaw* does occur, but it is reserved for unusual contexts.

In the following example *ng áting púpuntahan* "the place we are going to" is genitive, because it is the thing being exclaimed about.

45. *Ang láyó pala ng áting púpuntahan!* "We sure have along way to go! (Lit. How far **the place we have to go** is!)"

DO GRAMMAR EXERCISE 6G.

6.72 Superlatives

Superlatives (forms meaning "the most (adjective)") are formed by the prefix *pinaka-* e.g., *pinakabágo* "the newest." If the adjective has a prefix *ma-* the prefix *ma-* is **retained** after *pinaka-* is added, e.g., *pinakamalaki* "the biggest."

46. *Iyon ang pinakamatagal.* "That is the latest." (6C20c)
47. *Tambákol ang pinakamúrang isdà.* "Mackerel is the **cheapest** fish."

6.73 *Gaáno + ka- (adjective)*

A predicate composed of *gaano + ka-* *(adjective)* means "to what extent is the subject (so-and-so)." In the following sentences *ang isdà* "the fish" is the subject:

48. *Gaáno kamahal ang isdá sa paléngke?* "**How expensive** is the fish in the market?"

The subject need not be expressed. The following sentence has no subject. Note also that in this construction the prefix *ma-* is dropped after *ka-*.[3]

49. *Gaáno pa katagal bágo tumígil ang bus?* "**How** much **long**er will it be before the bus stops?" (6B13b)

DO GRAMMAR EXERCISE 6H.

6.74 Doubling of adjectives and verbs

6.741 Doubling of adjectives in statements

There are two kinds of doubling of adjectives in statements. First, there is doubling of the root. If the adjective has the prefix *ma-*, the form is *ma- (adjective)-(adjective)*: e.g. *matagal-tagal* "somewhat long (in time)," *malayú-layò* "somewhat far." Note that in the formation meaning "somewhat (adjective)" the root vowel is always short -- that is, with roots that have long vowels, the long vowel is shortened in this formation.

maláyò	*"far"*	malayú-layò	*"somewhat far"*
mabúti	*"good"*	mabuti-buti	*"somewhat good"*

Doubled roots of this first type mean "somewhat (adjective)."

50. *Matagal-tagal na rin!* "You **could say** it has **been long**." (3C22a)

Roots of three syllables are doubled by cutting off the last syllable of the root in the first repetition. For example, if *maliwánag* "bright" is doubled by this process the last syllable *nag* is cut off in the first repetition. The form produced is *maliwá-liwanag*.

---

[3]This is the same construction as *ganito, ganyan, ganoon+ka-* adjective discussed in §4.5 of Unit 4.

Second, adjectives can also be doubled and linked with *na (ng)*. In this case the prefix *ma-* is retained in both members of the doubled form: *masarap na masarap* "very delicious." Doubling linked with *na* is an intensifier, that is produces a form which means "very (adjective):"

51. *Maláyung-maláyó ang áting púpuntahan.* "We're going to a place that's **very far away**."
52. *Ihing-ihí na ako.* "I'm ready to burst (with urine)." (6B13c)

In the case of this second type of doubling for intensifying, roots of three syllables are not shortened: *maliwánag na maliwánag* "very bright."

6.742 Doubled adjectives in exclamations

Doubling intensifies adjectives in exclamations. In exclamations, doubled adjectives are not linked. That is, adjectives which are doubled for intensification in exclamations are placed next to each other, whereas in statements adjectives doubled for intensification are linked to each other with *ng (na)*. (The prefix *ma-* is dropped as is the case in all exclamations – see §6.71, above).

53. *Ang báhú-bahó kasi e!* "Because they **smell like heck**!" (6B9c)
54. *Ang láyú-láyó pala ng áting púpuntahan!* "How **very far** it is to the place we are going!" (6B9a)

6.743 Doubling of verbs for intensification

Verbs can be doubled and linked with *nang* for intensification. In this usage *nang* is never written *ng*.

55. *Basta káin na lang kayo nang káin.* "So long as you **eat a lot** (lit. **eat and eat**)." (6C27a)

In doubled verbs, the tense affixes of the verb may be dropped or retained with little difference in meaning.

56. *Héto kami, kumákáin lang nang kumákáin* (or *káin lang nang káin*). "Here we are, just **eating and eating**."

6.75   Parého plus ng (nang)

A phrase consisting of *parého* plus *ng* (pronounced *nang*) plus a noun (or a noun phrase) means "have the same (noun), be the same with respect to (noun)."

57. *Parého pala kami ng iskwelahan!* "We work at the **same** school!"
58. *Parého ng pinagtátrabahúhan ang inyong apo.* "Your grandson works at the **same** place."

DO GRAMMAR EXERCISE 6I.

6.8   Time expressions

6.81   "It is (not) so-and-so o'clock"

Time is expressed by the Spanish numbers:

ala úna	1:00	*alas dos*	2:00
alas tres	3:00	*alas kwátro*	4:00
alas síngko	5:00	*alas seyis*	6:00
alas syéte	7:00	*alas ótso*	8:00
alas nwébe	9:00	*alas ónse*	11:00
alas dóse kínse	12:15	*alas dóse síngko*	12:05
alas dóse i médya	12:30	*ménos kínse pára ala úna*	12:45

60. ***Ménos diyes pára alas dóse** na! Téna!* "It's **ten to twelve**! Let's go!"

The Spanish numbers above twelve are as follows:

trése	13	*tréynta*	30
katórse	14	*kwarénta*	40
kínse	15	*singkwénta*	50
diyes i seyis	16	*sisénta*	60
diyes i syéte	17	*siténta*	70
diyes i ótso	18	*otsénta*	80
diyes i nwébe	19	*nobénta*	90
béynte	20	*siyénto*	100
béynte úno	21	*dos siyéntos*	200
béynte dos	22	*mil*	1000

Time is expressed by *nang*[4] (written *ng*) followed by the time.

61. *Dumating siya **ng** ala úna.* "She came **at** one o'clock."
62. *Dárating siya **ng** ala úna.* "He will come **at** one o'clock."

6.811 Negative expressions of time

"It's not (such-and-such) a time" is expressed by *walà* + *ng* + *alas* + **number**.

63. ***Walá** pa naman**g** alas diyes e!* "It's **not ten** yet!" (6C20a)

However, time phrases which do **NOT** contain a number are negated with *hindì*.

64. ***Hindí** pa Linggo ngayon.* "It's **not** Sunday yet."

6.82 "Get to be a certain time"

"Get to be a certain time, part of day" is expressed by an active verb of the *mag-* conjugation.

65. *Dárating kayá táyo doon bágo **mag-alas ónse?*** "Do you think we will get there before **eleven** (lit. it gets to be eleven)?"
66. *Bákit ka umalis agad? Dí pa naman **mag-áalas síngko!*** "Why did you leave immediately? It **wasn't** even **five** yet! (Lit. It **wasn't** even **going to be five** yet.)"

The word *gabi* "night" is irregular. The verb meaning "become night" is of the *-um-* conjugation.

67. *Dárating táyo doon bágo **gumabi**.* "We will arrive there before it **gets to be night**." (6B19b)

DO GRAMMAR EXERCISES 6J1, 6J2.

---

[4]*Noong* + time also occurs when the time is far distant in the past. *Nang* with the Spanish numbers may refer to past or future, whereas in other time expressions, future is expressed by preposed *sa* (§3.32).

6.9   Word study

6.91   *Kayà*

Kayà means "therefore, consequently."[5]

68. ***Kayá*** *ang táwag ko sa kanya ay kúya* **"Therefore**, I call him *kúya*." (6A4e)

Kayá lang means "the only problem is."

69. ***Kayá lang*** *sána méron pang nátítirang úpúan.* **"The only thing is** I hope there are still some seats left."

An alternative pronunciation of *kayà* is *kanyà*.

6.92   *Kung* plus interrogatives

6.921   In indirect questions

Kung introduces indirect questions. That is, *kung* precedes a sentence with an interrogative (*bákit, alin, síno, ano,* etc.) which is embedded within a longer sentence. In the following sentence the question *saan ako pwédeng magresérba ng úpúan* "where I can reserve a seat" is embedded in a longer sentence. The interrogative *saan* is preceded by *kung.*

70. *Tinítingnan ko* **kung** *saan ako pwédeng magresérba ng úpúan pára sa átin.* "I'll see **where** I can reserve a place for us." (6A6b)

6.922   *Kung* + interrogative "whoever, whatever"

Kung may precede an interrogative to form a phrase which means "whoever, whatever, whenever, etc."

71. ***Kung ano*** *ang gusto nyong kaínin.* **"Whatever** that you want to eat." (6C27a)

Phrases of this kind are usually the predicate, as in the above sentence.

DO GRAMMAR EXERCISE 6K.

6.93   The particle *kayà*.

The particle *kayà*[6] is used with questions and means "I wonder if... "

72. *Nilílínis* **kayá** *nila díto ang pláto?* **"Do you think** they clean the plates here?"

---

[5]This is homonymous with the particle *kayà* discussed in §6.93 below. The meanings and the grammar of these two homonyms are quite different.

[6]This particle is not to be confused with *kayà* "therefore", which comes at the beginning of the sentence.

Grammar Exercises

6A1. Pánahúnan. Pagsasánay sa wastong gámit. (§6.1)

Únang Hakbang. Ipalit ang mga salitang nása loob ng saklong.

Leslie is watching our things.

Binábantayan ni Léslie ang mga gámit nátin.	*(will watch)*
Bábantayan ni Léslie ang mga gámit nátin.	*(dápat)*
Dápat bantayan ni Léslie ang mga gámit nátin.	*(did watch)*
Binantayan ni Léslie ang mga gámit nátin.	*(hindì)*
Hindí binantayan ni Léslie ang mga gámit nátin.	*(hindí pa)*
Hindí pa binábantayan ni Léslie ang mga gámit nátin.	*(she watched)*
Binantayan niya ang mga gámit nátin.	*(looked at)*
Tiningnan niya ang mga gámit nátin.	*(dápat)*
Dápat niyang tingnan ang mga gámit nátin.	*(hindì)*
Hindí niya tiningnan ang mga gámit nátin.	*(hindí pa)*
Hindí pa niya tinítingnan ang mga gámit nátin.	*(palágì)*
Palágí niyang tinítingnan ang mga gámit nátin.	

Ikalawang Hakbang

I will help Mother in the preparation.

Tútulúngan ko ang nánay sa paghahandà.	*(helped)*
Tinulúngan ko ang nánay sa paghahandà.	*(dápat)*
Dápat kong tulúngan ang nánay sa paghahandà.	*(hindí pa)*
Hindí ko pa tinútulúngan ang nánay sa paghahandà.	*(hindì)*
Hindí ko tinútulúngan ang nánay sa paghahandà.	*(palágì)*
Palágí kong tinútulúngan ang nánay sa paghahandà.	*(pwéde)*
Pwéde kong tulúngan ang nánay sa paghahandà.	*(look at)*
Pwéde kong tingnan ang nánay sa paghahandà.	*(palágì)*
Palágí kong tinítingnan ang nánay sa paghahandà.	

Ikatlong Hakbang

We can call them up.

Pwéde naman nátin silang tawágan.	*(will call them up)*
Tátawágan naman nátin sila.	*(always)*
Palágí naman nátin silang tinátawágan.	*(we don't)*

Hindí naman nátin sila tinátawágan.	*(we didn't)*
Hindí naman nátin sila tinawágan.	*(we haven't yet)*
Hindí pa naman nátin sila tinátawágan.	*(we won't)*
Hindí naman nátin sila tátawágan.	*(we will)*
Tátawágan naman nátin sila.	*(gusto)*
Gusto naman nátin silang tawágan.	*(go with them)*
Gusto naman nátin silang samáhan.	*(we will)*
Sásamáhan naman nátin sila.	*(palágì)*
Palágí naman nátin silang sinásamáhan.	*(didn't)*
Hindí naman nátin sila sinamáhan.	*(did)*
Sinamáhan naman nátin sila.	*(won't)*
Hindí naman nátin sila sásamáhan.	

Ikaápat na Hakbang

What a long way it is the place we have to go!

Ang láyú-láyó naman ng púpuntahan nátin!	*(should go)*
Ang láyú-láyó naman ng dápat náting puntahan!	*(went)*
Ang láyú-láyó naman ng pinuntahan nátin!	*(always go)*
Ang láyú-láyó naman ng lágí náting pinúpuntahan!	*(work at)*
Ang láyú-láyó naman ng lágí náting pinagtátrabahúhan!	*(should work at)*
Ang láyú-láyó naman ng dápat náting pagtrabahúhan!	*(worked at)*
Ang láyú-láyó naman ng pinagtrabahúhan nátin!	*(ate at)*
Ang láyú-láyó naman ng kinaínan nátin!	*(eat at)*
Ang láyú-láyó naman ng kinákaínan nátin!	*(will eat at)*
Ang láyú-láyó naman ng kákaínan nátin!	*(should eat at)*
Ang láyú-láyó naman ng dápat náting kaínan!	

Ikalimang Hakbang

Whom did you pay?

Síno ang binayáran mo?	*(palágì)*
Síno ang palágí mong binábayáran?	*(dápat)*
Síno ang dápat mong bayáran?	*(will pay)*
Síno ang bábayáran mo?	*(ask from=hingì)*
Síno ang hiníhingan mo?	*(palágì)*
Síno ang palágí mong hiníhingan?	*(asked)*
Síno ang hiningan mo?	*(dápat)*
Síno ang dápat mong hingan?	*(buy from)*
Síno ang dápat mong bilhan?	

6A2.   Direct vs. local passive with verbs referring to the direct object (§6.21)

Únang Hakbang

Did you rinse the dishes?

Binanlawan mo na ba ang mga pláto?	*(got)*
Kinúha mo na ba ang mga pláto?	*(look for)*

Hinánap mo na ba ang mga pláto? *(look at)*
Tiningnan mo na ba ang mga pláto? *(clean)*
Nilínis mo na ba ang mga pláto? *(watch)*
Binantayan mo na ba ang mga pláto? *(ask for)*
Hiningí mo na ba ang mga pláto?

Ikalawang Hakbang

We just won't look for them.
Hindí na lang nátin sila háhanápin. *(go with them)*
Hindí na lang nátin sila sásamáhan. *(wait for)*
Hindí na lang nátin sila híhintayin. *(help)*
Hindí na lang nátin sila tútulúngan. *(call them)*
Hindí na lang nátin sila tátawágin. *(call them up)*
Hindí na lang nátin sila tátawágan. *(bring them)*
Hindí na lang nátin sila dádalhin. *(get them)*
Hindí na lang nátin sila kúkúnin. *(watch)*
Hindí na lang nátin sila bábantayan. *(look at)*
Hindí na lang nátin sila títingnan.

Ikatlong Hakbang

Just don't buy it!
Hwag mo lang itong bilhin. *(ride)*
Hwag mo lang itong sakyan. *(ask for)*
Hwag mo lang itong hingin. *(look at)*
Hwag mo lang itong tingnan. *(call)*
Hwag mo lang itong tawágin. *(watch)*
Hwag mo lang itong bantayan. *(get)*
Hwag mo lang itong kúnin. *(buy)*
Hwag mo lang itong bilhin. *(go along with)*
Hwag mo lang itong samáhan!

Ikaápat na Hakbang

If you ask me...
Kung ako ang tátanungin mo... *(wait for)*
Kung ako ang híhintayin mo... *(bring)*
Kung ako ang dádalhin mo... *(look at)*
Kung ako ang títingnan mo... *(get)*
Kung ako ang kúkúnin mo... *(laugh at)*
Kung ako ang tátawánan mo... *(call)*
Kung ako ang tátawágin mo... *(call up)*
Kung ako ang tátawágan mo...

Ikalimang Hakbang

Do they wash the plates here?
Nilílínis kayá nila ang pláto díto? *(rinse)*
Binábanlawan kayá nila ang pláto díto? *(dry)*
Pinatútuyó kayá nila ang pláto díto? *(bring)*
Dinádala kayá nila ang pláto díto? *(watch)*
Binábantayan kayá nila ang pláto díto? *(move)*
Nilílípat kayá nila ang pláto díto? *(look at)*
Tinítingnan kayá nila ang pláto díto? *(clean)*

Nilílínis kayá nila ang pláto díto?

6A3. Direct vs. local: verbs which have both locational meaning (§6.22)

Únang Hakbang

We will just buy the plates.
Itong pláto na lang ang bíbilhin nátin.	*(eat from)*
Itong pláto na lang ang kákaínan nátin.	*(get)*
Itong pláto na lang ang kúkúnin nátin.	*(get from)*
Itong pláto na lang ang kúkúnan nátin.	*(si Pete na lang)*
Si Pete na lang ang kúkúnan nátin.	*(ask from)*
Si Pete na lang ang híhingan nátin.	*(ask)*
Si Pete na lang ang tátanungin nátin.	*(wait for)*
Si Pete na lang ang híhintayin nátin.	*(buy from)*
Si Pete na lang ang bíbilhan nátin.	*(call)*
Si Pete na lang ang tátawágin nátin.	

Ikalawang Hakbang

That's the house she will buy.
Iyan ang báhay na bíbilhin niya.	*(go to)*
Iyan ang báhay na púpuntahan niya.	*(ask for)*
Iyan ang báhay na híhingin niya.	*(work at)*
Iyan ang báhay na pagtátrabahúhan niya.	*(divide)*
Iyan ang báhay na háhatíin niya.	*(will go back to)*
Iyan ang báhay na bábalikan niya.	*(wait for)*
Iyan ang báhay na híhintayin niya.	*(move to)*
Iyan ang báhay na lílipátan niya.	*(clean)*
Iyan ang báhay na lílinísin niya.	*(go home to)*
Iyan ang báhay na úuwian niya.	*(stay at)*
Iyan ang báhay na títirhan niya.	

Ikatlong Hakbang

If you ask me...
Kung ako ang tátanungin mo...	*(buy from)*
Kung ako ang bíbilhan mo...	*(wait)*
Kung ako ang híhintayin mo...	*(ask from)*
Kung ako ang híhingan mo...	*(say to)*
Kung ako ang sásabíhan mo...	*(bring to)*
Kung ako ang dádalhan mo...	*(call)*
Kung ako ang tátawágin mo...	*(read to)*
Kung ako ang bábasáhan mo...	

Ikaápat na Hakbang

Bring me some chocolate.
Dalhan mo ako ng tsokoláte.	*(ang tsokoláte pára sa ákin)*
Dalhin mo ang tsokoláte pára sa ákin.	*(kúnin)*
Kúnin mo ang tsokoláte pára sa ákin.	*(ako ng tsokoláte)*
Kúnan mo ako ng tsokoláte.	*(hingan)*
Hingan mo ako ng tsokoláte.	*(ang tsokoláte pára sa ákin)*
Hingin mo ang tsokoláte pára sa ákin	*(bilhin)*

Bilhin mo ang tsokoláte pára sa ákin
Bilhan mo ako ng tsokoláte.
Gawan mo ako ng tsokoláte.
Gawin mo ang tsokoláte pára sa ákin

(ako ng tsokoláte)
(gawan)
(ang tsokoláte pára sa ákin)

6A4. Pagsasánay. Bumuó ng dalawang katanúngan mulá sa sumúsunod na pangungúsap. Gamítin ang *síno* o *ano*. (§6.22)

Únang Hakbang

1a. Nagdádala siya ng tsokoláte.
 b. Ano ang dinádala niya?
 c. Síno ang dinádalhan niya?
2a. Bumili siya ng tsokoláte.
 b. Ano ang binili niya?
 c. Síno ang binilhan niya?
3a. Híhingí siya ng tsokoláte.
 b. Ano ang híhingin niya?
 c. Síno ang híhingan niya?
4a. Dápat siyang magbasa ng libro.
 b. Ano ang dápat niyang basáhin?
 c. Síno ang dápat niyang basáhan?
5a. Gágawá siya ng tsokoláte.
 b. Ano ang gágawin niya?
 c. Síno ang gágawan niya?
6a. Dápat siyang magdala ng tsokoláte.
 b. Ano ang dápat niyang dalhin?
 c. Síno ang dápat niyang dalhan?
7a. Bíbili siya ng tsokoláte.
 b. Ano ang bíbilhin niya?
 c. Síno ang bíbilhan niya?
8a. Humingí siya ng tsokoláte.
 b. Ano ang hiningí niya?
 c. Síno ang hiningan niya?
9a. Magbábasa siya ng libro.
 b. Ano ang bábasáhin niya?
 c. Síno ang bábasáhan niya?
10a. Gumágawá siya ng tsokoláte.
 b. Ano ang ginágawá niya?
 c. Síno ang ginágawan niya?

Ikalawang Hakbang. Pagsasánay sa pagtutuloy

1a. Bíbili siya ng pláto. Ang pláto ay...
 b. bíbilhin niya.
2a. Bumili siya sa kabilà. Ang tindáhan ni Náty ay...
 b. binilhan niya.
3a. Magtanong ka kay Juan. Si Juan ang...
 b. tanungin mo.
4a. Nagtanong ako kay Juan. Si Juan ang...
 b. tinanong ko.
5a. Umíinom siya ng tsokoláte. Ang tsokoláte ay...
 b. iníinom niya.

6a. Umíinom ako sa básong ito. Ito ang básong...
  b   iníinuman ko.

7a. Kumúha na táyo ng tíket. Ang tíket ay...
  b.   kúnin na nátin.

8a. Kúkúha lang ako sandalí ng péra. Ang péra ay...
  b.   kúkúnin ko lang sandalí.

9a. Nagbábasa pa ako ng kómiks. Ang kómiks ay...
  b.   binábása ko pa.

10a. Binása niya ang kómiks kay César. Si César ay...
  b.   binasáhan niya ng kómiks.

11a. Nagdala siya ng pagkáin kay Édwin. Si Édwin ay...
  b.   dinalhan niya ng pagkáin.

12a. Huwag kang mag-aksaya ng óras. Ang óras ay hindí dápat...
  b.   aksayahin.

13a. Títira ba kayo sa magandang báhay. Magandang báhay ba ang...
  b.   títirhan ninyo?

14a. Gágawá na ako ng tsokoláte. Ang tsokoláte ay...
  b.   gágawin ko na.

15a. Hindí pumayag ang tátay na umalis ako. Hindí ako...
  b.   pinayágan ng tátay na umalis.

16a. Ikaw na ang humátí sa pagkáin. Ang pagkáin ay...
  b.   hatíin mo na.

17a. Tátáwag ako sa iyo búkas. Búkas ay...
  b.   tátawágan kita.

18a. Siya ang tumáwag sa ákin sa telépono. Ako ay...
  b.   tinawágan niya.

19a. Sa Maynílá pa ako umúuwì. Maynílá pa ang...
  b.   inúuwian ko.

20a. Maghíhintay táyo díto ng bus. Ang bus ay...
  b.   híhintayin nátin díto.

21a. Naghíhintay siya ng bus sa istasyon. Ang istasyon ang...
  b.   pinaghíhintayan niya ng bus.

22a. Humingí ka ng malínis na báso. Malínis na báso ang...
  b.   hingin mo.

23a. Humingí ka ng tsokoláte sa kanya. Siya ang...
  b.   hingan mo ng tsokoláte.

24a. Magpúpunta ako sa tindáhan. Ang tindáhan ay...
  b.   púpuntahan ko.

25a. Nagháhanap ako ng mangga. Mangga ang...
  b.   hináhánap ko.

26a. Kami ang magtátrabáho nito. Ito ay... .
  b.   tátrabahúhin námin.

27a. Magtátrabáho ako sa paléngke. Paléngke ang...
  b.   pagtátrabahúhan ko.

28a. Nagsásábi lang naman siya ng totoo. Totoo lang naman ang...
  b.   sinásábi niya.

29a. Sa Makáti pa siya nanood. Makáti pa ang...
  b.   pinanooran niya.

30a. Nag-ááral ako ng Tagálog. Tagálog ang...
  b.   pinag-áarálan ko.

6A5. Active and passive verbs (§6.3)

Únang Hakbang. (Local vs. direct passive). Piliin ang támang sagot sa saklong.

1. Ang láyó pala ng (*binili, binilhan*) mo ng tinápay. 2. Ang mahal naman ng tinápay na (*binili, binilhan*) mo. 3. Ay! Si Léslie pala ang (*dádalhin, dádalhan*) mo ng tsokoláte. 4. Ano ba ang nása (*dinádala, dinádalhan*) mong bag? 5. Marámi pa pala itong (*íinumin, íinuman*) mo? 6. Malínis ba ang básong (*íinumin, íinuman*) mo? 7. (*Kúnin, Kúnan*) mo na ang tíket nátin. 8. (*Kúnin, Kúnan*) mo siya ng pagkáin. 9. Ang sarap ng (*kinaínan, kináin*) kong lumpià! 10. Iyang tambákol ang gusto kong (*bilhin, bilhan*). 11. Siya ang lágí kong (*binábasáhan, binábása*) ng kómiks. 12. Malayú-layó rin ang (*binili, binilhan*) niya ng mangga. 13. Ang úlam ay (*ubúsan, ubúsin*) na nátin. 14. Díto nátin (*híhintayin, híhintayan*) ang bus? 15. Saan nátin (*híhintayan, híhintayin*) ang bus. 16. (*Hatíin, Hatían*) na lang nátin itong áking matamis. 17. (*Hatíin, Hatían*) mo ako ng mangga. 18. Pwéde ko bang (*hingin, hingan*) ang túlong mo? 19. Pwéde mo akong (*hingin, hingan*) ng túlong káhit kailan. 20. Ito ang (*sabíhin, sabíhan*) mo sa kanya. 21. (*Sinábi, Sinabíhan*) ko sila na dárating ka mámayà. 22. Tinápos mo na ba itong (*tinátrabáho, pinagtátrabahúhan*) mo? 23. Ano ang palabas sa (*pinanood, pinanooran*) mo? 24. Maganda ang palabas na (*pinanood, pinanooran*) ko. 25. (*Binili, Binilhan*) ko pa ito sa Vígan. 26. (*Bilhin, Bilhan*) mo ako ng pagkáin sa karindérya.

Ikalawang Hakbang. Pagpilí sa kaanyuan ng pandíwà. Dagdagan ng panláping pangnakaraan. Choice of verb form. Supply past tense affixes if possible (all passive verbs).

1. Doon sa (*bili*) ko ng tíket maráming nagtítinda ng tinápay. 2. (*Patuyò*) kayá nila ang pláto pagkatápos nilang iinísin? 3. Hindí pa nila pwédeng (*patuyò*) kasi hindí pa nila (*banlaw*). 4. Ano kayá ang (*sakay*) nila papunta ríto? 5. (*Punta*) nila ang lugar na pwédeng bilhan ng tíket. 6. (*Sáma*) ko sila sa istasyon ng bus. 7. (*Tingin*) námin kung méron pang nátitirang úpúan. 8. Hindí nila mákikíta ang istasyon ng bus kung hindí ko sila (*túlong*). 9. (*Táwag*) múna námin ang áming púpuntahan. 10. Doon sa lugar na (*tira*) námin noong isang taon. 11. (*Hintay*) námin ang air-con na bus na papuntang Vígan. 12. (*Bantay*) mo bang maígi ang mga gámit? 13. Bumalik táyo sa (*káin*) nátin, may naíwan ako. 14. (*Línis*) ko na ang úupuan nátin. 15. Bumili ako ng tinápay sa (*tígil*) nátin kanína. 16. Ang bilis ng bus na (*sakay*) námin. 17. (*Táwag*) sila ng Lóla pára kumáin. 18. (*Pasénsya*) námin ang bus na hindí air-con. 19. Lahat ng úlam ay (*tikim*) ko. 20. Parého pala sila ng iskwelahang (*trabáho*). 21. (*Sáma*) ko sila hanggang sa istasyon ng bus. 22. Ang lóla ay (*túlong*) ni Áte Línda sa paghahandà. 23. (*Simulà*) náming hatíin ang litson. 24. (*Dala*) kami ng matamis ni lóla. 25. Ako ay (*páyag*) ng lóla na tumúlong sa paghahandà.

Ikatlong Hakbang. Isálin sa Pilipíno ang mga pandíwang nása loob ng saklong úpang maging bahági ng pangungúsap.

1. Pagkatápos nilang (*cleaned*) ang mga pláto, kanilang (*dried them*). 2. Ang sarap ng (*ate*) kong isdà. 3. Alam ko kung saan niya (*bought*) ang tíket. 4. Doon din siya bumili sa (*bought at*) ko. 5. (*Went*) nila ang istasyon pára doon maghintay. 6. (*Will go along with*) niya si Pete sa kanyang (*place he is going to*). 7. (*Called up*) nila si Áte Línda pára tumúlong sa paghahandà. 8. (*Helped*) din sila ni Kúya Rúdy sa paghahandà. 9. Vígan pa pala ang (*place we are going to*) nátin. 10. Kanína pa pala táyo (*called*) ng lóla pára kumáin. 11. Búti na lang at air-con na bus ang (*will ride*) nátin. 12. (*Watch*) mong mabúti ang mga gámit. 13. Téka! (*Will get*) ko na ang tíket nátin? 14. Yung matamis ang súsunod náting (*will eat*). 15. Mabáhó itong (*ate from*) kong pláto. 16. (*Clean*) mo múna ang báso bágo mo (*drink from it*). 17. Maláyó pa ba ang (*will stop at*) nátin. 18. Íihí ako sa súsunod na (*will stop at*) ng bus. 19. (*Will look for*) ko kung násaan ang CR. 20. Sigurádong masaya ang pistang (*will go to*) nátin. 21. Rural High School din pala ang (*worked at*) mo. 22. Bákit námin (*will be patient with*) itong masarap na pagkáin?

23. *(Helped)* ko ang Lólang *(to clean)* ang mga pláto. 24. *(Stayed at)* ko ang báhay na ito noong isang taon. 25. Lágí náting *(go)* ang pista ríto.

Ikaápat na Hakbang (Active vs. passive)

1. Bantayan mo na lang ang mga gámit nátin. Ako na lang ang *(bíbili, bíbilhin, bíbilhan)* ng tíket. 2. Huwag *(mong aksayahin, kang mag-aksaya)* ng óras. 3. Tikman mo naman ang létse plan na *(ako gumawà, ginawá ko)*. 4. Masikip na pala ito. *(Maghintay táyo, Hintayin nátin)* ng iba. 5. *(Púpuntahan nátin, Púpunta táyo)* ang istasyon ng bus. 6. *(Samáhan mo, Sumáma ka)* ako sa *(púpuntahan, púpunta)* kong pistáhan. 7. Kúya mo ba yung *(tinátáwag, tumátáwag)* sa iyo? 8. Siya ang dápat *(kong tawágin, akong tumáwag)* ng kúya. 9. *(Tinulúngan niya, Tumúlong siya)* ang lóla sa paghahandà. 10. Air-con na bus ang *(sakyan nátin, sumakay táyo)*. 11. Ako múna ang *(magbábantay, bábantayan)* ng mga gámit nátin. 12. Ikaw ang *(tumingin, tingnan)* kung méron pang bakánteng upúan. 13. Ako na ang *(kúkúnin, kúkúha, kúkúnan)* ng tíket nátin. 14. Ikaw na maglígpit ng mga plátong *(kináin nátin, kumáin táyo, kinaínan nátin)*. 15. Ikaw ang *(magpatuyó, pinatuyó)* ng mga pláto. 16. *(Binábanlawan ko pa, Nagbábanlaw pa ako)* ng mga báso. 17. Sa Ángeles pa ba únang *(títigil, títigílan)* ang bus? 18. Malapit-lapit na ang *(bábabá táyo, bábabaan nátin)*. 19. Marámi na sigúrong táo sa *(púpunta táyo, púpuntahan nátin)*. 20. *(Dinatnan námin, Dumating kami)* ang Lóla na nagháhandá ng pagkáin. 21. *(Tumáwag táyo, Tawágan nátin)* sila pára sunduin táyo. 22. Bahálá na *(kayong magpasénsya, pagpasénsyahan ninyo)* sa handá námin. 23. Parého pala kayo ng *(pinagtátrabahúhan, nagtátrabáho)*. 24. *(Nagtátrabáho, pinagtátrabahúhan)* ka rin pala sa U. P. Rural High School. 25. Ang sarap nitong matamis na *(kumákáin, kinákáin)* ko. 26. *(Tawágin, Tumáwag)* mo na silang kumáin. 27. Héto na pala ang dyip na *(sásakyan, sásakay)* nátin.

6B.   Preposed genitives (§6.4)

6B1.   Convert the postposed genitives to preposed genitives

1a.   Siya ang Lóla ko.
 b.   Siya ang áking Lóla.
2a.   Násaan ang báhay ninyo?
 b.   Násaan ang inyong báhay?
3a.   Nákíta ko ang tíyo mo.
 b.   Nákíta ko ang iyong tíyo.
4a.   Kilála ko ang nóbyo niya.
 b.   Kilála ko ang kanyang nóbyo.
5a.   Ang báhay nila ay nása Ángeles.
 b.   Ang kanilang báhay ay nása Ángeles.
6a.   Ang iskwelahan námin ay nása Los Báños.
 b.   Ang áming iskwelahan ay nása Los Báños.
7a.   Súsunduin námin ang nánay nila.
 b.   Súsunduin námin ang kanilang nánay.
8a.   Kasáma rin ba ang kapatid náting si John?
 b.   Kasáma rin ba ang áting kapatid na si John?
9a.   Maganda ang nápanood ko.
 b.   Maganda ang áking nápanood.
10a.   Puntahan nátin ang pínsan ko.
 b.   Áting puntahan ang áking pínsan.
11a.   Air-con na bus ang kúnin mo.
 b.   Air-con na bus ang iyong kúnin.
12a.   Hindí púpunta ang tátay niya.

b. Hindí púpunta ang kanyang tátay.

13a. Parého ang pinanood námin.

b. Parého ang áming pinanood.

14a. Kasáma rin dápat ang tátay at nánay nátin.

b. Kasáma rin dápat ang áting tátay at nánay.

15a. Nása Vígan lahat ang pínsan ninyo.

b. Nása Vígan lahat ang inyong pínsan.

16a. Sila ay tumáwag sa tíyo nila.

b. Sila ay tumáwag sa kanilang tíyo.

17a. Pinuntahan niya si Rúdy.

b. Kanyang pinuntahan si Rúdy.

18a. Nása Los Báños ang pinagtátrabahúhan nila.

b. Nása Los Báños ang kanilang pinagtátrabahúhan.

19a. Ang sásakyan námin ay air-con na bus.

b. Ang áming sásakyan ay air-con na bus.

20a. Tumáwag ang pínsan ko kanína.

b. Tumáwag ang áking pínsan kanína.

6B2. Ipaloob ang *hindi* sa mga sumúsunod na pangungúsap. Insert *hindì* in the following sentences.

1a. Kanya bang kasáma si Rúdy?

b. Hindí ba niya kasáma si Rúdy?

2a. Áking kaibígan si Rúdy.

b. Hindí ko kaibígan si Rúdy.

3a. Kanyang báhay ito.

b. Hindí niya báhay ito.

4a. Átin siyang púpuntahan.

b. Hindí nátin siya púpuntahan.

5a. Iyo bang nóbyo si Rúdy?

b. Hindí mo ba nóbyo si Rúdy?

6a. Kanilang pinanood ang síne.

b. Hindí nila pinanood ang síne.

7a. Inyong tinirhan ang báhay.

b. Hindí ninyo tinirhan ang báhay.

8a. Ámin siyang súsunduin sa Ángeles.

b. Hindí námin siya súsunduin sa Ángeles.

9a. Áking tátawágan ang mga nánay.

b. Hindí ko tátawágan ang mga nánay.

10a. Iyong pinúntahan ang mga pínsan mo sa Vígan.

b. Hindí mo pinuntahan ang mga pínsan mo sa Vígan.

11a. Kanyang sásamáhan ang kapatid niyang si John.

b. Hindí niya sásamáhan ang kapatid niyang si John.

12a. Áming nilínis ang mababáhong pláto.

b. Hindí námin nilínis ang mababáhong pláto.

13a. Áting bábanlawan ang mga pláto.

b. Hindí nátin bábanlawan ang mga pláto.

14a. Inyo bang kináin ang tinápay díto?

b. Hindí ba ninyo kináin ang tinápay díto?

15a. Áking dinatnan si Lésling kumákáin.

b. Hindí ko dinatnan si Lésling kumákáin.

16a. Inyong sásakyan ang air-con na bus.

b. Hindí ninyo sásakyan ang air-con na bus.

17a. Inyong dáratnan ang Ángeles bágo mag-alas diyes.

   b.   Hindí ninyo dáratnan ang Ángeles bágo mag-alas diyes.
18a.   Áting pinuntahan ang pista díto nung isang taon.
   b.   Hindí nátin pinuntahan ang pista díto nung isang taon.
19a.   Kanyang nakilála ang buong pamílya ni Áte Línda.
   b.   Hindí niya nakilála ang buong pamílya ni Áte Línda.
20.   Áming dinatnan ang maráming masasarap na pagkáin.
   b.   Hindí námin dinatnan ang maráming masasarap na pagkáin.

6C1. Mga pangngálang Pilipíno na pandíwá ang pagkakasálin sa Ingles. (Pilipino nouns that translate into English as verbs.) (§6.5)

Únang Hakbang

Oh, I know your sister.

Kilála ko ngá pala ang kapatid mo.	*(your sister knows me)*
Kilála ngá pala ako ng kapatid mo.	*(Ida knows me)*
Kilála ngá pala ako ni Ída.	*(I know Ida)*
Kilála ko ngá pala si Ída.	*(he knows Ida)*
Kilála ngá pala niya si Ída.	*(Ida knows him)*
Kilála ngá pala siya ni Ída.	*(I know him)*
Kilála ko ngá pala siya.	*(I know you)*
Kilála ngá pala kita.	*(he knows me)*
Kilála ngá pala niya ako.	*(Rudy knows me)*
Kilála ngá pala ako ni Rúdy.	*(I know Rudy)*
Kilála ko ngá pala si Rúdy.	*(I know you)*
Kilála ngá pala kita.	

Ikalawang Hakbang

He went with Ate Linda.

Kasáma siya ng Áte Línda.	*(I went with Ate Linda)*
Kasáma ako ng Áte Línda.	*(with him)*
Kasáma niya ako.	*(he with me)*
Kasáma ko siya.	*(with him)*
Kasáma niya siya.	*(Ate Linda went with him)*
Kasáma niya ang Áte Línda.	*(you with him)*
Kasáma ka niya.	

6C2. Choice of nominative and genitive (§6.5)

1. Kilála (*ko si Rúdy, ako ni Rúdy*). Kaibígan siya ng Tátay. 2. Kasáma (*ako nina, ko sina*) Mr. Ocámpo sa pistáhan sa kanilang náyon. 3. Kasáma (*mo ba siya, ka ba niya*) nang pumunta siya sa Ilígan? 4. Hindí (*mo na ba ako, na ba kita*) kilála? Parého táyo ng pinagtátrabahúhan noong first year pa táyo! 5. Kasáma (*mo ba sila, ka ba nila*) nang manood sila ng síne? 6. Kilála (*niya kami, námin siya*). Siya ang pínsan ni Rúdy. 7. Kasáma (*siya nina, niya sina*) Pete nang pumunta siya sa pistáhan. 8. Kilála (*námin sina, kami nina*) Mr. Ocámpo. Nagpunta kami sa pistáhan sa kanila nung isang taon. 9. Kasáma (*námin sina, kami nina*) Pete at Léslie nang pumunta kami sa pistáhan nung isang taon. 10. Kilála (*ako ng tátay niya, ko ang tátay niya*). Sa Ángeles siya nagtátrabáho.

6D.   Pagsasánay (Genitive after *gusto*) (§§6.51- 6.53)

Únang Hakbang

They will help in the preparations.

Tútúlong sila sa paghahandà.	*(Gusto)*
Gusto nilang tumúlong sa paghahandà.	*(Dápat)*
Dápat silang tumúlong sa paghahandà.	*(Kailángan)*
Kailángan nilang tumúlong sa paghahandà.	*(Pwéde)*
Pwéde silang tumúlong sa paghahandà.	*(Áyaw)*
Áyaw nilang tumúlong sa paghahandà.	*(Palági)*
Palágí silang tumútúlong sa paghahandà.	*(Gusto)*
Gusto nilang tumúlong sa paghahandà.	

Ikalawang Hakbang

John will buy bread.

Bíbili si Juan ng tinápay.	*(Gusto)*
Gustong bumili ni Juan ng tinápay.	*(Dápat)*
Dápat bumili si Juan ng tinápay.	*(Kailángan)*
Kailángang bumili ni Juan ng tinápay.	*(Pwéde)*
Pwédeng bumili si Juan ng tinápay.	*(Áyaw)*
Áyaw bumili ni Juan ng tinápay.	*(Palági)*
Paláging bumíbili si Juan ng tinápay.	*(Gusto)*
Gustong bumili ni Juan ng tinápay.	

Ikatlong Hakbang

Where can you reserve a seat?

Saan ka pwédeng magresérba ng úpúan?	*(Gusto)*
Saan mo gustong magresérba ng úpúan?	*(dápat)*
Saan ka dápat magresérba ng úpúan?	*(kailángan)*
Saan mo kailángang magresérba ng úpúan?	*(palági)*
Saan ka paláging nagréresérba ng úpúan?	*(siya)*
Saan siya paláging nagréresérba ng úpúan?	*(dápat)*
Saan siya dápat magresérba ng úpúan?	*(gusto)*
Saan niya gustong magresérba ng úpúan?	*(kailángan)*
Saan niya kailángang magresérba ng úpúan?	

6E.   Bagúhin ang mga sumúsunod na pangungúsap sa pamamagítan ng paggámit ng *pagkatápos...* (§6.54)

1a.   Binábanlawan nila múna. Tápos, pinatútuyó nila.
 b.   Pinatútuyó nila pagkatápos nilang banlawan.
2a.   Kumáin múna siya. Tápos, umalis.
 b.   Umalis siya pagkatápos niyang kumáin.
3a.   Ííhí múna siya. Tápos, sásakay siya.
 b.   Sásakay siya pagkatápos niyang umíhì.
4a.   Tútúlong múna siya. Tápos, kákáin.
 b.   Kákáin siya pagkatápos niyang tumúlong.
5a.   Tumingin múna siya ng úpúan. Tápos, nagresérba siya.
 b.   Nagresérba siya pagkatápos niyang tumingin ng úpúan.
6a.   Kumúha siya ng tíket. Tápos, bumalik.

b. Bumalik siya pagkatápos niyang kumúha ng tíket.
7a. Bíbili múna siya. Tápos, magtítinda.
b. Magtítinda siya pagkatápos niyang bumili.
8a. Tátáwag múna siya. Tápos, maghíhintay.
b. Maghíhintay siya pagkatápos niyang tumáwag.
9a. Tinawágan múna nila. Tápos, sinundó sila.
b. Sinundó sila pagkatápos nilang tawágan.
10a. Naghintay múna kaming tawágin. Tápos, kumáin kami.
b. Kumáin kami pagkatápos náming maghintay na tawágin.

6F. Pagpapalit *(Kita)* (§6.6)

Únang Hakbang

He is with me.

Kasáma ko siya.	*(you are)*
Kasáma kita.	*(Rudy is)*
Kasáma ko si Rúdy.	*(with you)*
Kasáma mo si Rúdy.	*(I am)*
Kasáma mo ako.	*(he is)*
Kasáma mo siya.	*(with me)*
Kasáma ko siya.	*(you are)*
Kasáma kita.	*(my friend is)*
Kasáma ko ang áking kaibígan.	*(with Rudy)*
Kasáma ni Rúdy ang áking kaibígan.	*(you are)*
Kasáma ka ni Rúdy.	*(with me)*
Kasáma kita.	*(he is)*
Kasáma ko siya.	*(Rudy is)*
Kasáma ko si Rúdy.	

Ikalawang Hakbang

I will just call you tomorrow.

Tátawágan na lang kita búkas.	*(call John)*
Tátawágan ko na lang si Juan búkas.	*(Father will)*
Tátawágan na lang ng Tátay si Juan búkas.	*(call you)*
Tátawágan ka na lang ng Tátay búkas.	*(I will)*
Tátawágan na lang kita búkas.	*(he will)*
Tátawágan ka na lang niya búkas.	*(call Father)*
Tátawágan na lang niya ang Tátay búkas.	*(I will)*
Tátawágan ko na lang ang Tátay búkas.	*(call you)*
Tátawágan na lang kita búkas.	*(Rudy will)*
Tátawágan ka na lang ni Rúdy búkas.	*(call me)*
Tátawágan na lang ako ni Rúdy búkas.	*(you will)*
Tátawágan mo na lang ako búkas.	*(call Father)*
Tátawágan mo na lang ang Tátay búkas.	*(I will)*
Tátawágan ko na lang ang Tátay búkas.	*(call you)*
Tátawágan na lang kita búkas.	

6G. **Pandamdam. Palitan ng pandamdam ang mga sumúsunod na pangungúsap.** (Exclamations. Convert the following statements into exclamations.) (§6.71)

1a. Maláyó naman ang áting púpuntahan.
  b. Ang láyó naman ng áting púpuntahan!
2a. Masasarap hó ang mga handá ninyo.
  b. Ang sasarap hó ng mga handá ninyo!
3a. Mahal ang tinápay díto.
  b. Ang mahal ng tinápay díto!
4a. Mga bágo pa ang bus díto.
  b. Ang babágo pa ng bus díto!
5a. Marámi ang handá sa pista.
  b. Ang dámi ng handá sa pista!
6a. Maganda ang palabas ngayon.
  b. Ang ganda ng palabas ngayon!
7a. Maliliit ang tinápay nila.
  b. Ang liliit ng tinápay nila!
8a. Malaki ang báhay ninyo sa Ángeles.
  b. Ang laki ng báhay ninyo sa Ángeles!
9a. Matagal pa bágo táyo bumabà.
  b. Ang tagal pa bágo táyo bumabà!
10a. Mabúbúti ang mga pínsan ni Áte Línda.
  b. Ang búbúti ng mga pínsan ni Áte Línda!
11a. Mababáhó ang mga CR díto.
  b. Ang babáhó ng mga CR díto!
12a. Masamá ang palabas.
  b. Ang samá ng palabas!
13a. Maláyó rin pala ang Vígan.
  b. Ang láyó rin pala ng Vígan!
14a. Masikip ang bus na ito.
  b. Ang sikip ng bus na ito!

6H. **Bagúhin amg mga sumúsunod na pangungúsap sa pamamagítan ng paggámit ng** *"péro hindí ko alam kung gaáno ka-..."* (§6.73)

1a. Ang láyó ng áting pinuntahan!
  b. Péro hindí ko alam kung gaáno kaláyò.
2a. Ang báhó ng mga pláto!
  b. Péro hindí ko alam kung gaáno kabáhò.
3a. Ang mahal ng tíket sa bus!
  b. Péro hindí ko alam kung gaáno kamahal.
4a. Ang bágo ng mga úpúan!
  b. Péro hindí ko alam kung gaáno kabágo.
5a. Ang dámi ng kináin ko sa pista!
  b. Péro hindí ko alam kung gaáno karámi.
6a. Ang ganda ng pinanood nila!
  b. Péro hindí ko alam kung gaáno kaganda.
7a. Ang líit ng tinápay!
  b. Péro hindí ko alam kung gaáno kalíit.
8a. Ang laki ng litson!
  b. Péro hindí ko alam kung gaáno kalaki.
9a. Ang tagal bágo tumígil ang bus!

b.   Péro hindí ko alam kung gaáno katagal.

10a. Mabúti ang pamílya niya!

b.   Péro hindí ko alam kung gaáno kabúti.

11a. Ang samá ng palabas!

b.   Péro hindí ko alam kung gaáno kasamà.

12a. Ang sikip ng báhay!

b.   Péro hindí ko alam kung gaáno kasikip.

6I. *Parého +ng.* **Bagúhin ang mga sumúsunod na pangungúsap sa pamamagítan ng paggámit ng** *parého* **+** *ng.* **(§6.75)**

1a.   Íisa ang pinagtátrabahúhan námin.

b.   Parého kami ng pinagtátrabahúhan.

2a.   Íisa ang iskwelahan nila.

b.   Parého sila ng iskwelahan.

3a.   Íisa ang sinakyan ninyo.

b.   Parého kayo ng sinakyan.

4a.   Íisa ang pinuntahan námin.

b.   Parého kami ng pinuntahan.

5a.   Íisa ang kinaínan nila.

b.   Parého sila ng kinaínan.

6a.   Íisa ang binilhan námin ng tinápay.

b.   Parého kami ng binilhan ng tinápay.

7a.   Íisa ang binabaan nila.

b.   Parého sila ng binabaan.

8a.   Íisa ang pinanood nila.

b.   Parého sila ng pinanood.

9a.   Íisa ang pláto námin.

b.   Parého kami ng pláto.

10a. Íisa ang kináin nila.

b.   Parého sila ng kináin.

6J1. **Bagúhin ang mga sumúsunod na pangungúsap sa pamamagítan ng paggámit ng** *hindí* **o** *walà.* **(§6.8)**

1a.   Dárating táyo doon bágo gumabi.

b.   Dárating táyo doon nang hindí pa gabi.

2a.   Dumating sila bágo mag-ala úna.

b.   Dumating sila nang walá pang ala-úna.

3a.   Áalis ako bágo magtanghálì.

b.   Áalis ako nang hindí pa tanghálì.

4a.   Áalis ka ba bágo mag-alas diyes?

b.   Áalis ka ba nang walá pang alas-diyes?

5a.   Bumalik ka mámayá bágo mag-alas ótso.

b.   Bumalik ka mámayá nang walá pang alas-ótso.

6a.   Dumating siya bágo mag-Linggo.

b.   Dumating siya nang hindí pa Linggo.

7a.   Bumalik ka agad bágo gumabi.

b.   Bumalik ka agad nang hindí pa gabi.

8a.   Umalis siya bágo mag-alas dóse kínse.

b.   Umalis siya nang walá pang alas-dóse kínse.

9a.   Kákáin ako bágo mag-alas dóse síngko.

b.   Kákáin ako nang walá pang alas-dóse síngko.

10a. Súsunduin niya ako bágo mag-alas dóse médya.

    b.   Súsunduin niya ako nang walá pang alas dóse médya.

11a.   Kumáin táyo bágo mag-alas síngko.

    b.   Kumáin táyo nang walá pang alas síngko.

12a.   Umalis na siya bágo mag-umága.

    b.   Umalis na siya nang hindí pa umága.

13a.   Áalis ako bágo mag-Sábado.

    b.   Áalis na ako nang hindí pa Sábado.

6J2.   **Ulítin ang 6J1. Unáhin ang *b* at pagkatápos ay isunod ang *a*. (Repeat 6J1 starting with *b* and producing *a*.) (§6.8)**

6K.   **Isálin sa Pilipíno ang mga salitá sa loob ng saklong úpang maging ganap na pangungúsap. (§6.92)**

1. (*Whatever you want to eat*) kúnin ninyo. 2. (*Whichever one you take*) sigurádong masarap. 3. (*Whoever comes to the house*) pwédeng kumáin díto. 4. (*Wherever you will stay*) ay doon na rin ako. 5. Hindí ko alam (*where one can buy*) ng tíket. 6. Dápat ay alam mo (*who got the book*) sa kwárto mo. 7. Kilála mo ba (*who will fetch*) sa átin díto? 8. Alam ko (*who will come*) sa pista! 9. Sásakyan nátin (*whichever bus arrives*). 10. Alam ko (*whenever they clean*) ang pláto díto. 11. Gusto mo bang sabíhin ko sa 'yo (*what I will give Leslie*)? 12. Alam na ba nila (*when I will arrive*)? 13. Pwéde mong bilhin (*whatever she wants*). 14. (*Whatever I do*) ay ginágawá din nya. 15. Hindí nya alam (*which one she will bring to school*).

Supplementary Unit 3

This lesson reviews the verb forms which we have studied heretofore. Absolutely no new material is presented here, and for students who feel that they are on top of the verbs we have studied so far and are anxious to get ahead, there is nothing wrong with skipping this lesson entirely. However, many users of these lessons need a break at this point from the relentless onslaught of new grammar after completing Unit Six and would profit from going back and repeating what has been studied before. This time we will explain things from a slightly different point of view and adopt a new arrangement, with the expectation that this will help you see the verbal system in a new light and thus solidify your understanding of it.

SU3.1   Two kinds of passives

Remember that we said previously in Supplementary Unit 2 that the choice of active or passive depends on the context. If we are talking in a context dealing with what someone did (or does or will do), then the active is chosen, but if we are talking about a context dealing with what happened to something – that is, if we are talking about the **RECIPIENT OF THE ACTION** (or we also called it the **OBJECT**), then we choose a passive. If this point is not clear to you, the best thing now would be for you to go back and review Supplementary Unit Two. If you pretty well understand this point, read on.

In fact, there are several ways of looking at the recipient of the action, or in other words, there are several aspects of the recipient or the object which can be talked about. First, we can look at the recipient of the action as being the person or thing directly affected by the action – that is, the thing looked for, the thing drunk, the thing eaten, the thing begun, the thing waited for, the thing brought, the show watched, the thing read, the person asked, the thing done, the thing divided up, the thing asked for, the thing finished off, and the like. If the action is regarded that way, the verb chosen is the **DIRECT PASSIVE**. In Supplementary Unit Two we called it simply the "passive", but the verb forms discussed there are actually **DIRECT PASSIVE** verb forms, and that is the name we gave these forms when we first introduced them in Unit Five.

There is another way of looking at the recipient of the action or the object of the verb (in fact there are several others ways). The other way we are discussing here is to look at the recipient of the action as being the place of the action or the person to or from whom something is given, thrown at, put, gotten, bought, or the like, or the person to or from someone goes, comes, accompanies, and so forth. If the recipient of the action is regarded as the place or the person to whom or from whom, then the **LOCAL PASSIVE** verb forms are used.

Let us look at several examples. The following pairs will show a context in which the focus of attention is on doing the action, and a second context with the same verb where the focus of attention is on a recipient of the action which is regarded as the **PLACE OF THE ACTION** or the **PERSON TO OR FROM WHOM** something is done. In the first sentence of the pair, the **ACTIVE** verb form is used, and in the second sentence of the pair the **LOCAL PASSIVE** verb form is used.

1a. *Púpunta ako sa Maynílà mámayà.* "I **will go** to Manila later on."
 b. *Maynílá ang púpuntahan ko mámayà.* "Manila is the **place where** I **will go to** later on."

The following sentence exemplifies *puntahan* in our basic sentences:

1c. *Ang láyú-láyó pala ng áting púpuntahan.* "The **place we are going to** sure is far away." (6B9a)

The following sentences give examples with other verbs:

2a. *Uhaw na uhaw ako. Gusto kong uminom ng kok.* "I'm very thirsty. I want **to drink** some coke."

b. *Mabáhó iyang básong iyan. Gusto mo pa ring inuman?* "That glass stinks. Do you want **to drink from** it anyway?"

3a. *Doon na lang ako kina Mrs. Ocámpo títira.* "I **will** just **stay** at Mrs. Ocampo's."

b. *Malaki ang báhay na títirahan ko.* "It is a big house that I **will be staying at.**"

4a. *Bíbili lang ako ng sigarílyo sa Mother's Best.* "I'll just **buy** some cigarettes at Mother's Best."

b. *Ang Mother's Best ay hindí mabúting bilhan ng sigarílyo.* "Mother's Best **is** not a good **place to buy** cigarettes."

5a. *Dárating ang polis kina Pete.* "The policeman **will come** to Pete's place."

b. *Ayókong ako ang datnan ng pulis.* "I won't like it if I am the one the policeman **comes to see** (lit. the **person to whom** the police **come**)."

6a. *Búkas na ako lílipat.* "I'll just **move** tomorrow."

b. *Ito ang báhay na lílipátan ko.* "This is the house I **will move into.**"

7a. *Gutom na gutom na ako. Gusto kong kumáin ng isdà.* "I'm very hungry. I want **to eat** some fish."

b. *Mabáhó iyang plátong iyan. Gusto mo pa ring kaínan?* "That dish stinks. Do you want **to eat from** it anyway?"

8a. *Magdádala ka ba ng péra?* "**Are** you **going to bring** any money **with you?**"

b. *Síno ang dinádalhan mo niyang tsokoláteng iyan?* "Who **are** you **bringing** that chocolate **to?**"

9a. *Ayókong manood ng TV. Magbábasa na lang ako.* "I **don't** want to **watch** TV. I'll just **read.**"

b. *Bábasáhan ko ang mga bátà bágo sila matúlog.* "I **will read to** the children before they go to sleep."

10a. *Bábabá ka na ba díto?* "**Are** you **going to get off** here?"

b. *Ano ang pangálan ng karsádang bábabaan mo?* "What is the name of the street you **are getting off at?**"

11a. *Hindí ba nakákahiyá kung híhingí táyo ng péra?* "Isn't it embarrassing if we **ask for** money?"

b. *Basta si Pete ang áting híhingan, e hindí naman.* "No, as long as Pete is the one we **ask from**, it's not."

12a. *Umupó ka múna díto .* "**Sit down** here for a while."

b. *Masísírá itong sílya kung úupuan mo.* "This chair will break if you **sit on it.**"

Now let us do an exercise contrasting the **LOCAL PASSIVE** and the **ACTIVE.**

SU3.1 Lagyan ng támang panlápí ang mga salitang násapanaklong.

1. Pag-uwí ko ay (*dala*) ako ng kéndi bar pára kay Léslie. 2. (*Dala*) ko ng kéndi bar si Léslie pag-uwí ko. 3. Walá si Léslie nang (*dating*) si Pete sa báhay nila. 4. Si Léna lang ang kanyang (*dating*) sa báhay dáhil (*alis*) si Léslie at ang kanyang nánay. 5. (*Panood*) si Léna ng TV nang (*dating*) si Pete. 6. (*Upô*) si Pete. "Híhintayin ko ang Áte Léslie mo,"ang sábi niya kay Léna. 7. Díto ka na lang (*upò*) sa sílyang (*upò*) ko kanína. 8. Gusto kasing (*bása*) ni Pete ng kómiks si Léna. 9. Pagkatápos (*bása*) ni Pete ng kómiks si Léna ay (*hingì*) siya ng péra kay Pete. 10. Lágí niyang (*hingì*) ng péra si Pete. 11. Mámayá ay áalis na si Pete dáhil mayroon pa siyang ibang (*punta*). 12. (*Punta*) pa kasi siya sa paléngke dáhil (*bili*) siya ng lámsyed. 13. Sinábi niya doon sa (*bili*) niya ng lámsyed na alas kwátro siya (*dating*). 14. Kailángan ni Pete ng lámsyed doon sa kwártong (*tira*) niya ngayon. 15. Isang linggo pa lang siyang (*tira*) sa kwárto iyon. 16. Noong isang linggo lang siya (*lípat*) doon. 17. Nákíta na ni Léslie ang kwártong (*lípat*) niya. 18. Ilang sandalí lang ay (*dating*) na si Léslie. 19. Sandalí lang, Pete. (*Kúha*) lang ako ng dyus. Alam kong hindí ka (*inom*) ng kok. 20. Pwéde bang díto ka na lang (*inom*) sa básong (*inom*) ni Léna kanína?

SU3.11   Contrast between the LOCAL and the DIRECT PASSIVE

Let us look at several examples with.the **LOCAL** and the **DIRECT PASSIVE** verb forms. The following pairs show a contrast. The first shows a context in which the focus of attention is on the thing to which the action is done – that is, the focus of attention is on a recipient of the action which is regarded as the thing drunk, the thing eaten, the thing waited for, the thing brought, the show watched, the thing read, the person asked, the thing done, the thing divided up, the thing asked for, the thing finished off, and the like. The second example shows a context with the same verb where the focus of attention is on a recipient of the action which is regarded as the **PLACE OF THE ACTION** or the **PERSON TO OR FROM WHOM** something is done. In the first sentence of the pair, the **DIRECT PASSIVE** verb form is used, and in the second sentence of the pair the **LOCAL PASSIVE** verb form is used.

13a.   Huwag mong **inumin** ang kok na iyan. **Binili** ko iyan pára sa kúya mo. "**Don't drink** that coke. I **bought it** for your brother."

13b(1).   *Huwag mong **inuman** ang básong iyan. May básag e.* "**Don't drink from** that glass. It has a crack."

13b(2).   *Mahal ang mga tinda sa tindáhang **binilhan** ko ng kok.* "The things are expensive in the store I bought the coke at."

Two examples from our basic sentences with *bilhan* are the following:

13d.   *Méron daw lugar sa Makáti na pwédeng **bilhan** ng tíket.* "They say there is a place in Makati where we can **buy** a ticket (lit. which we can **buy** a ticket **at**)." (6A1)

13e.   *Du'n sa **binilhan** ko ng tíket.* "Where I **bought** a ticket (lit. there **at the place** I **bought** a ticket)." (6B12A)

Let us look at examples with other verbs:

14a.   *Hanápin nátin ang pérang nawalà.* "**Let's look for** the money that was lost."

14b.   *Huwag mo akong hanápan ng péra.* "**Don't look for** money **from** me."

15a.   *Kinúha niya ang létse plan pára kaínin.* "He **got** the leche flan to **eat it.**

15b.   *Kinuhánan niya ng kónti ang áking létse plan. Kinaínan niya ito ng kónti.* "He **took** a little bit **away from** my leche flan. He **ate** a little bit **off of it.**"

16a.   *Káhit mabigat ang kahon, dinala pa rin niya.* "Even though the box was heavy, he **brought it along** anyway."

16b.   *Síno ang dinádalhan mo niyang tsokoláteng iyan?* "Who **are** you **bringing** that chocolate **to?**"

17a.   *Mahúsay ang Liwayway. Palági ko itong binábasa.* "Liwayway is a good magazine. I always **read it.**"

17b.   *Palági kong binábasáhan ang mga bátá bágo sila matúlog.* "I always **read to** the children before they go to sleep."

18a.   *Ano na naman ang híhingin mo sa ákin?* "Now what **are** you **going to ask** me **for?**"

18b.   *Bákit ako ang palági mong hinihingan ng péra?* "Why am I always the one you **ask for** money **from?**"

19a.   *Ubúsin mo na iyang lahat.* "**Finish** all of that **off.**"

19b.   *Huwag mo akong ubúsan ng kape, ha?* "**Don't use** all of the coffee **up on** me, hear?"

SU3.11   Únang Hakbang. Lagyan ng támang panlápi ang salitang nása panaklong.

1. Pete, gusto kong (*bili*) iyong lámsyed na iyon. 2. Hindí ba't itong tindáhang ito ang (*bili*) mo noong isang linggo? 3. Pagkatápos náting (*bili*) ang lámsyed na kailángan ko ay (*panood*) nátin ang palabas sa plása. 4. Mas maganda ang palabas ngayon doon sa (*panood*) nátin noong

isang linggo. 5. Ókey lang káhit na mahal doon dáhil kásya naman ang pérang (*hingì*) ko kay Kúya Inting. 6. Salámat na lang at may kúya akong pwédeng (*hingì*) ng péra. 7. Kung kay Áte Línda ako (*hingì*) kanína, ang sásabíhin agad noon ay huwag ko siyang (*hánap*) ng péra. 8. Pete, gusto kong umuwí agad pagkatápos ng palabas dáhil (*hánap*) ako ng kapatid ko. 9. Siya ngá pala, (*sábi*) mo na ba kina Cárlos na sa Sábado ang punta nátin sa mga pínsan ko sa Maynílà? 10. Kung hindí pa ay (*sábi*) mo na sila. 11. (*Sábi*) mo na rin kay Cárlos na (*dala*) niya iyong kanyang mga kómiks. 12. (*Bása*) nátin ang mga iyon kapag táyo ay nása dyip na. 13. Iyon ba'ng mga kómiks na (*bása*) niya noong (*bása*) niya ang kanyang mga kapatid? 14. Kailángang (*dala*) nátin ang mga pínsan ko ng mga gúlay dáhil mahal ang mga iyon sa Maynílà. 15. Siya ngá pala, (*káin*) ba ng abokádong (*dala*) ko ang mga pínsan mo?

SU3.11   Ikalawang Hakbang. Lagyan ng támang panlápí ang salitang nása panaklong.

1. Aba! Saan mo (*kúha*) ang mga isdang iyan? 2. Si Nána Ánsay ang (*kúha*) ko ng mga ito. 3. Ano ba ang méron sa inyo at (*kúha*) ka kay Nána Ánsay ng maráming isdà? 4. Áalis na búkas ang asáwa ko papuntang Amérika. (*Táwag*) ko ngá mámayá ang mga kaibígan náming nása UPLB. 5. Sa ámin ka na lang (*táwag*) pára hindí ka na (*punta*) sa plása. 6. Si Línda iyon, hindí ba? (*Táwag*) mo ngà. 7. Léna, pwéde ba akong (*hingì*) ng isang isdà? 8. Huwag mo ngá akong (*hingì*) ng isdà. Alam mo namang kailángan ito sa báhay búkas. 9. Síge, búkas na lang ako (*hingì*). 10. (*Sábi*) mo sa asáwa mo ay (*dala*) niya iyong librong Tagálog ni Mr. Cruz. 11. (*Dala*) ngá ng librong Tagálog ang asáwa ko pag-alis niya. 12. (*Dala*) niya rin ng librong Tagálog ang mga (*túrò*) niya. 13. (*Sábi*) mo na ba ang mga pínsan niyang nása Maynílà? 14. Si Nánay na ang (*sábi*) sa kanila búkas. 15. Alam naman ng asáwa mo kung paáno (*túrò*) ng Tagálog. 16. Sigúro, ilang linggo lang ay alam na nilang (*bása*) iyong librong iyon. 17. Marúnong na naman silang (*bása*) ng librong Tagálog. 18. Kayá lang naman sila (*bása*) ng asáwa ko ay pára matutúnan nila agad kung paáno mag-Tagálog. 19. Siya ngá pala, walá ako sa báhay búkas ng hápon dáhil (*panood*) kami ng síne. 20. (*Panood*) námin iyong palabas búkas doon sa síneng lági náming (*panood*). 21. Támá iyon. Dápat ay (*káin*) kayo sa labas búkas. 22. (*Sábi*) mo sa asáwa mo na (*káin*) na niya iyong mga pagkáing gusto niya na walá naman doon sa Amérika. 23. Doon kami (*káin*) búkas sa plása dáhil masasarap ang mga pagkáin sa (*káin*) námin doon. 24. Gusto ng asáwa ko iyong dyus na lági náming (*inom*) basta kami ay (*káin*) doon. 25. Malínis pa ang mga básong (*inom*) mo kung doon ka (*bili*) ng pagkáin sa kanila. 26. (*Inom*) ba ng bir ang asáwa mo? Walá akong probléma sa áking asáwa dáhil hindí siya (*inom*) ng bir at hindí rin siya (*sigarílyo*). 27. Siya ngá pala, pwéde ba akong (*kúha*) ng gúlay sa tindáhan ninyo? 28. Óo, pwéde mong (*kúha*) iyong mga kailángan mo at saká mo na lang (*báyad*). 29. (*Báyad*) ka naman pálági sa ákin kung (*kúha*) ka ng mga gúlay. Kayá, walang probléma. 30. Salámat na lang at may kaibígan akong pwéde kong (*kúha*) ng mga gúlay.

SU3.2   Figurative use of the local passive affixes

As we see from the above examples, the **LOCAL PASSIVE** verbs have meanings which are best translated into English as verbs plus prepositions which refer to place: *upuan* "sit **on**", *inuman* "drink **from** or drink **away from**", *hanápan* "look for **from**", *tirahan* "stay **at**", *bilhan* "buy **from**", *datnan* "come **to** see", *lipátan* "move **to**", *kuhánan* "get **at**", or "get **away from**", *kaínan* "eat **at**" or "eat **away from**", *puntahan* "go **to**", *uwian* "go home **to**", *dalhan* "bring **to**", *basáhan* "read **to**", *babaan* "get off **at**", *hingan* "ask for **from**", *ubúsan* "finish off **on**."

The English prepositions with certain verbs have metaphorical usage. Thus, we say "look **at** something" (even though the something is the thing seen and not the place), or we say "work **on** something" as if the object being affected by our activity is the place. Another example: we say "look **for** something" even though the something which we are seeking is not something **for** which anything is being done. Thus it is possible to say that the prepositions with these verbs are being used metaphorically. Similarly the **LOCAL PASSIVE** affixes with some verbs in Pilipino have metaphorical uses – that is, these **LOCAL PASSIVE** verbs do not really refer to place but in reality refer to the thing directly affected by the action. We have had a fairly large number of verbs which have a **LOCAL PASSIVE** form and are used in contexts in which the focus of attention is on the recipient of the action (the thing directly affected by the action). Most of these verbs do not have direct passives: *pagtrabahúhan*,[1] "work **on** something," *pag-arálan* "study something," *pagpasyénsiyahan* "be patient **with** something," *payágan* "agree **to** something," *turúan* "teach someone (lit. teach **to** someone)," *simulan* "begin something," *samáhan* "accompany (go **with**) someone," *tingnan* "look **at** something," *bayáran* "pay (lit. pay **to**) someone," *tawánan* "laugh **at** someone," *sakyan* "ride (lit. ride **on**) something," *tulúngan* "help (lit. help **to**) someone," *bantayan* "watch (lit. watch **over**) something," *banlawan* "rinse something," *tikman* "taste (lit. taste **some of**) something."[2]

The following sentences exemplify some of these verbs as they occur in the basic sentences:

20. ***Bantayan*** *mo múna ang gámit nátin* "**Watch (over)** our things." (6A6c)
21. *Kayá lang hindí nila pinatútuyó pagkatápos nilang **banlawan***. "The only thing is they didn't dry them after they **rinsed** them." (6B10)
22. *A basta, **pagpasénsyahan** nyo na lang 'tong handá námin, ókey ba?* "Just **be patient with** our food, all right?" (6C26a)
23. *Baká gusto ninyong **tikman** itong áking matamis.* "You might like to **taste (of)** my desert." (6C29)
24. *A **tinikman** ko na hó yan.* "Oh, I already **tasted** it." (6C30a)

In the case of *táwag* "call" both the **DIRECT PASSIVE** *tawágin* "summon, call someone" and the **LOCAL PASSIVE** *tawágan* "call someone (from afar or on the phone)" are used in contexts which refer to the recipient of the action. *Tawágin* is used when the one called is near by:

25a. *Héto na si Pédro. **Tawágin** mo siya.* "Here comes Pedro. **Call** him."

Tawágan is used when the one called is not near (as on the phone):

b. *Hindí na kailángan, pwéde naman nátin silang **tawágan** a.* "It isn't necessary. We can **call** them." (6C22a)

Let us do an exercise on the local passive verbs which refer to the recipient of the action.

SU3.2   Únang Hakbang. Lagyan ng támang panlápí ang mga salitang násá panaklong.

1. Inay, (*báyad*) nyo na hó ba si Línda ngayon? Nárito hó kasi siya. 2. Línda, (*pasénsiya*) mo múna ako dáhil wala pa akong péra ngayon. 3. Inay, (*sáma*) ko lang hó si Línda sa báhay nila. 4. (*Bantay*) niya ang báhay nila dáhil púpunta sa Maynílá ang nánay niya. 5. (*Páyag*) nyo hó ba ako inay? 6. O síge, péro (*banlaw*) mo múna itong mga pláto bágo kayo umalis. 7. Ókey lang hò. (*Túlong*) ko hó si Léslie. 8. Kailángang (*simulà*) na nátin ang áting trabáho. 9. Léslie, pagdating nátin sa báhay námin ay (*túrò*) kita kung paáno gumawá ng dyus. 10. Iyon palang dyus na (*tikim*) ko kahápon ay ginawá mo lang? 11. Pagkatapos nilang (*banlaw*) ang mga pláto ay umalis na sila. 12. Dyip ang (*sakay*) nilang dalawa papunta sa báhay nina Línda. 13. Nang násá dyip sila ay lágí silang (*tingin*) ng dráyber. 14. Nang (*tingin*) nila ang dráyber ay (*táwa*) sila niyon. 15. Kaibígan pala nila iyong dráyber ng dyip na (*sakay*) nila.

---

[1] As we learned in §6.11, some local passive verbs have a prefix *pag-* added to them.

[2] Note that many of these verbs are translated into English with a phrase which contains a verb plus a preposition metaphorically used. Pilipino and English use analogous metaphors in many cases.

SU3.2	**Ikalawang Hakbang. Lagyan ng támang panlápí ang mga salitang nása panaklong.**

1. Léna, kanína pa ako (*hánap*) ng kómiks na Tagálog. Méron ka ba? 2. Huwag mo ngá akong (*hánap*) ng kómiks. 3. Alam mo namang hindí ako (*bása*) niyon. 4. Iyon pala ang (*hánap*) mo kanína pa. 5. Óo ngá e. (*Bili*) ka ngá ng isa doon sa tindáhan. 6. Iyong Tagálog ang (*bili*) mo, ha? 7. Éto na ang kómiks mo. Doon ako (*bili*) sa (*bili*) mo kahápon ng Liwayway. 8. Sandalí lang, Léna, (*úbos*) mo na naman ba ako ng kok? 9. Láging ikaw ang (*úbos*) ng áking kok. Bákit iyong kok ko ang gusto mo láging (*úbos*)?.10. Pagkatápos ay (*sakay*) na si Pete sa dyip na papunta sa plása. 11. Kahápon ay bus ang kanyang (*sakay*) papunta doon. 12. Nang dumating sila sa únang iskiníta ay (*babà*) siya. 13. Iyong iskinítang iyon ang kanyang (*babà*) dáhil (*punta*) siya sa plása. 14. Iyon ang palágí niyang (*punta*) kung siya ay (*áral*). 15. (*Áral*) niya ang Tagálog. 16. Sinábi ni Léslie kanína na (*dating*) siya sa plása dáhil (*túrò*) niya si Pete ng Tagálog. 17. Si Léslie ang (*túrò*) sa kanya ng Tagálog. 18. Nang siya ay (*dating*) sa plása ay nároon na si Léslie. 19. (*Dating*) niya doon si Léslie. 20. Isang óras nang (*hintay*) sa kanya si Léslie. 21. Salámat at (*hintay*) mo ako Léslie. 22. (*Pasénsiya*) mo ako, Léslie, dáhil isang óras kang (*hintay*) sa ákin. 23. Ikaw na ang bahálang (*pasénsiya*) sa ákin. 24. Doon sila (*upò*) sa sílya na lágí nilang (*upò*). 25. Doon nila gustong (*bása*) ng kómiks. 26. Mga kómiks na Tagálog ang (*bása*) ni Pete pára matutúnan niya ang Tagálog. 27. Noong isang áraw ay kasáma niya rin si Léslie doon. (*Bása*) siya ni Léslie noong isang áraw. 28. Gusto ni Pete na (*áral*) ng Tagálog dáhil (*simulà*) niya ang Tagálog sa Cornell. 29. Gusto ni Pete na siya ang (*simulà*) ng Tagálog sa Cornell. 30. Pagkatápos (*bása*) ni Léslie si Pete ng Tagálog ay (*sábi*) ni Pete na (*dala*) siya ng kéndi bar. 31. (*Dala*) kita ng kéndi bar dáhil alam ko na gusto mo ito. 32. At (*káin*) ni Léslie ang kéndi bar na (*dala*) ni Pete pára sa kanya. 33. Pete, (*tikim*) mo ang kéndi bar na ito dahil masyádong matamis. 34. Óo ngà. Siya ngá pala, bákit hindí (*sáma*) si Léna sa iyo? 35. Siya ang (*sábi*) na (*sáma*) ka niya pagpunta mo ríto. 36. (*Dating*) ko siya sa kanila na (*banlaw*) ng mga pláto. 37. Pagkatápos daw niyang (*banlaw*) ang mga pláto ay (*sundò*) niya táyo. 38. Sána ay (*páyag*) ang nánay niya. 39. Sigurádong (*páyag*) siya ng kanyang nánay. 40. (*Túlong*) niya lágí ang nánay niya na (*gawà*) ang mga trabáho sa báhay nila. 41. Kung (*túlong*) kasi siya sa nánay niya ay sigurádong (*páyag*) siya na (*alis*) sa kanila. 42. (*Tingin*) mo iyong bátang papunta ríto. 43. (*Tingin*) ka sa bátang iyon. Hindí ba't si Léna na iyon? 44. (*Lákad*) lang kasi ako dáhil walá akong péra. 45. Dáhil sa (*sábi*) ni Léna ay (*táwa*) sina Léslie at Pete. (*Táwa*) siya ng dalawa.

Ikapitong Aralin. Unit 7

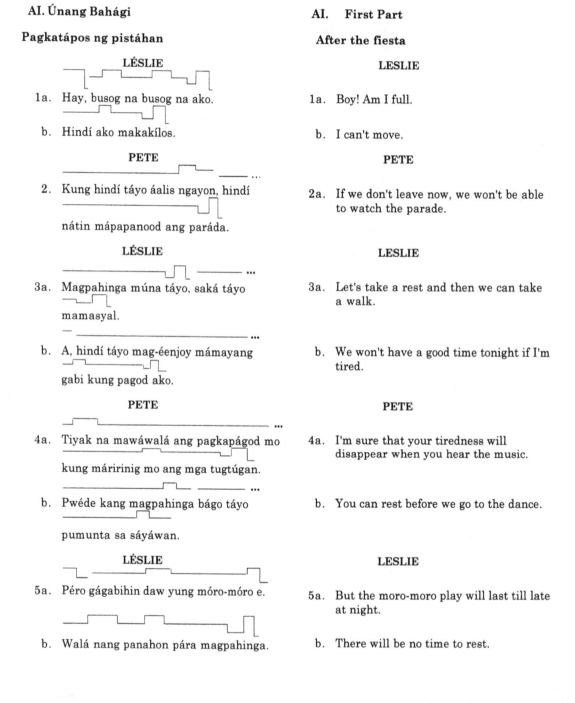

AI. Únang Bahági

Pagkatápos ng pistáhan

LÉSLIE

1a. Hay, busog na busog na ako.

 b. Hindí ako makakílos.

PETE

2. Kung hindí táyo áalis ngayon, hindí

 nátin mápapanood ang paráda.

LÉSLIE

3a. Magpahinga múna táyo, saká táyo

 mamasyal.

 b. A, hindí táyo mag-éenjoy mámayang

 gabi kung pagod ako.

PETE

4a. Tiyak na mawáwalá ang pagkapágod mo

 kung máririnig mo ang mga tugtúgan.

 b. Pwéde kang magpahinga bágo táyo

 pumunta sa sáyáwan.

LÉSLIE

5a. Péro gágabihin daw yung móro-móro e.

 b. Walá nang panahon pára magpahinga.

AI. First Part

After the fiesta

LESLIE

1a. Boy! Am I full.

 b. I can't move.

PETE

2a. If we don't leave now, we won't be able
 to watch the parade.

LESLIE

3a. Let's take a rest and then we can take
 a walk.

 b. We won't have a good time tonight if I'm
 tired.

PETE

4a. I'm sure that your tiredness will
 disappear when you hear the music.

 b. You can rest before we go to the dance.

LESLIE

5a. But the moro-moro play will last till late
 at night.

 b. There will be no time to rest.

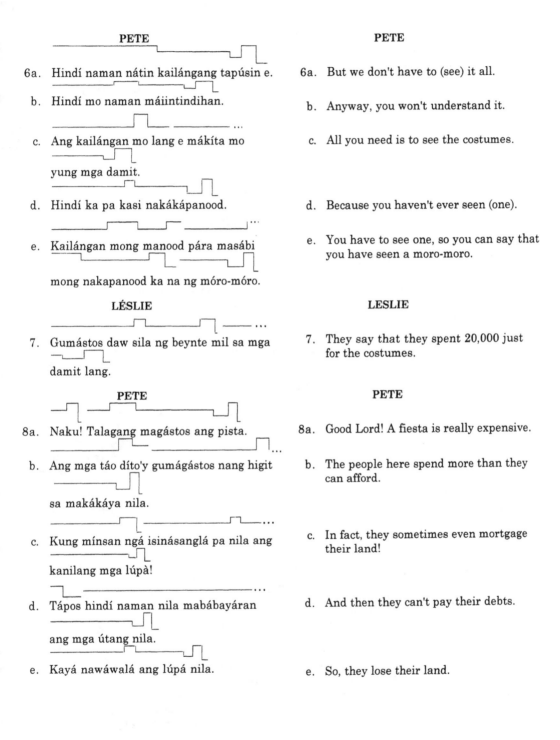

PETE

6a. Hindí naman nátin kailángang tapúsin e.

b. Hindí mo naman máiintindihan.

c. Ang kailángan mo lang e mákíta mo
yung mga damit.

d. Hindí ka pa kasi nakákápanood.

e. Kailángan mong manood pára masábi
mong nakapanood ka na ng móro-móro.

LÉSLIE

7. Gumástos daw sila ng beynte mil sa mga
damit lang.

PETE

8a. Naku! Talagang magástos ang pista.

b. Ang mga táo díto'y gumágástos nang higit
sa makákáya nila.

c. Kung mínsan ngá isinásanglá pa nila ang
kanilang mga lúpà!

d. Tápos hindí naman nila mabábayáran
ang mga útang nila.

e. Kayá nawáwalá ang lúpá nila.

PETE

6a. But we don't have to (see) it all.

b. Anyway, you won't understand it.

c. All you need is to see the costumes.

d. Because you haven't ever seen (one).

e. You have to see one, so you can say that
you have seen a moro-moro.

LESLIE

7. They say that they spent 20,000 just
for the costumes.

PETE

8a. Good Lord! A fiesta is really expensive.

b. The people here spend more than they
can afford.

c. In fact, they sometimes even mortgage
their land!

d. And then they can't pay their debts.

e. So, they lose their land.

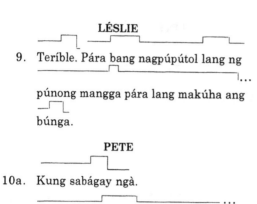

LÉSLIE

9. Teríble. Pára bang nagpúpútol lang ng

púnong mangga pára lang makúha ang

búnga.

PETE

10a. Kung sabágay ngà.

b. Matagal na ngang sinásábi ng mga

pulítiko na itígil ang pista.

c. Kung pwéde ngá tanggalin na.

LÉSLIE

11. E, hindí naman sila nagtátagumpay.

LESLIE

9. Terrible. It's just like cutting down the
mango tree just to get the fruit,
wouldn't you say?.

PETE

10a. You're right.

b. Politicians have been saying for a long
time to stop the fiesta (tradition).

c. If possible, just abolish it.

LESLIE

11. But they haven't had any success.

Commentary to difficult forms in 7A1

1b.	*makakílos*	This is the dependent potential active verb form. The use of the dependent potential and its meaning is explained in §7.24.
	mápapanood	"Will be able to watch." This is the future potential direct passive form, §7.23. The long vowel on the prefix and the short vowel of the reduplication is explained in the footnote of §7.11.
3a.	*mamasyal*	This is the dependent active verb form of *pasyal* "a stroll, a walk."
b.	*mámayang gabi*	"Tonight" (§7.8).
4a.	*tiyak*	"It is certain." *Tiyak* is linked with *na (ng)*.
	mawáwalà	"Will disappear." This is the future tense of a verb of the *ma*-conjugation (explained in §10.11).
	pagkapágod	"State of being tired." This is an abstract form of the *ma*-conjugation verb explained in §§7.73, 16.32. Note that the accent is *pagkapágod* — that is, the penult of the word has a long vowel. Whereas the root alone is *pagod* "be tired" — i.e., the penult has a short vowel.
	máririnig	"Will be heard." This is the future potential passive form. The long vowel of the prefix is explained in §7.11 and the footnote to this section. Note that the speaker in the tape says *máririnig*, which is the pronunciation in the northern Tagalog regions. He is a northerner transplanted to the southern regions and sometimes uses his native pronunciation and sometimes the southern pronunciation.

	tugtúgan	"Musical event, playing of music." (§16.33). This is a noun derived from the verb *tugtog* "play (an instrument)."
b.	*sáyáwan*	"Dancing party." The formation of these nouns is discussed in §16.33.
5a.	*móro-móro*	A play on a theme of the traditional Filipino romances based on themes from Spanish romances popular in the eighteenth and nineteenth centuries.
	gágabihin	"Will be overtaken by nightfall, will last until night." This verb form is explained in §7.81.
b.	*walang panahon*	"There is no time."
	walá nang panahon	"There will be no more time."
6a.	*tapos*	"Finished."
	tapúsin	"Put an end to (it)." This verb form is explained in §13.22.
b.	*máiintíndihan*	"Will be able to understand (it)." This is the local passive potential future, with a long-vowel prefix. This root *intíndi* has potential forms in the meaning "understand."
c.	*mákíta*	"See (it)." The root *kíta* "see" always has potential forms. This is the direct passive potential dependent form. The dependent form is used because the verb follows *kailángan* "need."
d.	*hindí pa* *nakákapanood*	"Haven't had a chance to see yet." This is the present potential active form. The present tense is used because the sentence is introduced by *hindí pa* "not yet."
e.	*kailángan mong* *manood*	"You should see (= *kailángan kang manood).*" The genitive *mo* is used after *kailángan* even though the verb is active in this sentence. Thus, *kailángan* is like *gusto* in that the agent after it is genitive, whether or not the verb is passive. However, unlike the case of *gusto,* this rule is optional. The nominative may also be used after *kailángan* when the verb is active. See §6.52.
	nakapanood	"Have had a chance to see."
8b.	*nang*	For the use of *nang* in expression of manner, see §7.912.
	higit sa	"More than, surpassing." *Higit* is preposition followed by a dative *(sa)*.
	makákáya	"Will be able to afford." This is the future direct passive potential (§7.97).
c.	*kung mínsan*	"Sometimes."
	kung mínsan ngà	"In fact, sometimes."
	isinásanglá pa	"Even pawn (it)." *Isinásanglà* is the present conveyance passive verb form of *sanglà* "mortgage." The conveyance passive verb will be discussed in Unit 9, §9.1.
d.	*mabábayáran*	"Be able to pay it."
9.	*pára*	"It's like." *Pára* is linked with *ng (na)*.
	pára ba	"It's like..., isn't it?"
	makúha	"Can get (it)."
10.	*kung sabágay*	"To make a point."
	kung sabágay ngà	"Yes, you're right."
b.	*itígil*	"Put a stop to (it)." This is the conveyance passive dependent verb form of *tigil,* §9.222.
c.	*kung pwéde*	"If possible."
	kung pwéde ngà	"Indeed, if possible."
d.	*tanggalin na*	"Just abolish it (rather than do something else)."
11.	*hindí nagtátagumpay*	"Are not successful, haven't had success."
	hindí din	"Haven't had any success nevertheless." (§7.95).

nagtátagumpay
hindí din naman   "But (they) have nevertheless had no success"
nagtátagumpay

AII. Pagsasánay

Pagpapalit. Ipalit ang mga salitang nása loob ng saklong.

1. *My! I'm terribly full.*
    Hay! Busog na busog na ako.   (pagod)
    Hay! Pagod na pagod na ako.   (gutom)
    Hay! Gutom na gutom na ako.   (uhaw)
    Hay! Uhaw na uhaw na ako.   (hirap)
    Hay! Hirap na hirap na ako.   (maganda)
    Hay! Magandang-maganda na ako.   (ang báhay)
    Hay! Magandang-maganda na ang báhay.   (malínis)
    Hay! Malínis na malínis na ang báhay.   (sirà)
    Hay! Sirang-sirá na ang báhay.
2. *Let's take a rest first and then we'll go for a walk.*
    Magpahinga múna táyo saká táyo   (eat and then watch the parade)
       mamasyal.
    Kumáin múna táyo saká táyo manood ng   (see the moro-moro and then rest)
       paráda.
    Manood múna táyo ng móro-móro saká táyo   (finish the moro-moro and then let's go
       magpahinga.   home)
    Tapúsin múna nátin ang móro-móro saká   (eat and then read the comics)
       táyo umuwì.
    Kumáin múna táyo saká táyo magbasa ng   (go to market and then buy a lamp)
       kómiks.
    Magpunta múna táyo sa paléngke saká
       táyo bumili ng lámsyed.

3. **Bagúhin ang mga sumúsunod na pangungúsap sa pamamagítan ng paggámit ng *kung hindì*.**

    1a. Kailángang umalis na táyo ngayon pára makapanood ng paráda.
    b.   Kung hindí táyo áalis ngayon ay hindí táyo makákapanood ng paráda.
    2a. Kailángang magpahinga táyo ngayon pára mag-enjoy táyo mámayà.
    b.   Kung hindí táyo magpápahinga ngayon, hindí táyo mag-éenjoy mámayà.
    3a. Kailángang magsanglá táyo ng lúpá pára makabili táyo ng damit.
    b.   Kung hindí táyo magsásanglá ng lúpà, hindí táyo makákabili ng damit.
    4a. Kailángang pumunta táyo sa pista pára táyo makapanood ng móro-móro.
    b.   Kúng hindí táyo púpunta sa pista, hindí táyo makákapanood ng móro-móro.
    5a. Kailángang sumayaw táyo pára táyo mag-enjoy.
    b.   Kung hindí táyo sásayaw, hindí táyo mag-éenjoy.
    6a. Kailángang gumástos táyo pára makabili táyo ng damit.
    b.   Kung hindí táyo gágastos, hindí táyo makákabili ng damit.
    7a. Kailángang magpahinga táyo pára táyo makasayaw mámayà.
    b.   Kung hindí táyo magpápahinga, hindí táyo makákasayaw mámayà.

4. **Bagúhin ang mga sumúsunod na pangungúsap sa pamamagítan ng paggámit ng *tiyak na*.**

    1a. Dápat mong márinig ang tugtog pára mawalá ang pagkapágod mo.

b.   Tiyak na mawáwalá ang pagkapágod mo kung máririnig mo ang tugtog.

2a.   Dápat kang magpahinga múna pára mag-enjoy ka mámayà.

b.   Tiyak na mag-éenjoy ka mámayá kung magpápahinga ka muna.

3a.   Dápat silang kumílos pára sila'y magtagumpay.

b.   Tiyak na magtátagumpay sila kung sila'y kíkílos.

4a.   Dápat ka nang umalis pára dumating ka do'n nang maága.

b.   Tiyak na dárating ka do'n nang maága kung áalis ka na.

5a.   Dápat silang magpunta díto pára mápanood nila ang móro-móro.

b.   Tiyak na mápapanood nila ang móro-móro kung magpúpunta sila díto.

6a.   Dápat mong tapúsin ang palabas pára máintindihan mo.

b.   Tiyak na máiintindihan mo ang palabas kung tátapúsin mo.

7a.   Dápat kang mag-áral pára ka magtagumpay.

b.   Tiyak na magtátagumpay ka kung mag-ááral ka.

8a.   Dápat táyong magbáyad pára makapanood táyo ng móro-móro.

b.   Tiyak na makákapanood táyo ng móro-móro kung magbábáyad táyo.

5.   **Ituloy ang mga sumúsunod na pangungúsap áyon sa modélo.**

1a.   Pagod pa siya ngayon péro...

b.   tiyak na mawáwalá ang pagkapágod niya mámayà,

c.   kung máririnig niya ang mga tugtúgan.

2a.   Gutom na siya ngayon péro...

b.   tiyak na mawáwalá ang pagkagútom niya mámayà,

c.   kung makákakáin siya.

3a.   Busog na siya ngayon péro...

b.   tiyak na mawáwalá ang pagkabusog niya mámayà,

c.   kung púpunta siya sa sáyáwan.

4a.   Masikip ang mga dyip péro...

b.   tiyak na mawáwalá ang pagkasikip nito mámayà,

c.   kung bábabá na ang mga táo.

5a.   Pagod pa hó kayo ngayon péro...

b.   tiyak na mawáwalá ang pagkapágod ninyo mámayà,

c.   kung magpápahinga kayo.

6a.   Uhaw ka pa ngayon péro...

b.   tiyak na mawáwalá ang pagka-úhaw mo mámayà,

c.   kung íinom ka na ng softdrink.

6.   **Bagúhin ang mga sumúsunod na pangungúsap sa pamamagítan ng paggámit ng** *kailángan... pára masabi.*

1a.   Hindí ka pa nakákapanood.

b.   Kailángan mong manood pára masábi mong nakapanood ka na.

2a.   Hindí pa táyo nakákapunta sa pistáhan.

b.   Kailángan náting pumunta sa pistáhan pára masábi náting nakapunta na táyo.

3a.   Hindí ka pa nakákapanigarílyo.

b.   Kailángan mong manigarílyo pára masábi mong nakápanigarílyo ka na.

4a.   Hindí pa siya nakákabása ng kómiks.

b.   Kailángan niyang makabása ng kómiks pára masábi niyang nakábása na siya.

5a.   Hindí pa siya nakákàsakay ng dyip.

b.   Kailángan niyang makásakay ng dyip pára masábi niyang nakásakay na siya.

6a.   Hindí pa ako nakákapamasyal sa plása.

b.   Kailángan kong makápamasyal sa plása pára masábi kong nakápamasyal na ako.

7a.   Hindí pa ako nakákakíta ng sáyáwan sa plása.

b. Kailángan kong makákíta ng sáyáwan sa plása pára masábi kong nakákíta na
    ako.

7. **Pagpapalit**

They spend more than they can afford.

Gumágastos sila nang higit pa sa   *(eat more)*
makákáya nila.

Kumákáin sila nang higit pa sa makákáya   *(borrow)*
nila.

Umúútang sila nang higit pa sa makákáya   *(work more)*
nila.

Nagtátrabáho sila nang higit pa sa   *(drink more)*
makákáya nila.

Umíinom sila nang higit pa sa makákáya
nila.

8. **Tapúsin ang mga pangungúsap áyon sa hiníhingì.**

1a. Kung mínsan hindí nila nabábayáran ang útang nila kayá...
b. nawáwalá ang lúpá nila.   *(sa súsunod)*

2a. Sa súsunod kung hindí nila mabábayáran ang útang nila...
b. mawáwalá ang lúpá nila.   *(noong úna)*

3a. Noong úna hindí nila nabayáran ang útang nila kayá...
b. nawalá ang lúpá nila.   *(ako)*

4a. Hindí ko nabayáran ang útang ko kayá...
b. nawalá ang lúpá ko.   *(búkas)*

5a. Búkas, kung hindí ko mabábayáran ang útang ko...
b. mawáwalá ang lúpá ko.   *(mámayà)*

6a. Mámayá, kung hindí ko mabábayáran ang útang ko...
b. mawáwalá ang lúpá ko.   *sa Martes)*

7a. Sa Martes, kung hindí ko mabábayáran ang útang ko...
b. mawáwalá ang lúpá ko.   *(noong isang taon)*

8a. Noong isang taon, hindí ko nabayáran ang útang ko...
b. kayá nawalá ang lúpá ko.   *(noong mínsan)*

9a. Noong mínsan hindí ko nabayáran ang útang ko...
b. kayá nawalá ang lúpá ko.

9. **Pagpapalit**

They've been saying to stop the fiestas for a long time.

Matagal na nilang sinásábi na itígil ang   *(we should leave)*
pista.

Matagal na nilang sinásábi na umalis na   *(see a moro-moro)*
táyo .

Matagal na nilang sinásábi na manood táyo   *(finish off the food)*
ng móro-móro.

Matagal na nilang sinásábi na ubúsin nátin   *(abolish the fiesta)*
ang pagkáin.

Matagal na nilang sinásábi na tanggalin
ang pista.

AIII. Piliin ang támang sagot.

1. *Nakapanood ka na ba ng móro-móro?*
   a. Péro gágabihin daw ang móro-móro.
   b. Óo, péro nung isang taon pa.
   c. Kailángan mong magpahinga pára makapanood ng móro-móro.
   d. Manónood ako kung kasáma ka.

2. *Anong óras ba magsísimulá ang móro-móro?*
   a. Hindí ako mag-íingay mámáyang gabi kung pagod ako.
   b. Bágo mag-alas ótso kailángang nakasakay na táyo.
   c. Sigúro alas ótso na nang gabi.
   d. Sigúro pagdating ng alas síngko kailángang magsimulá na táyo.

3. *Gumágastos ka ba nang higit sa makákáya mo?*
   a. Kung mínsan ang mga táo'y gumágástos nang higit pa sa kanilang makákáya.
   b. Gumástos daw sila ng beynte mil pára sa mga damit lang.
   c. Kung mínsan, kung kailángan lang.
   d. Talaga ngá palang magástos ang pista.

4. *Busog ka na ba?*
   a. Óo. Hindí ngá ako makakílos e.
   b. Ang sarap pala ng mga pagkáin díto. Sigurádong mabúbusog ako nito.
   c. O káin na lang kayo nang káin pára mabusog.
   d. Kumáin siya nang madámi kayá siya nabusog.

5. *Kailángan ba náting tapúsin ang móro-móro?*
   a. Péro gágabihin daw yung móro-móro.
   b. Hindí na kailángan. Ang kailángan lang nátin ay mákíta ang mga damit.
   c. Ayókong tapúsin ang móro-móro dáhil hindí ko naman máiintíndihan.
   d. Hindí ka na kailángang magpahinga.

6. *Gusto nyo bang itígil na ang pista?*
   a. Matagal na ngang sinásábi ng mga pulítiko na itígil ang pista.
   b. Kung pwéde, péro alam naman náting hindí táyo magtátagumpay.
   c. Kayá ngá nawáwalá ang kanilang lúpà.
   d. Ang iba'y nagsásanglá pára lang sa pista.

7. *Manónood ka ba ng paráda?*
   a. Nakákíta ka na ba ng paráda?
   b. Hindí pa ako nakákapanood ng paráda.
   c. Itabi mo na at manónood ako ng paráda.
   d. Áalis ako ngayon kayá hindí ako makákapanood ng paráda.

8. *Púpunta ka ba ng sáyáwan?*
   a. Magpápahinga múna ako at saká ako púpunta do'n.
   b. Nagpunta ako ng sáyáwan kahápon.
   c. Pwéde bang magpahinga bágo táyo pumunta sa sáyáwan?
   d. Mámayá pa daw magsísimulá ang sáyáwan.

9. *Pwéde pa ba akong magpahinga?*
   a. 'Wag na. Magsísimulá na ang sáyáwan.
   b. Péro gágabihin daw ang sáyáwan.
   c. Hwag na. Magpahinga múna táyo at saká táyo mámasyal.
   d. Magpápahinga múna ako bágo táyo pumunta sa sáyáwan.

10. *Bákit nawalá ang kanilang mga lúpà?*
    a. Kung mínsan isinásanglá nila ang kanilang mga lúpà.
    b. Kasi hindí nila nabábayáran ang kanilang mga útang.
    c. Masyádo ngá palang magástos ang pistáhan.
    d. Mínsan gumágástos sila nang higit sa kanilang makákáya.

AIV. Buuin ang mga sumúsunod na pangungúsap úpang magkaroon ng ganap na díwà.

1. Hindí táyo mag-éenjoy kung... 2. Hay! Hindí ako makakílos kasi... 3. Mápapanood nátin ang paráda kung... 4. Magpahinga múna táyo bágo táyo... 5. Mawáwalá ang págod mo kung... 6. Kung máririnig mo ang tugtúgan, tiyak na mawáwalá... 7. Nakapanood ka na ba ng... 8. Nagpúpútol sila ng púnó pára lang... 9. Sinásábi ng mga pulítiko na... 10. Kung mínsan isinásanglá nila ang... 11. Kung mínsan hindí nila nabábayáran ang... 12. Ang mga táo ay gumágástos nang higit pa sa... 13. Naku! Talaga palang... 14. Gusto mo bang manood... 15. Kung pagod ka, hindí ka...

AV. Sagutin ang mga sumúsunod na mga tanong.

1. O Léslie táyo na. O ba't hindí ka makakílos? 2. Ano? Hindí táyo áalis ngayon. Bákit? 3. Hay, pagod na ako. Magpápahinga múna ako, ha? 4. Mawáwalá kayá itong pagkapágod ko? 5. Nawalá ngá ba ang lúpá mo? 6. O Léslie, táyo na. Magsísimulá na daw ang móro-móro. Sásáma ka ba sa ámin? 7. Ang dámi ng handá díto a. Malaki sigúro ang ginástos ng mga táo, ano? 8. O ba't áyaw mong tapúsin ang móro-móro? 9. Bákit gustong itígil ng mga pulítiko ang pista? 10. Ang ganda ng mga damit! Mahal sigúro ano? 11. Bákit ba nawalá yung lúpá mo? 12. Ang mahal ng iyong mga damit, káya mo ba talagang bilhin yan? 13. Púpunta ka pa ba sa sáyáwan? 14. Bákit ba gusto mong makapanood ng móro-móro? 15. Masyádo ka na yátang pagod pára mamasyal, ano?

BI. Ikalawang Bahági	**BI. Second Part**
Nákíta ni Pete ang dáti niyang kaibígan sa pistáhan	**Pete sees his old friend at the fiesta**

PETE	**PETE**

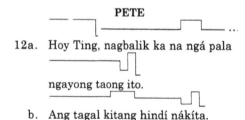

12a. Hoy Ting, nagbalik ka na ngá pala

ngayong taong ito.

12a Hey, Ting, you've actually come back this year.

b. Ang tagal kitang hindí nákíta.

b. It's been such a long time since I saw you.

TING	**TING**

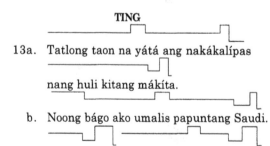

13a. Tatlong taon na yátá ang nakákalípas

nang huli kitang mákíta.

13a. It must be three years since I last saw you.

b. Noong bágo ako umalis papuntang Saudi.

b. Before I left for Saudi (Arabia).

c. Sandalí lang, may balítá ako pára sa 'yo.

c. By the way (lit. just a second), I have some news for you.

d. Mag-áasáwa na ako.

d. I am going to get married.

PETE

14a. Ay, sa wakas.

b. Bíró mo, hálos treinta'y kwátro ka na at

hindí ka pa nag-áasáwa.

c. Panahon na ngá pára mag-asáwa ka na.

TING

15a. E, hindí naman kasi masaya ang walang

asáwa.

b. Ikaw, paáno ka naman?

PETE

16. Ako? Nagháhanap pa ako.

TING

17a. Hindí ka pa nakákahánap ng magíging

mísis mo?

b. Baká masyádo kang mapíli.

PETE

18. Téka ngá pala, kumusta ngá pala sa

Saudi?

TING

19a. Teríble, péro makákaípon ka naman ng

péra.

b. Ngayong nakaípon na ako ng kóntì, pwéde

na akong magpakasal.

PETE

14a. My, at last!

b. Imagine! You're almost thirty-four, and you still aren't married!

c. It's high time for you to get married.

TING

15a. It's no fun to be single (lit. not to have a wife).

b. How about you?

PETE

16. Me? I'm still looking.

TING

17a. You haven't found your Mrs.-to-be?

b. Maybe you're too choosy.

PETE

18. By the way, how was it in Saudi (Arabia)?

TING

19a. Terrible, but you can save money.

b. Now that I have saved a little bit, I can get married.

c. Áyaw kasi ni Lénang maghintay nang matagal.

c. Because Lena does not want to wait (lit. a long time).

PETE

20a. Naku, iyon pa rin pala ang nóbya mo!

20a. My! You still have the same girl-friend!

b. Péro, kailan ngá ba yung kasal?

b. But when is the wedding?

TING

21a. Hindí pa kami nakákapagpasiya.

21a. We haven't decided yet.

b. Basta mangyáyári iyon bágo ako bumalik sa Saudi.

b. The main thing is it will take place before I go back to Saudi (Arabia).

PETE

22. Íbig mong sabíhin hindí múna kayo magsásáma?

22. You mean to say you won't be living together for the while?

TING

23. Hindí ko pa káyang pabayáan ang trabáho ko e.

23. I can't afford to leave my work.

PETE

24. Téka ngá pala, ipápakilála ko sa 'yo ang kaibígan ko, si Léslie.

24. By the way, let me introduce to you my friend, Léslie.

TING

25. Ngayon ka lang ba nakapunta sa pista?

25. Is this your first time to go to a fiesta?

LÉSLIE

26a. A hindì, mahigit na akong dalawang taon díto,

26a. Oh no, I have been here for more than two years.

b. kayá madalas na akong nakákapunta sa

mga pistáhan.

b. So I've had lots of chances to go to fiestas.

c. Péro sa palagay ko, ito yung

pinakamaganda, sigurádo ako.

c. But in my opinion, this is the best one — I'm sure (of that).

Commentary to difficult forms in 7BI

12a.	*ngayong taong ito*	"This year."
b.	*matagal na hindí nákikíta*	"It's been a long time that (someone) hasn't been seen." In this meaning, the present tense of the verb is usually (but not obligatorily) used — past occurs as well.
	matagal kitang hindí nákíta	"I haven't seen you in a long time."
	ang tagal	"What a long time it has been!" This is the exclamatory form of the adjective — §6.71.
13a.	*nang mákíta*	"When (someone) was seen." For the use of the dependent tense after *nang* "when (past)" see §§7.5, 7.911.
	nang mákíta kita	"When I saw you."
	nang huli kitang mákíta	"When I last saw you."
b.	*noong umalis*	"When (so-and-so) had left." The dependent verb form is used by the rule given in §§7.5 and 7.911.
	noong bágo umalis	"When (so-and-so) had just left."
	noong bágo ako umalis	"When I had just left." *Bágo* is not followed by a linker.
	papuntang X	"Heading for X" (§7.96).
d.	*mag-áasáwa*	"Will get married."
	mag-áasáwa na	"Will get married now (whereas before I did not have plans to get married)."
14b.	*panahon na pára*	"It is time (to do)." Note that the verb that follows is dependent, as is always the case with verbs following *pára* (§7.5).
c.	*panahon na ngà*	"It is high time."
17a.	*nakákahánap*	"Manage to find." Note that the root *hánap* with the nonpotential affixes means "look for", but with the long-vowel potential affixes the root *hánap* means "find."
	hindí pa nakákahánap	"Still haven't managed to find."
	maging	"Become, turn into."
	magíging	"Will become."
	mapílì	"Choosy."
	masyádong mapílì	"Too choosy."
19b.	*magpakasal*	"Get married" (§11.15).
c.	*maghintay*	"Wait."
	maghintay nang matagal	"Wait for a long time."

20a.	*iyon*	"That one."
	iyon pa rin	"Still that one, the very same one."
	iyon pa rin pala	"Oh, I see it is still the same one."
b.	*kailan*	"When."
	kailan ngá ba	"But actually, when..."
21.	*nakákapagpasiya*	"Make a decision." *Pasya* has *makapag-* potential prefix (§15.713).
b.	*basta*	"The main thing is" (§7.94).
	basta mangyáyári	"(I don't know) but anyway it will happen."
22.	*magsásáma*	"Live together." This is the future of a mutual action verb (§12.13).
23.	*káya*	"Afford." This form as a root functions like *pwéde* — i.e., it is linked with *ng (na)* and is followed by a dependent verb (§7.97).
	pabayáan	"Leave (it)." The dependent form is used after *káya*. *Pabáyà* always occurs with the local passive affixes when in the passive.
24.	*ipápakilála*	"Will introduce (him, her)." *Pakilála* "introduce" has the conveyance passive verb forms (§9.222).
25.	*ngayon lang*	"Now is the first time that (something happened)."
26a.	*mahigit*	"More, surpassing."
	mahigit na dalawang taon	"More than two years."
b.	*madalas*	"Often."
	madalas na nakákapunta	"Often have had a chance to go."
	pistáhan	"Fiesta (as an event)." The formation of this word is explained in §16.33.

BII. Pagsasánay

Pagpapalit. Ipalit ang mga salitang Ingles na nása panaklong matápos isálin sa Pilipíno.

1. *I haven't seen you in a long time.*
   Ang tagal na kitang hindí nákikíta.   (*the Liwayway*)
   Ang tagal ko nang hindí nákikíta ang
      Liwayway.   (*read*)
   Ang tagal ko nang hindí nabábása ang
      Liwayway.   (*bought*)
   Ang tagal ko nang hindí nabíbili ang
      Liwayway.   (*gotten*)
   Ang tagal ko nang hindí nakúkúha ang
      Liwayway.

2. *It's been three years since I saw you.*
   Tatlong taon na nang huli kitang mákíta.   (*saw Liwayway*)
   Tatlong taon na nang huli kong mákíta ang
      Liwayway.   (*read Liwayway*)
   Tatlong taon na nang huli kong mábása
      ang Liwayway.   (*bought Liwayway*)
   Tatlong taon na nang huli kong mábili ang
      Liwayway.   (*its been four years*)
   Ápat na taon na nang huli kong mábili ang   (*since I read*)

Liwayway.
Ápat na taon na nang huli kong mábasa
ang Liwayway.

3. *It's been three years since I saw you.*
   Tatlong taon na nang huli kitang mákíta.   *(since I ate tambakol)*
   Tatlong taon na nang huli akong makákáin   *(went to a fiesta)*
   ng tambákol.
   Tatlong taon na nang huli akong   *(went for a walk to the plaza)*
   makapunta sa pistáhan.
   Tatlong taon na nang huli akong   *(saw a moro-moro)*
   makapunta sa plása pára maglakad.
   Tatlong taon na nang huli akong   *(watch a parade)*
   makapanood ng móro-móro.
   Tatlong taon na nang huli akong   *(borrow money)*
   makapanood ng paráda.
   Tatlong taon na nang huli akong
   makáútang ng péra.

4. *You're almost thirty-four but you're still not married.*
   Hálos trentay kwátro ka na péro hindí ka   *(still haven't had success)*
   pa rin nag-áasáwa.
   Hálos trentay kwátro ka na péro hindí ka   *(haven't saved money)*
   pa rin nagtátagumpay.
   Hálos trentay kwátro ka na péro hindí ka   *(gotten married)*
   pa rin nag-íipon ng péra.
   Hálos trentay kwátro ka na péro hindí ka   *(haven't decided)*
   pa rin nagpápakasal.
   Hálos trentay kwátro ka na péro hindí ka   *(gone to Vigan)*
   pa rin nagpápasiya.
   Hálos trentay kwátro ka na péro hindí ka
   pa rin nagpúpunta sa Vígan.

5. *You still haven't found your future wife.*
   Hindí ka pa rin nakákahánap ng magíging   *(haven't gone to a fiesta)*
   mísis mo.
   Hindí ka pa rin nakákapunta sa pistáhan.   *(haven't seen moro-moro)*
   Hindí ka pa rin nakákapanood ng   *(saved money)*
   móro-móro.
   Hindí ka pa rin nakákaípon ng péra.   *(ridden in a jeep)*
   Hindí ka pa rin nakákasakay ng dyip.   *(tasted lumpia)*
   Hindí ka pa rin nakákatikim ng lumpià.

6. *Maybe you're too choosy.*
   Baká masyádo kang mapílì.   *(full)*
   Baká masyádo kang busog.   *(hungry)*
   Baká masyádo kang gutom.   *(beautiful)*
   Baká masyádo kang maganda.   *(spend too much)*
   Baká masyádo kang magástos.   *(too small)*
   Baká ka masyádo kang maliit.   *(tired)*
   Baká ka masyádo kang pagod.

7. *Bagúhin ang mga sumusúnod na pangungúsap áyon sa modélo.*
   1a. Kung matagal ang paghihintay, áyaw ni Lína.
    b. Áyaw kasi ni Línang maghintay nang matagal.
   2a. Kung masyádong malaki ang gástos, áyaw ni Lína.
    b. Áyaw kasi ni Línang gumástos nang malaki.
   3a. Kung gabi na ang pagdating áyaw ni Lína.
    b. Áyaw kasi ni Línang dumating nang gabi na.

4a.   Kung masyádong masikip ang pagsakay, áyaw ni Lína.
 b.   Áyaw kasi ni Línang sumakay nang masikip.
5a.   Kung alas kwátro pa ang simulà, áyaw ni Lína.
 b.   Áyaw kasi ni Línang magsimulá nang alas kwátro.
6a.   Kung hápon na ang pag-alis, áyaw ni Lína.
 b.   Áyaw kasi ni Línang umalis nang hápon na.
7a.   Kung tanghálí na ang pag-uwì, áyaw ni Lína.
 b.   Áyaw kasi ni Línang umuwí nang tanghálí na.
8. I can't afford to leave my work yet.

Hndí ko pa káyang pabayáan ang trabáho ko.	*(leave you alone)*
Hindí pa kita káyang pabayáan.	*(don't want to)*
Áyaw kitang pabayáan.	*(leave my mother alone)*
Ayókong pabayáan ang nánay ko.	*(I cannot)*
Hindí ko káyang pabayáan ang nánay ko.	*(leave you alone)*
Hindí kita káyang pabayáan.	*(support you)*
Hindí kita káyang gástusan.	*(provide you with clothes)*
Hindí kita káyang damitan.	*(help you)*
Hindí kita káyang tulúngan.	*(I don't want to)*
Áyaw kitang tulúngan.	*(they don't want to)*
Áyaw ka nilang tulúngan.	

BIII.   Piliin ang támang sagot.

1. *Nagháhanap ka ba ng asáwa?*
    a.   Panahon na pára mag-asáwa ka.
    b.   Óo, péro hindí pa ako nakákahánap ng magíging Mísis ko.
    c.   Hindí naman kasi masaya ang walang asáwa.
    d.   Hálos ay trentay kwátro ka na péro hindí ka pa rin nag-áasáwa.
2. *Nagbalik na ngá ba si Ting?*
    a.   Tatlong taon na ang nakákalípas nang huli ko siyang mákíta.
    b.   Óo ngà! Bábalik ulí siya sa Saudi.
    c.   Mé balítá ngá akong dumating na ngá siya gáling Saudi.
    d.   Hoy Ting, nagbalik ka na ngá pala, kumusta ka?
3. *Nakapagpasya na ba kayo kung kailan kayo magpápakasal?*
    a.   Hindí pa. Basta mangyáyári na lang 'yon.
    b.   Áyaw kasi ni Lénang maghintay nang matagal.
    c.   Nakaípon na ngá 'ko ng kónting péra.
    d.   Magpápakasal kami pagkatápos náming magpasiya.
4. *Madalas ka bang nakákapunta ng pistáhan?*
    a.   Búkas púpunta kami sa pista.
    b.   Mámayang gabi púpunta kami sa pistáhan.
    c.   Madalas ang pistáhan ay magástos.
    d.   Hindì. Ngayon ngá lang ako nakápunta sa pistáhan.
5. *Ilang taon na ba táyong hindí nagkíkíta?*
    a.   A, tatlong taon ka na pala sa Saudi.
    b.   Tatlong taon na pala nang huli táyong magkíta.
    c.   Nagbalik ka na ngá pala ngayong taong ito.
    d.   Tatlong taon akong títigil díto.
6. *Magsásáma ba kayo pagkatápos ninyong magpakasal?*
    a.   Syémpre. Nagsásáma na sila bago magpakasal.
    b.   Baká hindì. Hindí ko kasi káyang pabayáan ang áking trabáho.
    c.   Syémpre. Gusto nilang magsáma pagkatápos nilang magpakasal.
    d.   Pagkatápos nilang magpakasal, sumáma sila sa ámin.

7. *Bákit ba hindí ka pa nag-áasáwa?*
   a. Nagháhanap na ngá ako ng magíging Mísis ko.
   b. Ngayong nakaípon na ako pwéde na akong magpakasal.
   c. Hindí ko kasi káyang pabayáan ang áking trabáho.
   d. Hindí naman kasi masaya ang walang asáwa.
8. *Kailan ka ba bábalik sa Saudi?*
   a. Nagbalik ka na ngá pala gáling sa Saudi.
   b. Sigúro pagkatápos kong magpakasal, saká ako bábalik.
   c. Nagbalik na pala si Inting sa Saudi.
   d. Nung isang taon pa siya bumalik sa Saudi.
9. *Kailángan ko pa bang maghintay nang matagal?*
   a. Áyaw na ni Lénang maghintay nang matagal.
   b. Óo, pára ngá makápanood ka ng móro-móro.
   c. Maghintay ka diyan. Hindí siya magtátagal.
   d. Maghintay ka ng dyip at áalis na táyo.
10. *Bákit ba ang tagal na hindí kita nákikíta?*
    a. Tatlong taon na ngá pala kitang hindí nákikíta.
    b. Nagpunta kasi ako sa Saudi kayá hindí mo ako nákíta nang matagal.
    c. Balitá ko'y nagpunta ka sa Saudi at nagtagal ka doon.
    d. Áyaw na ni Lénang maghintay nang matagal.

BIV. Buuin ang mga sumúsunod na pangungúsap úpang magkaroon ng ganap na díwa.

1. Hoy Ting, nagbalik ka na pala. Ang tagal kitang... 2. Bíró mo, hálos trentay kwátro ka na at hindí ka... 3. Téka ngá pala, ito ang kaibígan ko... 4. Nakahánap ka na ba ng magíging... 5. Sa palagay ko'y panahon na... 6. Ano, hindí ka pa nag-áasáwa? Baká naman sóbra... 7. Nakaípon ka na pala kayá pwéde ka... 8. Bábalik ako sa Saudi kasi hindí ko pa káyang... 9. Mahigit na dal'wang taon na ako díto kayá madalas na akong nakákapunta... 10. Tatlong taon na nang huli... 11. Sa palagay ko, sa lahat ng pistang napuntahan ko, ito na... 12. Magpápakasal na kami ni Léna kasi áyaw... 13. Hay, sa wakas, mag-áasáwa... 14. Naku! 'Yon pa rin pala ang... 15. May balíta ako pára sa 'yo. Alam mo...

BV. Sagutin ang mga sumúsunod na tanong.

1. O Ting, bákit ngayon lang kita nákíta? 2. Mé ibábalíta ka ba sa ákin? 3. Bákit ngayon ka lang mag-áasáwa? 4. May asáwa ka na ba? 5. Síno ba 'yang kasáma mo? 6. Ngayon ka lang ba nakápunta sa pista? 7. Ano'ng palagay mo díto sa áming pista? 8. Bákit ba hindí kayo magsásáma? 9. Kailan ba ang kasal ninyo? 10. Bákit ka ngá ba nag-íipon ng péra? 11. Ang tagal na nawalá ni Ting ano? 12. Ano? Gusto na ni Lénang magpakasal? 13. Walá pa palang asáwa si Ting ano? 14. Siya ba ang Mísis mo? 15. Bákit ka pa ba nag-asáwa e trentay kwátro ka na?

CI. Ikatlong Bahági	**CI. Third Part**
Kinábukásan	**The following day**
LÉSLIE	LESLIE
27a. Diyos ko! Pagod na pagod pa ako.	27a. Good Lord! I'm still terribly tired!

b. Sumakay na lang táyo sa panghápong bus.

b. Let's just take the afternoon bus.

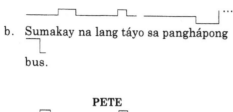

PETE

28a. Naku! Kung hindí táyo áalis ngayong umága, hindí táyo makákakúha ng tíket.

b. Kung hindí táyo makákasakay ng pang-alas ótsong bus, súsubúkan nátin ang bus na pang-alas nwébe o alas diyes.

c. Pagkatápos noon ay talagang mahíhirápan na táyo.

d. Sa tanghálì, e walang-walá na.

PETE

28a. My! If we don't go this morning, we won't get a ticket.

b. If we don't get on the eight o'clock bus, we'll try for the nine or ten o'clock bus.

c. After that we will really have a hard time.

d. By noon there are absolutely no more.

LÉSLIE

29a. Kailángan ko pa ngá palang magpaálam sa Inay at Lóla mo at magpasalámat sa kanila.

LESLIE

29a. Oh yes, I have to say goodbye to your mother and grandmother and thank them.

Sa Lóla

b. Ako ho'y nagágalak at nagkaroon ako ng pagkakátaong mákilála kayo.

c. At makádalo sa pista díto sa inyo.

To the grandmother

b. I was very happy that I had a chance to get to know you.

c. And attend the fiesta here in your place.

LÓLA

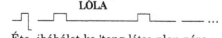

30. Éto, ibábálot ko 'tong létse plan pára máiuwí mo.

LÓLA

30. Here, I will wrap up this leche flan for you to take home.

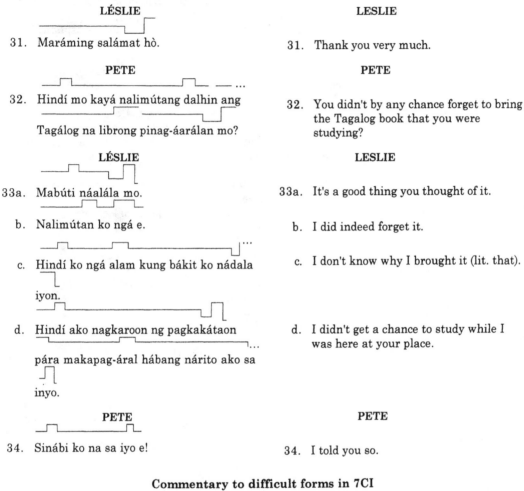

LÉSLIE

31. Maráming salámat hò.

PETE

32. Hindí mo kayá nalimútang dalhin ang

Tagálog na librong pinag-áarálan mo?

LÉSLIE

33a. Mabúti náalála mo.

b. Nalimútan ko ngá e.

c. Hindí ko ngá alam kung bákit ko nádala

iyon.

d. Hindí ako nagkaroon ng pagkakátaon

pára makapag-áral hábang nárito ako sa

inyo.

PETE

34. Sinábi ko na sa iyo e!

LESLIE

31. Thank you very much.

PETE

32. You didn't by any chance forget to bring the Tagalog book that you were studying?

LESLIE

33a. It's a good thing you thought of it.

b. I did indeed forget it.

c. I don't know why I brought it (lit. that).

d. I didn't get a chance to study while I was here at your place.

PETE

34. I told you so.

Commentary to difficult forms in 7CI

27a.	*hápon*	"Afternoon."
	panghápon	"The one that is in the afternoon, the one used in the afternoon." *pang-* as an adjective former is discussed in §7.71.
28a.	*ngayon*	"Now."
	ngayong umága	"This morning."
b.	*alas otso*	"Eight o'clock."
	pang-alas ótso	"The one at eight, the one used at eight."
	súsubúkan	"Will try (it)."
c.	*pagkatápos*	"Afterwards."
	pagkatápos noon	"After that."
	mahíhirápan	"Will suffer difficulties." The use of the local passive potential in this meaning is discussed in §§7.23, 7.4.
d.	*walá na*	"No more."
	walang walá na	"Absolutely no more."
29a.	*magpaálam*	"Ask permission to leave." This is said in regards to a person of higher status than the agent.

magpasalámat	"Thank."
b. *nagágalak*	"Be happy." This is the present tense of the *ma-* conjugation explained in §10.11. The root is *galak* "happy."
nagkaroon	"Got." The conjugation of this verb and its use is explained in §17.96.
pagkakátaon	"Occasion, chance, opportunity."
pagkakátaong mákilála	"Get a chance to get to know (him, her)." *Pagkakátaon* plus the linker *na (ng)* is followed by a dependent verb.
c. *makádalo*	"To have a chance to attend."
30. *ibábálot*	"Will wrap it" (=*bábalútin*). This is the conveyance passive future §§9.21, 9.222. Although the direct passive form of this verb is the one that is considered to be correct, the conveyance passive with the same meaning is what is common in colloquial use.
iuwì	"Take (it) home" (§9.1).
maiuwì	"Can take (it) home."
32. *hindí nalimútan*	"Didn't forget." The local passive potential of the root *límot* means "happen to forget."
hindí kayá nalimútan	"I wonder if (you) didn't forget (it)."
nalimútang dalhin	"Forget to bring (it)." The use of the dependent after a verb introducing another verb is explained in §7.51.
33a. *náalála*	The past potential direct passive of *alaála* (=*alála*) means "remembered (by accident)" (§7.3).
c. *bákit ko dinala*	"Why I decided to bring it."
bákit ko nádala	"Why I happened to bring it."
34. *sinábi ko*	"I said (it)."
sinábi ko na	"I told (you) so, that's just exactly what I said."

CII.   Pagsasánay

1.   **Bagúhin ang mga sumúsunod na pangungúsap sa pamamagítan ng paggámit ng *kung hindì*.**

1a.   Kailángan táyong umalis ngayong umága pára táyo makakúha ng tíket.
  b.   Kung hindí táyo áalis ngayong umága, hindí táyo makákakúha ng tíket.
2a.   Kailángan táyong makásakay ng pang-alas ótsong bus pára hindí táyo mahirápan.
  b.   Kung hindí táyo makákasakay ng pang-alas ótsong bus, mahíhirápan táyo.
3a.   Kailángan kong makakáin bágo magtanghálí pára hindí ako magútom.
  b.   Kung hindí ako makákakáin bágo magtanghálì, magúgútom ako.
4a.   Kailángan kong makapagpahinga pára hindí ako mapágod
  b.   Kung hindí ako makákapagpahinga, mapápágod ako.
5a.   Kailángan táyong magpaálam pára hindí táyo hanápin ni Lóla.
  b.   Kung hindí táyo magpápaálam, háhanápin táyo ni Lóla.
6a.   Kailángan niyang mag-áral pára hindí siya maghírap.
  b.   Kung hindí siya mag-ááral, maghíhírap siya.

2.   **Ipalit ang mga salitang nása loob ng saklong.**

2. We'll try the eight o'clock bus.

Súsubúkan nátin ang pang-alas ótsong bus.	*(morning)*
Súsubúkan nátin ang pang-umágang bus.	*(evening)*
Súsubúkan nátin ang pang-gabing bus.	*(nine o'clock)*
Súsubúkan nátin ang pang-alas nwébeng	*(noon)*

bus.

Súsubúkan nátin ang pang-tangháling bus.   *(six o'clock)*

Súsubúkan nátin ang pang-alas sais na
bus.

3. *After that, we will really have a hard time.*

Pagkatápos noon ay talagang mahíhirápan   *(after eight o'clock)*
na táyo.

Pagkatápos nang alas ótso ay talagang   *(after noon time)*
mahíhirápan na táyo.

Pagkatápos nang tanghálí ay talagang   *(after four o'clock)*
mahíhirápan na táyo.

Pagkatápos nang alas kwátro ay talagang   *(after that)*
mahíhirápan na táyo.

Pagkatápos noon ay talagang mahíhirápan   *(after nine o'clock)*
na táyo.

Pagkatápos nang alas nwébe ay talagang   *(there will be none)*
mahíhirápan na táyo.

Pagkatápos nang alas nwébe ay talagang
walang-walá na.

4. *I'm very happy to have had a chance to get to know you.*

Ako ho'y nagágalak at nagkaroon ako ng   *(to come here)*
pagkakátaong mákilála kayo.

Ako ho'y nagágalak at nagkaroon ako ng   *(to work here)*
pagkakátaong makapunta díto.

Ako ho'y nagágalak at nagkaroon ako ng   *(to come to your fiesta)*
pagkakátaong makapagtrabáho díto.

Ako ho'y nagágalak at nagkaroon ako ng   *(to help you)*
pagkakátaong makapunta sa pistáhan
ninyo.

Ako ho'y nagágalak at nagkaroon ako ng
pagkakátaong makatúlong sa inyo.

5. *You didn't by any chance forget to bring the book you were studying ?*

Hindí mo kayá nalimútang dalhin ang   *(to say goodbye to Grandma)*
pinag-áarálan mong libro?

Hindí mo kayá nalimútang magpáalam kay   *(thank Grandma)*
Lóla?

Hindí mo kayá nalimútang magpasalámat   *(to get a ticket)*
kay Lóla?

Hindí mo kayá nalimútang kumúha ng   *(study Tagalog)*
tíket?

Hindí mo kayá nalimútang mag-áral ng   *(pay your debts)*
Tagálog?

Hindí mo kayá nalimútang magbáyad ng   *(to finish your work)*
iyong mga útang?

Hindí mo kayá nalimútang tapúsin ang   *(to take a rest first)*
iyong trabáho?

Hindí mo kayá nalimútang magpahinga
múna?

6. *It's a good thing you remembered.*

Mabúti't náalála mo.   *(happened to bring it)*

Mabúti't nádala mo.   *(to see it)*

Mabúti't nákíta mo.   *(watch it)*

Mabúti't nápanood mo.   *(said thank you to her)*

Mabúti't nagpasalámat ka sa kanya.

CIII. Piliin ang támang sagot.

1. *Kailángan ba náting umalis nang umága?*
   a.   Óo, pára makakúha agad táyo ng tíket.
   b.   Kailángan náting sumakay ng pang-alas ótsong bus.
   c.   Umága na nang kami'y makaalis.
   d.   Hindí na nátin kailángang umalis dáhil nárito na sila.
2. *Ano'ng gágawin nátin kung hindí táyo makasakay ng pang-alas ótsong bus?*
   a.   Umalis sila nang alas nwébe kasi hindí sila nakásakay ng pang-alas ótsong bus.
   b.   Kung hindí táyo makákasakay ng pang-alas ótsong bus ay talagang mahíhirápan
        na táyo.
   c.   Umalis na pala ang pang-alas ótsong bus.
   d.   Kung hindí táyo makákasakay ng pang-alas ótsong bus ay subúkan nátin ang ibang
        bus.
3. *Méron ka bang nalimútan?*
   a.   Mabúti náalála mong dalhin yung libro.
   b.   Salámat at náalála mo itong libro.
   c.   Walá na. Ito lang namang libro ang dala kó e.
   d.   Nalimútan ko ngá e.
4. *Pwéde pa ba táyong umalis sa hápon?*
   a.   Hindí na pwéde kasi ay walá ng bus.
   b.   Hindí pwédeng umalis ang bus nang walá pang alas ótso.
   c.   Kung hápon táyo áalis ay hindí pa gabi táyo dárating.
   d.   Pwéde palang bumili ng tíket sa hápon.
5. *Ano ba yang pinag-áarálan mo?*
   a.   Mabúti't náalála mo ang Tagálog na libro ko.
   b.   Tatlong taon ko nang pinag-áarálan ang Tagálog.
   c.   A, ito ngá yung librong pinag-áarálan ko.
   d.   A, ang pinag-áarálan ko'y 'tong Tagálog na libro.
6. *Ano ba yang ibábálot mo?*
   a.   Pwéde mo bang ibálot ang létse plan pára máiuwí ko.
   b.   Ibábálot niya ang létse plan pára máiuwí mo.
   c.   Itong létse plan, gusto ko kasing máiuwì.
   d.   Marámi kasi dítong létse plan.
7. *Áalis ba táyo ngayong umága?*
   a.   Hindí pala táyo pwédeng umalis nang hápon.
   b.   Walá ng bus sa hápon kayá dápat táyong umalis nang umága.
   c.   Walá na palang panghápong bus?
   d.   Kung hindí táyo áalis ngayon, mámayang hápon na lang.
8. *Mahíhirápan na ba táyong makásakay kung hindí táyo makákásakay sa pang-alas diyes na*
   bus?
   a.   Mahírap ang sumakay sa pang-alas diyes na bus.
   b.   Dáhil walang dyip sa hápon, talagang mahíhirápan táyong sumakay.
   c.   Kung áyaw mong mahirápan, sa umága ka na lang umalis.
   d.   Hindí na táyo makákásakay kasi ay tanghálí na.
9. *Anong óras ba umalis si Lóla?*
   a.   Mámayá pang alas diyes siya áalis.
   b.   Álas diyes na nang umalis si Lóla.
   c.   Alas diyes pala nang dumating si Lóla.
   d.   Hindí alam ni Lóla na alas diyes na, kayá hindí pa siya umáalis.
10. *Lóla, ano ba yang ibábálot nyo?*
   a.   Óo. Binálot ko na yung létse plan pára máiuwí mo.
   b.   Pwéde bang mátikman yang létse plan?
   c.   A létse plan, pára máiuwí mo.

d. Létse plan ngá pala. Salámat hò.

CIV. Buuin ang mga sumúsunod na pangungúsap úpang magkaroon ng ganap na díwà.

1. Pagod na pagod... 2. Mabúti pa, sa panghápong bus na lang táyo... 3. Kung hindí táyo áalis ngayong umága, hindí táyo... 4. Kung hindí táyo makákásakay ng pang-alas ótsong bus, subúkan nátin ang... 5. Téka ngá pala, kailángan ko pa ngá palang magpaálam at... 6. Ako ho'y nagágalak at nagkaroon ako ng pagkakátaong... 7. Ibábálot ko itong létse plan pára... 8. Pagkatápos ng bus na pang-alas diyes, talagang... 9. Hindí mo kayá nákalimútang dalhin ang pinag-arálan... 10. Hindí ko alam kung bákit ang libro... 11. Ibábálot ko pára máiuwí mo... 12. O, násaan na yung ibábálot... 13. Mabúti't hindí mo nalimútang dalhin... 14. Pára makakúha táyo ng tíket kailángang umalis... 15. Násaan ba si Lóla at ako'y...

CV. Sagutin ang mga sumúsunod na tanong.

1. Ano'ng gágawin nátin kung hindí táyo makákásakay ng pang-alas diyes na bus? 2. O Léslie, áalis ka na ba? 3. Bákit yung pang-umágang bus ang kúkúnin nátin? 4. Kung walang tíket, ano ba ang pwéde náting gawin? 5. Marámi bang bus na papuntang Maynílá ngayon? 6. Ngayon ka lang ba nakádalo ng pistáhan díto? 7. Náalála mo ba yung sinásábi ko sa iyo? 8. Bákit ngá pala nádala mo ito? 9. Masarap yátá yan a. Ano ba iyan? 10. O ano áalis na ba táyo? Tangháli na a. 11. Hápon na a. Áalis pa ba táyo? 12. Alas nwébe na pala. Ano'ng gágawin nátin ngayon? 13. Ano kaya'ng nalimútan ko pa? 14. Bákit ba áyaw mong umalis nang tangháli? 15. O, dala mo pala yang librong Tagálog. Nakapag-áral ka ba?

DI. Guided Conversation for Unit 7

Part A. *Pete goes to Inting's house when his friend gets married.*

Pete: Thank goodness you got married at last! I thought you weren't going to any more. Just imagine, you're already 34 now.

Inting: Yes indeed. It's a good thing I found someone who was going to marry me. Pete, here she is, Lena, my wife.

Pete: How are you, Lena?

Lena: Fine. Bye, I have to go.

Pete: Bye. They say, you spent 20,000 on this wedding of yours.

Inting: Yes. I had a lot of money saved up. You know I was two years in Saudi. How about you? Are you looking for a wife? Perhaps you are too choosy, isn't that so?

Pete: Oh, no! It really is expensive to get married, isn't it? (hint: say *ang magpakasal* for "to get married.") That's why I don't want to get married yet.

Inting: Oh, so that's why you didn't want to get married until now! What time did you leave your place that you arrived late (at night)?

Pete: Oh, I left my house at eight, but when I managed to get on the bus, it was 10. There weren't any more tickets for the nine o'clock bus when I arrived at the station. Will you be together or are you going back to Saudi?

Inting: I don't really know. I don't want to leave because I probably would have to leave my wife, but I don't want to leave the job either. Just a minute, you'd better eat, for you are probably *(at baká)* hungry by now.

Part B. *The other people there have eaten. Afterwards they leave one at a time and they thank Inting and his wife.*

Inting: Oh, Pete, did you like the food (*nasarapan ka sa...*)?

Pete: Oh, yes. See, I'm really full. I can hardly move. And your leche flan was so good. Who was the one who fixed that?

Inting: Oh, Grandma. You seem to be so tired. You want to take a rest? Because we're going to have a dance (*sáyáwan*) here tonight. You will surely like (*mágugústuhan mo ang...*) the music.

Pete: Really? Where can I rest?

Inting: Over here. Come here.

Pete: By the way, you and your wife (*kayong mag-asáwa*) come to Vigan on Tuesday, OK? Because it is the fiesta at our place, so (*nang*) you can see the moro-moro. Have you seen that?

Inting: No, not yet.

Pete: That's why, you surely will have a good time. How about it? Will you go?

Inting: OK.

Part C. *Pete rests. Because he is tired, he decides that he won't bother going to the dance.*

Inting: Pete, it's already morning. Hadn't you better get going, because you mightn't get on the bus.

Pete: Oh, yes. Thanks.

Part D.   *The following Tuesday.*

Pete: Oh, thank heavens you came, (I didn't think you would make it.)

Inting: It really is lively here, there are lots of songs to be heard. Where's that moro-moro?

Pete: Oh, that's not going to be till tonight. But the parade will be coming now. Oh, there it is now.

Inting: At last! Just a second, isn't that Bert? The one going along with the parade?

Pete: Oh yes, it's him!

Inting: It's been almost three years since the last time I saw him. Do you always see him here?

Pete: Yes. He lives here in Vigan. Just a second, I have some news for you. You know that Bert went to Saudi last year. Terrible. You know that they mortgaged their land just so he could leave. It was as if they were cutting the mango tree down, you know, they didn't even know that it was bearing fruit. He just came back here last Sunday. He said he had saved money in Saudi, but when he came home, he didn't have any money with him (*dalang péra*). So, he didn't manage to pay off their debt. So, (they) lost their land.

Inting: Really? You have got a point there. But I'm going to do the same thing, if we don't have money. But he should have (*sána*) saved.

Pete: Let's go so (*nang*) we can eat first. Maybe the moro-moro has already begun.

Inting: Can we rest first?

Pete: Don't bother. There's no more time. But surely that (the tiredness) will disappear when you hear the music (*tugtúgin*) later.

Part E.   *That evening.*

Pete: The moro-moro is going to begin now they say. Let's go to the plaza.

Lena: Good lord! They sure do have beautiful costumes!

Pete: Is this the first time you have seen a moro-moro?

Lena: Yes. And I don't understand it. What are they saying?

Pete: I don't, either. But don't worry, we don't have to (see it) to the end. All you have to do is see their costumes so that you can say that you have seen a moro-moro.

Lena: Their costumes are really beautiful. It sure is expensive, isn't it?

Pete: Yes, you know there are some that pawned their land just so that they could prepare (food) and buy costumes. And sometimes in fact, they cannot pay their debts so that they lose their lands. What the politicians here want to do in fact is to put an end to and abolish the custom of fiestas. But everybody knows they won't succeed.

Lena: You know, I have often been to a fiesta, but I think this is the nicest.

Pete: You all want to go home yet?

Lena: Let's go, Inting.

Part F. *Back at the house the following day.*

Inting: Where is your grandmother and your mother so that we can thank them?

Pete: Oh, they're in the kitchen.

Inting: We're happy that we had the chance to meet you and visit here at your fiesta.

Mother: You're welcome. Just a second, I will wrap this lumpia so you have something to bring home *(mé máiuwì)*.

Pete: You may have forgotten something.

Inting: It's a good thing that you remembered. I forgot our bag in the room. Oh, Pete, Lena and I *(kami ni Léna)* are leaving now. Thanks. (Lit. Thanks anyway.)

Pete: Bye.

Grammar

7.1 Potential forms

The Pilipino verb has what we call here the **POTENTIAL INFLECTION.** We will explain what the potential forms mean in §7.2, below. Almost all verbs may have potential forms. The following chart lists the potential form of *inom* "drink."

	Past	Present	Dependent	Future
Active[1]	nakainom	nakákainom *or* nakaíinom	makainom	makákainom *or* makaíinom
Passive				
Direct	nainom	naíinom	mainom	maíinom
Local	nainuman	naíinuman	mainuman	maíinuman

For some of the *mag-* verbs a prefix *pag-* is inserted after the potential active and local passive forms (but not after the direct passive forms). The following chart shows the potential forms of *trabáho:*

	Past	Present	Dependent	Future
Active	nakapagtrabáho	nakákapagtrabáho *or* nakapagtátrabáho	makapagtrabáho	makákapagtrabáho *or* makapagtátrabáho
Passive				
Direct	natrabáho	natátrabáho	matrabáho	matátrabáho
Local	napagtrabahúhan	napagtátrabahúhan	mapagtrabahúhan	mapagtátrabahúhan

With verbs of the *maN-* conjugation, a prefix *paN-* may be put after the potential prefixes. The following chart shows the potential forms of *panood* "see a show."

---

[1]The meanings of ACTIVE, DIRECT PASSIVE, and LOCAL PASSIVE are explained in Units Five and Six, above. These meanings hold also for the potential forms, but the tense meanings are different as will be explained in §7.2 following below.

	Past	Present	Dependent	Future
Active	nakapanood	nakákapanood *or* nakapanónood	makapanood	makákapanood *or* makapanónood
Passive				
Direct	napanood	napápanood *or* napanónood	mapanood	mapápanood *or* mapanónood
Local	napanooran	napápanooran *or* napanónooran	mapanooran	mapápanooran *or* mapanónooran

7.11 Long vowel potential forms

Some verbs have a potential form with a long vowel on the prefix. For all intents and purposes the long vowel potential and the short vowel potential affixes have the same meaning. Some roots have long vowel potential form and no short vowel potential and others have a short vowel potential and no long vowel potential.[2] For example the roots *dinig* "hear" and *tira* "stay" have long vowel potential form, as shown in the following chart.

	Past	Present	Dependent	Future
Active	nakárinig	nakákarinig[3]	makárinig	makákarinig
Direct Passive	nárinig	náririnig	márinig	máririnig
Local Passive	nátirhan	nátitirhan	mátirhan	mátitirhan

7.2 The meaning of the potential forms

The meaning of the potential form needs to be studied for each tense individually.

7.21 Past Potential

The past potential verb form refers to an action which one has managed to do, succeeding in doing, or happened to do. With an active verb:

1. *Nakakáin ka na ba ng tambákol?* "**Have** you (**ever**) **eaten** mackerel?"
2. *Nakahánap ka na ba ng kwárto?* "**Have** you **managed to find** a room?"

With a direct passive verb:

3. *Nagawá mo na bang lahat ang trabáho mo?* "**Have** you **done** (**had a chance to do**) all of your work?"
4. *Hindí sa ákin ang librong nadala ko.* "The book I **took** (**by accident**) wasn't mine."

With a local passive:

5. *Natikman ko na iyan.* "**I've tried** it already (lit. **had a chance to try it**)."

7.22 The present tense of the potential

The present tense of the potential verb form has three meanings. First, it means "can do, have the ability to do." With an active verb:

---

[2]There is a great deal of dialectal diversity in the length of the vowels in the potential prefixes.

[3]When the potential prefix vowel is long, there is a tendency for the reduplicated vowel to be shortened. However, there are dialects which retain the long vowel of the root. e.g. *náririnig, nátítirahan,* etc. and other dialects (e.g. Manila) which shorten the vowel of the prefix, e.g. *naririnig, natítirhan,* etc.

5a. *Nakákabása ka ba?* "**Can** you **read?**"

With a direct passive:

6. *Nákikíta ba ninyo yung iskiníta?* "**Do** you **see** that corner? (Lit. **Can** you **see** that corner?)" (6B17a)

Second, the present tense of the potential may refer to something one has the chance to do generally or repeatedly or it may refer to an accidental, nonpurposeful action which is repeated.

7. *Madalas na akong nakákapunta sa mga pistáhan.* "I **have had** many **chances to go** to a fiesta." (7B26b)
8. *Nawáwalan ako ng gána.* "I **lose** my appetite. (Lit. **It happens to me** that my appetite **disappears from** me.)" (6B11b)
9. *Nawáwalá ang lúpá nila.* "They lose their land. (Lit. Their land **gets lost.**)" (7A8e)

Finally, the present potential may refer to an action which has not had a chance to take place. (Compare the use of the present tense after *hindí pa* in §4.221 of Unit Four.)

9a. *Hindí ka pa kasi nakákapanood.* "Because you **haven't seen** one yet." (7A6d)
10. *Hindí ka pa nakákahánap ng magíging mísis mo.* "You **haven't found** the person who's going to become your wife." (7B17c)
11. *Hindí pa kami nakákapagpasiya.* "We **haven't had a chance to decide yet.**" (7B21a)

7.23 The future tense of the potential

The future tense of the potential refers to actions which (a) will be able to take place or (b) which will succeed in taking place or (c) which will happen to someone.

Meaning "will be able to":

12. *Péro makákaipon ka naman ng péra.* "But you **can** (lit. **will be able to**) **save** money." (7B19a)
13. *Kung hindí táyo áalis ngayon ay hindí nátin mapápanood ang paráda.* "If we don't go now we won't **be able to see** the parade." (7A2a)
14. *Hindí mo naman máiintindihan.* "You won't **be able to understand** it." (7A6b)

Meaning "will happen to":

15. *Pagkatápos noon ay talagang mahíhirápan na táyo.* "After that we **will** really **have a hard time.**" (7C28c)

In clauses introduced by *kung* "if" (which require the future tense — §4.24) the future tense of the potential also occurs.

16. *Mawáwalá ang pagkapágod mo kung máririnig mo ang tugtog.* "Your tiredness will disappear when you hear (lit. **will have a chance to hear**) the music." (7A4a)

7.24   The dependent tense of the potential

The dependent tense of the potential is used in two contexts: first, in negative sentences meaning "cannot (do), not be able to."[4]

17.   *Hindí ako makakílos.* "I cannot move." (7A1b)

The dependent of the potential also occurs in those contexts in which the potential is required, e.g. after the auxiliaries, *bágo,* etc. (See §§4.23 and 5.74). For example, *pára* "in order to" must be followed by a dependent form. In the following example the potential form is dependent because it comes after *pára.*

18.   *Hindí ako nagkaroon ng pagkakátaon pára makapag-áral.* "I didn't get the chance **to study** (lit. **get to study**)." (7C33d)

In the following sentence *bakà* and *gusto* require dependents and so the potential verb is dependent as well.

19.   *Baká gusto ninyong matikman itong áking matamis.* "You might like **to taste** my dessert." (6C29a)

DO GRAMMAR EXERCISE 7A1.

7.3   Contrast between the potential and the nonpotential form

The following pairs of sentences illustrate the contrast between the potential and the nonpotential forms.

20.   *Hindí ako makakílos!* "I cannot **move!**" (7A1b)
20a. *Áyaw niyang kumílos.* "He doesn't want **to move.**"
21.   *Hindí mo naman máintindihan.* "You won't **be able to understand** it." (7A6b)
22.   *Tápos, hindí naman nila mabábayáran ang mga útang nila.* "Then they won't **be able to pay** off their debts." (7A9d)
22a. *Hindí mo dápat bayáran ang hindí mo nagámit.* "You don't have **to pay for** something you never used (had a chance to use)."
23.   *Madalas na akong nakákapunta sa mga pistáhan.* "I have often **had a chance to go** to fiestas." (7B26b)
23a. *Madalas na akong pumúpunta sa pista.* "I often **go to** fiestas."
24.   *Mabúti naalála mo.* "It's a good thing you **thought of** it." (7C33a)
24a. *Mabúting alalahánin[5] mo ang iyong pag-aáral.* "It would be good if you **concern** yourself **with** your studies."
25.   *Sóri hó at naistórbo kayo!* "I'm sorry for disturbing you (lit. that you were **disturbed**)." (3A4)
25a. *Huwag mong istórbuhin ang pag-aáral ng kúya mo.* "Don't **disturb** your brother's study."
26.   *Naúbos ang áting kok!* "Our coke **ran out** (lit. **was finished off**)."
26a. *Ubúsin mo na itong ínúmin ko.* "Just **finish off** my drink." (5C40c)
27.   *Natikman ko na iyon.* "I've **had a chance to try** it." (6C30a)

DO GRAMMAR EXERCISE 7A2.

---

[4]The present tense of the potential also occurs after negatives in the sense of "cannot do." There is a difference in meaning. A phrase with *hindí nakáka-* means "physically unable to do." *Hindí nakákakílos* "cannot move" implies physical inability – not just temporary inability as in *makakílos* of sentence 17 above.
[5]Note that *alála* "think of something" has an irregular direct passive of the future and dependent: *áalalahánin* and *alalahánin.*

7.4   Local potential verbs which mean "happen to someone"

With some roots the local passive potential of the verb means "happen to someone." Verbs we have had of this sort are shown in the following chart:

Past	Present	Dependent	Future	Meaning
nasiráan	nasísiráan	masiráan	masísiráan	*suffer breakdown, get a thing broken*
nahirápan	nahíhirápan	mahirápan	mahíhirápan	*have a hard time*
nawalan	nawáwalan	mawalan	mawáwalan	*lose something, suffer a loss*
naubúsan	naúubúsan	maubúsan	maúubúsan	*run out of something*
naulanan	naúulanan	maulanan	maúulanan	*get caught in the rain*
natagalan	natátagalan	matagalan	matátagalan	*get overtaken by too long a time*

As in the case of all verbs, the verbs may be in the subject, in the predicate, or in the modifying construction. If these verbs are in the predicate construction, the subject is the one which is affected by whatever happened. In the following sentences the subjects are boldfaced. These refer to the thing affected by the event expressed by the local passive potential verb.

28. *Kung hindí masísiráan **itong bus**.* "If **this bus** does not suffer a breakdown." (6C20b)
29. *Nawáwalan **ako** ng gána.* "I lose my appetite. (Lit. I suffer a loss of appetite.)"
30. *Pagkatápos noon ay mahíhirápan na **táyo**.* "After that, **we** will have a hard time." (7C28c)
31. *Naubúsan na **kami** ng pagkáin.* "**We** have run out of food."
32. *Naulanan **ako** nang umuwí ako.* "**I** was caught in the rain when I was on my way home."
33. *Huwag mo akong hintayin baká matagalan **ako** sa pamamaléngke.* "Don't wait for me, my shopping might take a while (lit. **I** might be overtaken by a long time in shopping)."

The verb may also be in the subject construction, in which case the predicate is the one affected by the event. The predicate is boldfaced in the following sentence:

34. ***Kami** ang naubúsan ng pagkáin.* "**We** were the ones who ran out of food."

Also, the verb may be in a modifying construction, in which case the word that the verb modifies refers to the one affected by the event. The word the verb modifies is boldfaced in the following example:

35. *Túpulúngan ko ang mga **táong** nahíhirápan.* "I will help **people** who are having a hard time."

DO GRAMMAR EXERCISE 7A3.

7.5   More on the dependent

So far we have had the dependent used after the auxiliaries, *bágo* "before" and *pagkatápos* "after" (§§4.23, 6.54). The following words which come up in this unit also must be followed by the dependent: *bakà* "lest," *pára* "for, in order to," *nang, noong,* "when (past)." The boldfaced words in the following sentences are all dependent forms:

36. *Sabíhin mo sa kanya at **baká malimútan** niya.* "Tell her, she **might forget**."
37. *Walá nang panahon **pára magpahinga**.* "There will be no more time (for us) **to rest**." (7A5b)
38. *Panahon na pára **mag-asáwa** ka na.* "It's high time for you **to get married**." (7B14c)

39. *Tatlong taon na ang nakákalípas* **nang** *huli kitang mákíta.* "It's been three years now that have gone by since the last time I saw you (lit. I **was able to see** you)." (7B13a)

40. *Hindí ako masyádong nag-enjoy* **noong** *huli akong* **magpunta** *sa Saudi.* "I didn't have a very good time the last time I **went** to Saudi Arabia."

7.51 The dependent as a second number of verb phrase

There are Pilipino phrases which consist of two verbs linked with *na (ng)*. These correspond to English verb plus infinitive "forget to do, begin to do," and the like or an English verb plus a gerund "start doing" and the like. Such phrases in Pilipíno have a dependent form in the second verb. In the following sentence *magtrabáho* "work" comes after the verb *nagsimulà* "began." *Magtrabáho* is dependent and linked to *nagsimulà* by *na (ng)*.

41. **Nagsimulá** *na si Pete* **na magtrabáho** *díto nung isang taon pa.* "Pete **began to work** here already last year."

Similarly, *dalhin* "bring" in the following example is a dependent form after *nalimútan* "forgot" and linked with *ng (na)*.

42. *Hindí mo kayá* **nalimútang dalhin** *ang librong pinag-áarálan mo?* "You didn't by any chance **forget to bring** the book you were studying?" (7C32)

Similarly, Pilipíno verbs which complement nouns are also dependent. These are verbs corresponding to the English type "chance **to do**, right **to do**," and the like. In the following sentence *mákilála* "get to know" complements *pagkakátaon* "opportunity."

43. *Ako ho'y nagágalak at nagkaroon ako ng* **pagkakátaong mákilála** *kayo.* "I'm happy to have gotten the **opportunity to get to know** you." (7C29b)

7.52 Dependent form after verbs of commanding, ordering, and the like

Verbs which mean "command, order," and the like are followed by a dependent form. The dependent form is linked to the verb which precedes it by *ng (na)*. In the following sentence *itígil* "stop it" is dependent and linked to the verb *sinásábi* "say (to do)" by *na*.

43a. *Matagal na ngang* **sinásábi** *ng pulítikong* **itígil** *ang pista.* "The politicians **have been saying** for a long time **to stop** the fiesta (tradition)." (7A10b)

DO GRAMMAR EXERCISES 7B1, 7B2.

7.6 The present tense in negative sentences

Negative sentences which refer to an action which has not taken place or did not take place within a specific period have present tense verbs. We studied this usage with *hindí pa* in sentences which mean "have not yet (done)" in Unit 4, §4.221. The present tense also occurs in negative sentences without *pa* in the meaning "did not do (in a specific period of time)." For example, *nákikíta* is present tense in the following sentences:

44. *Ang tagal kitang hindí* **nákikita!** "It's been such a long time since I saw you!" (7B12a)

Similarly, in the following sentence *nagtátagumpay* "being successful" is present.

45. *Hindí din naman sila* **nagtátagumpay.** "They didn't **have any success** at all, however." (7A11)

7.7   Noun Formations

7.71 *Pang-* added to roots to form nouns which refer to the instrument

Pang- may be added to roots freely to form nouns. Nouns with this prefix mean "something used in connection with (whatever the root refers to)." For example, *pang-* is added to *hápon* "afternoon" to form a noun meaning "something used in the afternoon."

46. *Sumakay na lang táyo sa **panghápong bus**.* "Let's just take the **afternoon bus**." (7C27b)

Another example:

47. *Kung hindí táyo makákasakay ng **pang-alas ótsong bus**, súsubúkan nátin ang bus na **pang-alas nwébe**.* "If we don't get on the **eight o'clock bus**, we'll try for the **nine o'clock bus**." (7C28b)

7.72 The abstract form of nonpotential verbs

The abstract form is a noun which is derived from a verb. The abstract form means "action of doing." If the abstract form is derived from a nonpotential verb, the shape depends on the conjugation of the verb. This is shown by the following examples:

Conjugation	Dependent	Abstract Prefix	Abstract Form	Meaning
-um-	*uminom*	pag-	pag-inom	*action of drinking*
mag-	*magtrabáho*	pag-r-[6]	pagtatrabáho	*action of working*
maN-	*manood*	paN-r	panonood	*action of watching a performance*

The agent of the action (that is, the one who does the action) is genitive. For example in the following example, *pag-inom* "the drinking" is an abstract form and *ko* "my" is the agent in the genitive form.

48. *Hindí lági ang **pag-inom ko** ng kok.* "I don't always drink coke. (Lit. **My drinking** of coke is not all the time.)"

An example of the abstract form derived from a *maN-* conjugation verb.

49. *Hindí mabúti iyang palági **mong paninigarílyo**.* "It's no good the way you smoke cigarettes (lit. **your cigarette smoking**) all the time."

An example of the abstract form derived from a *mag-* conjugation verb. In this case the agent is not expressed and so there is no genitive form.

50. *Pára tumúlong sa **paghahandà**.* "In order to help in the preparations (lit. **preparing**)." (6A4g)

DO GRAMMAR EXERCISE 7C1.

7.73 The abstract form of potential verbs

The potential forms of the verb have a potential abstract form with a prefix shaped *pagka-*. The potential abstract has two meanings: first, it may mean "when (so-and-so) has happened": *pagkalípas* "when it has passed," *pagkatápos* "when it is finished," *pagkakíta* "when (someone) has seen," *pagkárinig* "when (someone) has heard." The agent is genitive, as is the case with other abstract forms.

51. *Nagalak siya **pagkárinig niya** ng balítà.* "She was overjoyed **after she heard** the news."

52. *Hindí nila pinatútuyó **pagkatápos** nilang banlawan.* "They don't dry them **after they have finished** rinsing them."

DO GRAMMAR EXERCISE 7C2.

Second, with adjectives the abstract form may mean "state of being (so-and-so)."[7] So far we have had the word *pagkapágod* "state of being tired, tiredness."

53. *Mawáwalá ang **pagkapágod** mo.* "Your **tiredness** will disappear." (7A4a)

7.74   The unaffixed verbal root as a noun referring to action

Many verbs can be used without affixes —that is, as roots alone. Such unaffixed roots may mean "the action of (doing)."[8] They are used in phrases introduced by a marker *sa*, *ang*, *noong* or *káda* or *báwat* "each time," and the resulting phrases means "the time of doing (so-and-so)." Verbs which occur in this way are those which refer to an action and are not derived from nouns. For example, *babà* "action of getting off" in the following sentence is the root of a verb meaning "get off (a vehicle)" (e.g. *bumabà* "got off, etc.").

54. *Ang únang **babá** nátin ay sa Ángeles.* "The first time we get off (lit. the first **getting off**) is in Angeles."

55. *Tambákol ang áking úlam noong únang **káin** ko díto.* "The first time I ate here (lit. my first **action of eating** here) I ate mackerel."

56. *Manónood ako káda **punta** ko sa Maynílà.* "I go to the movies every time I go to Manila."

57. *Hindí masyádong madalas ang **bili** ko doon.* "I don't buy there very often. (Lit. My **buying** there is not so often.)"

DO GRAMMAR EXERCISE 7C3.

7.8   Words referring to time of day, *mámayà, kanína*

The words referring to time of day are *umága* "morning," *tanghálì* "noon," *hápon* "afternoon, evening," *gabi* "night." To express "this morning," "this afternoon, evening" (future) and "tonight" the word *mámayà*, linked with *ng* precedes these words.

mámayang hápon	"this afternoon, evening"
mámayang gabi	"tonight"

To express "this morning, afternoon, evening" (past), the term *kanína* "before" linked with *ng* precedes these words.

kanínang umága	"this morning (past)"
kanínang tanghálì	"this noon (past)"
kanínang hápon	"this afternoon (past)"

---

[7]The formation of verbs from adjectives is discussed in detail in Unit 13, §13.2.

[8]They hardly differ in meaning from the abstract forms discussed in §7.73. They are not used interchangeably with the abstract. The root alone is used mainly in constructions similar to the ones of the examples (i.e. in phrases which refer to time), whereas the abstract forms are free to occur anywhere.

To express "last night" there is a special word *kagabi*. *Kanína* and *mámayà* can also be used preceding time expressions with *alas* "o'clock." Again *kanína* and *mámayá* precede the time expressions and are linked to the time expression with *ng*.

> *kanínang alas seyis*   "at six o'clock (past)"
> *mámayang alas kwátro*   "at four o'clock (future)"

58. *Hindí táyo mag-éenjoy* **mámayang gabi.** "We won't have a good time **tonight.**" (7A3b)

DO GRAMMAR EXERCISE 7D1.

7.81   Verbs derived from time-of-day words

The direct passive affixes may be used with the words *umága* "morning," *gabi* "night," *tangháli* "noon" and *hápon* "afternoon." Such formations mean "happen at morning, evening, night, etc." When such verbs are the predicate, the subject is the activity which occurred at the time of day specified.

59. *Péro* **gágabihin** *daw yung móro-móro.* "But they say the moro-moro **takes** place **late at night.**" (7A5a)
60. **Úumagáhin** *ang pagdating ko.* "I will arrive late. (Lit. My arrival **will be next morning.**)"

7.9   Word Study

7.91   *Nang*

Nang has many uses which we have studied in previous units. In this section we will study two uses of *nang*: (1) as a past time marker, and (2) in expressions of manner.

7.911   *Nang* in past time

Nang as a past time marker is used much like *noong*. (See §4.32 of Unit Four.) There is little difference in meaning between *nang* (past time) and *noong*. However, *noong* tends to refer to a time more distant in the past. *Nang* in this meaning is always written out:

> **nang** *Linggo*   "on Sunday"   **noong** *isang taon*   "last year"

In sentences which mean "when (so-and-so) happens," *nang* or *noong* can mean "when" (past time). The verb is dependent in such clauses, as is explained in §7.5, above.

61. *Tatlong taon na ang nakalípas* **nang** *huli kitang mákíta.* "Three years have gone by since (lit. when) the last time I saw you."

Nang is also used with *alas (ala)* plus the Spanish numbers in phrases which mean "at (so-and-so) o'clock." In this case, *nang* refers to past or future time. *Nang* is different in this respect from *noong*. *Noong* only refers to past time. (Review §6.8 of Unit Six.)

61a. **Dumating** *siya* **nang** *alas seyis.* "He **came at** six."
61b. **Dárating** *siya* **nang** *alas seyis.* "He **will come at** six."

DO GRAMMAR EXERCISE 7D2.

7.912 *Nang* in expressions of manner

Nang may follow a verb and be followed by a phrase which refers to the manner of action. In the following sentence, *nang matagal* "for a long time" expresses the manner of the action *maghintay* "wait."

62. *Áyaw kasi ni Lénang **maghintay nang matagal**.* "Because Lena does not want **to wait for a long time**." (7B19c)

7.92 *Tápos* and *tapos*

Tápos is the root of a verb meaning "finish something."

63. *Hindí naman nátin kailángang **tapúsin** e.* "We don't have to see it to the end (lit. **finish it off**)." (7A6a)
64. *Hindí ko pa **natátápos** ang trabáho.* "I **haven't been able to finish** the work yet."

Tápos is also used as a modifier at the beginning of the sentence meaning "the next thing in the conversation." In this case *tápos* is short for *pagkatápos*.

65. ***Tápos**, yung bunsò, babáe naman.* "**And** the youngest is a girl." (1B24c)

Tapos, (with a short penult) is an adjective which means "finished, all done."

66. *O, **tapos** ka na ba?* "Are you **finished?**" (6B18b)

Tapos can be followed by the linker *na (ng)* plus the dependent form of the verb to form a phrase meaning "be done (doing so-and-so)."

67. ***Tapos** ka na bang **kumáin**?* "Have you **finished eating**?"

DO GRAMMAR EXERCISE 7E.

7.93 *Maging*

Maging "become" is a verb which modifies a noun and precedes the noun it modifies directly with no intervening forms. *Maging* means "become (so-and-so)." *Maging* is conjugated as follows:

Past	Present	Dependent	Future
naging	nagíging	maging	magíging

68. *Hindí ka pa nakákahánap ng **magíging** mísis mo?* "You haven't found your **future** wife (lit. the one who **will become** your Mrs.)?" (7B17a)

7.94 *Basta*

Basta modifies the predicate and means "just so long as (predicate)." *Basta* in this case comes first in the sentence.

69. *Óo, gágawin ko **basta** ikaw.* "Yes I'll do it, **so long** as it's you (who wants it done)."
70. ***Basta** isdà, gusto ko.* "**As long** as it's fish, I like it."

With commands, *basta* means "make sure you do, (understood: I'll be happy so long as you do it.)"

71. ***Basta** káin na lang kayo nang káin.* "You **make sure** you eat as much as you can." (6C27a)

7.95   Din (rin)

Din (rin) may mean "anyway, nevertheless."

72. *Sinábing áyaw, kináin din.* "He said he didn't want to eat it, but he ate it **anyway**."
73. *Ang lakas ng káin ko, hindí pa rin ako nabúbusog!* "I've been eating like mad but I'm still not full (**nevertheless**)!"
74. *Hindí din naman sila nagtátagumpay!* "They haven't had any success (**nevertheless**)!" (7A11)

DO GRAMMAR EXERCISE 7F.

7.96   Papunta

Papunta is an adjective meaning "going in the direction of."[9] It is followed by the linker *ng* plus the noun that refers to the place.

75. *Méron bang mga air-con na bus na papuntang Vígan?* "Are there air-conditioned buses **going to** Vigan?" (6A5)

7.97   Káya

Káya "afford to" is used in two ways.

(1) It is an auxiliary, linked with *ng* and followed by the genitive agent plus a verb in the dependent form.

76. *Hindí ko pa káyang pabayáan ang trabáho ko.* "I **cannot afford to quit** my job." (7B23)

The following sentence exemplifies that the agent is the genitive, even though the verb is active. Here, *nila* "they" is the agent and *magbáyad* "pay" is active.

77. *Káya ba nilang magbáyad?* "**Can they** pay?"

(2) *Káya* is also used as a base of the verb "afford to." In that case, *káya* expresses tense. *Káya* as a verb is used only in the direct passive form.

78. *Gumágástos sila nang higit sa makákáya nila.* "They spend more than they can afford (lit. **will be able to be afforded** by them)."

The verb formed from the root *káya* may be followed by the linker and the dependent form of the verb.

79. *Hindí nila makákáyang magbáyad.* "They won't **be able to afford to pay**."

Grammar Exercises

7A1.   Únang Hakbang. Tahásang pandíwà (Active verbs). Ipalit ang mga salitang nása saklong. (§7.2)

I have had many chances to go to fiestas.
Madalas na akong nakákapunta sa mga   *(I haven't yet)*

---

[9] We will study adjectives formed with a prefix *pa-* in detail later in Unit 15, §15.31.

pistáhan.

Hindí pa ako nakákapunta sa mga pistáhan.	*(I won't be able to)*
Hindí ako makákapunta sa mga pistáhan.	*(drink beer)*
Hindí ako makákainom ng bir.	*(I can't)*
Hindí ako makainom ng bir.	*(I haven't had the chance)*
Hindí pa ako nakákainom ng bir.	*(to see a moro-moro)*
Hindí pa ako nakákapanood ng móro-móro.	*(won't be able to)*
Hindí ako makákapanood ng móro-móro.	*(I haven't yet)*
Hindí pa ako nakákapanood ng móro-móro.	*(you will have a chance to)*
Makákapanood ka ng móro-móro.	

Ikalawang Hakbang

Have you found a job in Vigan?

Nakahánap ka na ba ng trabáho sa Vígan?	*(would you be able to)*
Makákahánap ka ba ng trabáho sa Vígan?	*(I haven't yet)*
Hindí pa ako nakákahánap ng trabáho sa Vígan.	*(eat in a cafeteria)*
Hindí pa ako nakákakáin sa karindérya.	*(they will have a chance to)*
Makákakáin sila sa karindérya.	*(had the chance)*
Nakakáin na sila sa karindérya.	*(at the dance)*
Nakakáin na sila sa sáyáwan.	*(attend)*
Nakadalo na sila sa sáyáwan.	*(will be able to)*
Makákadalo sila sa sáyáwan.	*(haven't had the chance)*
Hindí pa sila nakákadalo sa sáyáwan.	*(to see costumes for moro-moro)*
Hindí pa sila nakákakíta ng mga damit pára sa móro-móro.	

Ikatlong Hakbang. Pandíwang balíntiyak (Passive verb). Ipalit ang mga salitang nása saklong.

Would you like to (have a chance to) try my lumpia?

Gusto mo bang matikman ang lumpiá ko?	*(have you tried?)*
Natikman mo na ba ang lumpiá ko?	*(haven't you tried)*
Hindí mo pa ba natítikman ang lumpiá ko?	*(you haven't eaten)*
Hindí mo pa nakákáin ang lumpiá ko.	*(will you be able to eat)*
Makákáin mo ba ang lumpiá ko?	*(will you be able to finish off)*
Maúúbos mo ba ang lumpiá ko?	*(won't you be able to)*
Hindí mo ba maúúbos ang lumpiá ko?	*(haven't you)*
Hindí mo pa ba naúúbos ang lumpiá ko?	*(have you)*
Naúbos mo na ba ang lumpiá ko?	*(can you bring)*
Madádala mo ba ang lumpiá ko?	*(won't you be able to)*
Hindí mo ba madádala ang lumpiá ko?	*(will you be able to)*
Madádala mo ba ang lumpiá ko?	*(will you be able to bring my book)*
Madádala mo ba ang libro ko?	*(have you seen)*
Nákíta mo ba ang libro ko?	*(will you be able to)*
Makíkíta mo ba ang libro ko?	*(haven't you seen)*
Hindí mo ba nákíta ang libro ko?	

Ikaápat na Hakbang

Have you bought the book?

Nabili mo na ba ang libro?	*(will you be able to)*

Mabíbili mo ba ang libro?	*(he was able to)*
Nabili na niya ang libro.	*(was able to read)*
Nabása na niya ang libro.	*(can read)*
Nabábása niya ang libro.	*(can do the job)*
Nagágawá niya ang trabáho.	*(will he be able to?)*
Magágawá ba niya ang trabáho?	*(was he able to)*
Nagawá ba niya ang trabáho?	*(finish)*
Natápos ba niya ang trabáho?	*(will he be able to)*
Matátápos ba niya ang trabáho?	

Ikalimang Hakbang

I haven't tried the mackerel yet.

Hindí ko pa nasúsubúkan ang tambákol.	*(have tried)*
Nasubúkan ko na ang tambákol.	*(that eatery)*
Nasubúkan ko na ang karindéryang iyon.	*(was able to eat from)*
Nakaínan ko na ang karindéryang iyon.	*(these plates)*
Nakaínan ko na ang mga plátong ito.	*(was able to rinse)*
Nabanlawan ko na ang mga plátong ito.	*(will you be able to)*
Mabábanlawan mo ba ang mga plátong ito?	*(clean the room)*
Malílínis mo ba ang kwárto?	*(have you)*
Nalínis mo na ba ang kwárto?	*(paid Leslie)*
Nabayáran mo na ba si Léslie?	*(will you be able to)*
Mabábayáran mo ba si Léslie?	

Ikaánim na Hakbang. Gamítin ang *nagkaroon ng pagkakátaon* sa mga sumúsunod na pangungúsap.

1a. Hindí pa ako nakákapag-áral.
 b. Hindí pa ako nagkákaroon ng pagkakátaong makapag-áral.
2a. Nagágalak hó ako na nákilála ko kayo.
 b. Nagágalak hó ako at nagkaroon ako ng pagkakátaong mákilála kayo.
3a. Hindí ko pa natítikman ang mga úlam.
 b. Hindí pa ako nagkákaroon ng pagkakátaong matikman ang mga úlam.
4a. Nakakáin na ako ng litson.
 b. Nagkaroon na ako ng pagkakátaong makakáin ng litson.
5a. Si Léslie ay hindí pa nakákapanood ng móro-móro.
 b. Si Léslie ay hindí pa nagkákaroon ng pagkakátaong makapanood ng móro-móro.
6a. Nátirhan na ba ang báhay na ito?
 b. Nagkaroon na ba ng pagkakátaong mátirhan ang báhay na ito?
7a. Si Cárlos ay hindí pa nakákapagtrabáho sa Maynílà.
 b. Hindí pa nagkákaroon ng pagkakátaong makapagtrabáho sa Maynílá si Cárlos.
8a. Nakainom ng bir si Pete sa tindáhan ni Léslie.
 b. Nagkaroon ng pagkakátaong makainom ng bir si Pete sa tindáhan ni Léslie.
9a. Hindí pa nakákahánap ng kwárto si Mr. Ocámpo.
 b. Hindí pa nagkákaroon ng pagkakátaong makahánap ng kwárto si Mr. Ocámpo.
10a. Nakabása ka na ba ng Liwayway?
 b. Nagkaroon ka na ba ng pagkakátaong makabása ng Liwayway?

Ikapitong Hakbang. Gamíting mulí ang mga pangungúsap sa ikaánim na hakbang ngúnit unáhin múna ang letrang _b_ bágo ang _a_..

7A2.   Pagkakáiba ng anyong "potential" at "non-potential" (§7.3)

Únang Hakbang. Piliin ang támang sagot sa saklong.

1. Sinábi ni Pete, kung hindí táyo áalis ngayon ay hindí nátin (_mapápanood, pápanoorin_) ang paráda. 2. Péro si Léslie ay pagod pa at ang gusto niya'y (_magpahinga, makápagpahinga_) múna bágo sila (_makapasyal, mamasyal_). 3. Hindí kailángang (_matápos, tapúsin_) ang paráda basta manood pára (_sabíhin, masábi_) na (_nanood, nakapanood_) na siya. 4. Bumili na ako ng lámsyed pára (_makapag-áral, mag-áral_) na táyo mámayang gabi. 5. Ano kayá ang palabas ngayon sa Ágrix? Mukhang gusto kong (_manood, makapanood_) ng síne pára (_magpahinga, makápagpahinga_) naman ako ng kóntì. 6. (_Púpunta, Makákapunta_) na lang ako sa San Páblo kung hindí ako (_kúkúha, makákakúha_) ng libro díto. 7. (_Úubúsin, Maúúbos_) na ang pagkáin nátin kayá kailángan nang (_mamili, makapamili_) sa paléngke. 8. (_Makákatígil, Títígil_) múna ako díto sa Pilipínas pára tapúsin ang ginágawá ko. 9. Maliit lang ang bag ko kayá hindí ako (_makákapagdala, magdádala_) ng maráming libro. 10. Hindí na (_nakapaghintay, naghintay_) si Pete sa iyo kasi gabi na ay hindí ka pa (_nakákarating, dumárating_). 11. Bákit kayá hindí máintindihan ng mga táo na sa pistáhan ay (_nakákapag-aksaya, nag-áaksaya_) lámang sila ng péra? 12. (_Matátápos, Tátapúsin_) na ang (_ginágawà, nagágawà_) ko. 13. (_Nasunod, Sinunod_) ko na lang ang sinábi niya pára hindí (_maúbos, ubúsin_) ang pasénsiya niya sa ákin. 14. (_Mahíhingì, Híhingin_) ko na lang sa kanya ang kanyang bágong damit. Ibigay kayá niya? 15. Íbig mong sabíhin ay (_nakákapagtrabáho, nagtátrabáho_) pa rin siya nang mabilis káhit hindí na siya (_lumálákad, makalákad_)? 16. (_Inaksaya, Naaksaya_) lang ang óras ko sa paghihintay sa kanya. 17. Hindí naman pala siya (_dárating, makákarating_). Bákit hindí niya agad (_sinábi, nasábi_) noong (_natátanong, tinátanong_) ko siya kahápon. 18. Hindí ko na ulí siya (_híhintayin, mahíhintay_) káhit kailan. 19. Ikaw na sána ang (_magpápasénsiya, makákapagpasénsiya_) sa kaibígan mo. 20. Alam mo naman na hindí siya (_makákapunta, púpunta_) doon nang walang kasáma dáhil hindí siya pápayágan ng kanyang nánay na umalis nang walang kasáma.

Ikalawang Hakbang

1. (_Áalis, Makákaalis_) na pala si Lína sa inyo! Pinápaalis mo na ba siya? 2. (_Naúbos, Inúbos_) na kasi ang pasénsiya ko sa kanya. 3. Hindí na ako (_nakapagpasénsiya, nagpasénsiya_). 4. Áyaw ko na palágí akong (_magtútúrò, makákapagtúrò_) sa kanya ng dápat niyang (_gawin, magawá_). 5. Pára kasing (_ináaksaya, naáaksaya_) lang ang óras ko sa pagtutúró sa kanya. 6. Áyaw kong (_makapag-aksaya, mag-aksaya_) ng óras. 7. (_Sinúsunod, Nasúsunod_) ngá niya ako péro láging malí ang (_ginágawà, nagágawà_) niya. 8. Sigúro kayá ganoon siya ay dáhil kapag (_nagtútúrò, nakákapagtúrò_) ka sa kanya ay palágí kang galit. 9. Palágí mo siyang (_tátanungin, matátanong_) múna kung alam na niya ang kanyang (_gágawin, magágawà_) pagkatúró mo sa kanya. 10. Hindí ka ngá (_magtútúrò, makákapagtúrò_) nang támá kung ganyan ka.

Ikatlong Hakbang.

1. (_Bíbilhin, Mabíbili_) ko sána ang damit na nákíta ko sa paléngke kahápon péro kúlang ang áking péra. 2. (_Umúútang, nakákaútang_) ako sa kanya pára (_mabili, bilhin_) ko iyon. 3. Walá na rin siyang péra kayá hindí ko na lang (_binili, nabili_). 4. (_Umuwì, Nakauwì_) na lang kami ni Léslie dáhil alam kong (_hiníhintay, nahíhintay_) na ako ng nánay sa báhay. 5. Sigurádong (_tátanungin, matátanong_) niya ako kung bákit hindí agad ako (_nakarating, dumating_) sa báhay. 6. (_Bábalik, makákabalik_) na lang ako sa tindáhang iyon búkas. 7. (_Sumakay,_

nakasakay) na lang kami ng bus dáhil gabi na. 8. Kung (*makákapaglakad, maglálakad*) lang kami ay baká alas dóse na ay walá pa kami sa báhay. 9. Péro hindí kami (*umupò, nakáupò*) dáhil marámi ang sakay ng bus. 10. Kapag gabi na ay talagang hindí ka (*makákáupò, úupò*) sa úpúan ng bus. 11. Nang dumating ako sa báhay ay (*nagsísimulà, nakákapagsimulà*) na silang kumáin ng hapúnan. 12. (*Nakakúha, Kumúha*) lang ako ng kauntí dáhil hindí ako (*nakákakáin, kákáin*) kapag malungkot ako. 13. (*Uminom, Nakainom*) na lang ako ng maráming dyus at pagkatápos, ang ginawá ko ay (*nanood, nakapanood*) ako ng telebisyon. 14. Hindí maganda ang palabas kayá (*nag-áral, nakapag-áral*) na lang ako. 15. Hindí ko tinápos ang (*binábása, nabábása*) ko dáhil masyádong marámi.

7A3. Local Passive of the potentials (§7.4)

Únang Hakbang. Bagúhin ang mga sumúsunod na pangungúsap sa pamamagítan ng paggámit ng anyong "local passive potentials" ng mga pandíwà.

1a. Umulan noong nándoon kami sa sáyáwan.
  b. Naulanan kami sa sáyáwan.
2a. Huwag kang magtagal pára makasakay táyo sa pang-alas ótsong bus.
  b. Kung matátagalan táyo, hindí táyo makákasakay sa pang-alas ótsong bus.
3a. Saan ka naman makákapagtrabáho kung mawáwalá ang lúpá mo?
  b. Saan ka naman makákapagtrabáho kung mawáwalan ka ng lúpà?
4a. Ang dámi pang mga pagkáin pára sa átin. Hindí ito maúúbos.
  b. Ang dámi pang mga pagkáin pára sa átin. Hindí táyo maúúbúsan.
5a. Nagtagal sigúro siya sa pagbili ng kok kayá walá pa siya ríto.
  b. Natagalan siya sa pagbili ng kok kayá walá pa siya ríto.
6a. Huwag naman sánang umulan ngayon dáhil pinatútuyó ko pa ang mga damit ko.
  b. Huwag sánang maulanan ang mga damit ko ngayon dáhil pinatútuyó ko pa.
7a. Nawalá ang pagkáin námin.
  b. Nawalan kami ng pagkáin.
8a. Maúúbos kayá ang bir sa tindáhan?
  b. Maúubúsan kayá ng bir ang tindáhan?
9a. Nagtátagal ka ba sa paghahanap ng báhay?
  b. Natátagalan ka ba sa paghahanap ng báhay?
10a. Naúúbos na ang pagkáin nátin.
  b. Naúubúsan na táyo ng pagkáin.
11a. Nawáwalá ang péra ko.
  b. Nawáwalan ako ng péra.
12a. Mukhang úulan kayá pumunta na táyo sa báhay.
  b. Maúulanan táyo kung hindí pa táyo púpunta sa báhay.

Ikalawang Hakbang. Pilíin ang támang sagot sa loob ng saklong.

1. Kung hindí táyo áalis ngayon ay (*maghíhírap, mahíhirápan*) táyo dáhil walá nang másasakyan mámayà. 2. Hindí pa táyo (*maghihírap, mahíhirápang*) humánap ng sasakyan dáhil marámi pang másasakyan. 3. Kung (*magtátagal, matátagalan*) ang pamamaléngke mo hindí na táyo makákapanood ng síne. 4. (*Magtátagal, Matátagalan*) múna ako díto sa Pilipínas. 5. (*Umulan, Naulanan*) kanína sa San Páblo. 6. (*Umulan, Naulanan*) kami noong namímili kami sa paléngke. 7. (*Maúúbos, Maúubúsan*) na táyo ng pagkáin. 8. (*Maúúbos, Maúubúsan*) na ang pagkáin. 9. Baká (*mawalan, mawalá*) na ng gána si Juan. 10. Pára (*mawalan, mawalà*) ang págod mo, kailángan mo múnang magpahinga. 11. Kung hindí (*nasiráan, nasírá*) iyong bus nakapanood pa sána kami ng móro-móro. 12. Ano ba ang (*nasiráan, nasírà*) sa bus?

7B1. Anyong Pawatas (Dependent Form) (§7.5)

Únang Hakbang. Buuin ang mga sumúsunod áyon sa únang pahayag.

1a. Hindí pa áalis ang bus. May isang óras pa. May isang óras pa bágo...
 b. umalis ang bus.
2a. Hindí na sila magpápahinga kasi walá nang óras. Walá silang óras pára...
 b. magpahinga.
3a. Kung hindí sila áalis ngayon mahíhirápan sila mámayà. Áalis sila ngayon, baká...
 b. mahirápan sila mámayà.
4a. Búkas ay magtátrabáho na ako sa plása. Búkas ay nása plása ako pára...
 b. magtrabáho.
5a. Mag-ááral ka na ba? Kumáin ka múna. Kumáin ka múna bágo ka...
 b. mag-áral.
6a. Magtátrabáho ako búkas kayá ako ay nagpápahinga ngayon. Nagpápahinga ako
      ngayon pára...
 b. makapagtrabáho ako búkas.
7a. Mukhang úulan, kayá kailángan mong magdala ng páyong. Magdala ka ng páyong
      at baká ka...
 b. maulanan.
8a. Sinimulan niyang kaínin ang pagkáin niya péro hindí niya inúbos ito. Hindí niya
      inúbos ang pagkáin niya pagkatápos...
 b. niyang masimulan ito.
9a. Pinuntahan námin sila sa trabáho kasi tútulúngan námin sila. Pinuntahan námin
      sila sa trabáho pára...
 b. matulúngan námin sila.
10a. Mabíbili yátá ang damit na gusto ko kayá ako ay púpunta sa tindáhan. Púpunta na
      ako sa tindáhan at baká...
 b. mabili ang gusto kong damit.

Ikalawang Hakbang. Bagúhin ang mga sumúsunod na pangungúsap sa pamamagítan ng paggámit ng *pagkatápos*.

1a. Tinawágan ko ang Lóla pára sunduin ako.
 b. Sinundó ako ng Lóla pagkatápos ko siyang tawágan.
2a. Tinikman ko múna ang lumpiá tápos ito'y inúbos ko.
 b. Inúbos ko ang lumpiá pagkatápos ko itong tikman.
3a. Mawáwalá ang pagkapágod mo kung máririnig mo ang mga tugtúgan.
 b. Mawáwalá ang pagkapágod mo pagkatápos mong márinig ang mga tugtúgan.
4a. Nag-ípon múna ako ng maráming péra bágo ako bumili ng kótse.
 b. Bumili ako ng kótse pagkatápos kong mag-ípon ng maráming péra.
5a. Pinanood ko ang móro-móro pára masábi kong nakapanood na ako nito.
 b. Nasábi kong nakapanood na ako ng móro-móro pagkatápos kong panoorin ito.
6a. Bíbili na ako ng pagkáin pára makauwí na ako.
 b. Makákauwí na ako pagkatápos kong bumili ng pagkáin.

Ikatlong Hakbang. Pandíwang pawatas pagkatápos ng *nang*

1a. Nakúha nila ang tíket péro walá na silang maúupuan.
 b. Nang makúha nila ang tíket ay walá na silang maúupuan.
2a. Nárinig niya ang tugtúgan at nawalá ang pagkapágod niya.
 b. Nang márinig niya ang tugtúgan ay nawalá ang pagkapágod niya.
3a. Sinubúkan nila ang pang-alas tres na bus péro punó na ito.
 b. Nang subúkan nila ang pang-alas tres na bus ay punó na ito.

4a. Nawalá ang kanyang péra pagkatápos niyang makúha ito.
 b. Nang makúha niya ito ang kanyang péra ay nawalá.
5a. Umuwí na siya pagkatápos niyang mákítang ang móro-móro ay tapos na.
 b. Nang mákíta niya na ang móro-móro ay tapos na ay umuwí na siya.
6a. Naulanan kami hábang kami ay pumúpunta sa plása.
 b. Nang pumunta kami sa plása ay naulanan kami.
7a. Pinabayáan niya ang kanyang trabáho kayá naalis siya doon.
 b. Nang pabayáan niya ang kanyang trabáho ay naalis siya doon.
8a. Nagkíta kami ni Ting péro tatlong taon na ang nakákalípas.
 b. Nang magkíta kami ni Ting ay tatlong taon na ang nakákalípas.

Ikaápat na Hakbang. Pawatas sa ikalawang pandíwà. Bumuong mulí ng pangungúsap áyon sa únang pahayag sa pamamagítan ng paggámit ng mga pandíwang sinúsundan ng tútuldok. Ilagay ang mga pandíwá sa simulá ng pangungúsap.

1a. Dinala niya ang pinag-arálan niyang libro. *(Nalimútan...)*
 b. Nalimútan niyang dalhin ang pinag-arálan niyang libro.
2a. Sásakyan ko ang panghápong bus. *(Súsubúkan...)*
 b. Súsubúkan kong sakyan ang panghápong bus.
3a. Nanood sila nang alas nwébe. *(Nagsimulá...)*
 b. Nagsimulá silang manood nang alas nwébe.
4a. Nanood sila nang alas diyes. *(Natápos...)*
 b. Natápos silang manood nang alas diyes.
5a. Alas diyes pa sila magháhandà. *(Magsísimulá...)*
 b. Magsísimulá silang maghandá nang alas diyes pa.
6a. Súsunduin nila si Léslie. *(Sinábi ng Lóla...)*
 b. Sinábi ng Lólang sunduin nila si Léslie.
7a. Púpunta siya sa báhay ng áking mga Lóla. *(Mahíhirápan...)*
 b. Mahíhirápan siyang pumunta sa báhay ng áking mga Lóla.
8a. Kinúha ko ang létse plan sa mésa. *(Náalála...)*
 b. Náalála kong kúnin ang létse plan sa mésa.
9a. Nanónood kami ng paráda sa plása. *(Nagágalak...)*
 b. Nagágalak kaming manood ng paráda sa plása.
10a. Naglálakad kami papunta sa may plása. *(Matátagalan...)*
 b. Matátagalan kaming maglakad papunta sa may plása.
11a. Nagbábáyad naman ako ng útang. *(Nahíhiyá...)*
 b. Nahíhiyá naman akong magbáyad ng útang.
12a. Naghandá sila pára sa pista. *(Nagsimulá...)*
 b. Nagsimulá silang maghandá pára sa pista.

7B2. Paghahambing ng mga pandíwang pangnakaraan, at pangkasalukúyan. Pawatas pagkatápos ng salitang *bágo* at *bakà*. Piliin ang támang sagot sa saklong. (Contrast between past and present. Dependent after *bágo*, *bakà*. Choose the correct answer). (§7.5)

1. Áalis na ang bus bágo táyo (*nakasakay, makasakay*). 2. Tingnan mo kung mayroon pa. Baká (*naúbos, maúbos*) na. 3. Huwag mong alisin ang makinílya sa kahon. Baká (*nasírà, masírà*). 4. Kailángang magpaálam múna táyo bágo táyo (*makaalis, nakaalis*). 5. Hintayin pa nátin si Léna. Baká (*natagalan, matagalan*) lang siya. 6. Magpápahinga múna táyo bágo táyo (*mamasyal, namasyal*) sa plása. 7. Kinúha daw múna niya ang kanyang mga gámit at baká (*malimútan, nalimútan*) niya ang mga ito. 8. Bágo ka (*naglínis, maglínis*) ng báhay bantayan mo múna ang ginágawá ko. 9. Áyaw pa niyang pumások sa maráming trabáho at baká (*napabayáan, mapabayáan*) niya ang asáwa niya. 10. Huwag mong hintaying gumabi bágo ka (*nanigarílyo, manigarílyo*).

7C.   Anyong "abstract" (Abstract forms)

7C1.   Gawing "abstract" ang anyó ng mga pandíwá sa mga sumúsunod na pangungúsap. (§7.72)

1a.   Nagsimulá silang maghandà.
 b.   Nagsimulá sila sa paghahandà.
2a.   Kailan kayo nagsimulang manigarílyo?
 b.   Kailan kayo nagsimulá sa paninigarílyo?
3a.   Nagsimulá silang kumáin ng mga handà.
 b.   Nagsimulá sila sa pagkáin ng mga handà.
4a.   Nahirápan siyang maghanap ng báhay.
 b.   Nahirápan siya sa paghahanap ng báhay.
5a.   Mahíhirápan kang sumakay mámayang hápon.
 b.   Mahíhirápan ka sa pagsakay mámayang hápon.
6a.   Nagágalak akong mákilála ko kayo.
 b.   Nagágalak ako sa pagkákilála ko sa inyo.
7a.   Natagalan siyang magdala ng maráming gámit.
 b.   Natagalan siya sa pagdadala ng maráming gámit.
8a.   Nahíhiyá siyang humingí ng pagkáin sa kanila.
 b.   Nahíhiyá siya sa paghingí ng pagkáin sa kanila.

7C2.   Palitan ang *pagkatápos* + *pandíwá ng pagka-* + *pandíwà*. (§7.73)

1a.   Nagalak sila pagkatápos nilang márinig ang balítà.
 b.   Nagalak sila pagkárinig nila ng balítà.
2a.   Pinatuyó nila ang pláto pagkatápos nilang banlawan.
 b.   Pinatuyó nila ang pláto pagkabanlaw nila.
3a.   Umalis sila pagkatápos nilang mápanood ang paráda.
 b.   Umalis sila pagkapanood nila ng paráda.
4a.   Pumunta sila sa sáyáwan pagkatápos nilang magpahinga.
 b.   Pumunta sila sa sáyáwan pagkapahinga nila.
5a.   Nagpakasal si Ting pagkatápos niyang makaípon ng péra.
 b.   Nagpakasal si Ting pagkaípon niya ng péra.
6a.   Hindí nila binayáran ang útang pagkatápos nilang gástusin.
 b.   Hindí nila binayáran ang útang pagkagástos nila.

7C3.   Palitan ang pandíwá ng *úna* + *salitang-ugat* sa mga sumúsunod na pangungúsap. (§7.74)

1a.   Sa Ángeles pa táyo bábabà.
 b.   Sa Ángeles ang únang babá nátin.
2a.   Ngayon pa lang ako kumáin ng tambákol.
 b.   Ngayon ang únang káin ko (úna kong káin) ng tambákol.
3a.   Sa Pilipínas pa ako nakabása ng Liwayway.
 b.   Sa Pilipínas ang únang bása ko ng Liwayway.
4a.   Sa Báguio pa ako nakátikim ng prútas na ito.
 b.   Sa Báguio ang únang tikim ko ng prútas na ito.
5a.   Ngayon pa lang ako pumunta díto.
 b.   Ngayon ang únang punta ko díto.
6a.   Noon pa lang ako sumáma sa pistáhan.
 b.   Noon ang únang sáma ko sa pistáhan.
7a.   Sa báyan ni Léslie pa táyo títígil.
 b.   Sa báyan ni Léslie ang únang tígil nátin.

8a.   Ngayon pa lang ako pumútol ng púnong may búnga.
 b.   Ngayon ang únang pútol ko ng púnong may búnga.
9a.   Noon pa lang ako nakásakay sa dyip.
 b.   Noon ang únang sakay ko sa dyip.

7D.   Pagpapahayag ng Panahon (Time Expressions)

7D1.   Ipalit ang mga salitang násu loob ng saklong. (§7.8)

They can watch a performance tonight.

Makákapanood sila mámayang gabi.	*(this afternoon)*
Makákapanood sila mámayang hápon.	*(at five o'clock)*
Makákapanood sila mámayang alas síngko.	*(nakapanood)*
Nakapanood sila kanínang alas síngko.	*(this morning)*
Nakapanood sila kanínang umága.	*(this afternoon)*
Nakapanood sila kanínang hápon.	*(last night)*
Nakapanood sila kagabi.	*(this noon)*
Nakapanood sila kanínang tangháli.	*(will this noon)*
Makákapanood sila mámayang tangháli.	

7D2.   Gámit ng *nang* at *sa* (§7.911)

He will come on Sunday

Dárating siya sa Linggo.	*(he came)*
Dumating siya nang Linggo.	*(at five o'clock)*
Dumating siya nang alas síngko.	*(will come)*
Dárating siya nang alas síngko.	*(on Tuesday)*
Dárating siya sa Martes.	*(came)*
Dumating siya nang Martes.	*(will come)*
Dárating siya sa Martes.	*(at five o'clock)*
Dárating siya nang alas síngko.	*(on Wendesday)*
Dárating siya sa Myérkules.	*(came)*
Dumating siya nang Myérkules.	*(at seven o'clock)*
Dumating siya nang alas syéte.	*(will come)*
Dárating siya nang alas syéte.	

7E.   *Tapos* . Bagúhin ang mga sumúsunod na pangungúsap sa pamamagítan ng paggámit ng *tapos*. (§7.92)

1a.   Binása na niya ang libro.
 b.   Tapos na niyang basáhin ang libro.
2a.   Pinag-arálan mo na ba ang libro?
 b.   Tapos mo na bang pag-arálan ang libro?
3a.   Pinasalamátan mo na ba ang iyong kaibígan?
 b.   Tapos mo na bang pasalamátan ang iyong kaibígan?
4a.   Kinúha na niya ang mga pláto sa kusínà.
 b.   Tapos na niyang kuhánin ang mga pláto sa kusínà.
5a.   Pinanood na nila ang móro-móro.
 b.   Tapos na nilang panoorin ang móro-móro.
6a.   Ginawá na niya ang sírá ng makinílya.
 b.   Tapos na niyang gawain (gawin) ang sírá ng makinílya.
7a.   Pinútol na nila ang púnong may búnga.
 b.   Tapos na nilang putúlin ang púnong may búnga.

7F.   Pag-aáral ng mga katagà. Lagyan ng mga katagang *din, na, pa, na rin, pa rin, lang, ngá* o kung alin ang náaangkop sa mga patlang sa mga sumúsunod na pangungúsap. (Particle study. Fill in the blanks with the right particle).

1. Walá silang péra péro malaki-laki _____ ang ginástos nila. 2. Nanood siya pára _____ masábi na nakapanood siya. 3. Ako rin ay hindí _____ nakákahánap ng magíging asáwa. 4. Si Línda _____ _____ ang nóbya ko! 5. Nakapunta ka na ba ng pista o ngayon pa _____ ? 6. Hindí naman masyádong malaki ang báhay námin péro támá _____. 7. Téka _____ pala násaan hó ba si Mr. Ocámpo? 8. Káin na táyo, nagúgútom _____ ako, e. 9. Doon na _____ táyo sa múra, kónti _____ ang péra ko ngayon. 10. Ay, akálá ko'y nagsimulá _____ ang kláse noong Martes. 11. Kung ako ang tátanungin mo nag-áaksaya ka _____ ng óras. 12. Mabúti _____ doon na lang táyo sa paléngke bumili. 13. Hanggang ngayon kasi walá _____ _____ yong pinangákong lámsyed sa ákin. 14. Táyo _____ , kaínin na nátin ang prútas na nása lamésa. 15. Siya ay mabait _____ , túlad ni Léslie. 16. Ako _____ ang bahálá ríto. 17. Sandalí _____ ha, kúkúha múna ako ng tíket. 18. Mayroon _____ ba siyang asáwa? 19. Ah, kilála ko _____ pala yung kapatid mong si Rúdy. 20. May isang óras pa bágo umalis ang bus kayá pwéde _____ táyong kumáin. 21. Malínis naman kayá _____, hindí nila pinatútuyò. 22. Hay, salámat at tumígil _____ táyo. 23. Tapos mo _____ bang pag-arálan ang libro? 24. A basta, pagpasénsyahan nyo na _____ 'tong handá námin. 25. Natikman nyo _____ ba itong matamis?

Supplementary Unit 4

SU4.0 Introduction

This lesson reviews the potential verb forms which we have studied heretofore. Absolutely no new material is presented here, and for students who feel that they are on top of the verbs we have studied so far and are anxious to get ahead, there is nothing wrong with skipping this lesson entirely. However, many users of these lessons need a break at this point from the relentless onslaught of new grammar after completing Unit Seven and would profit from going back and repeating what has been studied before. This time we will explain things from a slightly different point of view and adopt a new arrangement, with the expectation that this will help you see the verbal system in a new light and thus solidify your understanding of it.

To review which forms are potentials we will reprint the charts of §7.1 here. We give the potential forms of *inom* "drink," *trabáho* "work," and *panood* "see a performance."

		Past	Present	Dependent	Future
Active		nakainom	nakákainom *or* nakaíinom	makainom	makákainom *or* makaíinom
Passive					
	Direct	nainom	naíinom	mainom	maíinom
	Local	nainuman	naíinuman	mainuman	maíinuman

	Past	Present	Dependent	Future
Active	nakapagtrabáho	nakákapagtrabáho *or* nakapagtátrabáho	makapagtrabáho	makákapagtrabáho *or* makapagtágtrabáho
Local passive	napagtrabahúhan	napagtátrabahúhan	mapagtrabahúhan	mapagtátrabahúhan

	Past	Present	Dependent	Future
Active	nakapanood		nakákapanood	makapanood	makákapanood
Passive				
Direct	napanood	napápanood *or* napanónood	mapanood	mapápanood *or* mapanónood
Local	napanooran	napápanooran *or* napanónooran	mapanooran	mapápanooran *or* mapanónooran

The potential forms offer problems to speakers of English even though their meanings are readily apprehensible -- that is, we can express in English very easily what the potential forms in Pilipino express. However, in Pilipino the use of the potential forms is obligatory -- that is, there are contexts in which Pilipino must use a potential verb form whereas for the same context English uses a verb form which does not have the same implications as the Pilipino verb. For example, one of the meanings of the potential verb is that of an accidental, not purposeful, action. If an action is accidental, the potential **MUST BE** used, for not to use a potential is to imply that the action is purposeful. As an example take the following sentence:

1. I broke two dishes.

There are two contexts in which this sentence could be said. First, one could say it if one dropped two dishes and broke them. That is, one could say it in a context where one did not mean to break the dishes. In Pilipino this might be expressed as follows:

1a. *Dalawang pláto ang **nabásag.*** "It was two dishes that broke."

Sentence 1 above could also be said in a context in which one intentionally broke two dishes out of anger. In this context one could not use 1a for the Pilipino. One would have to use a verb which states that the dishes were broken on purpose:

1b. *Dalawang pláto ang **binásag** ko.* "It was two dishes that I broke."

The problem is that Pilipino verbs have certain set of meanings which are expressed by the choice of potential forms, and if one chooses a nonpotential form, the statement is made that the verb does not have one of the potential meanings. In English verbs there are ways of expressing meanings analogous to the meanings carried by the potential in Pilipino, but it is not obligatory to use these forms. In English the failure to use a potential form -- that is, failure to state expressly "can, happen to, manage to, and the like", does not imply that the act is not of the sort that these meanings apply to. For example in English we do not imply that an action is purposeful if we fail to state expressly that it is accidental, whereas in Pilipino we have to say expressly that an action is accidental (have to use a potential form) if indeed the action is accidental, for to use a nonpotential form is to say that the action is purposeful. Thus the problem for the English speaker is to remember to use the potential form in Pilipino when it is appropriate. Now let us look at the various meanings which the potential forms have.

SU4.1   Potential forms meaning "manage to do"

One of the meanings of the potential forms is "manage to do" or "get a chance to do."

SU4.11 Past tense potentials in the meaning "manage to (do)"

With the past tense potential affixes the verb means "had a chance to (do)," "managed to do," "succeeded in (do)ing." Here are some examples from our basic sentences:

2. *Ngayong **nakaipon** na ako ng kónti, pwéde na akong magpakasal.* "Now that I **have managed to save** a little, I can get married." (7B19b)
3. *Ngayon ka lang ba **nakápunta** sa pista?.* "Is this the first time that you **have had a chance to go** to a fiesta?" (7B25)

The following example shows the active potential in this meaning with a base which contains the prefix *paN-*.

4. *Kailángan mong manood pára masábi mong **nakapanood** ka na ng móro-móro.* "You have to see one so you can say you **have had a chance to see** a moro-moro. "(7A6e)

SU4.12 Present tense potentials in the meaning "manage to (do)"

With the present tense potential affixes the verb means "have a chance to (do) on a regular basis." The following sentence exemplifies this meaning.

5. *Kayá madalas na akong **nakákapunta** sa mga pistáhan.* "Therefore I often **have a chance to go** to fiestas." (7B26b)

In negative sentences with the present tense potential affixes the verb means "(not) have had a chance to (do), not have managed to (do)":

6. *Hindí ka pa **nakákahánap** ng magíging mísis mo?* "You still **have** not **found** your future wife?" (7B17a)

The following example shows an active potential form with an additional prefix *pag-*. (The meaning is still "managed to [do], had a chance to [do].")

7. *Hindí pa kami **nakákapagpasiya.*** "We still **have** not **managed to come to a decision.**" (7B21a)

SU4.13 Dependent forms of the potential with the meaning "manage to (do), have a chance to (do)"

The dependent forms of the potential verb are used in the meaning "manage to (do), have a chance to (do)" in constructions which require a dependent form of the verb. For example the conjunction *pára* "in order to (do)" is obligatorily followed by a dependent verb form (§7.5). Thus in the following sentence *makapag-áral* "manage to study" is dependent:

8. *Hindí ako nagkaroon ng pagkakátaon pára **makapag-áral** hábang nárito ako sa inyo.* "I did not get a chance to study (lit. **to get to study**) while I was here at your place." (7C33d)

Similarly, a dependent form is required for the second verb in a phrase which consists of two verbs (§7.51). For example *pagkakátaon* "opportunity" (the abstract form of *magkátaon* "get a chance") is a verb and is followed by a verb in a phrase with it. The verbs which follow *pagkakátaon* must therefore be dependent. In the following sentence *mákilála* "get to know (him, her)" is a direct passive dependent verb form used in a phrase after *pagkakátaon*. Similarly the active dependent form *makádalo* "attend" is used for the same reason. Both verbs are potential because their meaning is "get to (do), manage to (do)."

9. *Ako ho'y nagágalak at nagkaroon ako ng pagkakátaong **mákilála** kayo at **makádalo** sa pista díto sa inyo.* "I am happy that I had a chance **to get to know** you and **attend** the fiesta here at your place." (7C29b&c)

SU4.14 Future forms of the potential with the meaning "manage to (do), have a chance to (do)"

With the future tense affixes the potential verb may mean "will get a chance to do, will manage to do." In the following sentences the verb is future potential and this is the meaning:

10. ***Mákikilála** mo na ang buong pamlíya ko.* "You **will get to meet** my whole family." (6A2c)
11. *Kung hindí táyo áalis ngayon, hindí nátin **mápapanood** ang paráda.* "If we do not leave now, we **won't get to see** the parade." (7A2)

Let us now do an exercise on potential verbs meaning "get a chance to do."

SU4.1 Piliin ang támang sagot

1. Tátawágan mo pala siya. Kayá ka púpunta sa plása. Kung hindí ka (*makákatáwag, tátáwag*) sa plása ay doon ka (*tumáwag, makátáwag*) sa báhay námin. 2. Kung pumúpunta ka sa Maynílà, sino ang (*sumásáma, nakákasáma*) sa iyo? 3. Gusto ko talagang makárating sa Maynílà. Kailan kayá ako (*sásáma, makákasáma*) sa kanya sa Maynílà? 4. Sumáma ka na lang sa ámin. Sigurádong (*makákapanood, manónood*) ka ng palabas na hindí mo pa nápapanood. 5. Áyaw niyang (*makápanood, manood*) ng síne búkas dáhil marámi siyang

ginágawà. 6. Doon ka (tumira, makátira) sa kanila pára (tumira, makátira) ka naman sa malaking báhay. 7. Ay, salámat at (umupò, nakáupò) rin ako. 8. Ikaw, bákit áyaw mong (makáupò, umupò) múna díto sa tabi ko? 9. Hindí ko káyang (pumunta, makápunta) sa Maynílá nang walang kasáma. 10. Samáhan mo naman ako pára (pumunta, makápunta) naman ako sa Maynílà. 11. Kung (dádalo, makákadalo) ka ay kumílos ka na ngayon. 12. Sa wakas, (dádalo, makákadalo) na rin ako sa pista. 13. Búkas ka na lang (magsimulà, makápagsimulà). Walá pa kasi ang mga kailángan mo. 14. Akálá ko ay (magsísimulà, makákapagsimulà) na ako kangína dáhil walang íistórbo sa ákin. Biglá namang dumating si Léslie. 15. Kung alam ko lang na hindí ako (makákapagbálot, magbábálot) ng létse plan e di sána ay (nakápagbálot, nagbálot) na ako kanína.

SU4.21 Potentials meaning "can (do), able to (do)"

The potential verbs also may mean "can (do), have the ability to (do)." The present tense of the potential may have this meaning in sentences which are not negative.

12. *Nakákalákad na ba ang anak mo?* **"Can** your child **walk?"**

Notice that the present potential with this meaning is used mainly in **POSITIVE** sentences. In **NEGATIVE** sentences the dependent form of the verb is used:

12a. *Hindí pa **makalákad** ang anak ko.* "My child **can**not **walk** yet."

Here is another example of the dependent potential form meaning "can (do) in negative sentences:

13. *Hindí ako **makakílos**.* "**I can't move.**" (7A1b)

Let us do an exercise on the present and the dependent potential.

SU4.21 Sagutin nang hindí paayon ang mga sumúsunod na tanong.

1a. Nakákakílos ka na ba?
 b. Hindí pa ako makakílos.
2a. Nákikíta mo ba yong báhay na iyon?
 b. Hindí ko mákíta.
3a. Nakákapagpasiya ba siya kapag walá ang nánay niya sa kanila?
 b. Hindí siya makapagpasiya.
4a. Nakákaípon ba siya ng péra?
 b. Hindí siya makaípon.
5a. Nakákapílí ba siya ng kanyang gusto?
 b. Hindí siya makapílì.
6a. Nabíbili ba niya ang mga kailángan niya?
 b. Hindí niya mabili.
7a. Naíistórbo mo ba siya kapag siya ay nagbábasa?
 b. Hindí ko siya maistórbo.
8a. Nakákakúha na ba ng kanyang pagkáin ang iyong bunsò?
 b. Hindí pa siya makakúha.
9a. Nakákapunta ba siya sa plása nang walang kasáma?
 b. Hindí siya makapunta.
10a. Nakákauwí ba siya sa kanila kapag náróroon ang tátay niya?
 b. Hindí siya makauwì.
11a. Nasúsunod ba naman nila ang mga sinásábi mo?
 b. Hindí nila masunod.
12a. Nátutúto ba ang anak mong magtrabáho?
 b. Hindí siya mátúto.
13a. Nakákatáwag ka ba sa anak mong násá Maynílà?

    b. Hindí ako makatáwag.

14a. Nabábátí mo ba si Pete káhit hindí ka niya binábátì?

    b. Hindí ko siya mabátì.

15a. Nakákapagpaálam ka ba sa nánay mo kung gusto mong umalis?

    b. Hindí ako makapagpaálam.

SU4.22 Future potentials meaning "can (do), will be able to (do)"

The future potential verbs may mean "will be able to (do)." The difficulty for speakers of English is that the English phrase "can (do)" may refer to (1) general ability or (2) to future time, whereas Pilipino must distinguish these two meanings by using the Present Potential (or dependent in negative sentences) for meaning (1), whereas for meaning (2) the future is used. Let us look at some of our basic sentences which have had a Future Potential verb with the meaning "will be able to (do)."

14. *Hindí mo naman **máiintindihan**.* "You won't be able to understand it." (7A6b)

15. *Naku! Kung hindí táyo áalis ngayong umága, hindí táyo **makákakúha** ng tíket.* "Heavens! If we don't leave this morning we **will** not **be able to get** a ticket." (7C28a)

16. *Tápos hindí naman nila **mabábayáran** ang mga útang nila.* "Then they **won't be able to pay** their debts."(7A8d)

Note that often the Pilipino sentence requires a future potential because the meaning is future even in contexts where English cannot have a future.

17. *Ang mga táo díto'y gumágástos nang higit sa **makákáya** nila.* "The people here spend more than they **can afford** (lit. **will be able to afford**)." (7A8b)

18. *Teríble, péro **makákaípon** ka naman ng péra.* "It's terrible, but you **can save** money." (7B19a)

In the following sentence a future potential verb is used because the future tense is normally required after *kung* "if" (§4.24), even though a future tense verb form in English could not occur in this context.

19. *Kung hindí táyo **makákasakay** ng pang-alas ótsong bus, súsubúkan nátin ang bus na pang-alas nwébe.* "If we **cannot get on** the eight o'clock bus, we will try the nine o'clock one." (7C28b)

Let us do an exercise on the present and the future potential verb forms.

SU4.22 Pilíin ang támang sagot sa saklong

Únang Hakbang

1. Hindí ka pala (*makákauwì, nakákauwì*) e bákit hindí mo agad sinábi sa ákin? 2. Héto na ang anak mo. (*Makákauwì, nakákauwì*) na pala siya káhit na walang kasáma. 3. Sinásábi niya na hindí pa siya makalákad péro (*makákalákad, nakákalákad*) na siya kahápon pa. 4. Talagang hindí (*makákalákad, nakákalákad*) ang anak mo kung palági siyang úupò. 5. Talagang hindí (*makákabása, nakákabása*) ang anak mo kung hindí mo siya túturúan. 6. Binasáhan niya ako pára ngá naman masábi ko na (*makákabása, nakákabása*) na siya. 7. Kung dárating si Nánay ay sigurádong (*makákapanood, nakákapanood*) ako ng síne. 8. (*Makákapanood, nakákapanood*) na pala ng TV itong anak mo. Tingnan mo at enjoy na enjoy sa panonood. 9. Hindí siya (*makákapunta, nakákapunta*) sa Maynílà kung hindí mo siya sásamáhan. 10. Káhit noong bátá pa siya ay (*makákapunta, nakákapunta*) na siya sa Maynílà. 11. Kailan mo pa (*masásábi, nasásábi*) iyon sa kanya kung hindí mo sásabíhin

ngayon? 12. Tumígil ka ngá diyan. Kayá mo lang naman (*masásábi, nasásábi*) iyan ay dáhil walá siya. 13. Kailan ba (*matátápos, natátápos*) ang trabáho mo? Sa isang taon pa ba? 14. Sa ibang dyip na lang táyo sumakay. Hindí táyo (*makákasakay, nakákasakay*) sa dyip na iyan dáhil walá nang bakánteng úpúan. 15. O, áalis na táyo. Mayroon pa bang hindí (*makákasakay, nakákasakay*)?

Ikalawang Hakbang

1. Hindí ka ba (*makarating, makákarating*) sa Sábado? Kung ganon, sa Byérnes na lang. 2. Kayá pala hindí siya (*makarating, makákarating*) díto sa átin ay lágí siyang maráming ginágawà. 3. Hindí táyo (*makaalis, makákaalis*) díto kung walang bus na dárating? 4. Hindí kami (*makaalis, makákaalis*) díto kahápon pa dáhil walang bus na dumárating. 5. Bákit hindí ka (*makapagtrabáho, makákapagtrabáho*) kanína. May probléma ka ba? 6. Héto na naman si Pete. Hindí na naman ako (*makapagtrabáho, makákapagtrabáho*) dáhil iistórbohin niya ako. 7. May eksam si Léslie sa Sábado, kayá hindí ko (*maistórbo, maíistórbo*) kangína pa. 8. Doon ka na lang sa kwárto mo dáhil hindí mo (*maistórbo, maíistórbo*) si Léslie. Nagbábasa kasi siya ng mga kómiks. 9. Wala kasi akong péra kayá hindí ko (*mabili, mabíbili*) kanína iyong gusto ko. 10. Káhit ako ay may péra, hindí ko (*bilhin, bíbilhin*) iyon dáhil masyádong mahal. 11. Káhit walá na si Cárlos ay hindí ka pa rin (*makapag-áral, makákapag-áral*). Ako naman kasi ang iistórbo sa iyo. 12. Hindí ngá ako (*makapag-áral, makákapag-áral*) kanína hábang nárito si Pete. 13. Kung walá kang péra ay hindí ka (*makasáma, makákasáma*) sa ákin sa Ágrix. 14. Kayá siya hindí (*makasáma, makákasáma*) sa ámin kahápon ay dáhil nása kanila ang tátay niya. 15. Hindí na sila (*makapaghandà, makákapaghandà*) ng isdà. Mahal na kasi ang isdà búkas e.

SU4.221   Dependent potentials meaning "can (do)" in contexts requiring dependent verbs

In contexts which require dependent verbs if the meaning is "can (do)" or "(will be able to (do)" the dependent potential verb form is used (because the context is one in which a dependent form must be used). For example in the following sentences the word *pára* "in order to" is obligatorily followed by a dependent verb form.

20. *Sa palagay mo, sásakay pa táyo ng dyip pára **makarating** kina Lóla?* "Do you think we still have to take a jeep in order to **get** to (lit. so that we **can arrive** at) your grandmother's?" (6C21)
21. *Pára bang nagpúpútol lang ng púnong mangga pára lang **makúha** ang búnga.* "It's like cutting down the mango tree just so (you) **can get** the fruit, wouldn't you say?" (7A9)
22. *Kailángan mong manood pára **masábi** mong nakapanood ka na ng móro-móro.* "You have to see a moro-moro so you **can say** that you have seen one." (7A6e)

Let us do an exercise on the potential meaning "can (do)."

SU4.22 Piliin ang támang sagot sa saklong.

1. Hay busog na busog ako! Hálos hindí ako (*kumílos, makakílos*). 2. Dápat kayong (*kumílos, makakílos*) ngayon pára makakúha kayo ng pang-alas ótsong bus. 3. Táyo na lang ang (*pumunta, makapunta*) sa plása. Hindí kasi (*umalis, makaalis*) si Pete sa kanila dáhil siya lang ang táo sa kanilang báhay. 4. Sandalí lang ako doon. Kayá huwag kang (*áalis, makákaalis*) diyan. 5. Aba ay (*bumalik, makabalik*) ka na sa báhay ninyo. 6. Hindí siya (*bumalik, makabalik*) sa báhay nila kahápon pa dáhil nároroon ang tátay niya. 7. Hindí ako (*makapagpahinga, magpahinga*) dáhil marámi akong trabáho. 8. (*Makapagpahinga, Magpahinga*) ka múna. Pagod na pagod ka na e. 9. Sinábi ni Nána Ánsay na (*makabáyad, magbáyad*) ka na raw sa kanya. 10. Magtrabáho ka pára (*magbáyad, makabáyad*) ka sa

kanya. 11. (*Ubúsin, Maúbos*) na ninyo ang kok na iyan at bíbili na lang ako ng pára kay Cárlos. 12. Inumin na ninyo ang kok na iyan pára (*ubúsin, maúbos*) na. 13. Kayá naman pala hindí (*tapúsin, matápos*) ang trabáho ninyo ay hindí ninyo ginágawà. 14. Iyong trabáho ninyo ang (*tapúsin, matápos*) ninyo at hindí iyong trabáho ng iba. 15. Ikaw ngá ang (*kumúha makakúha*) ng bir. Hindí kasi (*kúkúha, makákakúha*) ng bir sa tindáhang iyan ang walang ID.

SU4.23   The accidental meaning of the potential verbs

The potential verb forms also may refer to an action which is accidental or involuntary -- that is, the one who did or will do the action does not mean to do it, but rather the action happened because of some outside event.

23. *Mabúti náalála mo.* "It's a good thing you **happened to remember**." (7C33a)
24. *Hindí ko ngá alam kung bákit ko nádala iyon.* "I really don't know why I brought (lit. **happened to bring)** it." (7C33c)

The local passive potential of many verbs refers to an action which happened to take place and affected something accidentally. In the following sentences the action happened to part of something. The future tense is used because the reference is to future time after *kung* "if."

25. *Kung hindí masisiráan itong bus sigúro alas kwátro o alas síngko nandoon na táyo.* "If this bus does not have a breakdown (lit. something **doesn't go wrong on** it), we'll probably arrive at four or five." (6C20b.)

In the following sentence the present tense is used because the reference is to something which happens in general. The potential form is used because there is no agent who means to make it happen.

26. *Nawáwalan ako ng gána* "I lose my appetite (Lit. Appetite **is lost from** me.)" (6B11b)

Let us work an exercise on the accidental meaning of the potential.

SU4.23 Pilíin ang támang sagot sa saklong

1. Hindí mo dápat (*ubúsin, maúbos*) ang kok kung busog ka. 2. Huwag kayong kumáin ng marámi. Baká (*ubúsin, maúbos*) ang lahat. 3. Tingnan mo naman itong (*piníli, nápíli*) ko. Hindí naman ito ang talagang gusto ko e. 4. Kung ikaw ang tátanungin, síno ang (*pípilíin, mápípíli*) mo sa dalawang iyan. 5. Bákit paláging ito ang (*kinúkúha, nákukúha*) ko e hindí naman ito ang talagang (*kinúkúha, nákúkúha*) ko? 6. Sóri, (*ininom, náinom*) ko iyong kok mo. Yung ákin na lang ang inumin mo. 7. Káhit malamig na ang kapeng ginawá mo ay (*ininom, náinom*) ko pa rin. 8. Hábang siya ay naglálakad sa plása ay (*kumúha, nakákúha*) siya ng péra. 9. Huwag kang (*kúkúha, makákákúha*) ng gámit ng iba. 10. Paláging iyong pagkáin niya ang (*kinákáin, nákakáin*) ko dáhil akálá ko ay sa ákin iyon. 11. Kung alam ko na sa iyo ang pagkáing nása lamésa kangína ay hindí ko (*kákaínin, mákakáin*) iyon. 12. (*Inistórbo, Naistórbo*) si Léslie hábang siya ay nagbábasa nang márinig niyang tumáwa si Cárlos. 13. Huwag mo ngá akong (*istórbohin, maistórbo*) dáhil marámi akong ginágawà. 14. (*Putúlin, Maputól*) mo ngá ang istrong iyon. 15. Kayá (*pinútol, napútol*) ang istro ay dáhil sa sigarílyo mo.

SU4.24 Verbs which are always potential in form

Some verbs occur only with potential affixes. These are verbs which refer to actions which one does not mean to perform -- that is, actions like "see" (*mákíta*), "hear" (*márinig*), "forget" (*malimútan*), "remember" (*maalála*). The following sentences illustrate some of these verbs.[1]

27. *Ang tagal kitang hindí nákíta.* "It's been a long time since I **saw** you." (7B12b)
28. *Tatlong taon na yátá ang nakákalípas nang huli kitang mákíta.* "It must be three years (lit. apparently three years have been slipping by) since I last **saw** you." (7B13A)
29. *Nalimútan ko ngá e.*" Indeed I **have forgotten**." (7C33b)

---

[1] This statement is not entirely accurate. These roots do ocur with the nonpotential affixes, but the meaning of the verb is quite different from the meaning with the potential affixes: *kitáin* "earn (a certain amount)," *dinggin* "listen to (it, him, her)," *limútin* "put (it) out of mind," *alálahánin* "be mindful of, worry about (it)."

Ikawalong Aralin. Unit 8

A. Introduction: List of the verbs of Units 1-7

This unit is a review lesson. We present a reading, which has very little new vocabulary, and exercises which review the grammar which we have studied so far. The few new items which are introduced into the reading are glossed on the spot, and you need not remember these items. They are used only to make the story coherent. The most important grammar of the first few lessons is the verb forms. If you understand the basic outlines of the system which we have presented so far, you know a good portion of the entire verbal system and are well on the way to getting the bold outlines of how the grammar of Pilipino operates. It might be useful at this point to list as a reference for you the verbs which we have studied so far and give the verb forms which have appeared in the lessons or which are related to the rules given in the previous lessons. We should emphasize that this list is not given as a pedagogical device. Rather we present it as a reference for you. You need not (in fact, should not) spend time trying to memorize any part of it. This list is put here for you to look at if you should find it useful. (There is no other purpose for it. By all means go directly to the reading and come back to this list only when you wish to use it for reference.)

GROUP I. VERBS WITH DIRECT AND LOCAL PASSIVE REFERRING TO AN ACTION WHICH AFFECTS SOMETHING ELSE						
root	active			direct passive		local passive
inom	umínom	drink		inumin	drink (it)	inuman	drink from (it)
alis	umalis	go away		alisin	remove (it)	alisan	remove from (it)
káin	kumáin	eat		kaínin	eat (it)	kaínan	eat from (it)
gawà	gumawà	do, make		gawin	make (it)	gawan	do at (it)
kúha	kumúha	get		kúnin	get (it)	kúnan	get from (it)
úbos	umúbos	finish off		ubúsin	finish (it) off	ubúsan	finish off on (one)
sírà	sumírà	destroy		siráin	destroy (it)	siráan	destroy on (it, one)
gástos	gumástos	spend		gástusin	spend (it)	gástusan	spend on (it)
hánap	humánap or maghanap	look for		hanápin	look for (it)	hanápan	look for from (it)
bása	bumása or magbasa	read		basáhin	read (it)	basáhan	read to (one)
pútol	pumútol or magpútol	cut		putúlin	cut (it)	putúlan	cut from (it)
hingì	humingì or manghingì	ask for		hingin	ask for (it)	hingan	ask (one) for
dala	magdala	bring		dalhin	bring (it)	dalhan	bring to (one)
sábi	magsábi	say		sabíhin	say (it)	sabíhan	say to (one)
tanggal	magtanggal	detach		tanggalin	detach (it)	tanggalan	detach from (it)
bálot	magbálot	wrap		balútin	wrap (it)	balútan	enshroud (it)
hátì	maghátì	divide		hatíin	divide (it)	hatían	divide out to (one)
hintay	maghintay	wait		hintayin	wait for (it)	paghintayan	wait at (it)
ípon	mag-ípon	collect		ipúnin	collect (it)	pag-ipúnan	collect in (it)
trabáho	magtrabáho	work		trabahúhin	work (it)	pagtrabahúhan	work on (it)
tanong	magtanong	ask		tanungin	ask (one)	pagtanungan	ask (one) about (one)

root	active		direct passive		local passive	
bili	bumili	*buy*	bilhin	*buy (it)*	bilhan	*buy from (one)*
	magbili	*sell*	none		pagbilhan	*sell to (one)*
	mamili	*shop*	pamilhin	*buy (them)*	pamilhan	*shop at (it)*
panood	manoond	*watch*	panoorin	*watch (it)*	panooran	*watch at (it)*
sigarilyo	magsigarilyo	*smoke*	sigarilyúhin	*use (it) as*	none	
	or manigarilyo			*a cigarette*		

GROUP I. VERBS WITH ONLY POTENTIAL FORMS

root	active		direct passive		local passive	
kíta	makakíta	*see*	mákita	*see (it)*	makitáhan	*see in (one)*
káya	makakáya	*can*	makáya	*can do (it)*	mapagkayánan/	*manage to*
					makayánan	*handle (it)*
dinig	makárinig	*hear*	márinig	*hear (it)*	none	
alála	makaalála	*remember*	máalála	*remember (it)*	none	

GROUP I. VERBS WITH DIRECT AND LOCAL PASSIVES THAT HAVE DIFFERENT MEANINGS

súbok	sumúbok	*try, test*	subúkin	*test (it)*	subúkan	*try (it)*
sunod	sumunod	*follow*	sundin	*follow (it)*	sundan	*follow (one)*
táwag	tumáwag	*call*	tawágin	*call (one)*	tawágan	*call (one) up*
alam	makaalam	*find out*	alamin	*find out*	maláman	*know (it)*
				about (it)		

GROUP I. VERBS WHICH HAVE NO LOCAL PASSIVE

sundó	sumundò	*fetch*	sunduin	*fetch (one)*	none	
istórbo	mang-istórbo	*disturb*	istórbuhin	*disturb (one)*	none	
sigúro	maniguro	*make*	sigurúhin	*make*	none	
		certain		*certain of (it)*		
línis	maglínis	*clean*	linísin	*clean (it)*	none	
patuyò	magpatuyò	*dry off*	patuyuin	*dry (it)*	none	
tápos	tumápos	*finish*	tapúsin	*finish (it)*	none	
aksaya	mag-aksaya	*waste*	aksayahin	*waste (it)*	none	
bírò	bumírò *or*	*jest*	birúin	*fool (one)*	none	
	magbirò					

GROUP II. VERBS REFERRING TO AN ACTION WHICH HAPPENS TO THE SURFACE OF PART OF SOMETHING

tikim	tumikim	*taste*	none		tikman	*taste (it)*
bantay	magbantay	*watch*	none		bantayan	*watch (it)*
banlaw	magbanlaw	*rinse*	none		banlawan	*rinse (it) off*

GROUP II. MOTION VERBS WHICH HAVE NO DIRECT PASSIVE

upò	umupò	*sit down*	none		upuan	*sit on (it)*
lípat	lumípat	*move*	none		lipátan	*move to (it)*
uwì	umuwì	*go home*	none		uwian	*go home to (it)*
punta	pumunta *or*	*go*	none		puntahan	*go to (it)*
	magpunta					
balik	bumalik *or*	*return*	none		balikan	*return to get (it)*
	magbalik				pagbalikan	*put back in (it)*
sáma	sumáma	*go with*	none		samáhan	*accompany (it)*
	magsáma	*go together*				
dating	dumating	*come, go*	none		datnan	*come, go to (it)*
sakay	sumakay	*ride*	none		sakyan	*ride (it)*
gáling	manggáling	*come from*	none		panggalíngan	*come from (it)*

root	active		direct passive		local passive	
babà	bumabà	go down	babain[†]	go down to get (it)	babaan	bring down to (one)
pasyal	pumasyal or magpasyal or mamasyal	take a walk	none		pasyalan	stop by to visit (one)
lákad	lumákad	go	lakárin	go to get (it)	lakáran	go on (it)

GROUP II. VERBS SIMILAR TO MOTION VERBS WITH NO DIRECT PASSIVE

root	active		direct passive		local passive	
dalo	dumalo	attend	none		daluhan	attend (it)
pahinga	magpahinga	rest	none		pagpahingahan	rest at (it)
tígil	tumígil	stop, stay	none		tigílan	stay (at), stop doing to (it)
tuloy	tumuloy	continue/ stay	none		tuluyan	keep doing to (it), stay at (it)
tira	tumira	stay, live	none		tirahan	stay at (it)

OTHER GROUP II. VERBS WHICH HAVE NO DIRECT PASSIVE

handà	maghandà	prepare	none		handaan	prepare for (it)
páyag	pumáyag	agree	none		payágan	agree to (it)
tingin	tumingin	look at	none		tingnan	look at (it)
simulà	magsimulà	begin	none		simulan	begin (it)
táwa	tumáwa	laugh	none		tawánan	laugh at (it)
pakasal	magpakasal	marry	none		pakasalan	marry (one)
pabáyà	magpabáyà	neglect	none		pabayáan	let (it) be
tagal	magtagal	stay for long time	none		tagalan	take a long time
hírap	maghírap	be poor	none		hirápan	make hard for íhì
	umíhì	urinate	none		ihían	urinate on (it)
ulan	umulan	rain	none		maulanan	get rained on
áral	mag-áral	study	none		pag-arálan	study (it)
pasiya	magpasiya	decide	none		pagpasiyahan	decide on (it)
tagumpay	magtagumpay	succeed	none		pagtagumpayan	be victorious over (it)
pasénsiya	magpasénsiya	be patient	none		pagpasénsiyahan	be patient with (it)
límot	nakalímot	forget	none		malimútan	forget (it)
intíndi	makáintindi	understand	none		máintindihan	understand (it)
túto	matúto	learn	none		matutúnan	learn (it)

[†]We say in the heading of this chart that the verbs of motion do not have a direct passive. In fact, a few of them do have direct passives, and we will discuss them in future units. We just put them in this chart to avoid putting down "none" when the appropriate form does in fact occur. However, there is no need for you to learn the direct passive of verbs of motion at this time.

GROUP III. CONVEYANCE VERBS WHICH HAVE NO DIRECT PASSIVE					
túrò	magtúrò	*teach*	none	turúan	*teach (one)*
báyad	magbáyad	*pay*	none	bayáran	*pay to (one), pay for (it)*
túlong	tumúlong	*help*	none	tulúngan	*help (one)*
pangákò	mangákò	*promise*	none	pangakúan	*promise (one)*

GROUP IV. VERBS WHICH HAVE NO DIRECT OR LOCAL PASSIVE				
root	**active**		**direct passive**	**local passive**
kílos	kumílos	*move*	none	none
sanglà	magsanglà	*mortgage*	none	pagsanglaan	*morgtage to (one)*
lípas	lumípas	*elapse*	none	none
yári	mangyári	*happen*	none	pangyaríhan	*happen at*
asáwa	mag-asáwa	*marry*	none	none

Babasahin

1. Masayang-masaya si Léslie nang isáma siya ng mag-asáwang Ocámpo sa pistáhan ng kanilang lugar. At dáhil doon ngá siya nakatira sa kanilang báhay, "Nánay" at "Tátay" na ang táwag niya sa mag-asáwa. Maága pa ay handá na silang pumunta ng Pásay pára magresérba ng tíket pára sa bus na airconditioned at pára na rin sila'y makasigurádong mérong máuupuan. At dáhil ngá panahon ng pistáhan sa Vígan, maráming táong gustong sumakay ng bus papunta doon. Hálos tanghalían na nang sila'y makaalis ng Calambà.

2. Nang sila'y dumating sa Pásay, bumili sila ng tíket agad, péro maghíhintay pa pala sila ng dalawang óras bágo umalis ang bus na kanilang sásakyan papuntang Vígan kayá nagkaroon pa sila ng pagkakátaong kumáin. Nang nása karindérya na sila ay nawalan ng gánang kumáin si Léslie dáhil hindí pala pinatútuyó ang mga pláto doon matápos banlawan kayá mababáhó ang mga ito. Péro nagpasalámat na rin siya dáhil méron silang úpúan. Ang ibang gustong pumunta sa Vígan ay hindí makákaalis dáhil walá silang máupuan.

3. Sumakay na sila. At umalis na ang bus. Nagsimulá nang lumákad ang bus nang máalála niya na hindí pa pala siya nakákapunta sa CR. Kayá mga isang óras na silang nása bus ay párang náiihí na siya. At isang óras pa..., talagang ihing-ihí na siya, párang hindí na niya matátagalan. Náiísip niyang mabúti pang naging laláki na lang siya dáhil kung tumítígil ang bus, may mga bumábabang laláki. Púpunta na lang sila sa isang tabi, tátalikod at doon sila ííhì. Talaga sánang sásabíhin na niya sa dráyber na tumígil at magháhanap lang siya ng lugar pára maihían nang, tumígil ang bus. Sinábi ni Mr. Ocámpo: "O Léslie babá na táyo. Ángeles na pala. Díto ang lahat ay pwédeng bumabá at magpahinga."

4. Hálos gabi na nang dumating sila sa Vígan kayá ngá hálos ay walá nang dyip. Kayá tinawágan na ni Mrs. Ocámpo ang kanyang Áte Charing pára sila'y sunduin. Nang sila'y dumating sa báhay, ipinakilála ni Mrs. Ocámpo si Léslie sa kanyang kapatid na si Charing. At kíta niyang hálos lahat ng mga bátá do'n ay tumátáwag ng "Lóla Charing" sa kapatid ni Mrs. Ocámpo. Kayá naman "Lóla" na rin ang 'tináwag ni Léslie sa kanya. Kayá naman pala madáming tumátáwag ng "Lóla" sa kanya ay dáhil méron na pala siyang tatlumpu't ápat na apo.

5. Nakapagpahinga na sila ng kóntí at nalígó nang dumating ang únang bisíta. Walang sinábi si Lóla Charing kundì, "Pagpasénsyahan n'yo na lang ang áming handá ha." Péro ang dámi-dámi naman ng kanilang pagkáin. At dáhil hindí pa ngá nakákakáin ng tanghalían si Léslie, gutom na gutom na siya. Tinikman niya ang lahat ng úlam hanggang siya'y mabusog.

6. Péro sa báhay, kayá siya naging masaya ay dáhil sa laláking kanyang nákilála, si Inting. Palágí siyang nása tabi ni Léslie. Bágong uwí pa lang siya gáling sa Saudi. Mabait si Inting, masásábing pógí at

walá siyang asáwa o nóbya man lang. Ngayon ay trenta'y kwátro ányos na siya, hindí pa rin siya nag-áasáwa. Sigúro dáhil matagal siya sa Saudi. At náalála ni Léslie si Pete. Hindí na niya sásabíhin pa kay Pete ang tungkol kay Inting.

7.   Alas nuwébe nang gabi nang tawágin si Léslie ng kanyang "Tátay" at "Nánay." "Léslie, halíka na at manood táyo ng móro-móro pára naman mákíta mo ang mga damit." Hindí naman niya máiintindihan ang sinásábi ng mga nagmómóro-móro. Péro nang máláman niyang manónood pala si Inting, nagpasiya siyang manood na rin.

8.   At nanood si Léslie. Humángá siya sa kanyang nákíta. Nákíta niyang talaga ngá palang gumágástos ang mga táo do'n nang higit pa sa kanilang makákáya. Náiintindihan niya kung bákit madáming polítiko ang gustong tanggalin ang pista. Alam niya na ang iba do'n ay nagsanglá ng kanilang lúpá pára lang makapaghandà. At ang iba'y hindí na rin nakákabáyad ng kanilang útang kayá nawáwalan sila ng lúpà.

Péro inalis niya ito sa kanyang ísípan. Hindí ito ang dahilan kung bákit hindí siya masaya. Ang probléma ay hindí pa niya nákikíta si Inting. Úuwí na sána siyang mag-isa péro gusto siyang samáhan ng mag-asáwang Ocámpo. Áalis na sila nang, "Mr. Ocámpo, ako na lang hó ang sásáma kay Léslie," ang sábi ni Inting. Matagal na pala siyang nándoon at palági siyang nakatingin kay Léslie. Bágo sila umuwí ay naglakad múna sila sa plása. Nagpunta sila sa Ágrix at nákíta nilang mé magandang palabas. Péro hindí sila nanood. Namasyal na lang sila at pagkatápos ay uminom ng softdrink hábang sila'y nag-úúsap. Bumili pa ngá sila ng lumpiyá at ito'y kanilang hinátì. Masaya si Léslie, náiisip niyang masarap palang tumira sa Vígan. Párang áyaw na niyang umuwì. Matagal sila sa plása nang biglang umulan. At saká lámang sila umuwì. At bágo umalis si Inting ay sinábi niyang, "Búkas ha? Sa sáyáwan." Alam ni Léslie na kinábukásan mákikíta niya ulí si Inting.

Commentary to difficult forms in Reading 8

1.	isáma	"Be taken along." (This form is explained in §§9.2 and 9.6.)
	mag-asáwa	"Married couple" (§12.12).
	maága	"Early."
3.	náiihì	"Feel like urinating." (This form is explained in §23.4).
	naíisip niya	"Occurs to her that..."
	tátalikod	"Turn their back."
5.	bisíta	"Visitor."
	walang sinábi si Lóla Charing kundì	"She couldn't say anything except..." (See §16.81 for an explanation of this construction.)
	mabusog	"Be full."
6.	pógì	"Nice looking."
	walá man lang	"Not even have" (§17.98).
	tungkol sa, tungkol kay	"About" (§16.2).
7.	náláman	"Found out" (§10.45).
8.	humángà	"Admire."
	inalis	"Remove."
	ísípan	"Thought."
	dahilan	"Reason, excuse."
	mag-isa	"Alone."
	nag-úúsap	"Converse."
	biglà	"Suddenly."
	ulì	"Again."

BII. Punuan ng támang sagot ang mga patlang sa mga sumúsunod na pangungúsap.

1. Masaya si Léslie dáhil isináma siya ng mag-asáwang Ocámpo sa _____. 2. Pumunta sila nang maága sa Pásay pára _____. 3. Nagresérba sila ng tíket pára sila'y makasigúrong _____. 4. Panahon ng pistáhan sa _____ kayá maráming táong gustong sumakay ng bus papunta doon. 5. _____ pa bágo umalis ang bus na sásakyan nila kayá kumáin múna sila. 6. Nawalan ng gánang kumáin si Léslie sa _____ dáhil mababáhó ang mga pláto doon. 7. Hindí _____ si Léslie bágo lumákad ang bus kayá ihing-ihí na siya nang dalawang óras nang lumálákad ang bus. 8. Tumígil ang bus sa _____. 9. Walá ng _____ nang dumating sina Léslie sa Vígan dáhil gabi na. 10. Si Léslie ay ipinakilála ni Mrs. Ocámpo sa _____. 11. "Lóla" ang táwag sa kapatid ni Mrs. Ocámpo dáhil méron na siyang _____ na apo. 12. Ang sinásábi ni Lóla Charing sa mga bisíta ay _____na lang ang kanilang handà. 13. Gutom na gutom si Léslie dáhil hindí pa siya nakákakáin ng _____. 14. Masaya si Léslie sa báhay dáhil nákilála niya si _____. 15. Tináwag si Léslie ng kanyang "Tátay" at "Nánay" pára manood ng _____. 16. Nang manood si Léslie ng palabas ay náintíndihan niya kung bákit gusto ng madáming _____ tanggalin ang pista. 17. Ang ibang táo ay _____ ng lúpá pára lang makapaghandà. 18. Bágo umuwí sina Inting at Léslie ay naglakad múna sila sa _____. 19. Kumáin sila ng _____ at uminom ng _____ sa plása. 20. Saká lámang umuwí sina Léslie at Inting nang biglang_____. 21. Kinábukásan ay mákikíta ulí ni Léslie si Inting sa _____.

BIII. Pagpapahayag na mulì. Muling bumuó ng pangungúsap áyon sa únang pahayag.

1. Masayang-masaya si Léslie nang isáma siya ng mag-asáwang Ocámpo sa pistáhan ng kanilang lugar.
   Kasáma ... nang ...
2. Dáhil doon ngá siya nakatira sa kanilang báhay, Nánay at Tátay na ang táwag niya sa mag-asáwa.
   Báhay ng mag-asáwang Ocámpo ang ...
   Kung ... niya ang mag-asáwa ay ...
3. Maága pa ay handá na silang pumunta ng Pásay pára magparesérba ng tíket pára sa airconditioned na bus at pára na rin sila'y makasigúrong may máuupuan.
   Tíket pára sa ... ang ...
   Mahalaga ang ... ng tíket kung gusto nilang ...
4. At dáhil ngá panahon ng pistáhan sa Vígan ay maráming táong gustong sumakay ng bus papunta doon.
   Bus ang gustong ...
5. Hálos tanghálí na nang sila'y makaalis ng Calambà.
   Tanghálí na bágo ...
6. Nang sila'y dumating sa Pásay ay bumili sila ng tíket agad, péro maghíhintay pa sila ng dalawang óras bágo umalis ang bus na kanilang sásakyan papuntang Vígan.
   Ang úna nilang ginawà, pagdating nila sa Pásay, ay ang ...
   Kailángan nilang ... dáhil ...
7. Nagsimulá nang lumákad ang bus nang máalála niyang hindí pa pala siya nakákakapunta sa CR.
   Saká lang niya ... nang ... ang bus.
8. Kayá mga isang óras na silang nása bus, párang naíihí na siya. A, isang óras pa, talagang ihing-ihí na siya, párang hindí na niya matátagalan.
   Párang hindí na siya ... dáhil ...
9. Náiisip niyang mabúti pang naging laláki na lang siya dáhil kung tumítigil ang bus ay may mga bumábabang laláki. Púpunta na lang sila sa isang tabi, tátalikod at doon sila ííhì.
   Walá sána siyang probléma kung ...
   Ang laláki ay pwédeng ... ng bus pára ...

10. Talaga sánang sásabíhin na niya sa dráyber na tumígil at magháhanap lang siya ng lugar pára máihían.

   Gusto na sána niyang ... sa dráyber na kailángan niyang ...

11. Tumígil ang bus, "O Léslie, babá na táyo at Ángeles na pala. Doon, lahat ay pwédeng bumabá at magpahinga."

   Nang sila ay ..., saká lang ... ang bus.

   Sa wakas, ... na si Léslie dáhil doon, ...

12. Hálos gabi na nang dumating sila sa Vígan kayá ngá hálos ay walá ng dyip. Kayá tinawágan na ni Mrs. Ocámpo ang kanyang Áte Charing pára sila sunduin.

   Hálos walá nang dyip na ... dáhil ...

   ... si Mrs. Ocámpo sa kanyang Áte Charing dáhil ...

13. Nang sila'y dumating sa báhay, ipinakilála ni Mrs. Ocámpo si Léslie sa kanyang kapatid na si Charing.

   Nákilála ni ...

14. At kíta niyang hálos lahat ng mga bátá doon ay tumátáwag ng "Lóla Charing" sa kapatid ni Mrs. Ocámpo. Kayá naman "Lóla" na rin ang itináwag ni Léslie sa kanya.

   "Lóla Charing" ang ...

   ... niyang "Lóla" ang kapatid ni Mrs. Ocámpo dáhil iyon ang ...

15. Kayá naman pala madáming tumátáwag ng "Lóla" sa kanya ay dáhil méron na pala siyang tatlumpu't ápat na apo.

   ... siyang "Lóla" dáhil ...

16. Nakapagpahinga na sila ng kóntí at nakapalígó nang dumating ang únang bisíta.

   Bágo ... ay ...

17. Walang sinábi si Lóla Charing kundí "Pagpasénsyahan nyo na lang ang áming handà, ha?" Péro ang dámi-dámi naman ng kanilang pagkáin. At dáhil hindí pa ngá nakákakáin ng tanghalían si Léslie, gutom na gutom na siya.

   "Kayo na sána ang bahálang ... sa pagkáing ...," ang sábi ni Lóla Charing.

   Hindí siya ... nang gayon kung siya ay may ... sa tanghalían.

18. Tinikman niya ang lahat ng úlam hanggang siya'y mabusog.

   ... si Léslie dáhil sa ... ng lahat ng úlam.

19. Péro sa báhay kayá siya naging masaya ay dáhil sa laláking kanyang nákilála, si Inting. Bágong uwí pa lang siya gáling sa Saúdi. Palágí siyang nása tabi ni Léslie.

   ... si Léslie ng isang ...

   Kayá ... ay dáhil nagkaroon ...

   Láging ... ni Inting ...

   Láging ... si Inting ...

20. Mabait si Inting, masásábing pógí at walá siyang asáwa o nóbya man lang. Ngayon ay trénta'y kwátro ányos na siya. Hindí pa rin siya nag-áasáwa. Sigúro dáhil matagal siya sa Saúdi.

   ... na si Inting, péro ...

   Maááring kayá siya ay hindí ... ay ...

21. Alas nwébe na ng gabi nang tawágin si Léslie ng kanyang "Tátay" at "Nánay." "Léslie, halíka na at manood táyo ng móro-móro pára naman mákíta mo ang mga damit."

   Nang alas nwébe na ng gabi ay ...

   ... ng mag-asáwa ang móro-móro.

   Gusto nilang isáma si Léslie dáhil ...

22. Hindí na sána siya sásáma dáhil párang pagod na siya at náiisip niyang hindí naman niya máiintindihan ang sinásábi ng mga nagmómóro-móro.

   Áyaw niya sánang ... dáhil baká ... ang íbig ... ng móro-móro.

23. Péro nang máláman niyang manónood pala si Inting, nagpasiya siyang manood na rin. At nanood si Léslie.

   Gustong manood ni ... dáhil ...

   ... niyang manood ng móro-móro dáhil ... din pala iyon ni Inting.

24. Humángá siya sa kanyang nákíta. Nákíta niyang talaga ngá palang gumágástos ang mga táo doon nang higit pa sa kanilang makákáya.

... ni Léslie ang kanyang ...

Higit pa sa kanilang ... ang ... ng mga táo pára sa móro-móro.

25. Náiintindihan niya kung bákit madáming polítiko ang may gustong tanggalin ang pista. Alam niya na iba doon ay nagsanglá ng kanilang lúpá pára lang makapaghandà.

Magástos ang pista. Kayá ito ay ...

... ng iba ang kanilang lúpá pára lang sila ay may ...

26. Péro ang iba'y hindí na rin nakákabáyad ng kanilang útang kayá nawáwalan sila ng lúpà.

Ang iba ay ... dáhil hindí nila ... ang pérang kanilang ...

27. Péro inalis niya ito sa kanyang ísípan. Hindí ito ang dahilan kung bákit hindí siya masaya. Ang probléma ay hindí pa niya nákikíta si Inting.

Áyaw niyang ...

Malungkot si Léslie dáhil ...

Kung ... niya si Inting ay ...

28. Úuwí na sána siyang mag-isa péro gusto siyang samáhan ng mag-asáwang Ocámpo. Áalis na sila nang, "Mr. Ocámpo, ako na lang hó ang sásáma kay Léslie, " ang sábi ni Inting.

Mag-isa sánang ..., péro gustong ...

Handá na silang ... nang dumating si Inting at magsábing gusto niyang ...

29. Matagal na pala siyang nándoon at palágí siyang nakatingin kay Léslie.

Kanína pa pala ... at palágí niyang ...

30. Bágo sila umuwí ay naglakad múna sila sa plása. Nagpunta sila sa Ágrix at nákíta nilang mé magandang palabas. Péro hindí sila nanood.

Hindí múna ... dáhil ...

... nila ang Ágrix at náláman nilang mé magandang palabas na pwéde ...

Káhit ... ay ...

31. Namasyal na lang sila at pagkatápos ay uminom ng softdrink hábang sila'y nag-úúsap. Bumili pa ngá sila ng lumpiá at ito'y kanilang hinátì.

Pagkatápos ... ay nagkaroon sila ng pagkakátaong ...

... sila sa lumpiá na ... nila.

32. Masaya si Léslie, náísip niyang masarap palang tumira sa Vígan. Párang áyaw na niyang umuwì.

Ang gusto ni Léslie ay ... dáhil náísip niyang ang ... ay masaya.

33. Matagal na sila sa plása nang biglang umulan. At saká lámang sila umuwì.

Kung hindí pa ... ay hindí pa ...

34. At bágo umalis si Inting ..., "Búkas ha? Sa sáyáwan." Alam ni Lésling kinábukásan ay mákikíta niya ulí si Inting.

Gusto ni Inting na ... sila ni Léslie ...

Alam ni Léslie na mulí silang ...

BIV. Sagutin ang mga sumúsunod na tanong.

1. Malungkot si Léslie dáhil áyaw niyang sumáma sa pistáhan kina Mrs. Ocámpo. Támá o malì? 2. Bákit Nánay at Tátay ang táwag ni Léslie sa mag-asáwa? 3. Ano ang dahilan at maágang pumunta sina Mr. Ocámpo sa Pásay? 4. Bákit maráming táong gustong sumakay ng bus papuntang Vígan nang áraw na iyon. 5. Nakaalis ba agad ang bus na sásakyan nina Léslie? 6. Bákit nawalan ng gánang kumáin si Léslie? 7. Ano ang naalála ni Léslie nang lumákad na ang bus? 8. Bákit náísip ni Léslie nang siya'y naíihí na, na sána'y naging laláki na lang siya? 9. Nakarating sila sa kapatid ni Mrs. Ocámpo dáhil may nasakyan pa silang dyip. Támá o malì? 10. Bákit Lóla ang táwag ng lahat sa kapatid ni Mrs. Ocámpo? 11. Bágong dating pa lang sina Léslie ay may dumating ng bisíta. Támá o malì? 12. Bákit maráming nakáin si Léslie nang óras na iyon? 13. Ano ang dahilan at naging masaya si Léslie sa pistáhan? 14. Hindí man lang pinápansin ni Inting si Léslie. Támá o malì? 15. Bákit gusto nina Mrs. Ocámpo na manood ng móro-móro si Léslie? 16. Nagpasiya si Léslie na manood ng

móro-móro dáhil talagang gusto niya. Támá o malì? 17. Bákit humángá si Léslie sa nákíta niya sa palabas? 18. Ano ang dahilan at gusto ng mga polítikong tanggalin na ang pista? 19. Nalungkot si Léslie dáhil hindí mabayáran ng ibang táo ang kanilang útang. Támá o malì? 20. Umuwing mag-isa si Léslie dáhil walá si Inting. Támá o malì? 21. Ano ang ginawá nina Léslie at Inting sa plása? 22. Ano ang náísip ni Léslie hábang kasáma niya si Inting? 23. Walang magandang palabas sa Ágrix kayá umuwí na sina Léslie at Inting. Támá o malì? 24. Paáno náláman ni Léslie na mákikíta niya ulí si Inting? 25. Sa iyong palagay, bákit kayá hindí na sásabíhin ni Léslie kay Pete ang tungkol kay Inting?

Grammar Review Exercises

8A1. **Simúnó at Panag-urì (Subject and Predicate) (§1.2) Pagsasánay sa pagsagot.**
Sagutin ang mga sumúsunod sa pamamagítan ng pag-úlit ng panag-urì. (Response Drill. Respond by repeating the predicate.)

1a. Nárito ba si Léslie?
b. Óo. Nárito ngà.
2a. Kayo hó ba ang nagtútúró ng Tagálog díto?
b. Óo. Ako ngà.
3a. Nagtútúró hó ba kayo?
b. Óo. Nagtútúró ngá ako.
4a. Ikaw ba yung kumúha ng bag?
b. Óo. Ako ngà.
5a. Sásakay ba sila ng bus?
b. Óo. Sásakay ngá sila.
6a. Nakakíta ka na ba ng móro-móro?
b. Óo. Nakakíta na ngá ako.
7a. Si Pete ba ang tumáwag?
b. Óo. Siya ngà.
8a. Kami ba ang pinapunta díto ni Mrs. Ocámpo?
b. Óo. Kayo ngà.
9a. Nagpunta ka ngá ba sa Marindúque?
b. Óo. Nagpunta ngá ako.
10a. Ikaw ngá ba ang bumili nitong tinápay?
b. Óo. Ako ngà.
11a. Nagpakasal ka ngá ba kay Léna?
b. Óo. Nagpakasal ngá ako.
12a. Isinanglá mo ngá ba ang lúpá ninyo?
b. Óo. Isinanglá ko ngà.
13a. Lumípat na ngá ba sila ng báhay?
b. Óo. Lumípat na ngá sila.
14a. Ikaw ba yung P.C.V.?
b. Óo. Ako ngà.
15a. Nag-ááral ngá hó ba sila ng Tagálog?
b. Óo. Nag-ááral ngá sila.

8A2. Piliin ang támang sagot. (§1.21)

1. Ano naman ang binábása mo d'yan?
a. Palágí akong nagbábasa nito.
b. Liwayway. Madámi kasi akong mátututúnan díto.
c. Aywan ko kung bákit áyaw na áyaw mong basáhin.
d. Nakakabása na ako ng Liwayway.

2. *Hindí ba bíbili múna táyo ng kailángan mo?*
   a.   Óo. Sa Linggo pa ako bíbili ng lámsyed na iyan.
   b.   Óo. Kailángan táyong bumili ng lámsyed.
   c.   Lámsyed ang kailángan náting bilhin múna.
   d.   Óo. Péro may óras pa táyo pára uminom bágo táyo pumunta sa paléngke.
3. *Magtátrabáho ba táyo sa Vígan o úuwí na lang táyo?*
   a.   Óo. Sa Vígan táyo magtátrabáho.
   b.   Óo. Papunta ngá táyo sa Vígan.
   c.   Hindí nátin kailángang umuwì.
   d.   Kasi gágabihin táyo sa Vígan.
4. *Bákit mo ba gustong magpahinga?*
   a.   Kasi pagod na pagod talaga ako.
   b.   Ayóko ngang magpahinga, eh.
   c.   Magpahinga múna táyo doon sa may mga úpúan.
   d.   Magpahinga na lang táyo sa may Ágrix.
5. *Saan ka ba nakatira díto sa Los Báños?*
   a.   Díto ako nakatira sa Los Báños.
   b.   Nagháhanap ngá ako ng pwédeng tirhan sa may U.P.R.H.S.
   c.   Ah, doon lang ako nakatira sa may tabi ng Mother's Best.
   d.   Gusto ko ngá sánang tumira sa may tabi ng Mother's Best.
6. *Magkákaroon pa ba kayo ng bakánteng kwárto o hindí na?*
   a.   Walá na kasi kaming bakánteng kwárto, eh.
   b.   Héto. Pwéde pa itong bakánteng kwárto pára sa iyo.
   c.   Nagkaroon na kami ng bakánteng kwárto péro may kumúha na.
   d.   Hindí na kami magkákaroon ng bakánteng kwárto.
7. *Gusto mo bang kumáin ng kéndi o ng létse plan?*
   a.   Létse plan ngá itong kinákáin ko, eh.
   b.   Ayókong kumáin ng létse plan.
   c.   Ay, gusto kong kumáin ng létse plan.
   d.   Kéndi na lang kayá ang kaínin ko.
8. *Kailángan pa ba náting tapúsin ang móro-móro bágo táyo umuwì?*
   a.   Óo. Kailángan náting tapúsin iyan.
   b.   Óo. Úuwí táyo kung tapos na ang móro-móro.
   c.   Hindí naman kailángan táyong umuwì.
   d.   Gusto kong umuwí pagkatápos ng móro-móro.
9. *Nakabili ka na ba ng tíket pára sa bus na papuntang Vígan?*
   a.   Óo. Papuntang Vígan ang bus na iyan.
   b.   Óo. Sa Makáti ngá sána ako bíbili ng tíket, eh.
   c.   Pwéde naman táyong bumili ng tíket sa estasyon.
   d.   Óo. Péro pára sa mga panghápong bus ang mga tíket na nabili ko.
10. *Nagpasalámat ba siya pagkatápos niyang kumáin?*
   a.   Hindí pa ngá siya kumákáin eh.
   b.   Magpápasalámat na siya ngayon.
   c.   Kákáin múna siya bágo siya magpasalámat.
   d.   Óo, nagpasalámat na ngá siya.
11. *Matagal pa ba bágo táyo dumating sa Ángeles?*
   a.   Óo. Dádating na táyo sa Ángeles.
   b.   Hay, matagal pa ngà.
   c.   Matagal pa ngá táyong maghíhintay.
   d.   Maláyó kasi ang Ángeles, eh.
12. *Manónood pa ba táyo ng móro-móro káhit áyaw mo?*
   a.   Ayóko ngá kasing manood ng móro-móro.
   b.   Hindí mo kailángang manood ng móro-móro.
   c.   Óo. Kasi kailángan ko ring masábi na nakápanood ako ng móro-móro.

    d.   Óo. Kasi gusto kong manood ng móro-móro.

13. *Létse plan hó ba 'yang ibábálot ninyo?*
    a.   Létse plan ngá ang ibábálot ko.
    b.   Ibábálot ko ngá kasi baká malimútan nyo.
    c.   Óo. Ibábálot ko ngá ito.
    d.   Óo. Péro kailángan kong balútin ito.

14. *Manónood ba táyo ng síne o kákáin na lang táyo?*
    a.   Gusto ko sánang manood ng síne búkas.
    b.   Kumáin na lang táyo kasi nagugútom na ako.
    c.   Hindí mo kailángang kumáin.
    d.   Gusto mo kasing manood ng síne, eh.

15. *Pinangákó mo bang dádalo táyo sa pista nila?*
    a.   Óo. Pagháhandaan ngá nila táyo, eh.
    b.   Óo, dádalo pa táyo sa pista nila.
    c.   Ipinangákó ko ngang tátagal táyo doon, eh.
    d.   Hindí naman nátin kailángang dumalo.

8A3. Bagúhin ang mga pangungúsap. Gawing simúnó ang panag-urí at gawing panag-urí ang simúnò. (§§1.21, 4.6, 4.61)

    1a.   Sa súsunod magbábáyad naman ako.
     b.   Sa súsunod ako naman ang magbábáyad.
    2a.   Magbáyad ka na.
     b.   Ikaw na ang magbáyad.
    3a.   Áalis ka na ba?
     b.   Ikaw na ba ang áalis?
    4a.   Nakabili ka na ba ng tíket?
     b.   Ikaw ba ang nakabili na ng tíket?
    5a.   Nakapunta ka na ba sa paléngke?
     b.   Ikaw ba ang nakapunta na sa paléngke?
    6a.   Búkas dápat ay magbáyad ka na.
     b.   Búkas dápat ikaw na ang magbáyad.
    7a.   Uminom ka pala ng softdrink.
     b.   Ikaw pala ang uminom ng softdrink.
    8a.   Maganda naman pala ang kwártong ito.
     b.   Ang kwártong ito pala naman ang maganda.
    9a.   Hindí naman masyádong malaki ang báhay námin.
     b.   Ang báhay námin ang hindí masyádong malaki.
    10a.   Nakatira hó ako sa mga magúlang ko sa San Páblo.
     b.   Ako hó ang nakatira sa mga magúlang ko sa San Páblo.
    11a.   Nagtátrabáho hó ba siya sa Maynílà?
     b.   Siya hó ba ang nagtátrabáho sa Maynílà?
    12a.   Namímili naman siya sa paléngke ngayon.
     b.   Siya naman ang namímili sa paléngke ngayon.
    13a.   Magtútúró hó ako ng Ingles.
     b.   Ako hó ang magtútúró ng Ingles.
    14a.   Palágí ko hó itong binábása.
     b.   Ito hó ang palágí kong binábása.
    15a.   Nakakúha ka na ba ng tíket ng bus?
     b.   Ikaw ba ang nakakúha na ng tíket ng bus?

8A4. Bagúhin ang mga sumúsunod na pangungúsap sa pamamagítan ng paggámit ng mga salitang nása saklong. (§§2.4, 3.21)

1a.	Bíbili ako ng lámsyed.	*(dal'wang lámsyed)*
b.	Dal'wang lámsyed ang bíbilhin ko.	
2a.	Syémpre íinom lang ako ng kok.	*(isang kok)*
b.	Syémpre isang kok lang ang íinumin ko.	
3a.	Títira ba sila díto?	*(silang ápat)*
b.	Silang ápat ba ang títira díto?	
4a.	Nakabása na ako ng librong Tagálog.	*(marámi ng)*
b.	Maráming librong Tagálog ang nabása ko na.	
5a.	Kumúha ako ng létse plan.	*(tatlong létse plan)*
b.	Tatlong létse plan ang kinúha ko.	
6a.	Bumili sila ng báhay na diyes mil.	*(mag-asáwa)*
b.	Silang mag-asáwa ang bumili ng báhay na diyes mil.	
7a.	Dumating sila kahápon sa pistáhan.	*(lahat)*
b.	Silang lahat ang dumating kahápon sa pistáhan.	
8a.	Uminom kami ng bir kagabi.	*(pitong bir)*
b.	Pitong bir ang ininom námin kagabi.	
9a.	Naghintay sila sa ákin sa estasyon.	*(silang tatlo)*
b.	Silang tatlo ang naghintay sa ákin sa estasyon.	
10a.	Nakapanood na ako ng paráda.	*(dal'wang paráda)*
b.	Dal'wang paráda na ang napanood ko.	
11a.	Áalis ba kayo?	*(silang lahat)*
b.	Silang lahat ba ang áalis?	
12a.	Bumili ka na ba ng sigarílyo?	*(limang sigarílyo)*
b.	Limang sigarílyo na ba ang binili mo?	
13a.	Nakaípon na siya ng péra.	*(maráming péra)*
b.	Maráming péra ang naípon na niya.	
14a.	Naghúgas ako ng pláto.	*(sampung pláto)*
b.	Sampung pláto ang hinugásan ko.	
15a.	Bumili ka pala ng softdrink.	*(dal'wang softdrink)*
b.	Dal'wang softdrink pala ang binili mo.	

8B1. Piliin ang támang sagot sa saklong. (§§1.91- 94, 2.91- 93, 98, 3.42- 45, 3.51- 54, 4.32- 322, 5.8)

1. *(Sa, nang)* Lúnes pa siya dárating. 2. Dumating na siya *(noong, sa)* Lúnes *(na, pa)*. 3. Dárating siya *(sa, nang)* alas-ótso. 4. Kung mámayá ay walá *(na, pa)* siya ay tiyak na hindí *(na, pa)* siya dárating. 5. Hindí *(pa, na)* ako matagal díto. Mga dal'wang linggo *(pa lang, lang)*. 6. Dalawa *(pa lang, na lang)* ang hindí pa kumákáin. 7. Dalawa *(pa lang, na lang)* ang kumáin na. 8. Umuwí ka *(pa, na)* pára makapanood ka ng móro-móro. 9. Síno *(pa ba, pa lang)* ang kumáin na? 10. Kahápon *(pa, na)* siya dumating péro hindí *(na, pa)* siya nákikíta ni Nánay. 11. Ngayon *(lang, na)* siya nakakíta ng móro-móro. 12. *(Noong, Sa)* Linggo siya umalis péro bumalik *(na, pa)* pala siya. 13. Méron *(pa, na)* bang bir? Íisa *(pa lang, na lang)* kasi ang naíinom ko. 14. Sa Martes *(pa, na)* sila úuwì. Péro ngayon *(pa lang, lang)* ay nagháhandá na sila. 15. Búkas *(na lang, pa lang)* siya áalis kasi ay walá *(na, pa)* palang bus. 16. *(Noong, Sa)* Myérkules *(na, pa)* siya dumating. 17. Nakapunta ka *(pa, na)* ba sa pistáhan? A hindì, ngayon *(pa lang, na lang)*. 18. Díto *(pa lang, na lang)* táyo kumáin, múra kasi díto ang pagkáin. 19. Hindí *(pa lang, na lang)* ako úuwí kasi gabi *(pa, na)*. 20. Nang dumating siya *(sa, noong)* Martes ay sumáma siya sa áming manood ng síne. 21. Sa iskwelahan *(na lang, pa lang)* ako púpunta. 22. Kumáin ka *(na, pa)* pala. Mabúti pa uwian mo *(na lang, pa lang)* si Léna ng handà. 23. Mag-áasáwa ka *(na, pa)* e bákit ngayon ka *(na lang, pa lang)* nagpasyang mag-asáwa, ngayong 34 ka *(na, pa)*? 24. Matagal ka *(pa, na)* bang naghíhintay? Hindí naman,

ngayon *(na lang, pa lang)*. 25. *(Noong, Sa)* isang taon ay nakatira ako sa San Páblo. 26. Táyo *(pa, na)*, mukhang úulan. May iba *(na, pa)* ba táyong púpuntahan? 27. Gusto kong umuwí *(sa, noong)* Sábado, péro baká may tátapúsin *(na, pa)* akong trabáho. 28. Hindí *(na, pa)* ako nakákapunta sa paléngke kasi mahírap pumunta doon.

8B2. Tense meanings. Verb and tense expressions. Past, present, past + *na* , future, future + *pa*, future + *na*, dependent, present in negative. (§§4.211- 241, 4.31- 322) Basáhin ang buóng pangungúsap at isálin sa Tagálog ang mga salitang sa saklong. Bagúhin ang anyó kung kailángan. (Read the entire sentence and translate the forms in parenthesis. Change word order if necessary.)

Únang Hakbang. (No potentials)

1. Dalawang linggo na kitang hindí nákikíta. *(Have you moved)* ba? 2. Hindì. *(I haven't moved yet)*. 3. Bákit? Sinábi mong *(already last Monday)* *(would move)* ka! 4. Hindí pwéde. Hindí pa kasi *(left)* yung *(was staying)* doon. *(Only on Wednesday will leave)* siya. 5. Kayá *(only on Thursday)* ako *(will move)*. 6. Óo, *(on the next Wednesday)* pwéde *(already move)* ako. 7. Péro bágo ako *(move)* madámi pa akong kailángang *(to buy)*. 8. O síge. Kung ganoon ay táyo nang *(go shopping)*. 9. Péro bákit *(only on Wednesday)* siya *(will move)*? 10. Akálá ko'y *(already on Tuesday)* *(begun)* ang kláse. 11. Óo ngá, péro *(still looking for)* siya ng ibang báhay. 12. Halíka múna díto at *(will buy)* múna ako ng sigarílyo. 13. Akálá ko *(you don't smoke anymore)*. 14. Ako'y *(stopped last year)* péro *(last June)* ay nagsimulá ulí ako. 15. *(Will already arrive tomorrow)* si Lóla. Mabúti pang *(to prepare)* táyo. 16. Kailángan *(to be already prepared)* táyo bágo siya *(arrive)*. 17. Dí ba dápat *(already on Sunday)* siya *(arrived)*? 18. *(Will bring along)* niya ang mga iyon. 19. *(Won't bring along)* niya ang mga iyon. 20. O bákit kayo *(leaving so soon?)*. *(It's not yet)* naman gabi. Mabúti pa, *(let's drink)* bágo ka *(leave)*. 21. Kélan ka ba *(came back)* díto? Ah, nandíto na ako *(Tuesday already)*. 22. *(Are you leaving)* ngá ba papuntang Saudi? 23. Óo. Dápat ngá *(have left)* ako *(a year ago)* péro áyaw ni Mísis. 24. Saan ka ngá pala *(went)* noong Linggo? *(I looked for)* kasi kita, eh. 25. Ah, sa Vígan. Dápat sána *(I left last Tuesday)* péro may *(arrived)* sa áming mga táo. 26. *(Moved)* kami *(already last week)*. 27. Péro *(only on Monday)* nadala lahat ang áming gámit. 28. O ano, *(I must be going)*.

Ikalawang Hakbang. (Potential)

1. *(Have you had the chance to work)* sa U.P.R.H.S.? 2. Óo, nagsimulá akong magtrabáho doon *(only last year)*, péro *(had a hard time)* din ako kasi láging may trabáho. Hindí ako *(had a chance to rest)*. 3. Walá na bang ibang pwéde mong *(place to transfer to)* pára hindí ka na *(have a hard time)*? Siya ngá pala, *(have you had a chance to eat)* sa Rosíta's? 4. Óo, *(only on Wednesday)* ngá ako kumáin doon, eh. Síge, kumáin na lang táyo pára *(to forget)* mo ang hírap mo. 5. Ay! Hindí ko ngá pala *(have brought)* ang péra ko! 6. O.K. lang. Ako na lang ang magbábáyad pára *(to be able to pay)* ko na ang útang ko sa iyo. Táyo na at baká *(to run out of)* táyo ng mga *(places to sit)*. 7. *(Later at 12 o'clock)* táyo kumáin. *(Have you had the chance to go)* sa báhay nina Pete? 8. Naku, huwag na lang at baká *(disturb unintentionally)* nátin sila. 9. Ano ba ang gusto mong gawin? Hindí kita *(to be able to understand)*. 10. Gusto ko sánang *(have the chance to watch)* ng síne bágo táyo umuwì. 11. Íisa lang ang sinehan díto, péro hindí pa ako *(been able to go)* doon. Baká *(get lost)* táyo. 12. Síge, táyo na pára *(have the chance to go)* táyo sa sinehang iyon. Kung *(will get lost)* táyo, e di magtanong na lang táyo sa mga táo doon. 13. Naku, sinásábi na ngá bang *(will get lost)* táyo! Alam mo ba kung násaan na táyo? 14. Huwag kang mag-alala. Marámi naman táyong *(will have a chance to ask)* díto. 15. *(Can you see)* yung báhay na malaki doon sa maláyò? Pumunta kayo doon at *(you will be able to see)* ang sinehan sa may kaliwà. 16. Salámat hò. Hayan, *(will be able to arrive)* na rin táyo sa sinehang iyon. 17. Óo ngà. Hálos *(I can't move)* sa págod. Péro óras na *(be able to watch)* ko ang síne ay *(will disappear)* ang sakit ng katawan ko. 18. Kung may dyip e di *(had a chance to*

ride) sána táyo pára hindí táyo *(had a hard time)* nang ganito. 19. Táyo nang pumások at baká *(be caught in the rain)*. Ayóko nang *(get wet)* ulit. 20. Hindí ka ba *(have brought)* ng páyong? 21. Óo ngà, péro *(got wrecked)* ako. 22. Naku, mabúti at *(I remembered)* na kailángan ko nang *(have a chance to buy)* ng páyong. 23. Hay, naku! Baká *(not until next week)* táyo *(will get a chance to watch)* ng síne!

8B3. Articulation of time expressions. (§§3.41 - 5, 4.3). Piliin ang támang sagot.

1. Kailan ka pa dumating?
    a.   A matagal na. Mga dal'wang linggo na.
    b.   Hindí na matagal. Mga dal'wang linggo pa lang.
    c.   Sa Linggo pa ako pwédeng dumating.
    d.   Sa Sábado na ako dárating.

2. Magtátagal ka pa ba díto?
    a.   Óo matagal na. Mga dal'wang linggo na.
    b.   Hindí na. Mga dalawang linggo pa lang.
    c.   Mga dalawang linggo pa ako ríto. Hindí pa matagal.
    d.   Hindí ako magtátagal. Mga dal'wang linggo lang.

3. Matagal ka na bang nag-ááral ng Tagálog?
    a.   Hindí na. Mga dal'wang linggo na lang.
    b.   Hindí pa. Mga dal'wang linggo pa bágo ako mag-áral ng Tagálog.
    c.   Hindí pa. Mga dal'wang linggo pa lang akong nag-ááral.
    d.   Matagal-tagal din ang pag-ááral ko ng Tagálog.

4. Maláyó pa ba ang Vígan?
    a.   Hindí pa. Sandalí na lang at dárating na táyo doon.
    b.   Hindí pa. Bágo mag-alas diyes ay sigurádong nándoon na táyo.
    c.   Óo, maláyó pa. Kayá mga alas-kwátro pa tayo dádating doon.
    d.   Malayú-layó rin pala ang Vígan. Kayá ngá gágabihin táyo.

5. Ilang taon ka bang títigil díto sa Pilipínas?
    a.   Limang taon na. Kayá hindí pa masyádong matagal.
    b.   Limang taon pa. Gusto ko pa kasing magtagal pa díto.
    c.   Matagal na pala ako díto sa Pilipínas. Mga pitong taon na.
    d.   Limang taon pa lang ako díto sa Pilipínas. Kayá gusto ko pang tumígil.

6. Kélan ba sila bábalik sa Marindúque?
    a.   Noong Linggo pa sila bumalik sa Marindúque.
    b.   Sa Linggo na. Péro púpunta múna sila sa Maynílà.
    c.   Noong Linggo pa lang. Malayú-layó kasi ang Marindúque.
    d.   Bábalik na sána sila sa Marindúque péro walá pa silang péra.

7. Matagal ka na bang naghíhintay?
    a.   Hindí na. Isang óras na lang.
    b.   Hindí pa naman. Isang óras pa lang.
    c.   Isang óras ka na palang naghíhintay.
    d.   Matagal ka palang naghíhintay.

8. Hanggang kailan táyo díto sa Maynílà?
    a.   Hanggang sa Martes na. Sa Myérkules ay áalis na táyo.
    b.   Hanggang sa Martes pa lang. Sa Myérkules lang ay áalis na táyo.
    c.   Hanggang sa Martes na lang. Sa Myérkules ay úuwí na táyo.
    d.   Umalis na lang táyo sa Martes. Kasi gusto ko nang umuwì.

9. Gaáno pa ba táyo katagal díto?
    a.   Hindí pa matagal. Mga isang linggo pa lang.
    b.   Hindí na matagal. Mga isang linggo na lang.
    c.   Matagal na pala táyo díto. Mga dalawang linggo na.
    d.   Matagal na. Isang linggo na lang.

10. *Kailan ka ba magpápakasal?*
    a.   A matagal na. Sigúro mga isang taon lang.
    b.   Magpápakasal na lang ako péro matagal pa.
    c.   A matagal pa. Sigúro mgá dal'wang taon pa.
    d.   Magpápakasal na lang ako péro matagal-tagal pa.
11. *Ilang taon ka na bang nagtútúró sa UPLB?*
    a.   Mga limang taon pa. Péro hihingí pa uli ako ng isang taon.
    b.   Mga limang taon na lang at áalis na rin ako.
    c.   Matagal na ngá e. Mga limang taon na.
    d.   Matagal pa ngá e. Mga limang taon pa.
12, *Kumáin ka na ba?*
    a.   Hindí na ngá e. Kayá ngá gutom pa ako.
    b.   Hindí pa ngá e. Kayá ngá gutom na ako.
    c.   Gutom pa ako. Gusto ko pang kumáin.
    d.   Gutom na ako. Gusto ko palang kumáin.
13. *Ngayon ka lang ba áalis?*
    a.   Áalis na ako mámayà.
    b.   Áalis pa rin ako ngayon.
    c.   Óo. Kasi kanína ay hindí ako nakaalis.
    d.   Óo. Áalis na ako.
14. *Ngayon ka lang ba nakapanood ng móro-móro?*
    a.   A hindì, mámayá na.
    b.   A hindì, ngayon na.
    c.   A hindì, madalas na.
    d.   A hindí pa. Búkas na lang.
15. *Palágí ka pa bang kumákáin díto sa Mother's Best?*
    a.   Hindí pa. Ayóko kasi ng mga pagkáin.
    b.   Hindí na lang. Hindí kasi masarap ang pagkáin doon.
    c.   Kung mínsan lang. Mas madalas ako sa Rosítas.
    d.   Ngayon na. Gutom na kasi ako.
16. *Bábalik ka pa ba sa iskwélahan?*
    a.   Hindí pa. Walá naman akong gágawin don.
    b.   Mámayá na lang. Mag-ááral pa kasi ako.
    c.   Óo, péro mámayá pa. Walá pa kasing táo don.
    d.   Ngayon na lang pára ako'y makauwí agad.
17. *Hindí mo pa ba nabábayáran ang iyong útang?*
    a.   Hindí pa. Ngayon pa lang ako magbábáyad.
    b.   Hindí na lang. Walá pa kasi akong péra.
    c.   Hindí na lang. Hindí ko na lang bábayáran.
    d.   Hindí ko na rin mabábayáran ang áking útang.
18. *Matagal pa ba bágo tumígil itong bus?*
    a.   Matagal-tagal na rin. Sigúro mga limang óras na.
    b.   Matagal-tagal pa rin. Péro bababá múna táyo sa Ángeles.
    c.   Matagal na. Péro dárating sila doon ng alas-kwátro.
    d.   Kung hindí masísiráan ang bus, sigúro ngá alas-kwátro ay nandon na táyo.
19. *Nakapagresérba ka na ba ng tíket?*
    a.   Ayóko pa. Maláyó kasi ang estasyon ng bus.
    b.   Mámayá na lang. Marámi pa naman díto.
    c.   Óo, matagal na. Baká kasi táyo maubúsan ng upúan.
    d.   Óo, ngayon na. Pára makauwí na táyo agad.
20. *Kélan mo kailángang umalis papuntang Sáudi?*
    a.   Noong Hwébes pa. Kasi ay walá pa akong péra.
    b.   Sa Myérkules na lang. Híhintayin ko pa kasi si Léna.
    c.   Dápat ay umalis na ako noong Myérkules.

d. Kung pwéde sána ay sa Linggo na pára makabalik ako sa Linggo.

8C. *Nása* vs. *Sa* ; *nákay* vs. *kay* ; *nakina* vs. *kina* ; *nárito* vs. *ríto* ; *násaan* vs. *saan* ; *nándoon* vs. *doon* (§§1.6, 2.8, 3.31-33, 4.4,-41, 4.74) **Pilíin ang támang sagot sa saklong.**

1. (*Nákina, Kina*) Mr. Ocámpo si Léslie nakatira. 2. (*Nákina, Kina*) Mr. Ocámpo pa ba siya o lumípat na ba siya? 3. (*Nákina, Kina*) Mr. Ocámpo ka múna. Pagkatápos kung hindí mo mágustuhan (*doon, nándoon*) ay pwéde kang lumípat (*sa, nása*) ibang báhay. 4. (*Násaan, Saan*) na ba siya nagtátrabáho? 5. Nása iyo ba ang súsì? Walá (*nása, sa*) ákin. Ay! (*Nárito, Ríto*) lang pala. 6. O (*násaan, saan*) na si Ting? A (*nákina, kina*) Pete lang. 7. Téka, tátawágin ko. Sásabíhin kong (*nárito, ríto*) ka na. 8. (*Nákina, Kina*) Mr. Ocámpo pala siya nakatina? 9. (*Nákina, Kina*) Lóla ka ba púpunta? 10. O Pete. Halíka ngá (*nárito, ríto*) at samáhan mo ako (*nákina, kina*) Léna. 11. (*Nándiyan, Diyan*) ba si Léslie? Óo, (*nárito, ríto*) siya. 12. (*Nákaníno, Kaníno*) ba ang libro mo? 13. (*Nándoon, Doon*) pala siya púpunta sa Vígan kasi ay (*nándoon, doon*) pala ang mga magúlang niya. 14. Kung gusto mo, sumáma ka na lang (*nákina, kina*) Pete o kung áyaw mo naman (*nárito, ríto*) lang kami. 15. O (*násaan, saan*) na sila? A (*nándoon, doon*) lang sa mé tindáhan. Sabíhin mo pumunta sila (*nárito, ríto*). 16. Ano? (*Nákina, Kina*) Léslie na sila. E kanína lang (*nárito, ríto*) sila. 17. (*Násaan, Saan*) ka bumili ng candy bar? Diyan sa tindáhan. (*Nakaníno, Kaníno*) mo ibíbigay? Kay Léslie ba? 18. O bákit (*nándiyan, diyan*) ang áking libro. Iniwánan ko kanína (*nándoon, doon*) sa áming báhay yan a. 19. (*Nákina, Kina*) Pete na pala si Léslie nakatira at (*nándoon, doon*) na rin siya kumákáin. 20. (*Nandíto, Díto*) ka na pala kumákáin. Dí ba noon ay (*nándoon, doon*) ka sa Mother's Best kumákáin?

8D1. **Sagutin nang hindí paayon ang mga sumúsunod na tanong. (Answer the following questions negatively.) (§§2.54, 4.73)**

1a. May kasáma ka ba mámayá pagpunta mo sa Vígan?
  b. Walà. Walá akong kasáma.
2a. Sásáma ka ba sa Vígan mámayà?
  b. Hindì. Hindí ako sásáma.
3a. Gusto mo bang sumáma sa Vígan mámayà?
  b. Ayóko. Ayókong sumáma.
4a. Ikaw ba ang may librong Tagálog?
  b. Hindì. Hindí ako.
5a. May librong Tagálog ka ba?
  b. Walà. Walá akong librong Tagálog.
6a. Áalis na ba táyo papuntang Vígan?
  b. Hindì. Hindí pa táyo áalis.
7a. Gusto mo bang sumáma sa áming bumili ng lámsyed?
  b. Ayóko. Ayókong sumáma.
8a. Nagbábása ka ba ng Liwayway?
  b. Hindì. Hindí ako nagbábasa.
9a. Nakákúha ka na ba ng malilipátan?
  b. Hindì. Hindí pa ako nakákakúha.
10a. Dumating na ba sila sa Vígan?
  b. Hindì. Hindí pa sila dumárating.
11a. Lumípat ka na ba kina Mr. Ocámpo?
  b. Hindì. Hindí pa ako lumílípat.
12a. Gusto mo bang manood ng síne?
  b. Ayóko. Ayókong manood.
13a. May táo na bang dumating sa pistáhan?
  b. Walà. Walá pang dumádating.

14a. Nakátikim ka na ba ng létse plan?
  b. Hindì. Hindí pa ako nakákátikim.
15a. Mé nátira pa bang úpúan pára sa áting dalawa?
  b. Walà. Walá nang nátira.
16a. Mé nóbyo ka na ba?
  b. Walà. Walá pa akong nóbyo.
17a. Ikaw ba ang kumúha ng bag sa báhay?
  b. Hindì. Hindí ako.
18a. Bumalik na ba si Léslie sa Maynílà?
  b. Hindì. Hindí pa siya bumábalik.
19a. Gusto mo bang bumabá táyo sa plása?
  b. Ayóko. Ayókong bumabá táyo.
20a. Gusto mo bang súnduin kita mámayang gabi.
  b. Ayóko. Ayókong sunduin mo ako.

8D2. Negative expressions of time. (§6.811) Sagutin nang hindí paayon ang mga sumúsunod na tanong.

1a. Mé alas diyes na ba?
  b. Walá pa namang alas diyes.
2a. Gabi na ba pagdating nátin mámayà?
  b. Hindí pa naman gabi.
3a. Tanghálí na ba nang umalis si Pete?
  b. Hindí pa naman tanghálì.
4a. Alas-síngko na ba nang dumating sila?
  b. Walá pa namang alas-síngko.
5a. May alas-ótso na ba nang siya'y tumáwag?
  b. Walá pa namang alas-ótso.
6a. May limang taon ka na ba díto sa Pilipínas?
  b. Walá pa namang limang taon.
7a. Isang taon na ba kayong kasal?
  b. Walá pa namang isang taon.
8a. Hápon na ba nang kayo'y bumalik?
  b. Hindí pa naman hápon.
9a. Isang linggo ka bang hindí nakákabáyad?
  b. Walá pa namang isang linggo.
10a. Isang áraw ka na bang hindí kumákáin?
  b. Walá pa namang isang áraw.

8E1. Direct and Local Passives. Tense forms (§§5.1, 5.21, 5.231, 6.1, 6.21, 6.22)

Únang Hakbang. Ipalit ang mga salitang násá loob ng saklong. (Direct passive only)

I always read it.
Lágí ko itong binábása.	*(gusto)*
Gusto ko itong basáhin.	*(Búkas)*
Búkas ko ito bábasáhin.	*(bili)*
Búkas ko ito bíbilhin.	*(búkas pa)*
Búkas ko pa ito bíbilhin.	*(mámayang alas-sais)*
Mámayang alas-sais ko pa ito bíbilhin.	*(palágì)*
Palágí ko itong biníbili.	*(hintay)*
Palágí ko itong hiníhintay.	*(búkas pa)*
Búkas ko pa ito híhintayin.	*(mámayang gabi)*

Mámayang gabi ko pa ito híhintayin.   *(sa Martes)*
Sa Martes ko pa ito híhintayin.   *(sundò)*
Sa Martes ko pa ito súsúnduin.   *(palágì)*
Palágí ko itong sinúsundò.   *(mámayá pa)*
Mámayá ko pa ito súsúnduin.   *(hindí na)*
Hindí ko na ito súsúnduin.   *(káin)*
Hindí ko na ito kákaínin.   *(búkas na lang)*
Búkas ko na lang ito kákaínin.   *(sa báhay)*
Sa báhay ko ito kákaínin.   *(línis)*
Sa báhay ko ito lílinísin.   *(sa Linggo)*
Sa Linggo ko ito lílinísin.   *(mámayang hápon)*
Mámayang hápon ko ito lílinísin.   *(úbos)*
Mámayang hápon ko ito úubúsin.   *(sa Byérnes)*
Sa Byérnes ko ito úubúsin.

Ikalawang Hakbang. (Local Passives only)

He can accompany me to Vigan.
Pwéde niya akong samáhan sa Vígan.   *(Búkas)*
Búkas niya ako sásamáhan sa Vígan.   *(Kahápon)*
Kahápon niya ako sinámáhan sa Vígan.   *(Palágì)*
Palágí niya akong sinásamáhan sa Vígan.   *(túlong)*
Palágí niya akong tinútulúngan.   *(Pwéde)*
Pwéde niya akong tulúngan.   *(Búkas)*
Búkas niya ako tútulúngan.   *(Kahápon)*
Kahápon niya ako tinulúngan.   *(Palágì)*
Palágí niya akong tinútulúngan.   *(Noong alas-ótso pa)*
Noong alas-ótso pa niya ako tinulúngan.   *(bantayan)*
Noong alas-ótso pa niya ako binántayan.   *(Búkas)*
Búkas pa niya ako bábantayan.   *(Palágì)*
Palágí niya akong binábantayan.   *(Gusto)*
Gusto niya akong bantayan.

Ikatlong Hakbang. (Local and Direct Passives. No locational meaning. No change in tense)

Watch over our things first.
Bantayan mo múna ang áting mga gámit.   *(wait for)*
Hintayin mo múna ang áting mga gámit.   *(look at)*
Tingnan mo múna ang áting mga gámit.   *(buy)*
Bilhin mo múna ang áting mga gámit.   *(get)*
Kuhánin mo múna ang áting mga gámit.   *(pay for)*
Bayáran mo múna ang áting mga gámit.   *(let it be)*
Pabayáan mo múna ang áting mga gámit.   *(worry about)*
Alalahánin mo múna ang áting mga   *(worry about Mother)*
 gámit.
Alalahánin mo múna si Nánay.   *(help)*
Tulúngan mo múna si Nánay.   *(wait for)*
Hintayin mo múna si Nánay.   *(accompany)*
Samáhan mo múna si Nánay.   *(laugh at)*
Tawánan mo múna si Nánay.   *(call up on phone)*
Tawágan mo múna si Nánay.   *(return for)*
Balikan mo múna si Nánay.   *(our things)*
Balikan mo múna ang áting mga gámit.   *(clean)*

Linísin mo múna ang áting mga gámit.

Ikaápat na Hakbang. (Local + Direct, all kinds. No change in tense)

If I will be the one you ask.

Kung ako ang tátanungin mo.	*(hingì)*
Kung ako ang híhingan mo.	*(hintay)*
Kung ako ang híhintayin mo.	*(punta)*
Kung ako ang púpuntahan mo.	*(táwag)*
Kung ako ang tátawágin (or tátawágan) mo.	*(sábi)*
Kung ako ang sásabíhan mo.	*(dala)*
Kung ako ang dádalhan mo.	*(bása)*
Kung ako ang bábasáhan mo.	

Ikalimang Hakbang. (Local + Direct, all kinds. No change in tense)

They don't dry them after they rinse them.

Hindí nila ito pinatútuyó pagkatápos nilang banlawan.	*(look at them after they bought them)*
Hindí nila ito tinítingnan pagkatápos nilang bilhin.	*(read them after they bought them)*
Hindí nila ito binábása pagkatápos nilang bilhin.	*(finish them after they started them)*
Hindí nila ito tinátápos pagkatápos nilang simulan.	*(thank them after they asked from them)*
Hindí nila sila pinasasalamátan pagkatápos nilang hingan.	*(wait for them after they asked from them)*
Hindí nila sila hiníhintay pagkatápos nilang hingan.	*(clean them after they've eaten from them)*
Hindí nila ito nilílínis pagkatápos nilang kaínan.	*(finish them off after they have drunk them)*
Hindí nila ito inúúbos pagkatápos nilang inumin.	*(study them after they have bought them)*
Hindí nila ito pinag-áarálan pagkatápos nilang bilhin.	

8E2. Active, Local and Direct Passives. (§§3.1, 4.1, 4.2, 5.1, 5.2, 6.1, 6.2, 6.3)

Únang Hakbang. Pilíin ang támang sagot.

1. Doon sa *(binili, binilhan, bumili)* ko ng tinápay, nagtítinda pa sila ng kómiks na pwéde náting *(basáhin, basáhan, magbasa)*. 2. Sa báhay pa nila *(nagbíbili, bíníbili, biníbilhan)* *(ang, ng)* kómiks. 3. Yung mga kómiks na yon ang pwédeng *(dalhin, dalhan, magdala)* *(ng, ang)* mga táong *(sásakyan, sásakay)* sa bus. 4. Ang mga tinápay ay gusto naman nilang *(kaínin, kaínan, kumáin)* kasi hindí pa sila *(kinákáin, kumákáin)*. 5. *(Sumáma, Sinamáhan)* si Léslie ni Pete sa Maynílá kasi gusto nilang *(bumili, bilhan, bilhin)* ng mga gámit. 6. Saan mo ako *(maghíhintay, híhintayin)* mámayà, ha Pete? 7. A *(maghíhintay, híhintayin)* na lang ako don sa mé púnó ng mangga. *(Dádalhin, Dádalhan, Magdádala)* ba ako ng pérang pambáyad? 8. H'wag na lang. *(Dalhin, Dalhan, Magdala)* mo na lang yung damit ko. 9. *(Lílinísin, Lílinísan, Maglílínis)* na ba táyo ng báhay o *(púpunta, púpuntahan)* múna táyo sa paléngke pára *(bumili, bilhan, bilhin)* ng áting mga gámit? 10. Saan mo ba gustong *(kumáin, kaínan, kaínin)*, sa Mother's Best o sa Rosítas? Mabúti pa *(pumunta, puntahan)* múna táyo sa plása bágo táyo kumáin. 11. *(Sabíhin, sabíhan, magsábi)* mo sa kanya na *(bayáran, magbáyad)* na siya ng

kanyang útang kung hindí ay *(púpuntahan, magpúpunta)* ko siya sa kanilang báhay. 12. Gusto mo bang *(basáhan, basáhin, magbasa)* ko itong libro pára sa iyo? Wag na lang, *(kuhánan, kuhánin, kumúha)* ka na lang ng tinápay sa kusínà. 13. Mabúti pa *(inumin, inuman, uminom)* mo múna itong softdrink bágo ka *(umalis, alisin, alisan).* 14. *(Magtátagal, Tátagalan)* ba siya sa Vígan? 15. *(Pumáyag, Payágan)* na ba si Mr. Ocámpo na doon ka *(tumira, tirahan)?* 16. *(Humingí, Hingian, Hingiin)* mo nga siya ng péra pára pwéde na náting *(bayáran, magbáyad)* ang áting útang. 17. *(Kumúha, Kúnin, Kúha)* mo ngá yung tinápay sa kusíná kasi párang gusto kong *(kumáin, kaínin, kaínan).* Isáma mo na rin pala yung softdrink pára méron akong *(inumin, inuman, uminom).* 18. *(Tulúngan, Tumúlong)* ka ngá sa pagdadala nung mga úpúan. Péro h'wag kang *(magtátagal, tátagalan)* at méron pa akong *(magsásábi, sásabíhin, sásabíhan)* sa iyo. 19. Mabúti pa *(sunduin, sumundó)* mo na si Léslie bágo siya *(gumabi, gabihin)* kina Mr. Ocámpo. 20. *(Magdala, Dalhin, Dalhan)* mo ngá ako ng pagkáin díto. Péro bágo ka *(magpunta, puntahan)* díto *(bumili, bilhan, bilhin)* ka múna ng sigarílyo. 21. Bágo ka *(magbálot, balútin, balútan)* ng létse plan ay *(kumúha, kúnan, kúnin)* mo múna yung péra sa kwárto ko at *(bumili, bilhin, bilhan)* ka ng kéndi. 22. *(Uminom, Inumin, Inuman)* mo múna itong softdrink bágo ka *(ubúsan, ubúsin, maúbos)* ni Pete. 23. *(Naghintay, Hintayin)* pa kami nang matagal bágo siya *(pumáyag, payágan)* ng kanyang nánay na *(sumáma, samáhan)* sa ámin. 24. Nang *(magbantay, bantayan)* siya sa áming báhay ay *(tulúngan, tumúlong)* din pala siya sa pághahandá ng mga úlam. 25. *(Magbasa, Basáhin, Basáhan)* mo ngá itong Liwayway pára sa ákin. Téka, bágo mo *(gumawá, gawin, gawan)* yon ay *(magdala, dalhin, dalhan)* mo ako díto ng tinápay. 26. *(Sásáma, Sásamáhan)* mo ba akong *(bumili, bilhin, bilhin)* ng lámsyed sa paléngke? 27. Bágo ka umalis ay *(maglínis, linísin, linísan)* ka múna ng dyip at pagkatápos ay *(bumili, bilhin, bilhan)* ka ng áming makakáin. 28. *(Púpunta, Púpuntahan)* sila sa Vígan pára dumalo ng pistáhan at pára *(tulúngan, tumúlong)* sina Lólang maghandà. 29. A Léslie *(tumingin, tingnan)* mo ngá kung méron pang tinápay sa kusínà. Kung walá ay kailángan na táyong *(bumili, bilhan, bilhin)* ulì. 30. Sa súsunod ay *(sásabíhin, sásabíhan, magsásábi)* mo ako kung saan pwédeng *(bumili, bilhin, bilhan)* ng mga pagkáin.

Ikalawang Hakbang. Lagyan ng panlápí ang mga salitáng nása loob ng saklong kung kailángan.

1. Mas mabúti pa'y *(pahinga)* múna táyo kasi ay *(gabi)* daw ang móro-móro. 2. Péro hindí nátin kailángang *(tápos)* ito. 3. *(Nood)* táyo ng síne pagkatápos náting *(káin).* 4. Beinte mil ang *(gástos)* nila. Higit ito sa káya nilang *(báyad).* 5. Saan mo ba gustong *(punta)* pagkatápos náting *(káin)*? 6. *(Nood)* na lang kayá táyo ng síne o *(pasyal)* na lang táyo sa plása. 7. *(Íntindi)* mo ba yang móro-móro? Kung hindì, mabúti pa'y umuwí na lang táyo. 8. O ano, *(alis)* na ba táyo? Gusto ko na kasing *(nood)* ng paráda. 9. Anong óras ba sila *(uwì)*? A, *(gabi)* daw sila. 10. Mabúti pa *(bili)* mo na lang yung damit na iyon. 11. *(Báyad)* mo na ba ang útang mo? 12. Mabúti at *(alis)* ka na doon sa dáti mong báhay. 13. *(Áral)* múna táyo tápos *(sáma)* kita sa paléngke. 14. *(Dala)* niya ako ng pagkáin bágo siya *(línis)* ng báhay. 15. Pete, pwéde bang *(túlong)* mo akong *(bantay)* ng báhay? *(Alis)* kasi si Mr. at Mrs. Ocámpo at búkas pa daw sila *(balik).* 16. *(Sábi)* mo ngá sa kanyang *(babà)* siya díto. 17. *(Hánap)* ka pa ba ng magíging asáwa mo? 18. Gusto mo bang *(áral)* sa Atenéo? 19. *(Punta)* pala si Léslie sa UPLB pára *(hánap)* ng *(tira).* 20. Mabúti pa'y *(bili)* na nátin sa paléngke bágo táyo *(úbos).* 21. *(Alis)* pala si Mr. Ocámpo péro *(bálik)* naman daw siya agad. *(Inom)* lang daw siya ng bir. 22. Mabúti *(páyag)* ka ni Mr. Ocámpo na *(lípat)* ngayong gabi. 23. Saan ka ba *(punta)* noong isang taon? 24. *(Útos)* sána kitang *(bili)* ng sigarílyo péro mukhang *(ulan)* kayá mámayá na lang. 25. *(Báyad)* ko múna ngayon ang lahat péro sa súsunod ikaw na ang *(báyad).* 26. Pwéde bang *(dala)* mo búkas yung Liwayway? Gusto ko na kasing *(bása).* 27. Sábi nila *(bigay)* daw nila ako ng lámsyed, péro hanggang ngayon ay walá pa rin kayá ngá *(bili)* na ako ng isa. 28. Ay ang sikip na pala! *(Hintay)* na lang táyo ng iba. 29. Téka múna, *(bili)* múna nátin ang áting mga kailángan tápos noon at saká táyo *(káin)* at *(inom).* 30. Mas malamig yátá sa labas. Kayá mabúti pa'y sa labas na lang táyo *(upò).*

8F1. Preposed Genitive (§6.4) Gawing hindí paayon ang mga sumúsunod na pangungúsap.

1a. Áting puntahan si Léslie.
  b. H'wag náting puntahan si Léslie.
2a. Áking kákaínin ang tinápay.
  b. Hindí ko kákaínin ang tinápay.
3a. Kanyang isinanglá ang kanilang lúpà.
  b. Hindi niya isinanglá ang kanilang lúpà.
4a. Kanilang báhay pala yon.
  b. Hindí pala nila báhay yon.
5a. Inyong bilhin itong lámsyed.
  b. H'wag ninyong bilhin itong lámsyed.
6a. Iyong kaínin itong áking kéndi bar.
  b. 'Wag mong kaínin itong áking kéndi bar.
7a. Áming híhintayin si Pete.
  b. Hindí námin híhintayin si Pete.
8a. Áking bábayáran ang áking útang.
  b. Hindí ko bábayáran ang áking útang.
9a. Kanyang ininom ang bir.
  b. Hindí niya ininom ang bir.
10a. Kanilang sásakyan ang bus.
  b. Hindí nila sásakyan ang bus.

8F2. Word Order: *Kita*. (§§2.3, 3.2, 6.6)

Únang Hakbang. Ipalit ang mga salitang nása loob ng saklong.

I won't bother looking for him.

Hindí ko na lang siya háhanápin.	*(for you)*
Hindí na lang kita háhanápin.	*(for Mr. O)*
Hindí ko na lang háhanápin si Mr. O.	*(he won't)*
Hindí na lang niya háhanápin si Mr. O.	*(for me)*
Hindí na lang niya ako háhanápin.	*(Mr. O. won't)*
Hindí na lang ako háhanápin ni Mr. O.	*(for John)*
Hindí na lang háhanápin ni Mr. O. si John.	*(I won't)*
Hindí ko na lang háhanápin si John.	*(they won't)*
Hindí na lang nila háhanápin si John.	

Ikalawang Hakbang

I always help her.

Palágí ko siyang tinútulúngan.	*(help you)*
Palágí kitang tinútulúngan.	*(help John)*
Palágí kong tinútulúngan si John.	*(you always)*
Palágí mong tinútulúngan si John.	*(help me)*
Palágí mo akong tinútulúngan.	*(she always)*
Palágí niya akong tinútulúngan.	*(help Grandma)*
Palágí niyang tinútulúngan si Lóla.	*(I always)*
Palágí kong tinútulúngan si Lóla.	*(John always)*
Paláging tinútulúngan ni John si Lóla.	

Ikatlong Hakbang.

They can't afford to pay their debt.

Hindí naman nila káyang bayáran ang mga útang nila.	*(I can't)*
Hindí ko naman káyang bayáran ang mga útang nila.	*(pay you)*
Hindí naman kita káyang bayáran.	*(pay Mr. O)*
Hindí ko naman káyang bayáran si Mr. O.	*(Leslie can't)*
Hindí naman káyang bayáran ni Léslie si Mr. O.	*(pay me)*
Hindí naman ako káyang bayáran ni Léslie.	*(pay her)*
Hindí naman siya káyang bayáran ni Léslie.	*(I can't)*
Hindí ko naman siya káyang bayáran.	*(pay my debt)*
Hindí ko naman káyang bayáran ang áking mga útang.	*(pay her debt)*
Hindí ko naman káyang bayáran ang kanyang mga útang.	

Ikaápat na Hakbang.

I know your brother.

Kilála ko ngá pala ang kapatid mo.	*(John knows)*
Kilála ngá pala ni John ang kapatid mo.	*(knows me)*
Kilála ngá pala ako ni John.	*(your brother knows)*
Kilála ngá pala ako ng kapatid mo.	*(knows John)*
Kilála ngá pala ng kapatid mo si John.	*(you know)*
Kilála mo ngá pala si John.	*(I know)*
Kilála ko ngá pala si John.	*(know you)*
Kilála ngá pala kita.	*(I know your brother)*
Kilála ko ngá pala ang kapatid mo.	*(know him)*
Kilála ko ngá pala siya.	

Ikalimang Hakbang.

She will go ahead with Áte Linda.

Máuuna na siya kasáma si Áte Línda.	*(Mother went)*
Náuna na si Nánay kasáma si Áte Línda.	*(with Uncle)*
Náuna na si Nánay kasáma si Tíyo.	*(he went)*
Náuna na siya kasáma si Tíyo.	*(with Pete)*
Náuna na siya kasáma si Pete.	*(Mother went)*
Náuna na si Nánay kasáma si Pete.	*(with Father)*
Náuna na si Nánay kasáma si Tátay.	*(she went)*
Náuna na siya kasáma si Tátay.	*(I went)*
Náuna na ako kasáma si Tátay.	*(with him)*
Náuna na ako kasáma siya.	

8G1. Adjectives. Answer to exclamation. (§§6.71, 6.74) Bagúhin ang mga sumúsunod na pangungúsap áyon sa modélo.

1a. Maláyung-maláyó pala ang áting púpuntahan.
 b. Ang láyú-láyó pala ng áting púpuntahan.

2a. Magandang-maganda pala si Léslie.
 b. Ang ganda-ganda pala ni Léslie.
3a. Mahal na mahal pala ang isdá nila.
 b. Ang mahal-mahal pala ng isdá nila.
4a. Masarap na masarap ang kanilang mga úlam.
 b. Ang sarap-sarap pala ng kanilang úlam.
5a. Matagal na matagal na akong naghíhintay.
 b. Ang tagal-tagal na akong naghíhintay.
6a. Mabáhung-mabáhó ngá naman ang mga pláto nila.
 b. Ang báhú-báhó ngá naman ng mga pláto nila.
7a. Múrang-múra ngá ang mga tinda ninyo.
 b. Ang múra-múra ngá ng mga tinda ninyo.
8a. Malíit na malíit pala ang kanyang kwárto.
 b. Ang líit-líit pala ng kanyang kwárto.

8G2. Ituloy ang mga sumúsunod na pangungúsap áyon sa modélo. (Continue the sentence according to the model.) (§6.73)

1a. Matagal pa bágo tumígil ang bus.
 b. Gaáno pa ba katagal?
2a. Mahal pala ang tinápay doon.
 b. Gaáno ba kamahal?
3a. Ang sarap ng matamis ni Lóla.
 b. Gaáno ba kasarap?
4a. Múra ngá pala ang lámsyed díto.
 b. Gaáno ba kamúra?
5a. Malaki ngá pala ang báhay ninyo.
 b. Gaáno ba kalaki?
6a. Malíit ngá naman pala ang kwárto niya.
 b. Gaáno ba kalíit?
7a. Ang báhó pala ng mga pláto díto.
 b. Gaáno ba kabáhò?
8a. Masikip na pala sa dyip.
 b. Gaáno ba kasikip?
9a. Ang dámi pala nyang péra.
 b. Gaáno ba kadámi?
10a. Kókóntí pala ang naípon niya.
 b. Gaáno ba kakóntì?

8G3. Parého. Convert to parého + ng. (§6.75) Bagúhin ang mga sumúsunod na pangungúsap sa pamamagítan ng paggámit ng parého + ng.

1a. Parého ang áming pinagtátrabahúhan.
 b. Parého kami ng pinagtátrabahúhan.
2a. Parého ang báhay nilang tinítirhan.
 b. Parého sila ng báhay na tinítirhan.
3a. Parého ang kanilang kinákaínan.
 b. Parého sila ng kinákaínan.
4a. Parého ang inyong damit.
 b. Parého kayo ng damit.
5a. Parého ang áting iskwelahan.
 b. Parého táyo ng iskwelahan.
6a. Parého ang áting hiníhingì.
 b. Parého táyo ng hiníhingì.

7a.   Parého ang áming biníbili.
 b.   Parého kami ng biníbili.
8a.   Parého ang áting libro.
 b.   Parého táyo ng libro.
9a.   Parého ang kanilang bag.
 b.   Parého sila ng bag.
10a. Parého ang inyong pinag-áarálan.
 b.   Parého kayo ng pinag-áarálan.

8H.   Expressions of time made into verbs. (§6.8)

Únang Hakbang. Bagúhin ang mga sumúsunod na pangungúsap áyon sa modélo.

1a.   Dárating kayá táyo doon nang walá pang alas-diyes?
 b.   Dárating kayá táyo doon bágo mag-alas diyes?
2a.   Dumating sila doon nang walá pang alas-diyes.
 b.   Dumating sila doon bágo mag-alas diyes.
3a.   Kailángan táyong umalis nang hindí pa gabi.
 b.   Kailángan táyong umalis bágo gumabi.
4a.   Umalis sila díto nang hindí pa tangháli.
 b.   Umalis sila díto bágo magtangháli.
5a.   Bumalik sila sa báhay nang walá pang alas-ótso.
 b.   Bumalik sila sa báhay bágo mag-alas ótso.
6a.   Naghintay kami díto nang walá pang alas-ótso.
 b.   Naghintay kami díto bágo mag-alas ótso.
7a.   Bumabá sila sa estasyon nang walá pang alas-nuwébe.
 b.   Bumabá sila sa estasyon bágo mag-alas nuwébe.
8a.   Pumunta siya sa sáyáwan nang walá pang alas-diyes.
 b.   Pumunta siya sa sáyáwan bágo mag-alas diyes.
9a.   Sumakay sila sa dyip nang walá pang alas-dóse.
 b.   Sumakay sila sa dyip bágo mag-alas dóse.
10a. Nagpaálam na sila nang walá pang alas-ónse.
 b.   Nagpaálam na sila bágo mag-alas ónse.

Ikalawang Hakbang Bagúhin ang mga sumúsunod na pangungúsap áyon sa modélo.

1a.   Kumáin kami bágo magtangháli.
 b.   Kumáin kami nang hindí pa tangháli.
2a.   Nanood kami ng síne bágo mag-alas syéte.
 b.   Nanood kami ng síne nang walá pang alas syéte.
3a.   Namasyal kami sa plása bágo gumabi.
 b.   Namasyal kami sa plása nang hindí pa gabi.
4a.   Namili kami sa paléngke bágo mag-alas síngko.
 b.   Namili kami sa paléngke nang walá pang alas síngko.
5a.   Binása ko ang Liwayway bágo mag-alas síngko.
 b.   Binása ko ang Liwayway nang walá pang alas síngko.
6a.   Nakakúha ako ng tíket bágo mag-alas ótso.
 b.   Nakakúha ako ng tíket nang walá pang alas ótso.
7a.   Nákíta ko siya bágo gumabi.
 b.   Nákíta ko siya nang hindí pa gabi.
8a.   Nagsimulá ang móro-móro bágo mag-alas nwébe.
 b.   Nagsimulá ang móro-móro nang walá pang alas nwébe.
9a.   Nag-áral ako bágo mag-alas diyes.

b. Nag-áral ako nang walá pang alas diyes.
10a. Áalis siya díto bágo mag-ala-úna.
b. Áalis siya díto nang walá pang ala-úna.

8I. *Kung* + interrogative. (§6.92)

1a. Kumúha ka na lang ng isa. *(Kung alin ...)*
b. Kung alin ang gusto mong kúnin (or kuhánin).
2a. Bumili ka na lang ng marámi. *(Kung ilan ...)*
b. Kung ilan ang gusto mong bilhin.
3a. Manghingí ka na lang. *(Kung síno ...)*
b. Kung síno ang gusto mong hingan.
4a. Sabíhin mo na lang. *(Kung síno ...)*
b. Kung síno ang gusto mong sabíhan.
5a. Kumáin táyo ng kéndi bar. *(Kung ilan...)*
b. Kung ilan ang gusto náting kaínin.
6a. Bayáran mo múna ang útang mo. *(Kung síno ...)*
b. Kung síno ang gusto mong bayáran.
7a. Tumikim ka ng úlam. *(Kung ilan ...)*
b. Kung ilan ang gusto mong tikman.
8a. Isánglá nátin ang báhay n'yo. *(Kung síno ...)*
b. Kung síno ang gusto náting pagsanglaan.
9a. Sumákay táyo sa dyip. *(Kung alin ...)*
b. Kung alin ang gusto náting sakyan.
10a. Magdalá táyo ng Liwayway. *(Kung ilan ...)*
b. Kung ilan ang gusto náting dalhin.

8J1. Potential forms. Meaning of tenses. (§§7.1, 7.2)

Únang Hakbang. Ipalit ang mga salitang nása loob ng saklong.

If we don't leave at ten, we won't get a bus.
Kung hindí táyo áalis nang alas diyes ay   *(we have to, so that)*
hindí táyo makákasakay.
Dápat táyong umalis nang alas-diyes   *(let us leave at ten)*
pára makásakay táyo.
Umalis táyo nang alas-diyes pára   *(we will leave)*
makásakay táyo.
Áalis táyo nang alas-diyes pára   *(they left)*
makásakay táyo.
Umalis sila nang alas-diyes pára   *(she left)*
makásakay sila.
Umalis siya nang alas diyes pára   *(the three)*
makásakay siya.
Umalis iyung tatlo nang alas-diyes pára   *(we don't need to leave)*
makásakay sila.
Hindí naman táyo kailángang umalis
nang alas-diyes pára táyo makásakay.

Ikalawang Hakbang

You've had a chance to see a móro-móro.
Nakapanood ka na ng móro-móro.   *(haven't had a chance)*
Hindí ka pa nakákapanood ng móro-móro.   *(mámayà)*

Mámayá ka pa makákapanood ng móro-móro.	*(kanína)*
Kanína ka pa nakapanood ng móro-móro.	*(saw the parade)*
Kanína ka pa nakapanood ng paráda.	*(mámayà)*
Mámayá ka pa makákapanood ng paráda.	*(hindí pa)*
Hindí ka pa nakákapanood ng paráda.	*(minsan pa lang)*
Minsan ka pa lang nakápanood ng paráda.	*(madalas nang)*
Madalas ka nang nakákapanood ng paráda.	*(ngayon pa lang)*
Ngayon ka pa lang makákapanood ng paráda.	

Ikatlong Hakbang

You won't understand it.

Hindí mo naman máiintindihan ito.	*(will)*
Máiintindihan mo naman ito.	*(don't)*
Hindí mo náiintindihan ito.	*(haven't yet)*
Hindí mo pa naman náiintindihan ito.	*(haven't tried it yet)*
Hindí mo pa naman nasúsubúkan ito.	*(have tried it)*
Nasubúkan mo na ito.	*(later)*
Mámayá mo pa masúsubúkan ito.	*(will never)*
Hindí mo na masúsubúkan ito.	*(will never taste it)*
Hindí mo na matítikman ito.	*(mámayá)*
Mámayá mo pa matítikman ito.	*(have tasted it)*
Nátikman mo na ito.	

8J2. Piliin ang támang sagot sa saklong. (Potential vs. non-potential) (§7.3)

1. Teríble doon péro *(makákaípon, mag-iípon)* ka naman ng péra. 2. Ngayong *(nakaípon, nag-ípon)* na ako ng kónti, pwéde na akong magpakasal. 3. Áyaw ko nang *(makahintay, maghintay)* nang matagal. 4. Ang dámi ng pistang *(napuntahan, pinuntahan)* ko. Madalas na akong *(nanonood, nakákapanood)* ng móro-móro. 5. Péro hindí ko paláging *(iníintindi, náiintindihan)* ang *(nasásábi, sinásábi)* ng mga táo. 6. Kayá hindí ko paláging *(natátápos, tinátápos)* 'yong palabas. 7. Gustung-gusto kong *(makakáin, kumáin)* ng létse plan kina Lóla péro kung minsan ngá lang ay *(naúubúsan, inúúbos)* ako. 8. *(Hiníhirápan, Nahíhirápan)* din akong *(makauwì, umuwì)* pagkatápos ng pista. 9. Kayá *(nakákábili, bumíbili)* na ako ng tíket pára hindí na ako *(maubúsan, inubúsan)* ng úpúan. 10. Hindí ba múna *(nakapágpaálam, nagpaálam)* sila sa iyo bágo nila *(kináin, makáin)* yung kéndi mo? 11. Péro sa súsunod, *(sásabíhin, masásábi)* ninyo múna sa ákin kung *(kákaínin, makakáin)* ninyo ang kéndi ko! 12. Ang tagal-tagal ko pa palang *(maghíhintay, makákapaghintay!)* Síge, *(manood, makapanood)* múna táyo ng síne. 13. Ayóko. *(Makápagpahinga, Magpahinga)* múna táyo at ako'y pagod na. 14. Síge, kung gusto mo, *(tumúlog, makatúlog)* ka diyan sa káma. *(Magbábasa, Makákapagbasa)* múna ako ng Liwayway. 15. At mámayang gabi ay *(bíbisitáhin, mabíbisíta)* nátin sina Pete. 16. Dápat ay *(banlawan, mabánlawan)* múna nila ang mga pláto bágo ito *(gamítin, magámit)*. 17. Kasi mabáhung-maháhó ang mga pláto na *(kinákaínan, nakákaínan)* nátin. 18. Nawawalan tuloy ako ng gánang *(kumáin, makakáin)*. 19. Kayá gusto kong *(lumípat, makalípat)* sa ibang karindérya. 20. *(Manood, Makapanood)* múna táyo ng síne pára *(kalimútan, mákalimútan)* mo yung mga mababáhong pláto. 21. Síge, péro síno ang *(magbábáyad, makákapagbáyad?)* Kónti lang ang *(nádala, dinala)* kong péra. 22. Ako na lang múna at nakákahiyá naman sa iyo kung ikaw pa ang *(magbábáyad, makákabáyad)*. 23. Ang

sikip díto! Baká hindí táyo *(makáupò, umupò)*. 24. Walá nang upúan. *(Umalis, makáalis)* múna táyo at mámayá nang kóntí táyo *(bumalik, makabalik)*.

8J3. Potential local of sentences. (§7.4) Bagúhin ang mga sumúsunod na pangungúsap áyon sa modélo.

    1a. Paláging may sírá itong bus. Paláging ...
     b. nasísiráan itong bus.
    2a. Mahírap pára sa ákin ang pag-aáral ng Tagálog. Ako'y ...
     b. nahíhirápang mag-áral ng Tagálog.
    3a. Mawáwalá ang lúpá nila kung hindí sila makákabáyad ng útang. Sila'y ...
     b. mawáwalan ng lúpá kung hindí sila makákabáyad ng útang.
    4a. Nawalá ang gána kong kumáin. Ako'y ...
     b. nawalan ng gánang kumáin.
    5a. Íinom sána ako péro naúbos na ang kok. Íinom sána ako péro ako'y ...
     b. naubúsan ng kok.
    6a. Náulan hábang naglálakad ako sa plása. Ako'y ...
     b. naulanan hábang naglálákad sa plása.
    7a. Matagal siyang naghintay pára sa iyo. Siya'y ...
     b. natagalang maghintay pára sa iyo.
    8a. Paláging may nakúkúha sa kanyang péra. Palágí siyang ...
     b. nakúkuhánan ng péra.

8K1. Use of Dependent form. (§§4.23, 6.54, 7.24, 7.5, 7 .51) Bagúhin ang mga sumúsunod na pangungúsap sa pamamagítan ng paglalagay ng mga pariralá sa saklong.

    1a. Inúbos niya ang lahat. *(Pagkatápos niya)*
     b. Pagkatápos niyang ubúsin ang lahat.
    2a. Ginawá niya ang trabáho. *(Nagkaroon siya ng pagkakátaon)*
     b. Nagkaroon siya ng pagkakátaong gawin ang trabáho.
    3a. Dinala nila ang librong kailángan n'ya. *(Nalimútan)*
     b. Nalimútan nilang dalhin ang librong kailángan n'ya.
    4a. Nagbábasa siya ng libro. *(Sinimulan niya kahápon)*
     b. Sinimulan niya kahápong magbasá ng libro.
    5a. Magtítinda ako ng gúlay sa paléngke. *(Inutúsan niya)*
     b. Inutúsan niya akong magtinda ng gúlay sa paléngke.
    6a. Hiníhintay niya ako sa iskwelahan. *(Madalas)*
     b. Madalas niya akong hintayin sa iskwelahan.
    7a. Nagpasalámat ako sa Lóla at Nánay mo. *(Gusto ko)*
     b. Gusto kong magpasalámat sa Lóla at Nánay mo.
    8a. Sásáma ako sa kanya sa plása mámayà. *(Dápat ako)*
     b. Dápat akong sumáma sa kanya sa plása mámayà.
    9a. Kinúha ko ang péra kina Mr. Ocámpo. *(Hindí ko káya)*
     b. Hindí ko káyang kúnin ang péra kina Mr. Ocámpo.
   10a. Nagpasya kaming magpakasal. *(Matagal pa bágo kami)*
     b. Matagal pa bágo kami magpasyang magpakasal.

8K2. Use of dependent vs. other forms after *bágo* and *bakà*. (§§5.74, 7.24, 7.5) Piliin ang támang sagot sa saklong.

1. Nagpakasal múna sila bágo siya *(nakaípon, makaípon)* ng péra. 2. Kailángang makaípon múna ako bágo ako *(magpakasal, magpápakasal)*. 3. Bágo sila umalis ay *(magpunta, nagpunta)* múna sila sa ámin. 4. Tatlong áraw pa pala bágo kami *(umalis, áalis)* papuntang Vígan. 5. Umalis na táyo ngayon at baká ka *(hanápin, hinánap)*. 6. Kumáin múna táyo bágo

táyo *(bumili, bíbili)* ng áting kailángan. 7. Umalis ka na at baká ka *(mákíta, nákíta)* ni Mr. Ocámpo. 8. Kákáin na sila kasi ay baká sila *(maubúsan, naubúsan)* ng isdà. 9. H'wag mong isásanglá ang iyong lúpá at baká ito'y *(mawalà, nawalà)*. 10. Sa súsunod ay magbáyad ka bágo ka *(kumáin, kináin)*. 11. Kumáin múna táyo ngayon at baká táyo *(gabihin, gágabihin)*. 12. Púpunta ba táyo sa plása bágo *(magsimulá, nagsimulá)* ang paráda? 13. Bákit hindí ka nag-áasáwa hanggang ngayon? Baká naman masyádo kang *(mapíli, pumípíli)* .

8L.   Asbstract forms

8L1.   Bagúhin ang mga sumúsunod na pangungúsap áyon sa modélo. (§§7.72, 7.73)

1a.   Sinimulan niyang tumúlog.
  b.   Sinimulan niya ang pagtúlog.
2a.   Sinimulan niyang mag-áral.
  b.   Sinimulan niya ang pag-aáral.
3a.   Pinangákó niyang magpápasalámat kay Lóla.
  b.   Pinangákó niya ang pagpápasalámat kay Lóla.
4a.   Sinimulan nilang mamasyal sa plása.
  b.   Sinimulan nila ang pamamasyal sa plása.
5a.   Hinintay niyang umalis si Mr. Ocámpo.
  b.   Hinintay niya ang pag-alis ni Mr. Ocámpo.
6a.   Pinangákó kong maglílínis ako ng báhay.
  b.   Pinangákó ko ang paglílínis ng báhay.
7a.   Sinimulan kong gawin ang áking trabáho.
  b.   Sinimulan ko ang paggawá ng áking trabáho.
8a.   Pinangákó kong magpápakasal kami.
  b.   Pinangákó ko ang pagpápakasal námin.

8L2.   Abstract of Potentials. (§§7.72, 7.73)

Bagúhin ang mga sumúsunod na pangungúsap áyon sa modélo.

1a.   Noong matápos siyang mag-áral ay nakapagtrabáho siya agad.
  b.   Pagkatápos niyang mag-áral ay nakapagtrabáho agad siya.
2a.   Nang márinig niya ang tugtúgan ay nawalá ang kanyang pagkapágod.
  b.   Pagkarinig niya ng tugtúgan ay nawalá ang kanyang pagkapágod.
3a.   Nang makaalis sila ay dumating naman si Lóla.
  b.   Pagkaalis nila ay dumating naman si Lóla.
4a.   Nang matápos na siyang kumáin ay tumikim naman siya ng matamis.
  b.   Pagkatápos n'yang kumáin ay tumikim naman siya ng matamis.
5a.   Nang makapunta siya sa pistáhan ay nakita n'ya agad ang paráda.
  b.   Pagkapunta n'ya sa pistáhan ay nakita n'ya agad ang paráda.
6a.   Nang makalípat kami sa Manílá ay nakapag-áral ako doon.
  b.   Pagkalípat námin sa Maynílá ay nakapag-áral ako doon.
7a.   Nang mabili nila ang kok ay ininom agad nila iyon.
  b.   Pagkabili nila ng kok ay ininom agad nila iyon.
8a.   Nang makarating sila sa Ágrix ay bumili sila ng pagkáin.
  b.   Pagkarating nila sa Ágrix ay bumili sila ng pagkáin.
9a.   Nang makabáyad sila ng útang ay nákúha na nila ang kanilang lúpà.
  b.   Pagkabáyad nila ng útang nila ay nákúha na nila ang kanilang lúpà.
10a.   Nang makaútang siya sa ákin ay nagpunta siya sa paléngke.
  b.   Pagkaeutang niya sa ákin ay nagpunta siya sa paléngke.

8L3. Piliin ang támang sagot sa saknong. (Abstract vs. Unaffixed verbal roots) (§7.74)

1. Hindí mahírap ang *(pagbabasa, bása)* ng kómiks. 2. Tuwing *(káin, pagkáin)* niya'y limang tambákol ang naúúbos niya. 3. Sa únang *(pagbabá, babá)* nátin ay pwéde na táyong umihì. 4. Tinuloy nila ang *(pagbabá, babá)* nila sa bus. 5. Tuwing pista sa ámin ay tumútúlong ako sa *(handà, paghahandà)*. 6. Sa tuwing *(punta, pagpunta)* niya ríto'y umúútang siya sa ákin ng péra. 7. Sa *(rinig, pagkarinig)* niya ng túgtog ay nawalá agad ang kanyang pagkapágod. 8. Kailan ba ang *(uwí, pag-uwí)* mo sa inyo? 9. Matagal na náming hiníhintay ang iyong *(balik, pagbabalik)*. 10. Sa *(pag-uwí, uwí)* mo ay isáma mo na si Léslie at walá siyang kasámang pauwì.

8M. Time of day. Ipalit ang mga salitang nása loob ng saklong. (§§6.81, 7.8)

1. We will take the bus at four.

Sásakay kami mámayang alas kwátro.	*(took)*
Sumakay kami kanínang alas kwátro.	*(yesterday)*
Sumakay kami nang alas kwátro kahápon.	*(will take later tonight)*
Sásakay kami mámayang gabi.	*(later at 3 o'clock this afternoon)*
Sásakay kami mámayang alas tres.	*(at 3 o'clock this afternoon)*
Sásakay kami ngayong alas tres nang hápon.	*(last night)*
Sumakay kami kagabi.	*(will take at 5)*
Sásakay kami nang alas síngko.	*(tomorrow)*
Sásakay kami nang alas-síngko búkas.	*(this night)*
Sásakay kami ngayong gabi.	*(even if it's night)*
Sásakay kami káhit na gabi.	

8N. Particle study (§§1.9, 2.9, 3.5, 4.241, 4.322, 4.8, 5.8, 7.95) Punúan ng támang sagot ang mga patlang sa pamamagitan ng paggámit ng *nalang, pa, pala, ngá , naman, din, na rin, pa rin*.

1. Hay ang sarap-sarap _____ ng mga pagkáin díto. Ikaw, nasarapan ka rin ba? 2. Ano, si Léna pa _____ ang nóbya mo? Ang tagal na ninyo a. 3. Busog na ako péro gusto ko _____ ng létse plan. 4. O síge, ako múna ang magbábáyad ngayon péro sa súsunod ikaw _____. 5. O ano, nakaalis _____ ba sila papuntang Vígan? 6. Matagal na nilang sinábing bíbigyan daw nila ako ng lámsyed. Péro hanggang ngayo'y walá pa _____. 7. Nakapanood ka na _____ ng móro-móro? 8. Mabúti naman at sumáma ka na _____ sa áming manood ng paráda. 9. Ikaw _____ pala'y hindí pa nakákapanood ng móro-móro. 10. Ngayon pa _____ sila áalis. Ang dápat ay kanína pa. 11. Ako ang bíbili ng tíket nátin at ikaw _____ ang bumili ng áting pagkáin. 12. Malaki pala ang inyong báhay. A násaan _____ ang inyong kusína? 13. Hanggang ngayo'y walá pa _____ siyang asáwa. 14. Kina Línda na _____ nátin gawin ang parti at nang makadalo ang kapatid niya. 15. Matagal na palang ipinatítígil ng mga polítiko ang pista péro hanggang ngayo'y hindí _____ sila nagtátagumpay. 16. Nakapagpasya _____ ba kayo kung kailan kayo magpápakasal? 17. Matagal ka na ba díto sa ámin? Hindí, isang taon pa _____. 18. Áalis na sána ako péro gusto ko pang tumígil díto kayá mga isang taon _____ ako díto. 19. Matagal ka na palang may asáwa. Ilan na _____ pala ang anak mo? 20. Magandang umága Pete. Ito _____ si Léna, isang kaibígan. 21. A PCV ka ngá ba? Aba itong si Léslie ay PCV _____. 22. Kung áalis ka ay áalis _____ ako. 23. Íbig mong sabíhin, limang taon ka na díto e dun ka _____ nakatira kina Mrs. Ocámpo? 24. Sa UPLB ako nag-ááral, ikaw saan ka _____ nag-ááral

CPSIA information can be obtained
at www.ICGtesting.com
Printed in the USA
LVHW012030020922
727488LV00007B/649